Scott

Triumph

The Sunbeam

Jawa

Gilera

BMW

Whitworth Coventry

Excelsior

Chater-Lea

Husqvarna

Puch

Hercules® Sachs Gruppe

MOTOR RÄDER

P.F

Helmut Krackowizer

MOTOR RÄDER

BERÜHMTE MARKEN

von AJS bis Zündapp

Welsermühl

Inhalt

2. Auflage 1983

Text- und Bildgestaltung: Friedrich Spendou.
Schutzumschlag: J. Jungwirth.
Gesamtherstellung: Druck- und Verlagsanstalt Welsermühl,
Wels, Austria.

ISBN 3-85339-170-2

Zu diesem Buch

Das Motorrad erlebte während seiner bald 100jährigen Geschichte ein wechselvolles Schicksal. Es begann mit dem »Reitwagen« von Gottlieb Daimler im Jahr 1885. Dieser war noch ein Einzelstück. Das erste in größerer Stückzahl gefertigte »Motorrad« – sie ließen sich diesen Namen markenrechtlich schützen – bauten 1894 Hildebrand & Wolfmüller in München. Davon soll es schon mehrere hundert Stück gegeben haben. Von ihnen kamen auch einige in andere Länder; zuerst nach Frankreich und Österreich, dann auch nach England. Von diesem Zeitpunkt an waren ideenreiche Techniker und risikofreudige Kaufleute nicht mehr zu bremsen.
So trat das Motorrad, in Deutschland erfunden und erstmals in größerer Zahl gebaut, von Frankreich aus seinen Weg um die Erde an. Die ersten Motorradfahrer waren Abenteurer der Technik, Sportleute, die vom Fahrrad herkamen und kluge Köpfe, die auch den wirtschaftlichen Aspekt der neuen Fortbewegung auf zwei Rädern visionär erkannten.
Der Lebensweg des Motorrads wurde schon bald nach der Jahrhundertwende in Fachzeitschriften und Büchern aufgezeichnet und von emsigen Chronisten verfolgt. Sie berichteten nicht nur über seine technische Entwicklung, sondern auch über seine Stellung in der Gesellschaft und Funktion in der Wirtschaft des eben angebrochenen 20. Jahrhunderts der Motorisierung.
Zunächst war das Motorrad überwiegend ein Sportgerät. Im Ersten Weltkrieg zeigte es aber dann, daß mehr in ihm steckt. Es sprang dort ein, wo das Automobil nicht mehr mitkam. Es wurde auch zunehmend zuverlässiger. Große Firmen, wie Harley-Davidson und Triumph (GB), organisierten Service- und Schulungs-Lehrgänge für militärische Motorradfahrer. Nach Ende des Krieges wandelte sich die Funktion des Motorrads vom reinen Sportgerät und Fahrzeug für Individualisten zum preiswerten Transportmittel für Leute, welchen ein Auto noch zu teuer war.
Zwischen den beiden großen Kriegen erreichte das Motorrad auch in Europa große Stückzahlen; in den zwanziger Jahren entwickelte sich die Motorradindustrie in England am raschesten. In den dreißiger Jahren zogen Frankreich, Italien und vor allem Deutschland nach. DKW in Zschopau/Sachsen wurde schon 1928 zur größten Motorradfabrik der Welt. Das Motorrad war mit dieser stürmischen Entwicklung auch ein bedeutender Wirtschaftsfaktor geworden und mit dem Kauf war auch ein sozialer Aufstieg verbunden. Die größere Mobilität erhöhte die Lebensfreude des einzelnen und erweiterte seinen Wirkungskreis in Beruf und Freizeit. Im Wettkampf um die Gunst des Käufers stand der sportliche Erfolg einer Motorradmarke im Vordergrund. Wer Rennen gewann, mußte besser sein. Und auch die Sportbegeisterten fuhren lieber Motorräder, deren Namen mit einer Aura von Sporterfolgen verbunden war. Motorradrennfahrer wurden Leitbilder für jene Jugend, die mit glänzenden Augen den Aufbruch der Motorisierung verfolgte und selbst im Sattel eines Motorrads beweisen wollte, daß sie Kinder des technischen Jahrhunderts waren.
Wer Motorräder verkaufen wollte, mußte im harten sportlichen Wettbewerb zeigen, daß seine Produkte an Leistung und Qualität überlegen sind. Geworben wurde nur in Fachzeitschriften, und

dort beherrschte der Rennerfolg das Bild der Anzeigen. Dazu kam noch, daß sich die Technik des Motorrads der fortschrittsgläubigen Jugend viel offenkundiger und vielfältiger darbot als im Automobil. Dort dominiert die Karosserie, die äußere Form, das Styling und verdeckt den technischen Fortschritt. Beim Motorrad ist er bis heute dem Auge des Interessierten nicht verborgen. Vor allem kann man die Entwicklung des Motorrads viel mehr als jene des Automobils an ihren Sport- und Renn-Modellen ablesen. Die Evolution des Renn-Motorrads war stets der Schrittmacher des kommerziellen Erfolgs einer Marke. So ist es bis in die jüngste Zeit geblieben. Wie sonst wäre der Erfolg der japanischen Motorradmarken zu erklären. In den sechziger Jahren katapultierten sich die japanischen Firmen an die Spitze der Zweiradproduktion, als in Europa das Nutzfahrzeug Motorrad vom Prestige-Objekt Automobil an die Wand gedrückt wurde.

Heute hat das Pendel wieder zurückgeschlagen. Das Motorrad ist wieder überwiegend ein Sportgerät und ein Freizeitspaß. Diese Entwicklung nahm ihren Ausgang in den Vereinigten Staaten. Dort gelang es den Japanern, den im Verkehrsalltag mit Straßenkreuzern und 55-Meilen-Limit erstickenden Amerikanern das Motorrad als Flucht aus den Blechlawinen zu propagieren. »Nimm Urlaub vom Auto und genieße die Freiheit auf zwei Rädern!« So eroberte die jüngste Motorradwelle seit Anfang der siebziger Jahre auch wieder Europa.

Nur wenige Motorrad-Hersteller in Europa konnten jedoch die lange Durststrecke überstehen. Heute beherrschen die »Großen Vier« aus Japan den Weltmarkt. Trotzdem gibt es noch eine Menge anderer Motorradmarken. Einige alte Firmen mit großer Tradition haben nie aufgegeben, wie Harley-Davidson in den USA, Hercules in Deutschland, Puch in Österreich, Gilera in Italien und Peugeot in Frankreich. Neue Namen sind in der Zwischenkriegszeit hinzugekommen, wie BMW und Zündapp, Moto-Guzzi und Jawa. Aber auch junge Firmen bauen erst seit wenigen Jahrzehnten Motorräder in wachsenden Stückzahlen.

Die Welt des Motorrads ist so, trotz der Giganten aus Japan, bunt und schillernd geblieben. Und nach wie vor befruchten europäische Ingenieurleistungen den Motorradbau. Viele große Motorradmarken, die Technik- und Sportgeschichte schrieben, sind auf der Strecke geblieben, wie AJS, DKW, Indian, Norton, NSU, Scott und viele andere mehr. Sie leben nur mehr in der Erinnerung und in sorgsam gepflegten oder restaurierten Liebhaberstücken.

Mit ihnen und der jüngsten Motorradwelle ist das Interesse an der Geschichte des Motorrads und seinen berühmten Marken wieder sprunghaft gewachsen; vor allem in England, das einstmals eine führende Rolle spielte. Dort gibt es fast von jeder renommierten Marke eine eigene Biographie. Im deutschen Sprachraum gibt es nur wenige. In den vorhandenen Motorrad-Enzyklopädien bleibt zwangsläufig für die einzelnen Marken wenig Platz. Es fehlt gewissermaßen ein »Werk der Mitte«.

Dieses erste Buch einer auf drei Bände geplanten Geschichte der »berühmten Motorradmarken« soll diese Lücke füllen; vor allem mit guter und ausgesuchter Illustration. Je weiter die Geburt des Motorrads zurückliegt, desto schwieriger wird es nämlich, die wichtigsten Motorradmarken in authentischen Bildern zu präsentieren. Ehe die vorhandenen Quellen versiegen, wird hier gezeigt, wie die »berühmten Marken« der Motorradgeschichte entstanden und was sie an bemerkenswerter technischer Entwicklung aufzuweisen haben.

Im vorliegenden Buch sind 25 berühmte Motorradmarken zusammengefaßt. Sie bieten einen repräsentativen Querschnitt der Motorradgeschichte. Sollten Sie hier Ihre Lieblingsmarke nicht finden, so wird sie in den folgenden Bänden aufscheinen.

Es ist mir aber auch ein persönliches Anliegen, dieses Buch zu verfassen. Schon als Neunjähriger sah ich zum erstenmal beim Gaisbergrennen 1931 die blitzenden Rennmotorräder jener Zeit mit ihren berühmten Fahrern. Sie faszinierten mich. Später, bis zum Kriegsausbruch, begeisterten mich an den Rennstrecken die Werkmaschinen von

BMW, DKW und NSU ebenso wie jene von Gilera, Moto-Guzzi, Norton und Velocette. Schon im Krieg begann ich meine Motorrad-Träume zu zeichnen. Nach 1945 startete ich dann selbst im Sattel von Rudge-, Velocette-, Norton- und BSA-Maschinen in Rennen und begann über Rennen und Motorradtechnik zu berichten. Seitdem befasse ich mich ständig mit dem Motorrad in Bild und Wort und habe außer einer Bildmappe und zwei Motorradsport-Büchern unzählige Artikel über Zweiradtechnik und Motorradgeschichte geschrieben. So habe ich mir jenen Überblick und die Gesamtschau über das vorgelegte Thema verschafft, die mir die Möglichkeit gaben, dieses Buch zu verfassen.
Dazu verhalfen mir auch zahlreiche Reisen in den siebziger Jahren, vor allem nach England, Frankreich und Italien; die Nachbarländer Deutschland und die Schweiz brauche ich nicht sonderlich zu erwähnen. Dabei haben mir viele Freunde tatkräftig und selbstlos geholfen, meine Kenntnisse über das Motorrad zu vertiefen und das Material für dieses Buch zu sammeln.

Mein Dank dafür gilt vor allem meinen englischen Freunden Alan Cathcart, Bob Currie, Denis Howard, Ivan Rhodes, Guy Shoosmith, Norman Webb, Vic Willoughby und Mick Woollett; Erwin Tragatsch und Obering. Siegfried Rauch in Deutschland, Paul Schneider und »Fifi« Fischer in der Schweiz, Benito Battilani und Franco Zagari in Italien und nicht zuletzt meinen österreichischen Freunden, vor allem meinem Veteranen-Weggefährten Ing. Fritz Ehn, der mit seinem ersten österreichischen Motorrad-Museum in Eggenburg, NÖ., der Motorradgeschichte meiner Heimat ein Denkmal gesetzt hat.

Dann darf ich mich auch bei zwei »Altmeistern« des Motorrad-Journalismus für ihre Textbeiträge in diesem Buch sehr herzlich bedanken. Von Helmut Werner Bönsch stammt das Kapitel BMW, und von Christian Christophe, der seit Kriegsende in Paris lebt, die Geschichte von Peugeot. Wer hätte die Geschicke dieser beiden Marken besser schildern können als H. W. Bönsch und »Crius«.
Bedanken möchte ich mich auch bei den Verantwortlichen der renommierten Motorradzeitschriften »Motor Cycle Weekly«, England, die das Erbe der beiden ältesten Motorradmagazine »The Motor Cycle« und »Motor Cycling« angetreten hat, »Moto Revue«, Frankreich, und »Motociclismo«, Italien. Serge Pozzoli in Paris gab mir nicht nur Gelegenheit, in seiner großartigen Sammlung zu fotografieren, sondern stimmte auch der Verwendung alter »Moto-Revue«-Zeichnungen bereitwillig zu. Mick Woollet läßt mich bei jedem Londonbesuch in den Archiven von »Motor Cycle Weekly« stöbern und gestattete die Reproduktion von Zeichnungen aus den beiden ältesten Motorrad-Zeitschriften der Welt, und auch »Motociclismo« in Mailand öffnete mir erstmals den Zugang zu ihren historischen Bildern.
Nicht zuletzt gilt mein Dank dem Verlag, der meinen Vorstellungen, wie so eine Markengeschichte aussehen soll, bereitwillig folgte und auch meiner Familie, die die zeitraubende Arbeit ihres Ernährers mit Geduld hingenommen hat. In dieses Buch ist auch ein Stück meines Herzens und die Bewunderung für alle Techniker und Sportsleute mit hineingepackt, die sich für die Entwicklung des Motorrads bis zu seiner heutigen Perfektion verdient gemacht haben. Ich hoffe, daß dies auch der Leser wahrnimmt und es seinen Erwartungen entspricht.

A·J·S

AJS – durch Rennsiege und den ohc-»Ketten«-Motor berühmt geworden

Das ab 1948 käufliche AJS-Rennmodell 7 R, auch »Boy Racer« genannt, verbreitete den Ruf von AJS am nachhaltigsten rund um die Welt. Hier ein Modell aus 1951 von Roger Munsey (GB).

Albert John Stevens – in der Fachwelt kurz Jack genannt – war einer der fünf Stevens-Brüder, von welchen sich vier – Harry, George, Jack und Joe – mit den gleichen Interessen, nämlich Motorräder zu bauen, zusammenfanden. Joe Stevens sen., der Vater der Stevens-Brüder, war ein gelernter Schmied und stellte in seinem kleinen Betrieb in Wolverhampton hochwertige Maschinenteile her. Das war lang vor der Jahrhundertwende. Diese Firma, Stevens Screw Co Ltd., baute dann schon 1897 das erste Stevens-Motorrad mit einem kleinen amerikanischen Mitchell-Einzylindermotor. Dieser war damals in einem Fahrradrahmen, schräg oberhalb des vorderen Rahmenrohres, montiert und trieb das Hinterrad über einen dünnen Riemen an. Dieses Motorrad blieb jedoch eine Eintagsfliege, und die nächsten zehn Jahre produzierte die Firma Stevens nur Einbau-Motoren, die aus dem genannten Mitchell-Motor entwickelt waren.

Die vier am Motorrad interessierten Stevens-Brüder waren während dieser Zeit in der Firma des Vaters tätig, und die Stevens-Motoren wurden bald wegen ihrer Zuverlässigkeit bekannt. Sie hatten, wie ihre Zeitgenossen, ein automatisches Einlaßventil, Abreiß-Zündung und Oberflächen-Vergaser. Zu dieser Zeit entstanden bei Stevens jedoch auch andere Motor-Typen, z. B. ein Twin-Motor für die Motorradmarke Wolf, ein Weitwinkel-Zweizylinder für Clyno und auch wassergekühlte Versionen für Dreiräder.

In diesen Jahren nahm die Absicht der vier Stevens-Brüder, ein komplettes, eigenes Motorrad zu bauen, langsam Gestalt an. Sie waren nicht nur begeisterte Motorradfahrer, sondern auch gute Techniker und Kaufleute. Besonders Jack Stevens hatte die Leistungsfähigkeit der Stevens-Motoren bereits in zahlreichen Wettbewerben unter Beweis gestellt. So gründete Jack mit seinen drei Brüdern Harry, George und Joe 1909 in der Retreat Street in Wolverhampton die Firma A. J. Stevens & Co Ltd., die in der Motorsportgeschichte der nächsten fünfzig Jahre einen prominenten Platz einnehmen sollte. Die später weltberühmten Buchstaben AJS stammen vom Namen des initiativsten der vier Firmengründer, Albert John Stevens.

Als die Auto Cycle Union, der englische Motorradfahrer-Verband, seinen bedeutendsten Wettbewerb, die seit 1907 auf der Insel Man veranstaltete Tourist Trophy für 1911 erstmals in zwei verschiedenen Hubraumklassen ausschrieb, entschloß sich Jack Stevens, mit einer AJS-Maschine daran teilzunehmen. Das erste serienmäßige AJS-Modell war dazu insoferne besonders geeignet, weil der kleine, seitengesteuerte Motor mit 298 ccm Hubraum genau in das Kubaturlimit der Junior-TT mit 300 ccm paßte. Dieser Motor mit 70 mm Bohrung und 77,5 mm Hub war in einen einfachen, offenen Rahmen eingebaut und trieb das Hinterrad über ein Zweigang-Getriebe an. Stevens verwendete zwar schon ab 1909 zum Hinterradantrieb sowohl Ketten als auch Riemen; in der Junior-TT 1911 liefen jedoch beide AJS-Maschinen, von Jack selbst und J. D. Corke gefahren, mit Riemenantrieb. Das Ergebnis dieses ersten Erscheinens auf der Insel Man war höchst zufriedenstellend. Corke kam auf Platz 15 und Jack Stevens auf Platz 16 ins Ziel. Dabei hatte Jack einen Sturz »gebaut« und mußte daraufhin erst die Gabel wieder ausbiegen.

Das Geschäft der Stevens-Brüder lief schon so gut, daß keine Zeit war, auch 1912 zur TT zu gehen. Inzwischen wurde der Antrieb der AJS-Motorräder endgültig auf Kette umgestellt, und erst 1913 zog AJS wieder zur Insel Man. Der Hubraum der Junior-Maschinen war inzwischen auf 350 ccm angehoben worden, weshalb auch AJS Bohrung und Hub auf 74 × 81 mm vergrößerte. Trotzdem gelang es 1913 AJS nicht, die bisher erfolgreichen V-Zweizylinder und »Flat Twin«, den längsliegenden Boxer-Motor der Marke Douglas, zu schlagen. Ein 10. Platz war die einzige Plazierung, die zweite Maschine war ausgefallen.

1914, knapp vor dem Ausbruch des Ersten Weltkrieges, gelang dann AJS der große sportliche Durchbruch. Trotz stärkster Konkurrenz der Zweizylinder-Modelle von Douglas und Royal-Enfield kamen alle fünf gestarteten AJS-Maschinen ins Ziel. Eric Williams gewann in neuer Rekordzeit mit einem Schnitt von 73,14 km/h und fuhr auch neuen Rundenrekord. Die übrigen AJS-Starter belegten die Plätze zwei, vier, sechs und 29. Das siegreiche AJS-Modell war dazu monatelang sorgfältig vorbereitet und getestet worden. Während der Motor im Prinzip derselbe wie im Vorjahr war, hatte man den Antrieb neuerlich geändert. Es gab ein Zweigang-Getriebe und zwei Primärketten. Sie liefen auf unterschiedlich großen Zahnrädern und konnten durch Klauen geschaltet werden. So standen also bereits vier Übersetzungen zur Verfügung.

Außer diesem 350-ccm-Einzylinder-Modell gab es zu dieser Zeit bei AJS auch schon schwere V-Zweizylinder-Modelle, ab 1912 mit 700 ccm und später auch mit 550 ccm Hubraum, die vorwiegend für Gespannbetrieb verwendet wurden. Der Krieg stoppte dann bei AJS die Motorrad-Produktion, und als sie 1919 wieder neu angekurbelt wurde, gab es zunächst nur die etwas verbesserten Vorkriegsmodelle, ehe 1920 ein neues, kopfgesteuertes 350-ccm-Modell erschien. Dieses sollte dann bald unter dem Namen »Big Port«, weil mit einem enorm dicken Auspuffrohr versehen, im Motorsport Furore machen und war auch das Basismodell des kommerziellen Erfolges von AJS in den frühen zwanziger Jahren.

Zur ersten Nachkriegs-TT 1920 brachte AJS gleich acht Maschinen an den Start. Die Sensation daran war der neue Motor mit hängenden Ventilen, die in einem Winkel von 90 Grad zueinander in einem halbkugelförmigen Verbrennungsraum steckten. Sie wurden über lange, offen liegende

Mit dieser 350er Werk-AJS kam Billy Jones 1914 in der Junior-TT auf den 4. Platz. Diese im Besitz des National-Motormuseums in Beaulieu/England befindliche AJS entspricht genau der TT-Sieger-Maschine 1914 von Eric Williams.

Die 4 hp V-Zweizylinder von AJS aus 1915 mit 550 ccm ist ein typisch englisches Gespann-Modell. Es wurde ab 1912 zunächst in der Hubraumgröße von 700 ccm und nach dem Ersten Weltkrieg mit 750, 800 und schließlich mit 990 ccm Hubraum gebaut. Es zeigt, wie man damals mittels eines Beiwagens zwei bis drei Personen über weite Strecken transportierte.

Eine 350er ohv AJS 1924 aus der Sammlung des Italieners Benito Battilani in Imola ist ein prächtig restauriertes Exemplar der sogenannten »Big Port« AJS, wie sie wegen ihres überdicken Auspuffrohres genannt wurde. Dieser erfolgreiche Motortyp erschien 1920, gewann die Junior-TT 1920, 1921 und 1923.

Wunderschön erhalten ist die 350er AJS K7 mit ohc-Motor von Ivan Rhodes aus Derby/GB. Sie wurde wegen des Kettenantriebs der obenliegenden Nokkenwelle auch »Kettel«-AJS genannt.

Nur in einem Exemplar gebaute 1000er V-Zweizylinder ohc-Maschine. Mit ihr sollte O. M. Baldwin (im Bild) in Arpajon (Frankreich) den Weltrekord brechen, kam jedoch »nur« auf knapp 210 km/h.

Stoßstangen betätigt, die etwas gegeneinander geneigt waren. Der abnehmbare Zylinderkopf wurde zusammen mit dem Zylinder mit einem über dem Kopf gebogenen Stahlbügel niedergeschraubt. Für den Antrieb wurde ein ähnliches Arrangement wie 1914 mit vier Übersetzungen verwendet. Dieses erwies sich jedoch dem etwa 11 PS starken Motor nicht gewachsen und war der Ausfallgrund für zwei Werkmaschinen. Aber auch die anderen AJS-Fahrer blieben von Schäden nicht verschont. Sogar der Sieger, Cyril Williams, mußte seine Maschine ungefähr 7 km weit ins Ziel schieben. Die Strecke geht dort zwar fast ständig bergab; trotzdem war er fast völlig ausgepumpt, als er das Ziel, immer noch mit fast zehn Minuten Vorsprung vor dem Zweiten, erreichte. So überragend war damals die Leistung der neuen 350er AJS gegenüber der Konkurrenz.

Das kam dann anläßlich der TT 1921 erst so richtig zum Ausdruck. Die Werkmaschinen waren für

dieses Jahr stark verbessert. Vor allem war der unzuverlässige Zweigang-Abtrieb von der Kurbelwelle verschwunden und durch ein echtes Dreigang-Getriebe ersetzt worden. Für die Ventile wurde nun Chrom-Nickel-Stahl verwendet und sie wurden von konischen Ventilfedern auf den Sitzen gehalten. Die 350er AJS wog etwa 85 kg und lief an die 120 km/h Spitze. Vor allem war sie nun zuverlässig geworden. So bahnte sich denn auch 1921 auf der Insel Man eine Sensation an. Im Junior-Rennen siegte Eric Williams mit dem Wolverhampton-Renner nicht nur überlegen in neuer Rekordzeit, sondern auch die Plätze zwei, drei, vier, sechs und acht gingen an AJS. Die Sensation war jedoch erst perfekt, als der Zweitplazierte des Junior-Rennens, Howard Davies, mit derselben 350er Maschine, die er bereits zwei Tage vorher gefahren hatte, auch die Senior-TT gewann. Seine Zeit war ebenfalls neuer Streckenrekord.
Auch ein Jahr später, 1922, war AJS in der Junior-TT wieder erfolgreich. Diesmal hieß der Sieger Tom Sheard, und auch der zweite Fahrer im Ziel saß auf einer »Big Port«. Es gab wieder zahlreiche Detailverbesserungen an den Maschinen, die dann 1923 am ersten käuflichen kopfgesteuer-

Oben rechts: Ein besonders schönes Exemplar des AJS-ohc-Motors in der Ausführung, wie er ab 1933 mit dem Magneten hinter dem Motor gebaut wurde. Beachte die beiden außerhalb des Kettenantriebes angebrachten Ölpumpen.

Rechts: Die einzige von zwei gebauten wassergekühlten V-Vierzylinder-AJS-Kompressor-Werkrennern aus 1939 hat der berühmte Trial-Star Sammy Miller restauriert.

ten Modell wiederzufinden waren. Bis 1923 gab es für Kunden nur seitengesteuerte Modelle.
Dieses erste kopfgesteuerte Supersport-Modell von AJS wurde nicht ohne Stolz im Verkaufskatalog als »TT-Modell« angeboten. Der Preis betrug 76 Pfund, und für den serienmäßig nicht vorgesehenen Kickstarter mußte man nochmals zehn Shilling hinlegen. Das Dreigang-Getriebe hatte von Gang zu Gang sehr enge Stufen. Es gab schon ein »schnell demontierbares« Hinterrad mit drei Bolzen und einer Steckachse. Das sportliche Aussehen der ohv-Modelle von AJS in den frühen zwanziger Jahren wurde vor allem durch das dicke Auspuffrohr geprägt.
Nach diesen drei Junior-TT-Siegen von 1920 bis 1922 war es dann mit den großen AJS-Erfolgen in der Tourist Trophy vorbei, obwohl sie nach wie vor zu den schnellsten Maschinen ihrer Klasse zählten. Immerhin gewann Jimmy Simpson, damals Werk-

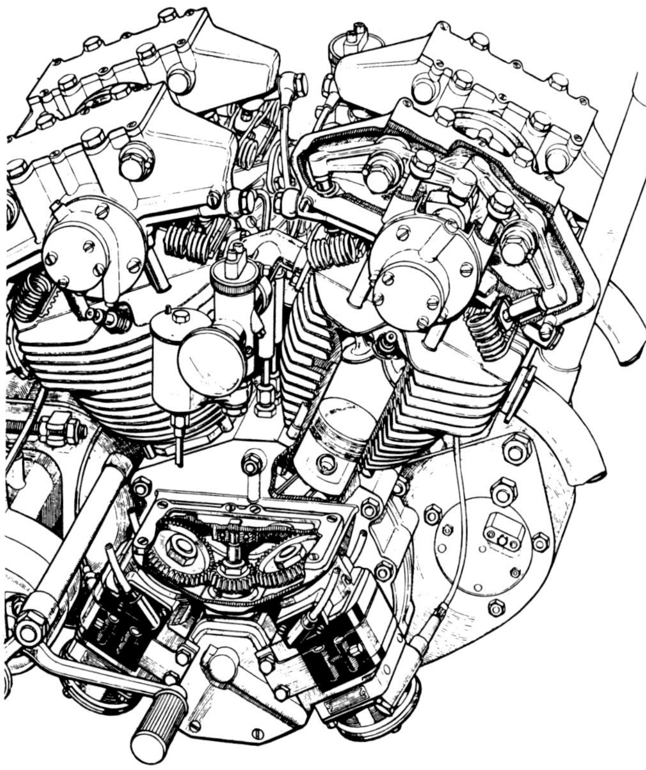

Oben: Das ist der V-Vierzylinder-Motor, wie er 1935 in luftgekühlter Form, noch ohne Kompressor, herauskam.

Links: Nochmals Roger Munsey's völlig original erhaltene 7 R »Boy Racer« aus 1951.

Rechte Seite oben: »Motor Cycling«-Röntgenzeichnung des AJS-7 R-Motors.

Rechte Seite unten: »Triple knocker« 3-Ventil ohc-Motor aus 1954.

fahrer bei AJS, noch 1924 und 1927, sowie Frank Longman 1926 den »Großen Preis von Europa« für AJS, was damals mit dem Gewinn des Europameister-Titels gekoppelt war.
Bis zum Jahr 1926, dem ersten Jahr, in dem AJS von seinem bewährten 350er-ohv-Motor auch eine Halbliter-Version mit 84 mm Bohrung und 90 mm Hub herausbrachte, gab es neben dem schnellen 350 ccm »Big Port« ohv-Modell auch noch seitengesteuerte 350-ccm-Modelle und ein großes V-Zweizylinder-Beiwagenmodell, dessen Motor inzwischen auf 799 ccm Hubraum angewachsen war. Mit dem neuen Halblitermodell wurde Simpson auch 1926 Europameister. Ab

1926 gab es bei AJS je ein 350 ccm und 500 ccm Supersport-Modell, das gegenüber dem Werk-Rennmodell nur geringe, äußerlich kaum sichtbare Unterschiede aufwies. Beide wurden deshalb auch außerhalb Englands sehr gerne von ambitionierten Sportsleuten in Wettbewerben gefahren, und ihre Erfolge halfen mit, den Ruf der AJS-Motorräder in aller Welt zu verbreiten.
1927 beginnt ein neues technisches Kapitel bei AJS: die Geburt des »Kettel«-Modells. So wurde jener schnelle Motor genannt, dessen nunmehr oberhalb des Zylinderkopfs liegende Nockenwelle durch eine Kette angetrieben wurde. Diese war in Leichtmetallschalen verkapselt, die dem Motor sein typisches Aussehen gaben. Dieses »Cammy«-Modell von AJS entstand, weil den Stevens-Brüdern klar geworden war, daß ihre bisher erfolgreiche Konstruktion von moderneren überholt würde. Bei Velocette gab es 1925 einen richtungsweisenden »Königswellen«-ohc-Motor, der bereits 1926 die Junior-TT überlegen gewann, und bei Norton baute Walter Moore für 1927 einen ebenfalls mit Wellenantrieb versehenen ohc-Motor. Auch Chater-Lea hatte mit seinem ohc-Tellernocken-Motor in der 350er Klasse Schlagzeilen gemacht und als erste 350er Maschine die 100-Meilen-Grenze überschritten.
Die Konstruktion des AJS-ohc-Motors stammte von Chefingenieur Phil Walker. Die Kette des Nockenwellenantriebs wurde durch eine Spannvorrichtung straff gehalten, die Weller erzeugte und sich schon vorher in Automotoren bewährt hatte. Dieser neue, stark verrippte Motor, mit dem Magnet vor dem Rahmen-Brustrohr, wurde in die alten und sehr leichten »Big-Port«-Fahrgestelle eingebaut. Offensichtlich hatten die Stevens-Brüder die Entwicklung des Motors mehr als des Fahrgestells im Auge, das in etwa auf dem Stand von 1923 verblieben war. Der schnelle K-Motor, wie er offiziell hieß, saß so in einem offenen, starren Rahmen, dessen Druid-Gabel kaum mehr als 3 cm Federweg aufwies, und auch die Bremsen waren den Geschwindigkeiten der neuen Motoren noch weniger gewachsen als schon vorher jenen der schnellen Stoßstangen-Motoren.

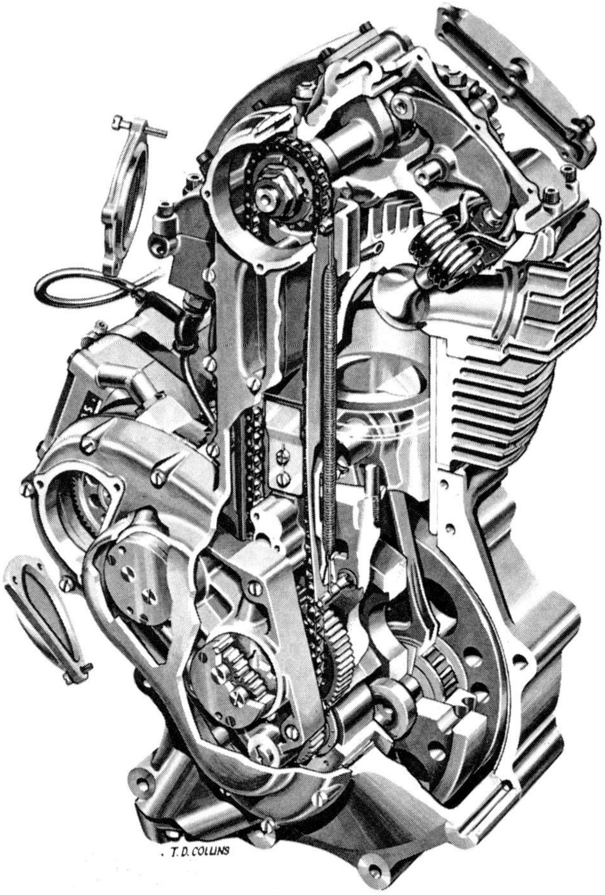

Trotzdem belegte Jimmy Simpson 1927 mit dem neuen »Cammy«-Modell in der Junior-TT den dritten Platz, gewann den »Großen Preis von Europa« am Nürburgring und die Großen Preise der Schweiz und Belgiens. Der »Big-Port«-Motor hatte somit einen würdigen und erfolgsträchtigen Nachfolger bekommen, dessen Spuren sich in der technischen Entwicklung der AJS-Rennmodelle noch bis 1962 verfolgen lassen. Bereits 1928 erschien dieser Motor in käuflichen Supersport-Modellen mit 350 ccm Hubraum, K 7 genannt, und als K 10-Modell mit knapp 500 ccm Hubraum. Beide besaßen, wie schon die Werkrennmodelle ab 1924, Trockensumpf-Schmierung und handgeschaltete Dreigang-Getriebe. Das Werk fuhr jedoch überraschend 1928 Rennen mit überarbeiteten ohv-Motoren und einem Viergang-Getriebe. Auch die veralterte Druid-Gabel war schon 1928 im Werk-Rennmodell durch eine aufwendige Trapezgabel ersetzt worden. Das geschah ein Jahr später auch an den käuflichen Modellen. Ebenso verschwand 1929 der bislang verwendete Stecktank und wich einem gefälligen Satteltank, und auch die Bremsen wurden endlich größer und steifer.

Damit waren auch die käuflichen ohc-Modelle für die Privatfahrer wieder attraktiver geworden. Das Serienmodell-Angebot von AJS reichte demnach 1928 von preiswerten seitengesteuerten Modellen von 250, 350 und 500 ccm Hubraum, die das Umsatzvolumen brachten, bis zum V-Zweizylinder-Modell mit 799 ccm Hubraum.

In diese Jahre, gegen 1930 zu, fällt auch die zweite erfolgreiche Periode der Renntätigkeit von AJS. 1928 wird der junge George Rowley Zweiter in der Senior-TT, ein Jahr später holt Leo Davenport den Europameistertitel der 350-ccm-Klasse für AJS zurück; vor seinem Markengefährten Rowley. Wal Handley wird Zweiter in der Junior-TT und Rowley gewinnt im selben Jahr den »Großen Preis von Österreich« bei Wien. Auch auf der Brooklandsbahn, dem damaligen »Speed-Mekka« von Großbritannien, ist AJS erfolgreich. Denley fährt den Stunden- und Zweistunden-Weltrekord mit über 160 km/h Schnitt und setzt den »fliegenden Kilometer« in Arpajon/Frankreich mit der 350er AJS auf 171,9 km/h und mit dem Halbliter-Modell auf 191,5 km/h. 1929 werden von AJS insgesamt 117 Weltrekorde gehalten. Mit dem in nur einem Exemplar gebauten 250-ccm-ohc-Motor gewinnt Guthrie 1930 die Leichtgewichts-TT (250-ccm-Klasse) und siegt am Nürburgring mit der 350er-Maschine im »Großen Preis von Deutschland«. Hicks gewinnt schließlich den französischen Grand Prix.

Dann kam das von der Wirtschaftskrise geschüttelte Jahr 1931 und mit ihm das Ende von AJS in den Händen der Gründer-Brüder Stevens. Infolge hoher Verschuldung mußten sie die Marke AJS an die Brüder Harry und Charles Collier verkaufen, die seit 1899 in London die Matchless-Motorräder bauten und damit zu den ältesten Motorrad-Erzeugern der Welt gehörten. Die ganze Werkeinrichtung von AJS wurde danach nach Plumstead, einem Vorort von London, übersiedelt. Seitdem wurden AJS-Motorräder zusammen mit Matchless-Maschinen unter einem Dach gebaut.

Noch vor diesem Wechsel in den Besitz der Firma H. Collier and Son Ltd. versuchte AJS mit drastischen Neuerungen seine rückläufigen Verkaufszahlen zu stoppen. So erschienen 1930 vier »Sloper«-Modelle, wie man die mit modisch nach vorne geneigtem Motor versehenen Modelle nannte. Das 1927 von BSA erfolgreich auf den Markt gebrachte Sloper-Modell hatte diesen Trend ausgelöst. AJS folgte ihm mit je zwei 350er und 500er Sloper-Modellen; jeweils mit sv- und ohv-Motoren. Das Verkaufsprogramm wurde zusätzlich durch ein 250er-ohv-Modell ergänzt und das große Beiwagenmodell wuchs im Hubraum auf 996 ccm. Für 1931 kündigte AJS zusätzlich ein V-Zweizylinder-Modell an, dessen seitengesteuerter Motor quer zur Fahrtrichtung im Rahmen saß. Die mit Leichtmetall-Köpfen versehenen Zylinder standen im Winkel von 50 Grad zueinander, so wie heute bei den Moto-Guzzi-Modellen. Der Motor war mit einem Viergang-Getriebe verblockt. Anstelle des konstruktiv naheliegenden Kardanantriebs wurde das Hinterrad jedoch von

einer Kette angetrieben. Auch die beiden ohc-Modelle standen weiter am Programm.
Bald nach der Übernahme durch Matchless setzte in der AJS-Modellpalette eine Rationalisierung ein, der zuerst die ohc-Modelle, dann das eben geborene »Transverse Twin«-Modell und schließlich auch das große V-Zweizylinder-Modell zum Opfer fielen. George Rowley ist es jedoch zu verdanken, daß trotzdem die »Cammy«-AJS nicht unterging. Er verwandelte ein TT-Modell 1930 in ein Geländesport-Modell und war damit 1932 als Mitglied der siegreichen englischen Sechstage-Fahrt-Trophy-Mannschaft erfolgreich. Dadurch angeeifert, setzten die Matchless-Direktoren 1933 wieder ein ohc-Modell auf die Verkaufsliste. Es gab davon zwei Ausführungen, eine mit hochgezogenem Auspuffrohr, Instrumentenbrett am Tank und mit voller Straßenausrüstung, wie Licht, Kickstarter u. a. m. und eine echte Rennversion. Am Motor war nun der Magnet hinter den Zylinder gewandert und auch das Schmiersystem wurde überarbeitet. Drei verschieden hohe Kolben, einer davon für Alkohol-Treibstoff, ließen dem sportfreudigen Kunden genügend Auswahl. Für das Jahr 1933 war es jedoch schon zu spät, für die TT Maschinen vorzubereiten. 1934 gab es dann aber mit fast serienmäßigen Katalog-Modellen einen 11. Platz in der Junior-TT und die Ränge 7, 9 und 12 in der Senior-TT. Der Name AJS bekam damit wieder Farbe und Auftrieb im Rennsport, auch wenn er nun unter dem Collier-Banner lief.
Von 1935 an kann man dann zwei verschiedene konstruktive Wege in der AJS-Rennsport-Tätigkeit verfolgen. Jenen, der sich auf die Weiterentwicklung des 1927 kreierten »Kettel«-Modells konzentrierte und einen neuen Weg mit einem V-Vierzylinder-Modell, das im Herbst 1935 auf der Londoner Olympia-Show Schlagzeilen machte. Dort war ein von Bert Collier konstruierter luftgekühlter V-Vierzylinder mit ohc-Ventiltrieb in einem straßentauglich ausgerüsteten AJS-Modell das meistumlagerte Ausstellungsstück. Die im Winkel von 50 Grad zueinander stehenden zwei Zylinder-Reihen hatten je eine Nockenwelle über den Köpfen plaziert, die von einer zwischen den Zylindern liegenden Kette angetrieben wurden. Der aufwendige Motor besaß zwei Vergaser, vier einzelne Auspuffrohre und zwei Doppel-Magnete, die auf der rechten Motorseite über Stirnräder angetrieben wurden. Das Fahrgestell war mit jenem der Einzylinder-ohc-Modelle identisch. Gabel, Räder und Bremsen stammten von den Serien der K-Modelle. Dieser AJS-»Show-Star« wurde um 89 Pfund und 5 Shilling angeboten.

Hier eine 1954er 7 R/3 »Triple knocker« mit Bob McIntyre im Sattel in Aktion. Mit diesem Modell gewann Rod Coleman 1954 die Junior-TT. Um einen Stromlinien-Effekt zu erzielen, war der Tank tief über den Motor heruntergezogen. Im Herbst 1954 fuhren damit Rod Coleman, Bill Doran und Pierre Monneret in Montlhery bei Paris 21 Weltrekorde.

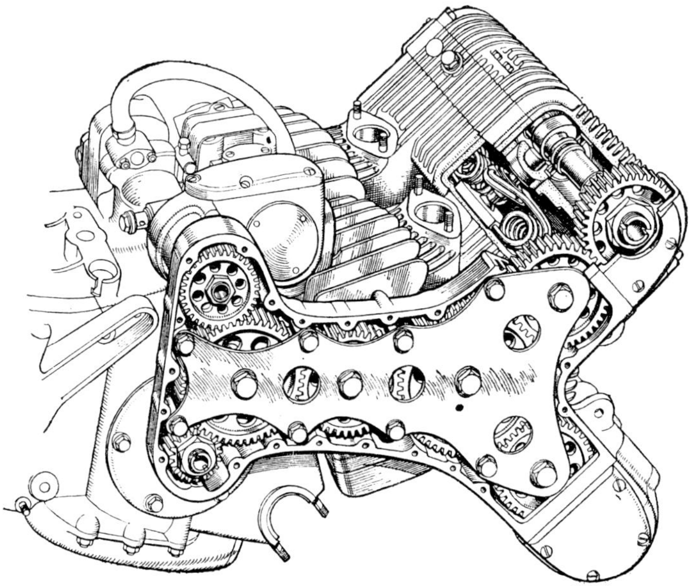

So war der Nockenwellenantrieb des »Stachelschwein«-Twin-Motors.

Zahlreiche Bestellungen gingen ein, doch wurde kein einziges Stück ausgeliefert. Ein Jahr später wurde vielmehr ein davon abgeleitetes Rennmodell mit Kompressor zur TT geschickt. Die Fahrer Rowley und Daniell, der spätere Norton-Star, hatten damit wenig Glück. Die störanfälligen Maschinen kehrten daraufhin erst 1938, im Fahrgestell verbessert, wieder zur Insel Man zurück. Auch jetzt ließen sich die klobigen »Biester« nicht vernünftig fahren. Für 1939 wurden sie daraufhin völlig umgebaut und der Motor bekam Wasserkühlung. Mit zunächst 65 PS Leistung schien er stark genug, um mit den etablierten Kompressor-Rennern von BMW und Gilera mitzuhalten. Das Fahrgestell war jedoch der Leistung nicht mehr gewachsen, obwohl es auch eine Hinterrad-Federung erhalten hatte. Mit einem voluminösen Wasserkühler war das Fahrzeug weiterhin zu schwer und unhandlich. In der Senior-TT 1939 reichte es so für Rusk und Foster nur für die Plätze 11 und 13. Erst im letzten Rennen vor Kriegsausbruch, dem Ulster Grand-Prix, lief die Vierzylinder-AJS, bis sie durch einen Gabelbruch ausfiel, erwartungsgemäß, und Rusk fuhr eine Rekordrunde, die erste über 100 Meilen Schnitt in Ulster. Der Sieg ging dann mühelos an Serafini auf der Gilera »Rondine«.

Das Einzylinder-ohc-Modell wurde nach 1935 nur mehr in der 350er Größe weiterentwickelt. 1938 erscheinen die Werkmodelle zur TT mit Hinterradfederungen, kamen jedoch nur auf hintere Plätze. Trotzdem gab es ab 1937 wieder ein käufliches 350er Rennmodell.

Die Schilderung der sportlichen Geschicke von AJS wäre nicht vollständig, wollte man nicht auch die Namen jener berühmten Rennfahrer nennen, die in der Zwischenkriegszeit mit dieser Marke erfolgreich waren. In England waren es die schon genannten Werkfahrer Jimmy Simpson, Wal Handley, George Rowley, Jimmy Guthrie, Harold Daniell, Walter Rusk und Bob Foster. Auch in Deutschland gab es eine Reihe erfolgreicher Fahrer, die auf AJS vertrauten, wie Herbert Ernst, Albert Schneider, Erich Tennigkeit, Karl Stegmann, und in den späten dreißiger Jahren Werner Macanek. In Österreich waren es Michael Gayer, Hermann Deimel, Rudi Runtsch, Max Reheis und vor allem Friedrich Cerny, die die Fahnen von AJS hochhielten. Die Nachkriegs-Ära brachte dann neue, andere Namen mit AJS ins Rampenlicht.

Noch 1938 wurde die Firma H. Collier and Son Ltd. in Associated Motorcycles Ltd. umgewandelt und die Marke Sunbeam aufgekauft. Auch die Zweitakt-Motorräder produzierenden Marken James und Francis-Barnett kamen bei dieser Transaktion unter die Leitung von AMC, wie die Kurzbezeichnung des neuen Konzerns hieß. Die damit einsetzende Rationalisierung fand durch den ein Jahr später ausbrechenden Krieg im Serienmodell-Programm keinen nennenswerten Niederschlag mehr. Die Produktion wurde bald auf die Kriegserfordernisse umgestellt. AMC baute für das Militär dann ein 350-ccm-ohv-Modell, das als erstes englisches Serien-Motorrad mit Teleskopgabel in die Geschichte des Zweirads eingehen sollte. Dieses Modell trug jedoch das Marken-Emblem von Matchless am Tank.

Mit Beginn der zivilen Nachkriegs-Produktion unterschieden sich die von AMC gebauten Serien-Modelle von Matchless und AJS meist nur in Kleinigkeiten. Der wichtigste optische Unterschied der Einzylinder-Modelle war eine Zeitlang, daß

Der erste Auftritt des AJS »Stachelschwein«-Werkrenners im Dunholm-Rennen 1948 mit den Fahrern Ted Frend (1), Les Graham (2) und Jock West (3), der später Verkaufsdirektor von AJS wurde.

AJS-Motorräder den Magnet vor dem Zylinder und Matchless-Maschinen hinter dem Zylinder plaziert hatten. Der Hauptgrund für die Weiterführung der zwei verschiedenen Marken war vor allem, daß jede Marke ihr eigenes Händlernetz und damit ihren speziellen Kundenstock besaß, den man bei Auflassung einer der beiden Marken weitgehend verloren hätte. Überdies besaß AJS in der Sportwelt den besseren Ruf, und deshalb war dieser Name auch dafür ausersehen, die aktive Sportbetätigung der AMC-Gruppe fortzusetzen.

So präsentierte AMC ab 1948 sein Modell-Angebot stets in zwei Varianten. Die Einzylinder-ohv-Modelle von AJS der 350er und 500er Klasse hießen 16 M und 18, während die Parallel-Modelle von Matchless die Bezeichnung G 3 L und G 30 hatten. Neu kamen 1948 zwei Competition-Modelle hinzu, die man heute als Trial-Modelle ansprechen würde. Sie erscheinen zunächst nur unter dem Namen AJS als 16 MC (350 ccm) und 18 C (500 ccm). Ein Jahr später gab es auch diese Modelle unter beiden Marken-Namen. Die Renn-Aktivitäten von AMC wurden jedoch schon 1947 ausschließlich unter dem AJS-Banner aktiviert, und mit ihnen begann ein neues, glorreiches Kapitel der Marke AJS.

Schon 1939 wechselte der berühmte Norton-Rennleiter Joe Craig zu AMC, als dort ein neuer Halbliter-Rennmotor mit drei Zylindern am Zeichenbrett entstand. Dieser Entwurf wich jedoch einem liegenden Zweizylinder-Twin, der, mit einem Kompressor versehen, eine wettbewerbsfähige Leistung bringen sollte. Da bald nach Kriegsende die Internationale Motorradsport-Behörde (FIM) ein Kompressor-Verbot aussprach, mußte auch dieses AJS-Projekt wieder geändert werden. Anstelle Wasserkühlung wurde Luftkühlung vorgesehen und, um für den liegenden Twin genügend

Unten: So sieht der Einzylinder ohv-Motor von AJS der Nachkriegszeit aus.

Kühlfläche zu bekommen, wurden die Kühlrippen stachelförmig gegossen. Sie gaben dem 1947 erstmals der Öffentlichkeit präsentierten neuen AJS-Renner den Rufnamen »Stachelschwein«.
Trotz anfänglichen Schwierigkeiten erwies sich die sehr fortschrittlich gebaute Maschine mit Schwingrahmen und Federbeinen sowie Teleskopgabel insoferne als erfolgreich, als sie 1949 unter Leslie Graham den ersten Weltmeistertitel der Halbliterklasse nach England brachte. Damals lag die Leistung des »Stachelschweins« mit nachkriegsbedingten niederoktanigem Treibstoff bei 50 PS und 7800 U/min. Trotz laufender Detailänderungen – vor allem richtete man 1952 den Zylinderblock um 45 Grad auf – gelang es AJS nicht mehr, große Erfolge damit zu erzielen. Zwar gewann 1950 Graham und 1952 nochmals Jack Brett den »Großen Preis der Schweiz«, doch in der Tourist Trophy blieb ein zweiter Platz durch Doran 1951 das beste Ergebnis.
Wesentlich erfolgreicher verliefen die Rennaktivitäten von AJS in der 350-ccm-Klasse, für die man ein einfacheres Einzylinder-Modell entwickelt hatte. Es war in erster Linie als käufliches Modell für Privatfahrer gedacht. Es ging – die offizielle Modellbezeichnung hieß AJS »7 R« – unter dem Namen »Boy Racer« in die Sportgeschichte ein und erwies sich zwischen 1948 und 1962 – so lange wurde es ständig weiterentwickelt, produziert und verkauft – als eines der erfolgreichsten Rennmodelle aller Zeiten.
Der Motor der »7 R« stammte konstruktiv von dem 1927 entstandenen kettengetriebenen ohc-Modell »K 7«; es war ein stehender Einzylinder mit obenliegender Nockenwelle und zunächst 74 mm Bohrung und 81 mm Hub. Die im Leichtmetallkopf verkapselten Ventile waren mit Haarnadel-Federn versehen. Der Magnet lag hinter dem Zylinder, mit einem getrennten fußgeschalteten Viergang-Getriebe saß der Motor in einem modernen Doppelschleifenrahmen. Räder, Federung und Bremsen waren mit jenen des 500-ccm-Werkmodells, dem »Stachelschwein«, identisch.
Im Verlauf der Jahre entwickelte sich der AJS »Boy Racer« zu einem der beliebtesten und zuverlässigsten Privatfahrer-Rennmodelle und wurde noch bis Mitte der sechziger Jahre weltweit mit großem Erfolg gefahren. Die Motorleistung stieg während seiner Produktionszeit von 29 bis 42 PS, und seine Erfolgsliste ist unübersehbar. In der Junior-TT gab es zwar nur gute Plätze, aber noch 1964 und 1966 kamen Phil Read und Peter Williams als Zweite ins Ziel. Im Manx-Grand-Prix, der Amateur-TT, gingen zwischen 1950 und 1965 insgesamt sechs Junior-Siege an AJS. Natürlich waren die AJS »7 R«-Rennmaschinen auch am Kontinent überall erfolgreich. In Deutschland waren damit Werner Mazanec, Hans Baltisberger, Kurt Knopf, H. G. Jäger, Rudi Stein, Hans Hoetzer, Fritz Kläger, Robert Zeller und Rudi Knees erfolgreich unterwegs. In Österreich waren es vor allem Leo Fassl, Ernst Vogel, Leo Zöchling und Ernst Merinsky, und in der Schweiz Luigi Taveri, die für AJS Siege buchten.
Hier muß noch auf ein besonderes 350er Rennmodell von AJS eingegangen werden, den »Triple Knocker«, mit einem Dreiventil-Motor. Dieser in einem normalen »7 R«-Fahrgestell eingebaute Werkmotor stammte von Konstrukteur Hatch, der sich schon Anfang der dreißiger Jahre mit dem »Mechanical Marvel« von Excelsior einen Namen gemacht hatte. Der »7 R 3«-Motor, wie er offiziell hieß, besaß zwei radial in den Zylinderkopf stehende Auspuffventile und ein Einlaßventil. Der Antrieb dieser drei Ventile war kompliziert und erfolgte über drei getrennte Nockenwellen. Dieses 350-ccm-Werkrennmodell war nur eine Saison lang, 1954, im Einsatz und brachte AJS, mit dem Neuseeländer Rod Coleman im Sattel, den einzigen Junior-Sieg der Nachkriegszeit. Im Herbst 1954 fuhr damit in Montlhéry bei Paris ein Team mit Rod Coleman, Bill Doran und Pierre Monneret nochmals 21 Weltrekorde. Da der große mechanische Aufwand gegenüber dem normalen »7 R«-Motor nur wenig Mehrleistung brachte, verschwand der »Triple Knocker« wieder in der Versenkung.
AJS war während dieser Nachkriegsjahre auch am Trial- und Geländesport-Sektor sehr erfolgreich.

Bob Currie, »Motor Cycle«-Redakteur und führender Motorrad-Historiker Englands, reitet hier die ISDT-Spezial-Ausführung 1951 des beliebten AJS »Spring Twin«-Modells von AJS. Dieses als Konkurrent zu dem Triumph-Verkaufsschlager »Speed Twin« 1949 erschienene Zweizylinder-Modell mit 500 ccm wurde 1958 auf 650 ccm vergrößert und war das beliebteste Nachkriegs-Serien-Motorrad von AJS.

Allein in der schottischen Sechstage-Fahrt errangen die beiden erfolgreichsten AJS-Geländefahrer Hugh Viney und Gordon Jackson zwischen 1947 und 1962 vier Gesamtsiege.

Für den Motorrad-Normalverbraucher gab es im AJS-Angebot ab Herbst 1949 ein neues, attraktives Zweizylinder-Modell, »Springtwin« genannt. Es war ein Pendant der AMC-Gruppe zur »Speed Twin«, die bei Triumph bereits vor dem Krieg diesen neuen technischen Trend eingeleitet hatte. Gegenüber der Triumph-Konstruktion hatte der AMC-Twin den Vorteil eines dritten Kurbelwellen-Mittellagers. Es gab natürlich auch davon ein Parallel-Modell bei Matchless. 1958 wurde dann der Hubraum dieses Halbliter-Motors auf 650 ccm vergrößert. In diesem Jahr reichte das Modell-Angebot bei AJS von 250 bis 650 ccm, alles Motorräder mit kopfgesteuerten Motoren. 1958 entstand für die 250er Klasse ein neuer Blockmotor mit eingeschlossenem Getriebe.

Schon 1952 war auch Norton zum Firmenverbund der AMC-Gruppe gestoßen. Die Produktion von Norton-Maschinen blieb jedoch bis 1963 im alten Norton-Werk in Birmingham, in der Bracebridge Street. Dann wurde auch diese legendäre Fabrik geschlossen und die Fertigungseinrichtungen nach London verlegt. Schon anfangs der sechziger Jahre begann der Rückgang der Motorrad-Verkäufe seinen Schatten auf AMC zu werfen. 1962 wurde die Produktion des prestigebringenden »7 R«-Modells eingestellt, und ab 1963 glichen AJS- und Matchless-Modelle einander fast völlig. Die Zahl der Modelle – 1960 noch 14 Stück – wurde drastisch reduziert und betrug drei Jahre später nur mehr acht.

1965 wurde die letzte Sportaktivität des Werkes eingestellt, und ein Jahr später erwarb Denis Poore, Vorsitzender und Eigentümer des Industrie-Unternehmens Manganes Bronce, die liquidationsreife AMC-Gruppe. Die Fertigung der altbekannten AJS-Modelle, die auch unter dem Collier- und später AMC-Banner nie ausgesetzt hatte, wurde 1968 endgültig eingestellt. Der Name lebte dann noch ein paar Jahre in einem NTV-Modell (Norton-Triumph-Villiers) in Form eines 250-ccm-Zweitakt-Modells weiter, dessen Motor von Villiers kam. Es war jedoch ausschließlich für Moto-Cross und Geländesport gedacht. Aber auch dieses AJS-Anhängsel verkaufte Denis Poore nach ein paar Jahren, und damit war das Schicksal der einstmals so berühmten Marke AJS endgültig besiegelt.

Benelli

Benelli – italienisches Vollblut mit Zahnrad-Kaskade zum Nockenantrieb

Benelli, vor dem Krieg bereits durch seine ohc-Sport- und Rennmodelle berühmt geworden, baute noch 1940 diese Rennsport-Version mit 250-ccm-Einnocken-Motor und Hinterradfederung.

Der Start der Firma Benelli, eines typischen Familien-Unternehmens, erfolgte bereits 1911, auch wenn es Motorräder mit diesem Namen erst seit 1920 gibt. Damals versammelte »Mama« Theresa Benelli ihre sechs Söhne Giuseppe, Giovanni, Francesco, Filippo, Dominico und Antionio um sich. Der Familienrat beschloß, eine technische Firma zu gründen. Das nötige Geld dazu wurde durch den Verkauf von Land aus dem Familienbesitz aufgebracht, und die erste Beschäftigung der von der Technik begeisterten Brüder Benelli war das Reparieren von Motorrädern, Autos und Kanonen.

Die Benelli-Brüder bauten erstmals einen eigenen kleinen 75-ccm-Zweitakt-Hilfsmotor, der an Fahrrädern anmontiert wurde. Auch das Markenzeichen mit dem Löwen im goldenen Siegeskranz entstand, welches die Ambition »mit Mut Großes zu schaffen« symbolisierte. Das erste komplette Benelli-Motorrad entstand dann 1920 und war ein etwas schmalbrüstig ausgefallenes Leichtmotorrad mit einem 98-ccm-Zweitakt-Motor, der über ein Zweigang-Getriebe und eine Kette das Hinterrad antrieb. 1922 wurde der Motor auf 125 ccm und ein Jahr später auf 150 ccm vergrößert.

Bereits mit diesen Zweitaktern begann die Rennkarriere von Benelli und ihrem jüngsten Firmenmitglied Tonino, als dieser bei seinem ersten Rennen gleich hinter Gino Moretti, der eine 500er Guzzi fuhr, Zweiter wurde. Gleichzeitig begannen die anderen Brüder Benelli sich mit der Suche nach mehr PS zu beschäftigen, um ihre lebende Werbung besser »herauszuputzen«. Der erste Sieg von Tonino ist dann aus dem Jahr 1924 zu vermelden, als er in Parma gewann und anschließend noch in Bergamo. Aber allen Brüdern Benelli war in diesem Jahr schon klar, daß sie etwas Neues bauen mußten, wenn sie weiter im Motorsport mitmachen wollten.

Zu dieser Zeit war mit Zweitaktern kein Blumentopf mehr zu gewinnen, weshalb sich die sportbegeisterten Benellis entschlossen, eine Viertakt-Konstruktion auf die Räder zu stellen.

Mit einem 175-ccm-Viertakt-Motor erschien dann Benelli 1927, und diese Konstruktion mit einer über Zahnräder angetriebenen obenliegenden Nockenwelle sollte sich als gesunde Ausgangsbasis für einen Rennmotor erweisen, der Benelli mitten in die mit motorsportlichen Ruhm umgebenen Marken katapultierte. Der zunächst noch immer etwas unscheinbare Motor erwies sich in Kürze nicht nur als sehr schnell, sondern auch als besonders verläßlich. Das war bei schnelldrehenden Viertaktern in diesen Jahren durchaus nicht üblich. Sie litten alle meist an Brüchen der Ventile oder Ventilfedern. Der neue Benelli-Motor blieb davon verschont, und insgesamt 10 Siege verzeichnet das Goldene Buch der Benelli-Erfolge in diesem Jahr mit dem Fahrer Tonino Benelli im Sattel, den letzten davon im »4. Großen Preis der Nationen« in Monza, also in einem echten internationalen Wettbewerb. Er legte dort am 4.9.1927 im königlichen Park die Distanz von 200 km mit einem Schnitt von 109,4 km/h zurück.

Die kleine flinke 175-ccm-ohc-Benelli wurde zunächst noch in einem Starrahmen mit Einschubtank gefahren, in den nächsten Jahren wandelte sich ihre äußere Erscheinung nur durch einen Satteltank. Es blieb das handgeschaltete Dreigang-Getriebe, als besonderes Merkmal die außenliegende Schwungscheibe auf der linken Motorseite und dem ebenfalls über Zahnräder angetriebenen vor dem Motor liegenden Magnet. Für den Verkauf gab es zwei Modelle mit 175 ccm, eines äußerlich gleich wie das erfolgreiche Rennmodell mit dem ohc-Motor und natürlich mit Licht und ein billigeres sv-Modell.

1928 wurde Tonino Benelli dann zum zweiten Mal Italienischer Meister der 175-ccm-Klasse. 1928 setzte er ein Jahr aus. Hierfür ist der Grund nicht bekannt. Für ihn gewann dann Ricardo Brusi den dritten Meistertitel für Benelli, und in Monza führte Carlo Baschieri die schnelle Maschine aus Pesaro zum Sieg im »Großen Preis der Nationen«.

1930 kehrte Tonino wieder als strahlender Sieger zum Rennsport zurück und gewann nicht nur in Monza, sondern auch den italienischen Meistertitel. Diesen holte er sich auch noch 1931 zusammen mit dem GP der Schweiz und Frankreich.

1931 war jedoch auch in technischer Hinsicht ein bemerkenswertes Jahr, denn der schnelle 175-ccm-Motor bekam nun einen Doppelnocken-Antrieb, und das bis dorthin handgeschaltete Dreigang-Getriebe wurde durch ein fußgeschaltetes Viergang-Getriebe abgelöst.

Tonino Benelli zog sich 1933 von der Rennerei zurück, und an seiner Stelle sorgten Alberti, Baschieri, Rosetti und der Belgier Goor für Benelli-Siege in der 175-ccm-Klasse und auch außerhalb von Italien. Tonino starb 1937 bei einem Verkehrsunfall.

Als die FICM – der heutigen FIM entsprechend – die 175-ccm-Klasse international strich, mußte Benelli zu größeren Ufern, sprich 250 ccm Hubraum, Ausschau halten. Diese Pause im Jahr 1935 schlug sich in der Serienproduktion fruchtbar nieder, denn 1936 gab es im Verkaufskatalog von Benelli 175-, 250- und 500-ccm-Modelle, alle mit obenliegender Nockenwelle, die, wie am erfolgreichen Rennmodell, über Zahnräder angetrieben wurde. Die Ventile und Ventilfedern (im Gegensatz zum Rennmodell mit Haarnadelfedern – in der Serie Schraubenfedern) lagen frei. Alle Modelle hatten ein getrenntes Viergang- Getriebe, das entweder fuß- oder handgeschaltet wurde. Der Rahmen war zunächst starr, und das Vorderrad wurde mittels einer Trapezgabel gefedert. Alle Serienmodelle waren gesunde, verläßliche Motorräder und hatten, dank des sportlichen Rufes der Marke, auch den entsprechenden Verkaufserfolg.

Inzwischen war in Stille die neue 250er Doppelnocken-Rennmaschine entstanden und wurde 1936

und 1937 nur gelegentlich zu einem Probegalopp ausgeführt. In dieser Zeit war Benelli voll mit der Vergrößerung seines Produktions-Programms beschäftigt und belebte erst 1938 wieder seine Rennaktivität.
Im »Großen Preis der Nationen« 1938, dem letzten großen Rennen der Saison, das jedoch nicht mehr zur Europameisterschaft zählte, schlug Benelli überwältigend zu. Die superschnelle Einzylinder-Doppelnocken-Benelli belegte mit Soprani, Martelli und Rosetti die ersten drei Plätze vor dem Guzzi-Werk-Team Tenni, Sandri und Nello Pagani. Mit Rundenrückstand folgten die DKW-Privatfahrer Lottes, Kohfink und Simons. Der Schnitt von Soprani über 300 km Distanz mit 140,127 km/h war dabei höher als jener des Siegers der 350-ccm-Klasse, Ted Mellors auf Velocette, der über dieselbe Distanz 138,6 km/h schaffte. Der Benelli-Motor drehte über 8500 U/min ohne auseinanderzufliegen, und die unverkleidete 250er schaffte etwa 175 km/h Spitze! Diese Leistung hatte Mellors, der 1938 auf Velocette Europameister wurde, so beeindruckt, daß er damit auf der Isle of Man das schaffen wollte, was ihm in seiner Rennfahrerlaufbahn bis dorthin versagt war, eine Tourist Trophy zu gewinnen.
Benelli war offensichtlich mit der Demonstration seiner Stärke zufrieden und blieb mit Ausnahme der TT auch 1939 großen internationalen Rennen im Ausland fern. Dafür schickten sie eine Maschine zur »Insel« und Mellors war der Fahrer, der Benelli 1939 den ersten TT-Sieg bringen sollte. Guzzi war dort mit Tenni und der neuen Kompressor-Einzylinder erschienen, und Kluge vertraute trotz neuen Kompressor-Konstruktionen bei DKW seinem Drehschieber-Ladepumpen-Modell aus dem Vorjahr. Nur mit einem hatte niemand gerechnet, mit dem Wetter. In einem regendurchnäßten Rennen auf der »Insel« siegte nach dem Ausfall von Tenni, der zunächst geführt hatte, schließlich Mellors auf der Benelli vor Kluge.
Schon 1937 war die schnelle Benelli 250 auch mit einem Schwingrahmen eigener Fertigung versehen worden, den sogar DKW in Lizenz für seine Rennmaschinen nachbaute. Das war eine Hinterradschwinge, deren Federn in geraden Hülsen am Ende eines konventionellen Rahmens untergebracht waren. Die Schwingrahmenenden führten

Oben: Tonino Benelli, Sieger im Grand Premio 1930 von Rom. Rechts sein Bruder Giovanni, links Carlo Baschieri.

Die ohc-Ausführung der 175er Benelli 1933 mit verkleidetem Hinterrad für Rekordfahrten.

Auch in Tourensport-Modellen verwendete Benelli vor 1940 Einnocken-ohc-Motoren.

durch diese Hülsen, und die Dämpfung wurde von Friktions-Dämpfern übernommen, die man von Hand verstellen konnte. Die ganze Maschine wog etwa 110 kg, und der mit großen Leichtmetallrippen an Zylinder und Kopf versehene Motor leistete 1939 etwa 28 PS bei 9500 U/min. Ein Wunderwerk eines Viertakt-Motors, auch mit heutigen Augen betrachtet, und das Vorbild für die in den fünfziger Jahren von MV Agusta gebauten und erfolgreichen 125-ccm-dohc-Rennmotoren. Auf der Seite der Serienmodelle bot Benelli 1939 sechs Modelle an, jeweils drei mit 250 und 500 ccm Hubraum. Die Viertelliter-Modelle hatten alle den seit der 175er bewährten Zahnradantrieb der obenliegenden Nockenwelle, von den 500ern nur zwei, und ein Halblitermodell wurde mit seitengesteuertem Motor gebaut.

Die 250er hatten, ebenso wie das Rennmodell, 67 mm Bohrung bei 70 mm Hub. Besonders das Modell S mit Leichtmetall-Zylinder und -Kopf war ein bestechend gut aussehendes Motorrad im »Rennlook« und lief immerhin an die 150 km/h Spitze. Die Halbliter-Modelle mit 85 mm Bohrung und 87 mm Hub waren etwas schwerfälliger im Aussehen und in der Leistung. Vom Halbliter-Modell gab es übrigens schon 1935 einmal eine Doppelnocken-Rennversion im Starr-Rahmen.

Ehe Italien in den Krieg zog, das war bekanntlich erst 1940, stellte Benelli noch zwei 250er Rennmodelle auf die Räder, die in die Technikgeschichte eingegangen sind, ohne daß sie je zum Einsatz kamen. Einmal wurde das fantastische Einzylinder-Modell mit einem Kompressor und einem riesigen, verrippten Ausgleichsbehälter (Windkessel) versehen, und die Sensation der Mailänder Motorradschau im Herbst 1939 war eine flüssigkeitsgekühlte Vierzylinder-Benelli, ebenfalls mit Kompressor und Druckausgleich, die schon auf der Bremse 52,5 PS bei 10000 U/min abgab. Die Spitze lag, natürlich nur rechnerisch, bei 220 km/h. Dieses Modell hat im Werksmuseum überlebt.

Im Krieg wurde Benelli ausgebombt, die Rennmaschinen waren jedoch schon vorher »aufs Land« gebracht und versteckt worden. Als dann der Pulverdampf verflog, waren die Benelli-Brüder sehr entmutigt, doch ihre Söhne sorgten dafür, daß sie sich bald wieder an die Arbeit machen konnten.

Die ersten eigenen Benelli-Motorräder nach dem Krieg war eine Modellreihe von kleinen Zweitaktern, die unter dem Namen »Leoncino« bekannt wurden. Das waren »Brot-und-Butter«-Leicht-Motorräder mit 125-ccm-Motoren von 5,5 bis 6,5 PS Leistung bei 6800 U/min. Mit diesen Leoncinos kam Benelli finanziell wieder in Schwung und bekam auch wieder Appetit am Rennsport. In Italien gab es schon 1947 wieder eine volle Straßenrennsaison. 1948 erschien Dario Ambrosini auf der Vorkriegs-Doppelnocken-Rennmaschine, die nur durch niedrigere Kompression dem schlechten Nachkriegs-Treibstoff angepaßt worden war. Die einzige 250-ccm-Werk-Benelli war gegen die Guzzis ein einsamer Wolf, der aber meistens seine

Oben: Erfolgreichstes 250er-dohc-Werkrennmodell; 1939 mit Mellors in der TT siegreich.

Mitte: Wassergekühltes 250er-Vierzylinder-Kompressor-Werkrennmodell 1940. Es kam jedoch nicht mehr zum Einsatz.

Rechts: 1960 erschien dieser Vierzylinder-Motor mit ca. 40 PS, der später auf 350, schließlich auf 500 ccm und 81 PS anwuchs.

Gegner fraß. Ambrosini gewann 1948 bereits vier italienische Meisterschaftsläufe und auch den Großen Preis der Schweiz in Genf. Als der drahtige Italiener mit seinem Römer-Kopf 1949 außer verschiedenen internationalen Rennen, meist in der Schweiz, auch in Monza gewann, machte Benelli sich daran, auch in der neu etablierten Weltmeisterschaft seine Leistungsfähigkeit unter Beweis zu stellen.

1950 ging die Rechnung von Benelli mit ihrem einzigen Werksfahrer auf. Mit den großen Erfolgen des Jahres 1950 war Benelli der Weltmeistertitel nicht zu nehmen. Man war guter Hoffnung, 1951 diesen Erfolg wiederholen zu können. Die Saison begann auch erfolgversprechend mit mehreren Siegen in Italien, dann einem knappen 2. Platz in der TT hinter Tommy Wood und einem Sieg beim fürchterlichen Regen-Rennen in Bremgarten bei Bern. Beim Großen Preis von Albi in Frankreich kam Ambrosini jedoch im Training so schwer zu Sturz, daß er am Unfallort verstarb. Dieser tragische Unfall veranlaßte Benelli, den Grand-Prix-Sport einzustellen, sie hatten auch keinen gleichwertigen Fahrer zur Hand. Die sportlichen Ambitionen beschränkten sich in den nächsten Jahren ausschließlich auf Italien, und gefahren wurde mit frisierten Versionen der Zweitakt »Leoncino« mit 125 ccm Hubraum. Ab 1955 gab es dann auch eine Viertakt-ohc-Version, die bereits ein Viergang-Getriebe besaß und in Normal-Ausführung mit 7,5 PS bei 7000 U/min angegeben wurde. Von diesem Modell gab es auch kurzfristig eine 175-ccm-Version, und im Verkaufskatalog dieser Jahre findet man auch ein sehr formschönes 250-ccm-Viertakt-Modell, das auf den Namen »Leonessa« hörte. Der Motor war ein schön verkapselter Twin, mit dem Viergang-Getriebe in einem mächtigen Block zusammengebaut und saß in einem Doppelschleifen-Rahmen. Die Leistung wurde mit 16 PS bei 7000 U/min genannt und die Spitze mit 120 km/h. Das ganze schon recht stabile Motorrad mit Telegabel und Hinterradschwinge wog 138 kg.

In diesen bewegten fünfziger Jahren, in welchen das Motorradgeschäft zunächst steil nach oben ging, um dann in den Keller abzusacken, trennte sich einer der Benelli-Brüder, es war Giovanni, vom Stammwerk seiner Familie und machte die Firma Motobi auf, die durch ihr liegendes »Motor-Ei« und das Modell Catria berühmt wurde. Der abtrünnige Bruder kehrte dann aber 1962 wieder zum Stammwerk Benelli zurück und die Motobi-Konstruktionen wurden unter dem Buchstaben »B« weitergeführt. Inzwischen erschien im Frühjahr 1959 wieder eine 250-ccm-Doppelnocken-Werk-Benelli, der jedoch kein großes Comeback beschieden war. Dieses Mal war der Motor, dessen Leistung mit 33 PS bei 12000 U/min angegeben war (70 mm Bohrung × 64,8 mm Hub) mit einem Sechsgang-Getriebe verblockt und saß in einem Doppelschleifenrahmen, der vorne eine Telegabel und hinten eine Schwinge mit Federbeinen aufwies.

Benelli hatte inzwischen aber überlegt, daß mit einem Einzylinder-Modell nicht mehr gegen die fernöstliche Vierzylinder-Konkurrenz ins Feld zu ziehen war und erschien schon 1960 mit einer 250-ccm-Vierzylinder-Rennmaschine. In einem für heutige Begriffe wenig steif aussehenden Rahmen war ein luftgekühltes Doppelnocken-Aggregat montiert, wie wir es heute in den meisten japanischen Modellen vorfinden. Als Eigenheit des Gehäuses, auf welchem die vier Zylinder saßen (jeder einzeln abnehmbar), muß erwähnt werden, daß es weder senkrecht noch waagrecht geteilt war, sondern daß eine schräg nach vorn geneigte Gehäuse-Platte angeschraubt war, durch welche Öffnung man offensichtlich die Kurbelwelle einfädeln konnte. Der Ventilantrieb erfolgte über Stirnräder von der Mitte der dort geteilten Kurbelwelle weg. Ein Sechsgang-Getriebe saß in einem gemeinsamen Gehäuse. Die offene Kupplung war links an diesem Getriebeteil, und die Zündung erfolgte über einen vorn am Motorgehäuse-Deckel angebrachten Verteiler mittels Batterien. Als Leistung dieses Vierzylinder-Renners aus Pesaro wurden 1960 bei der Vorstellung etwa 40 PS bei 13000 U/min angegeben, die im Laufe der Jahre sicher anwuchsen. 1964 wurden bereits »zwischen 45 bis 50 PS« genannt.

Als Fahrer war zunächst Silvio Grassetti vorgese-

1975 erschien in der jüngsten Benelli-Modellreihe dieses 750er-6-Zylinder-Modell »Sei«, das erste serienmäßige 6-Zylinder-Motorrad der Welt. Bei gleicher Leistung von 71 PS ist inzwischen der Hubraum auf 900 ccm gewachsen.

hen, der sich auch recht erfolgreich schlug, aber gegen die japanische Armada von Honda und Yamaha nicht durchkam. Das änderte sich erst, als Mitte der sechziger Jahre Tarquinio Provini von der sagenhaft schnellen Einzylinder Morini zu Benelli in den Sattel des Vierzylinder-Renners wechselte. In weiterer Folge kam dann noch Renzo Pasolini hinzu, und aus der 250er Benelli wurde schließlich eine 350er und 1967 sogar eine 500er, die im März dieses Jahres mit Pasolini in Modena ihr Debut gab. Obwohl sie 81 PS bei 11000 U/min abgab, war sie doch der damals unschlagbaren MV-Agusta nicht ganz gewachsen. Hier muß vermerkt werden, daß diese größeren Renn-Benelli's bereits Vierventilköpfe besaßen. 1969 konnte sich der Australier Kel Carruthers in Ulster und in Jugoslawien mit Siegen durchsetzen und wurde 19 Jahre nach Ambrosini der zweite Weltmeister auf einer Benelli.

Für 1970 hatte Benelli einen V-8-Rennmotor auf dem Reißbrett, als die FIM die Pläne der ambitionierten Firma durchkreuzte. Die Zylinderzahl wurde in der 125- und 250-ccm-Klasse auf zwei und darüber auf vier beschränkt, ebenso die Zahl der Gänge auf maximal sechs. Damit waren die Rennpläne von Benelli arg durchkreuzt und kamen ins Wanken. Das lag wohl auch daran, daß die Firma nie soviel Geld auslegen konnte, um einen Spitzenfahrer für die ganze Saison zu engagieren. Daran änderten auch gelegentliche Starts von Jarno Saarinen, Agostini und sogar M. Hailwood nichts, und als 1973 Alessandro de Tomaso Benelli übernahm, schliefen die Renn-Ambitionen endgültig ein.

Das Produktions-Programm von Benelli war während dieser Jahre in der Hauptsache auf die Hubraumklassen 125 und 250 ccm mit Zweitakt- und Viertaktmotoren beschränkt geblieben, letztere waren Weiterentwicklungen des »Motobi-Ei's«. Dazu kam dann ein besonders robustes 650-ccm-Twin-Modell, das den Namen »Tornado« führte. Die Leistung dieses 185 kg schweren Stoßstangen-Twins lag bei 50 PS und 7400 U/min. In der Fachwelt und auch am Markt kam Benelli jedoch erst wieder ins Gespräch, als die Firma 1974 mit einem Vierzylinder-500-ccm-Modell erschien, das stark an die 500er Honda erinnerte. Schon 1972 zeigte Benelli erstmals eine 6-Zylinder der Motorrad-Geschichte mit dem bekannten Modell »Sei«. Mit ursprünglich 71 PS bei 8900 U/min ist inzwischen dieses mit sechs martialischen Auspuffrohren versehene Modell auf 900 ccm angewachsen, ohne jedoch an Leistung zuzunehmen.

Die Vierzylinder-Reihe wurde hingegen nach unten auf die Hubraumklassen 350 und sogar 250 ccm ausgedehnt, und so hat Benelli außer 125- und 250-ccm-Zweitaktern auch das einzige serienmäßige Vierzylinder-Modell mit 250 ccm anzubieten. In der Modellpolitik ist Benelli heute mit Moto-Guzzi zusammengespannt, da beide Firmen dem Ex-Argentinier De Tomaso gehören. Ohne Zweifel ist mit Benelli eine der großen italienischen Firmen am Leben geblieben, die Motorsportgeschichte geschrieben und überdies durch ihre fortschrittlichen Konstruktionen befruchtend auf die gesamte Motorradtechnik eingewirkt haben.

BMW – Motorrad-Weltanschauung mit Boxer-Motor und Kardan

Mit diesem seitengesteuerten Modell R 32 aus 1923 beginnt die Geschichte der BMW-Motorräder. Dieses seltene Exemplar gehört Christian Zimmerlin aus Freiburg im Breisgau.

Die Motorräder der Bayerischen Motorenwerke AG in München verkörpern eine eigene technische Richtung, die, von ihrer Geburt im Jahr 1923 an, bis heute unverändert geblieben ist. Sie waren von Beginn an fortschrittlich und mit höchsten Qualitätsansprüchen gebaut, wie sie nur eine vorher im Flugzeugbau tätige Firma verwirklichen konnte. BMW-Motorräder sind dies auch heute noch, selbst wenn an ihre Flugzeug-Vergangenheit nur mehr das blau-weiße Firmenemblem erinnert; es symbolisiert ein rotierendes Propellerblatt. BMW ist gleichzeitig auch ein bayerisches Symbol, selbst wenn BMW-Motorräder heute in Berlin-Spandau gebaut werden. Erdacht, konstruiert und erprobt wurden und werden sie auch heute noch in München. Von hier aus haben sie ihren erfolgreichen Weg in alle Welt angetreten.

Die Bayerischen Motorenwerke AG wurde am 7. März 1916 gegründet, und ihre Eltern waren die »Rapp Motorenwerke GmbH« und die »Gustav Otto Flugmaschinenfabrik«. Beide Münchner Firmen fanden sich zusammen, um Flugmotoren für die Luftstreitkräfte, vor allem für Jagdflugzeuge, zu bauen. Nach Kriegsende mußte sich BMW um andere Produkte umsehen und begann zunächst für fremde Firmen, z. B. Victoria, Einbau-Motoren anzufertigen. Wenig später versuchten sie sich selbst mit der Produktion von ganzen Motorrädern, und so entstanden zunächst die »Helios« und das »Flink«- Leichtmotorrad. Mit beiden Fahrzeugen war man nicht recht zufrieden, und auch der Verkauf lief nicht gut. Da ließ man endlich Chef-

Oben links: Entwicklungsleiter Dipl.-Ing. Rudolf Schleicher am Lenker der ersten BMW mit kopfgesteuertem Motor, dem Typ R 37.

Oben Mitte: Das erste Einzylinder-Viertelliter-Modell R 39 aus 1925 war kopfgesteuert.

Rechte Seite oben: Karl Gall (links) und Peppi Stelzer, die beiden großen BMW-Fahrer der späten 20er Jahre auf R 47-Rennmodellen 1927 vor dem Tauern-Rennen im Land Salzburg, Österreich.

Bild rechts: Zwei BMW-Rekordmaschinen aus 1931, eine mit Beiwagen. Rennmechaniker Sepp Hopf (links) prüft mit Ernst Henne (mit Sturzhelm rechts) die Maschinen vor dem Start.

konstrukteur Friz »freien Lauf«. Er durfte ein Motorrad bauen, das seinen Vorstellungen entsprach. Wahrscheinlich hat er sich dazu geistige Anregungen auch bei A.B.C. geholt, die als erste Marke einen Boxermotor quer zur Fahrtrichtung in den Rahmen setzte. Wie immer es war, im Herbst 1923 schlug die Geburts- und Stern-Stunde der BMW-Motorräder, die heute noch ihren eigenen Charakter haben.

Der Pariser Salon 1923 hatte seine Sensation: Die BMW R 32. Ein quergestellter 500-ccm-Boxermotor mit sauber angeblocktem Getriebe, mit öldichtgekapseltem Kardanantrieb und mit einem verwindungssteifen Doppelrohrrahmen. Der Ausbau des Hinterrades mit der revolutionären Steckachse war ein Kinderspiel. 8,5 PS leistete der Motor bei 3300 U/min, aber die ganze Maschine wog auch nur 122 kg.

Nun, es gab im Motorradbau schon vor der R 32 querlaufende Boxermotoren und den Wellenantrieb. Was die internationale Fachwelt an der R 32 so rückhaltlos bewunderte und als Beginn einer neuen Epoche erkannte, war die geniale Harmonie, mit der der damalige BMW-Chefkonstrukteur Max Friz diese Bauelemente zu einer organischen Gesamtkonzeption zusammengefügt hatte: Ein Motorrad aus einem Guß, glattflächig und aufgeräumt, fool-proof und pflegeleicht, straßentauglich und betriebssicher.

Diese Aufgabenstellung ist bis auf den heutigen Tag die Grundlage für alle BMW-Konstruktionen: Durchbildung aller Bauteile mit technischer Akribie und eine kompromißlose Einordnung in eine technisch und funktionell vollendete Gesamtlösung.

Zwei Jahre später erschien der erste BMW Einzylinder, die R 39. Eine 250-ccm-Maschine mit einer Leistung von 6,5 PS und dem ersten vollgekapselten kopfgesteuerten Motorradmotor der Welt. Eine technische Delikatesse: Zylinder und Kurbelgehäuse waren in einem Stück aus Leichtmetall gegossen. Die Zylinderbüchse war eingepreßt.

Im gleichen Jahr 1925 verließ die erste kopfgesteuerte Zweizylinder-Sportmaschine, die R 37, das Werk; genauso sauber gekapselt wie die R 39, mit 16 PS bei 4000 U/min und 125 kg Gewicht so leistungsfähig, daß sie schon in ihrem Geburtsjahr neben 90 Rennsiegen den »Großen Preis von Deutschland« gewann.

Bei der R 42 des Baujahres 1926 und der sportlichen Schwester, der R 47, wurde die primitive Keilklotzbremse für das Hinterrad durch eine schmale Kardanbremse abgelöst und der offenliegende Tachoantrieb vom Getriebe zum Tachometer im Brenn-

stoffbehälter verlegt. Die bessere Kühlung des seitengesteuerten R 42-Motors mit dem abnehmbaren Leichtmetallzylinderkopf und den in Fahrtrichtung liegenden Kühlrippen ließ die Leistung auf 12 PS bei 3400 U/min steigen.
Schon in diesen frühen Jahren sah BMW im Sport den großen Lehrmeister, der im harten Wettbewerb zu schnelleren und sicheren Erkenntnissen führte und der Entwicklung entscheidende Impulse gab; und es hat in diesem Hause zu allen Zeiten Männer in der Entwicklung gegeben, die sich diese Erfahrungen selbst erfuhren, um sie aus eigenem Erleben unmittelbar auf die Serie zu übertragen. Und doch war es für den jungen Diplomingenieur Rudolf Schleicher ein kühner Entschluß, mit der R 37 in die härteste Zerreißprobe des Motorrad-

Links: Das Modell R 5, 1936 erschienen, war technisch und funktionell ein Sprung in die Zukunft.

Rechts: Richtungsweisend für die Motorradtechnik: die Teleskopgabel, 1935 am Modell R 12 und R 17 erschienen.

Links: Die alte Kompressor-Rennmaschine mit ohv-Motor und Blattfedergabel, aus dem Modell R 47 entwickelt, wie sie 1933 den GP von Deutschland auf der AVUS mit Peppi Stelzer gewann.

Rechts: BMW zog 1935 mit den neuen 500-ccm-Kompressor-Maschinen direkt in die Internationale 6-Tage-Fahrt. Wiggerl Kraus (8) mit einem Gespann, Ernst Henne (171) und Peppi Stelzer (114).

sports, die Internationale Sechstage-Fahrt zu gehen, denn die fand 1926 ausgerechnet in England statt, dem unumstrittenen Mutterland des Motorradsportes.

Es wurde ein überwältigender Erfolg: Rudolf Schleicher holte sich die erste Goldmedaille, die je ein Deutscher auf der Britischen Insel gewonnen hatte – und das auf Reifen, die für das schwierige

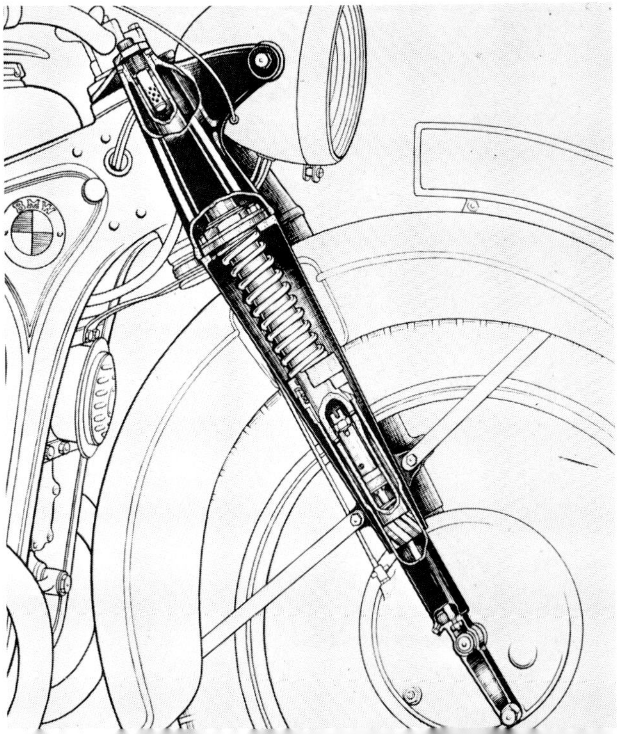

Gelände alles andere als gut geeignet waren. Prof. Arthur M. Low, technischer Leiter der Autocycle Union und einer der erfahrensten Fachleute der Welt, schrieb damals: »Die interessanteste Maschine während des ganzen Wettstreites war absolut die deutsche BMW. Ein liegender Zweizylindermotor, der quer in den Rahmen montiert ist – mit gänzlich eingeschlossenem Ventilmechanismus, Blockkonstruktion und Kardanantrieb. Nach den schwersten Tagen konnten wir nirgends einen Ölspritzer entdecken, die Maschine war schön geräuschlos und schien eine gewaltige Kraftreserve zu besitzen. Sie ist Meilen voraus vor jeder britischen Maschine, was die Konstruktion anbetrifft.«

Es folgte eine systematische Weiterentwicklung mit verbesserter Schmierung (in dem neuen Dreiganggetriebe wurde die Fettfüllung durch eine Ölschmierung abgelöst) und vergrößerten Bremsen – und dann erschien 1928 mit der R 62 und der R 63 das erste Zwillingspaar mit 750-ccm-Motor.

1929 kam die erste große Wende. Mit der R 11 und der R 16 wurde der Preßstahlrahmen eingeführt, ein sehr verwindungssteifes Fachwerk, bei dem der

Oben: Ernst Henne wird 1937 auf der Autobahn Darmstadt–Frankfurt mit seiner Weltrekordmaschine angeschoben. Hinter ihm, mit Hut, Karl Gall, der inoffiziell schon vorher die 300-km/h-Grenze überschritt.

Links: Der Königswellen-Kompressor-Motor, der BMW ab 1937 im Rennsport an die Weltspitze brachte.

Rechts: Schorsch Meier, 1979 nach 40 Jahren wieder zurück am Ort seines größten Erfolgs, auf der Insel Man. Mit der Senior-TT-Siegermaschine aus 1939 mit der damaligen Startnummer 49 (am Hinterrad) vor dem Start zur »Lap of honour« der alten TT-Asse, die damals 1979 zum 1000jährigen Jubiläum der selbständigen Insel-Regierung organisiert wurde und die TT-Besucher zu begeistern wußte.

Unten: Auch Walter Zeller, nach Meier BMW-Fahrer Nummer Eins in den fünziger Jahren, kehrte nach dreißig Jahren – nur zum Spaß – wieder auf die Rennstrekken zurück. Hier ist er mit der Werk-RS 54 im »Oldtimer-Grand-Prix 1979« am Salzburgring unterwegs.

Tank auf dem oberen Rahmenzug lag. Auch die noch immer blattgefederte Gabel wurde aus formschönen Preßteilen gefertigt. Erstmalig hatte ein Motorrad Steckachsen vorn und hinten.
Übrigens: Bis zu dieser Zeit war es üblich, Lichtanlage, Signalhorn und Tachometer als Extras anzubieten – bei BMW wurde erstmalig die Maschine »ready for the road« mit kompletter Lichtanlage, Signalhorn und Tachometer geliefert.
Wieder setzte eine systematische Weiterentwicklung ein. Der BMW-Vergaser wird erst durch einen Sum-Register-Vergaser, später durch je einen Amal-Vergaser für jeden Zylinder abgelöst. Der Zahnradantrieb für Nockenwelle und Lichtbatteriezünder weicht einem Kettenantrieb. Die Schwinggabel wird durch Reibungsstoßdämpfer gedämpft, die Schaltung durch eine sauber geführte Kulissenschaltung betriebssicherer gemacht und die einteilige Kardanwelle durch eine geteilte Kardanwelle mit laufruhiger Lagerung ersetzt. Schon damals waren eine saubere Filterung der Ansaugluft und eine Diebstahlsicherung für BMW Selbstverständlichkeiten.
Dabei wurde die Entwicklung der Einzylinder nicht vergessen. 1931 erschien die R 2 mit einem 200-ccm-Motor mit 6 PS in einem Stahlpreßrahmen. Das interessanteste Merkmal dieser Maschine: Der Motor war seitlich aus der Rahmenmitte herausversetzt, so daß im höchsten Gang eine geradlinige Kraftübertragung auf die Kardanwelle erfolgte. Das gleiche Prinzip wurde auf die Modelle R 4 mit 400-ccm- und R 3 mit 300-ccm-Motor der folgenden Jahre übertragen.
Ein weithin sichtbarer Meilenstein wurde 1935 mit den 750-ccm-Modellen R 12 und R 17 gesetzt. Nach jahrelangen Versuchen mit neuartigen Federsystemen erschien die erste echte Teleskopgabel mit hydraulischen Stoßdämpfern, eine Konstruktion, die sich in einem einmaligen Siegeszug auf der ganzen Welt durchsetzte. Gegenüber der bisherigen gezogenen Kurzarmschwinge mit Blattfedern war die neue Gabel praktisch wartungsfrei, hatte eine unvergleichlich längere Lebensdauer und mit 88 mm einen für diese Zeit sehr großen Federweg. Der entscheidende Fortschritt lag aber in der sicheren Geradführung und damit in einer wesentlichen Verbesserung der Fahreigenschaften. Trotz des enormen Leistungsüberschusses dieser Maschinen – die R 12 leistete 20 PS bei 4000 U/min, die R 17 gar 33 PS bei

4500 U/min bei einem Gewicht von ca. 185 kg – wurde das Dreigang-Getriebe durch ein Viergang-Getriebe mit Kulissenschaltung im Kniekissen abgelöst. Zum erstenmal sind Vorder- und Hinterrad austauschbar, das Tachometer blickgünstig in den Scheinwerfer gewandert.

1936 folgte eine wegweisende Neukonstruktion: Die R 5. Ein völlig neu entwickelter 500-ccm-Motor mit Tunnelgehäuse und einer Leistung von 24 PS. Um die Stoßstangen des kopfgesteuerten Motors möglichst kurz und leicht zu halten und damit gefahrlos höhere Drehzahlen erreichen zu können, sind erstmalig zwei Nockenwellen vorgesehen, die durch eine im Dreieck laufende Steuerkette angetrieben werden. Ein konstruktives Meisterwerk, in dem zierlichen Ventilgehäuse Haarnadelventilfedern unterzubringen, die sich im Rennmotorenbau bewährt haben. Das Viergang-Getriebe hat zwei Wellen und eine neuartige Fußschaltung, und weil man dieser – zu Unrecht – wohl nicht ganz traut, ist noch ein kleiner Handschalthebel vorgesehen.

Mit dieser Maschine kehrt BMW wieder zum geschlossenen Dreieck-Doppelrohrrahmen zurück. Er ist nicht mehr hart gelötet, sondern nach einem neuartigen Verfahren elektrisch verschweißt. Das Besondere an ihm ist die erstmalige Verwendung konischer Ovalrohre von sehr hoher Biegefestigkeit. Mit diesem Modell werden auch die traditionellen Trittbretter durch Fußrasten abgelöst, und die bisherige Hackenbremse weicht der modernen Zehenbremse. Die Weiterentwicklung der von der ganzen Welt bewunderten Teleskopgabel sieht jetzt auch eine Verstellung der hydraulischen Dämpfung vor und wächst im Federweg auf über 100 mm.

Links: Die 1953 herausgebrachte, käufliche Rennmaschine RS 54 mit Königswellen-Motor und Langarmschwinge war eines der begehrtesten Sportgeräte der fünfziger Jahre.

Das moderne Gesicht der BMW in den achtziger Jahren; links die R 100 S mit verkleidetem Steuerkopf und rechts die vollverkleidete R 100 TC.

1938 hält die Teleskop-Hinterradfederung ihren Einzug bei BMW, und der Wellenantrieb mit dem Kreuzgelenk wird jetzt zu einer echten Kardanwelle. Vorwiegend für Beiwagenantrieb sind im gleichen Rahmen die seitengesteuerten Modelle R 61 mit 600-ccm-Motor und die R 71 mit 750-ccm-Motor bestimmt. Aber hier hat BMW sich noch eine besondere Aufgabe gestellt – das Geländefahrzeug mit angetriebenem Seitenwagenrad: Der kopfgesteuerte 750-ccm-Motor der R 75 leistet 26 PS, das gesamte Gespann wiegt 400 kg.

Ein technischer Leckerbissen ist das Getriebe, ein Stufengetriebe mit vier Gelände- und vier Straßengängen, zwei Rückwärtsgängen und einem sperr-

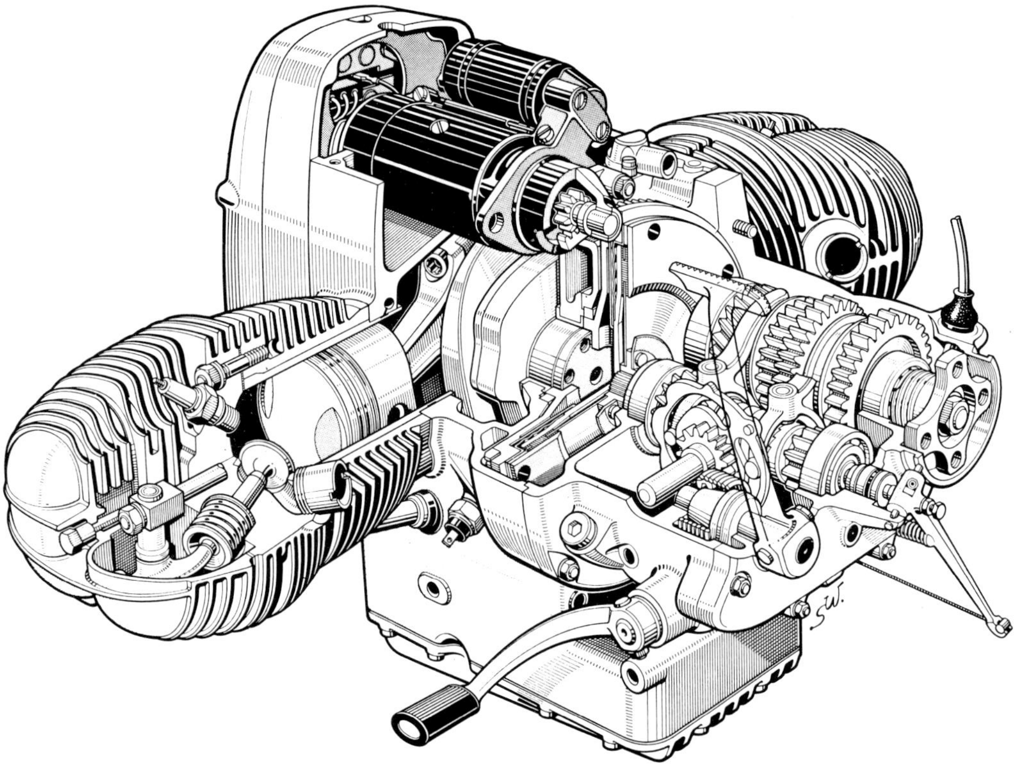

Siegfried-Werner-Zeichnung des BMW-Boxermotors der jüngsten Baureihe, wie sie seit 1970 produziert und dabei ständig weiterentwickelt wird.

Rechts unten: Das jüngste BMW-Modell, die 1980 vorgestellte R 80 G/S, eine Mehrzweckmaschine, die auch abseits der Straßen benützt werden kann.

baren Ausgleichsgetriebe für den Seitenwagenantrieb. Das Gespann ist serienmäßig mit Öldruckbremsen ausgerüstet, und die Zündlichtmaschine, die ihren Platz über dem Getriebe zum vorderen Kurbelwellenzapfen gewechselt hat, arbeitet erstmalig mit einer automatischen Fliehkraft-Zündverstellung, die von jetzt ab bei allen Maschinen in die Serie geht.

Dann kam der Zusammenbruch. BMW erhielt erst 1948 die Erlaubnis, Motorräder bis zu einem Zylinderinhalt von 250 ccm zu bauen. In aller Heimlichkeit war eine 125-ccm-Zweitakt-Boxermaschine mit Kardanantrieb entwickelt worden, aber sie ging trotz vielversprechender Eigenschaften nicht in die Serie. Das gelang erst der R 24, einer Weiterentwicklung der Vorkriegs-Einzylinder mit einem neuen, besonders formschönen Motor, Batterie-Zündung, Lichtmaschine mit automatischem Zündversteller auf dem Kurbelzapfen und fußgeschaltetem Viergang-Getriebe. Um die Kraftübertragung elastisch zu gestalten, erhielt das Getriebe einen Federstoßdämpfer.

Die R 25 des Baujahres 1950 hatte schon die Teleskophinterradfederung und auswechselbare Räder, an denen besonders die ungekröpften Speichen bemerkenswert waren. In den folgenden Jahren setzte auch hier eine systematische Weiterentwicklung ein: Die Teleskopgabel erhielt wieder größere Federwege, die Stahlfelgen wurden von Leichtmetallfelgen abgelöst, die Bereifung wurde vergrößert, die Vollnabenbremsen aus Leichtmetall mit angegossenem Bremsring wuchsen in die Breite, im Scheinwerfer gab es jetzt eine elektrische Leerlaufanzeige und der Motor wurde durch eine sorgfältig abgestimmte Ansaugleitung in Leistung und Elastizität gesteigert.

Zu dieser Zeit gab es aber schon »grünes Licht« für die Zweizylinder. Die R 51/2 des Baujahres 1950 entsprach weitgehend dem Vorkriegsmodell, aber die Ventilstößel wurden durch Fenster erleichtert und die Vergaser erstmalig als Schrägstromvergaser ausgeführt. Da die Antriebskette für die beiden Nockenwellen den BMW-Anforderungen an Laufruhe und Lebensdauer nicht genügte, wurde der Motor auf eine Nockenwelle mit Stirnradantrieb umgebaut. Die Lichtmaschine saß jetzt am Kurbelzapfen, der Magnetzünder an der Nockenwelle.

Die Weiterentwicklung erstreckte sich auf die Teleskopgabel, deren Stoßdämpfer hydraulische Anschläge erhielt, und auf die Verbreiterung der

Vollnabenbremsen, von denen die Vorderradbremse nach dem Duplex-System arbeitete. Gerade Speichen und Leichtmetallfelgen wurden zum BMW-Standard, und bald folgte auch die R 67 mit 600-ccm-Motor, die vorwiegend für Seitenwagenbetrieb ausgelegt wurde und daher neben einer stärkeren Bereifung Stahlfelgen erhielt. Die erste deutsche 100-Meilen-Maschine war die R 68 des Baujahres 1952 mit kopfgesteuertem 600-ccm-Motor und einer Leistung von 35 PS.

Mit der Teleskopgabel hatte BMW 1935 eine Pionierarbeit geleistet, die von der ganzen Welt anerkannt und kopiert wurde. Dieser Ruf ließ die BMW-Konstrukteure nicht ruhen. Eine weitere Erhöhung des Federungskomforts, der Bodenhaftung und des Bremsverhaltens waren nur durch eine grundlegende Neukonstruktion möglich. So entstand nach jahrelangen Versuchen im Jahre 1955 die R 50 und R 69 mit Vollschwingrahmen. Das Vorderrad wurde an einer geschobenen Langarmschwinge, das Hinterrad an einer gezogenen Schwinge aufgehängt. Zur spielfreien Lagerung und zum leichteren Ansprechen auf kleinste Fahrbahnunebenheiten wurden die kräftigen Schwingen auf nachstellbaren Kegelrollenlagern gelagert. Die Federbeine mit hydraulischer Dämpfung waren leicht auswechselbar.

Die erwarteten fahrtechnischen Verbesserungen wurden in vollem Umfang erreicht: Die Fahrbahnhaftung war wesentlich sicherer, vor allem beim scharfen Bremsen tauchte die Langarmschwinge nicht ein, sondern sie hob sich sogar an und brachte einen zusätzlichen Druck auf das Hinterrad, dem damit das gefürchtete »Stempeln« abgewöhnt wurde. Der Federungskomfort war dank der langen Federwege von 129 mm ganz erheblich verbessert worden. Ganz neu war auch das 3-Wellen-

Getriebe mit einem kräftigen Feder-Stoßdämpfer auf der Antriebswelle.
Jetzt konnte auch mit der R 69 S, die 1960 auf eine Leistung von 42 PS gesteigert wurde, voll gefahren werden. Als erstes Werk der Welt führte BMW den hydraulischen Lenkungsdämpfer in die Serie ein, mit dem Pendelschwingungen bei hohen Geschwindigkeiten wirksam bekämpft wurden, und der immerhin bis 7000 Touren drehende Motor erhielt einen Schwingungsdämpfer auf der Kurbelwelle. Wie fortschrittlich diese Konstruktion war, die sich auch bei der R 50 S und der R 60 wiederfand, zeigte die Tatsache, daß sie 15 Jahre lang unbestritten zu den Spitzenerzeugnissen des Motorradbaues der Welt zählte.
Der Vollschwingrahmen wurde auch auf die Einzylinder-Modelle übertragen, deren abschließender Höhepunkt die R 27 des Baujahres 1960 war. Zur Isolation aller Motorschwingungen wurde der Einzylinder als »Schwebemotor« weich in Gummi gelagert. Die intensive Erforschung der Schwingungsvorgänge führte auch dazu, den Unterbrecher von der am Kurbelzapfen untergebrachten Lichtmaschine zu trennen und auf die Nockenwelle zu setzen. Diese Schwingungsforschung beschränkte sich nicht auf mechanische Schwingungen, sondern nahm sich auch sehr intensiv der Gasschwingungen an, deren entscheidende Bedeutung für die Füllung des Zylinders immer deutlicher erkannt wurde. So erhielt schon der Motor der R 25/3 eine 700 mm lange Ansaugleitung, die vom Vergaser zwischen den Tankhälften entlang bis zu den dicht hinter dem Steuerkopf liegenden Filtern führte. Ein so langes Ansaugrohr glättete nicht nur die Druckimpulse am Filter und verbesserte die Filterwirkung, sondern ermöglichte erst eine einwandfreie Abstimmung der Ansaugschwingung und verbesserte die Elastizität sehr merklich. Die R 27 war die leiseste, geschmeidigste und gepflegteste Einzylindermaschine ihrer Zeit. Es zeigte sich aber, daß die BMW-Konstruktion in dieser Klasse zu aufwendig war, und so wurde die Einzylinderreihe 1967 aufgegeben.
Ende 1969 fiel der Startschuß für eine neue Typenreihe. Bei den neuen Boxermotoren wurde der schwere Gußeisen-Zylinder durch Leichtmetall-Zylinder mit eingegossenen Perlitgußbüchsen abgelöst. Die um zehn Prozent vergrößerten Kühlflächen senkten die Öltemperatur um 20° C. Die Zylinderköpfe erhielten durch steiler gestellte Ventile einen kompakteren Brennraum und wurden gemeinsam mit dem Zylinder durch vier durchgehende Zuganker am bewährten Tunnelgehäuse befestigt. Die Motoren wurden bewußt als laufruhige, zuverlässige und vollgasfeste Drossel-Motoren ausgebildet, die sich mit einer Höchstleistungsdrehzahl von 6200 bis 6400 U/min begnügen. Ganz neu ist die Ausbildung der Kurbelwelle als einteiliges, sehr steifes Schmiedeteil, die mit den 3-Schicht-Gleitlagern für den ruhigen, schwingungsfreien Lauf der neuen Motoren sorgt. Diese Gleitlager werden von einer kräftigen Eatonpumpe mit 800 Liter Öl in der Stunde beliefert, und es ist dafür gesorgt, daß der Motor nur gefiltertes Öl erhält. Der elektrische Anlasser von 0,5 PS läßt den Motor mit einem Druck auf den Knopf auch bei Temperaturen unter 0°C sicher anspringen. Der Rahmen wurde wieder als Doppelschleifenrahmen mit konischen Ovalrohren ausgebildet. Das leichte Heckteil wird an den Hauptrahmen angeschraubt. Diese vorbildliche Neukonstruktion brachte bei höherer Formsteifheit eine Gewichtsminderung von 17,5 kg auf 13,0 kg.
Mit der Federung knüpften die BMW-Ingenieure wieder an ihre Pionierarbeit von 1935 an. Nach jahrelanger Entwicklungsarbeit entstand eine Teleskopgabel mit dem einmaligen Federweg von 214 mm, die durch eine besonders sorgfältige Ausführung der Gleitrohre selbst der Schwinge im leichten Ansprechen überlegen, im Fahrkomfort, in der Handlichkeit und in der sicheren Geradeausführung bei jeder Geschwindigkeit aber nicht mehr zu vergleichen ist. Wog die Langarmschwinge 14,5 kg, so bringt die Telegabel nur 11,7 kg auf die Waage. Die Handlichkeit der Maschine drückt sich in dem erstaunlich kleinen Wendekreis von 4,30 m aus. In jeder Einzelheit dieser Gabel spiegelt sich die jahrzehntelange Arbeit des Werkes wider, von dem die Idee 1935 einmal ausging.

Der Federweg der Hinterradschwinge, deren Vorspannung durch einen Hebel in drei Stufen der jeweiligen Belastung angepaßt werden kann, wurde von 105 auf 125 mm vergrößert. Der systematische Kampf mit jedem überflüssigen Gramm führte dazu, daß die R 75/5 trotz erheblicher Verstärkung aller wesentlichen Teile und trotz des elektrischen Anlassers einige Kilo leichter ist als die R 69 S.

Wer die Geschichte des BMW-Motorradbaues von den 8,5 PS der R 32 bis zu den 50 PS der R 75/5, die eine Spitze von 175 km/h und eine Beschleunigung von 6 sec von 0 auf 100 km/h hat, betrachtet, der muß den Eindruck einer unbeirrbaren, mit der inneren Überzeugung einer Weltanschauung betriebenen Weiterentwicklung einer genialen Idee gewinnen, aber es wäre sicher falsch, in diesem beharrlichen »tue Recht und scheue niemand« den Ausdruck einer konstruktiven Einseitigkeit oder Erstarrung zu sehen.

Es gehört zu den besonderen Glücksfällen dieses Werkes, daß sich zu den schöpferischen Ingenieuren zu allen Zeiten Männer fanden, die ihre Arbeit selbstkritisch an dem jeweiligen Stand der Motorradtechnik ausrichteten und jeden Vorstoß in technisches Neuland sorgfältig gegen Rückschläge absicherten. In dieser lebendigen Polarität liegt ein Geheimnis für den Erfolg von BMW. Diese von hohem Verantwortungsbewußtsein getragene Selbstkritik hat sicher die Entwicklungszeit manchen Modells erheblich verlängert, ja sie führte manchmal sogar dazu, daß die endlich zur Vollendung gereifte Konstruktion zu spät für den Markt kam, wie etwa der BMW-Motorroller, der technisch zweifellos der unbestrittene Spitzenreiter im Rollerbau geworden wäre, aber eben einfach zu spät kam. Oder die ihrer Zeit weit vorauseilende R 7 des Jahres 1934 mit dem formschönen Brückenrahmen, an den der Motor von unten angeflanscht wurde.

Eine technisch einmalige Entwicklung stellte das sehr zähe Ringen um den Kompressormotor dar. Schon 1927 begannen die ersten Versuche mit Rootes-Gebläse und mit Cozette-Kompressor. Man bildete die Schwungscheibe als Kapselgebläse aus und erprobte Schleudergebläse mit 30000 U/min, die aber erst bei hohen Drehzahlen eine Leistungssteigerung brachten. Schließlich nahm man sich den Zollerkompressor vor, setzte ihn erst über das Getriebe, dann über das Kurbelgehäuse, löste die einseitigen Schaufeln durch durchgehende ab, um die Fliehkräfte auszuschalten und kam mit dem 750-ccm-Motor damals schon auf rund 50 PS!

1934 entstand dann die organische Endlösung: der Königswellenmotor mit dem auf der nach vorn verlagerten Kurbelwelle angeordneten Kompressor, eine Konstruktion, die so betriebssicher war, daß BMW es 1935 wagen konnte, mit diesen Kompressormaschinen in die Internationale Sechstage-Fahrt zu gehen und sie mit Erfolg durchzustehen. Im Rennbetrieb erreichten die 500er-Motoren Leistungen über 50 PS bei 7000 U/min. Die Entwicklung des Kompressormotors zu einem vollendet betriebssicheren Aggregat ist eine der bedeutendsten konstruktiven Leistungen von BMW, die zu sportlichen Sternstunden führen sollte.

Ernst Henne stellte 1937 mit 279 km/h auf der voll verkleideten 500-ccm-Kompressormaschine einen absoluten Geschwindigkeitsrekord auf, der erst 14 Jahre später überboten werden konnte. Schorsch Meier holte sich 1939 auf der 500-ccm-Kompressormaschine als erster Ausländer auf einer ausländischen Maschine die begehrteste Trophäe der Welt, den Sieg in der Senior-TT auf der Isle of Man.

Im Laufe ihrer Geschichte errangen BMW-Motorräder 206 Weltrekorde. Die Siegesserie riß auch nicht ab, als der Kompressor Anfang der fünfziger Jahre aus dem Motorradrennsport verbannt wurde. Es kam die BMW RS, eine in kleiner Serie gebaute Rennsportmaschine mit einem 50-PS-Königswellenmotor in einem Vollschwingrahmen, leicht und handlich, die dem Breitensport starke Impulse gab. Das unglaubliche Stehvermögen dieses Motors führte zu einer in der Geschichte des Motorradrennsportes einmaligen Bilanz: 20 Jahre lang in ununterbrochener Folge gewann BMW die Markenweltmeisterschaft der Seitenwagenmaschinen.

CHATER-LEA

Chater-Lea – das 100-Meilen-Motorrad mit dem Teller-Nocken

Diese schöne Chater-Lea 350 aus 1927 in Rennausführung – das Getriebe ohne Kickstarter – steht im Privatmuseum des französischen Sammlers Serge Pozzoli.

Diese schon 1937 vom Markt verschwundene englische Motorradmarke ist aus drei Gründen in diesem Buch verewigt. Einmal baute die Firma das erste Motorrad, das mit einem 350er Motor die 100-Meilen-Marke (160 km/h) überschritt, zum zweiten war der berühmteste und erfolgreichste Rennfahrer im Sattel dieser Marke außerhalb Englands ein Österreicher: der Wiener Michael Gayer, und drittens gibt es eine der ganz seltenen zwei Chater-Lea-Werkrennmaschinen, die zur TT 1928 gebaut wurden, in der Rennmaschinensammlung des Hockenheimrings zu sehen sind, und die aus Österreich stammt.

Die Chater Lea (das spricht man Tscheter Lie) Manufacturing Company Ltd., mit Herrn William Chater Lea als Direktor, wurde 1900 gegründet, doch produzierte die Vorgängerfirma, die in Chater Lea aufging, schon zehn Jahre lang vorher Muffen und Rahmenteile für die Fahrzeugindustrie. Die Qualität dieser für die aufkeimende Motorradindustrie sehr wichtigen Teile war erstklassig, und zwar so gut, daß fast jedes englische Motorrad vor 1910 mit Teilen der damals in London seßhaften Zubehörfirma ausgerüstet war. Man konnte deshalb auf die Qualität der hergestellten Teile so stolz sein, daß Chater Lea in der Werbung den Slogan verwendete »Beware of imitations«.

Das heißt »Hüten Sie sich vor Imitationen!«. Verständlich, daß eine so auf Qualität versessene Firma auch Ambitionen entwickelte, selbst Motorräder herzustellen. Das war schon 1903 erstmals der Fall, wenn auch damals das Fahrzeug noch ohne

Reifen und Sattel angeboten wurde. Die mußte sich der Käufer selbst besorgen.
1908 stellte Chater Lea auf der Stanley Show, der Vorläuferin der späteren großen Motorrad-Ausstellungen in der Olympia-Halle, bereits ein Programm von Modellen aus, das von einem Leichtgewicht-2½-hp-250-ccm-Modell mit JAP-Motoren über 6-hp V-Zweizylinder-Modell bis zu einer Carette, einem Kleinwagen, reichte. Im selben Jahr startete auch eine Chater-Lea-Maschine mit dem Fahrer Franklin in der TT und belegte den beachtlichen 6. Platz. Das Jahr 1908 erlebte auch noch ein anderes Zeugnis der Leistungsfähigkeit von Chater-Lea-Motorrädern. Ein gewisser Herr W. B. Gibbs aus London machte mit seiner Frau, die im Korbbeiwagen saß, eine 1000-Meilen-Tour nach Schottland und kehrte wohlbehalten und ohne größere Defekte wieder nach London zurück. Sein Chater-Lea-Motorrad wurde von einem 5-hp-Peugeot-V-Zweizylinder-Motor angetrieben, und außer einigen Stopps zur Verlängerung des Antriebs-Riemens und einem Reifenschaden gab's von diesem Ausflug nichts Nachteiliges zu berichten.
Zu dieser Zeit baute Chater Lea in seine Motorräder fast alle Motoren ein, die in diesen Jahren angeboten wurden: Antione, Brown, Blackburne, De Dion Bouton, Fafnir, JAP, Kelecom, Minerva, MMC, Peugeot, Precision, Trent, Villiers u.a.m. Bevorzugt wurden vor 1914 jedoch großvolumige V-Zweizylinder-Motoren. Dann kam der Krieg und Chater Lea stellte seine Motorrad-Erzeugung ein, um Kriegsmaterial zu produzieren.
Dann folgten dem Krieg die »Goldenen Zwanziger Jahre«. Zumindest für die Firma Chater Lea, denn in diese Zeit fällt die technisch und auch sportlich fruchtbarste Periode dieser Marke. Schon 1919 erschienen die ersten schweren V-Zweizylinder-Chater-Lea-Motorräder wieder auf der Straße; ebenso auch das kleine Zweitakt-Leichtgewicht-Modell. Im selben Jahr trat auch Mr. Arthur C. Woodman als Konstrukteur in die Firma ein. Die ersten beiden Nachkriegs-Modelle hatten sogar Motoren aus eigener Fertigung. Für die rasch in

Mode kommende 350 ccm Hubraumgröße bediente man sich jedoch der zuverlässigen Blackburne-Motoren.
Bei Burney & Blackburne in Great Bookham, Surrey, konzentrierte man sich nämlich nach 1921 – den Motorradbau hatte die Firma an O.E.C. abgegeben – gänzlich auf den Motorenbau und engagierte dazu den begabten Fachmann Dougal Marchant, der überdies selbst ein erfolgreicher und erfahrener Rennfahrer war. Woodman hatte für 1923 ein 350-ccm-Sportmodell mit Satteltank (!) vorbereitet, und Marchant sollte dazu einen ohc-Motor nach den Ideen von Mr. Woodman schaffen. Das wurde dann ein Königswellen-Motor besonderer Prägung, denn die über Kegelräder angetriebene stehende Welle diente nicht, wie sonst, zum weiteren, wieder über ein Kegelradpaar gehenden Antrieb einer normalen, im Zylinderkopf liegenden Nockenwelle, sondern trug an ihrem oberen Ende zwei Nockenscheiben, die über zwei Kipphebel die Ventile direkt betätigten. Man nennt diese Nockenform auch »Teller-Nocken«.
Der erste ohc-Versuchsmotor wurde unter Verwendung vieler Blackburne-Serienteile von Marchant eiligst zusammengestellt und im Frühjahr 1924 zum Ausprobieren auf die Brooklandsbahn gebracht. Die war ganz in der Nähe von Great Bookham und deshalb ein viel benütztes Testgelände. Schon am 22. März 1924 gewann Marchant mit der neuen Chater Lea ein 350-ccm-Rennen im englischen »Speed-Mekka« dieser Jahre mit einem Schnitt von mehr als 132 km/h. Wenige Tage später, am 1. April, wurde Marchant dann, allerdings nur in einer Richtung, über die »Fliegende Meile« mit 100,81 Meilen per Stunde, also mit einem Schnitt von mehr als 162 km/h, gemessen. Er war damit der erste Fahrer, der mit einem nur 350 ccm großen Motorrad die 100-Meilen-Grenze überschritt und sich damit einen ewigen Platz im »Goldenen Buch« der Motorrad-Rekorde sicherte. Das war jedoch noch mit jenem Experimental-Motor, der dann im Verlauf des nächsten Jahres einem eigenen Chater-Lea-Motor wich, der allerdings weiterhin bei Blackburne gebaut wurde.
Dieser endgültige Nockenscheiben-Motor von

Rechts: Diese »Motor-Cycling«-Zeichnung zeigt, wie am oberen Ende der Königswelle zwei Nockenscheiben angebracht sind, von welchen Kipphebel die Ventilbetätigung abnehmen.

Links: Dougal Marchant, der große »PS-Zauberer«, auf dem »Teller-Nocken«-Prototyp, mit dem er am 1. April 1924 in nur einer Richtung den »Fliegenden Kilometer« mit mehr als 160 km/h zurücklegte. Das geschah auf der Brooklandsbahn bei London.

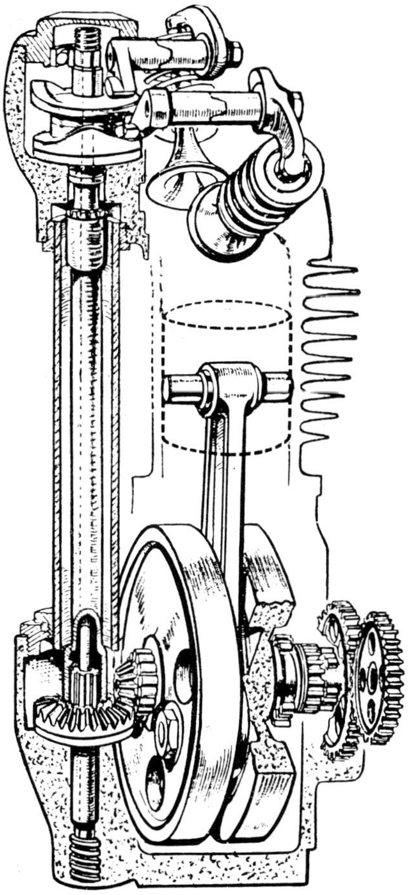

Chater Lea mit 71 mm Bohrung und 88 mm Hub entwickelte in seiner Standard-Ausführung mit Leichtmetall-Kolben und einer Verdichtung von 1:6 eine Leistung von 17 PS bei 5500 Touren. Der Tankstellentreibstoff hatte damals nur 67 Oktan Klopffestigkeit, und so gab es für Sportzwecke einen Kolben für 1:7-Verdichtung, der nur Alkohol-Treibstoff verdaute. Die damit erzielte Leistung wurde mit etwa 21 PS beziffert.
Dieses 350-ccm-ohc-Supersport-Modell von Chater Lea erschien im September 1925 erstmals auf der Olympia-Show in der Öffentlichkeit und wurde bis 1935 gebaut. Es war nicht nur die Ausgangsbasis weiterer Siege und Rekordfahrten von Dougal Marchant, sondern auch jenes Modell, das dann in Österreich vom Wiener Michael Gayer, in Italien von Carlo Barsanti und in der Tschechoslowakei von Josef Hajek zu zahlreichen Erfolgen geführt wurde. Schon vor der Vorstellung in der Olympia-Show 1925 gab's den ersten Weltrekord über die 5-Meilen-Distanz mit fliegendem Start, mit 122,88 km/h Schnitt, und im Prospekt der 1926er Modelle

Links: Michael Gayer aus Wien fuhr 1930 beim Kilometer-Lancé auf Chater-Lea 350 einen Schnitt von 145,8 km/h.

Rechts: Der von Michael Gayer, Wien, 1952 gebaute 500-ccm-ohc-Motor, der ebenfalls Tellernocken wie Chater-Lea verwendete.

Unten: Das ist einer der beiden von Chater-Lea für die TT 1928 gebauten Werkrenner. Er steht nun in der Rennmaschinensammlung des Hockenheimrings.

konnte die Firma schon stolz 22 britische und Weltrekorde verzeichnen. Die Weltrekordserie von Chater Lea beschloß schließlich Marchant am 5. September 1926 in einem Rekord-Meeting bei Arpajon/Frankreich, bei dem er – solo und mit Beiwagen – 6 Weltrekorde in der 350-ccm-Klasse neu fixierte. Das höchste Tempo wurde damals mit 165,745 km/h gemessen.

Der interessante und leistungsfähige Motor machte einige Änderungen durch. Ursprünglich versorgte eine Zahnschnecke am unteren Ende der Königswelle die Nockenscheiben mit Öl. Ab 1927 wurde

dies dann durch eine konventionelle Doppel-Zahnradpumpe erledigt. Der vor dem Motor angebrachte Magnet wurde über Zahnräder angetrieben, die auf der linken Motorseite lagen.
Im Sport-Modell, das mit dem ohc-Motor zum stolzen Preis von 80 Pfund angeboten wurde, konnte man auch für weniger Geld einen normalen ohv-Blackburne- oder JAP-Motor haben. Noch preiswerter waren die beiden seitengesteuerten Modelle mit 350 und 545 ccm Hubraum; letzteres mit einem Chater-Lea-eigenen Motor, der vor allem für Gespannbetrieb verwendet wurde.
Im 350-ccm-Modell wurden 1926 auch untereinander austauschbare Räder mit Tiefbettfelgen eingeführt, und auch die von Hand verstellbaren Bremsen mit Rändelschrauben waren damals eine echte Neuheit. 1928 wurde auch die etwas mühsame Ventilspiel-Einstellung geändert. Ein Jahr weiter gab es dann schon eine Zünd-Lichtmaschine für elektrisches Licht und eine 8 Zoll große Vorderradbremse. Auch ein Dirt-Track-Modell wurde in diesem Jahr angeboten.
Von 1930 an ging dann die Produktion ständig zurück. Chater Lea war jedoch weiterhin, bis 1934, mit seinen Modellen auf jeder Olympia-Show vertreten. Das ungewöhnliche ohc-Modell mit den Tellernocken blieb bis 1935 in Produktion, und sein Preis lag zum Schluß bei 55 Pfund. 1936 kam dann die Motorradproduktion von Chater Lea endgültig zum Stillstand. Die 1927 von London nach Letchwood in Hertshire verlegte Firma blieb jedoch weiter im Motorradgeschäft und produzierte wieder, wie ehedem, Rahmenteile für andere Marken. Unvergessen bleibt jedoch der Chater-Lea-Nokkenscheiben- oder Tellernocken-Motor, der in den zwanziger Jahren mit Weltrekorden in der 350-ccm-Klasse Furore gemacht hat.
Der Wiener Michael Gayer, der auf Chater Lea zwischen 1926 und 1930 unzählige Straßen-, Berg- und Bahn-Rennen gewann – darunter zweimal die Österreicherische Tourist Trophy –, konstruierte und baute schließlich noch 1952 einen 500-ccm-Rennmotor nach dem technischen Layout von Chater Lea. Der nur für Bahnrennen und deshalb für Alkohol-Treibstoff ausgelegte Gayer-Motor

war auf 1:16 verdichtet und gab auf dem Prüfstand der Technischen Hochschule in Wien bei 7000 Touren ganze 56 PS Leistung ab. Georg Mach, der bekannte Wiener Gespann-Rennfahrer, gewann damit noch acht große Bahnrennen, ehe er aus beruflichen Gründen mit dem Sport Schluß machte, und Peppi Kamper hält noch heute mit diesem Motor den Solo-Rundenrekord auf der Badener Trabrennbahn.
Außer dem Gayer-Motor gab es in ähnlichem konstruktiven Aufbau mit Tellernocken in den späten zwanziger Jahren noch den »K«-Motor des deutschen Konstrukteurs Küchen mit drei Ventilen als Einbau-Motor, und auch die italienische Firma Aerocaproni baute nach dem Krieg Viertakt-Motoren, die offensichtlich vom berühmten Chater-Lea-Nockenscheiben-Motor inspiriert waren. In der Zwischenkriegszeit hatte auch die französische Firma Soyer Motoren nach Chater-Lea-Lizenz hergestellt.

Excelsior

Excelsior – das vierventilige »mechanische Wunder« aus England

The Mechanical Marvel, das »Mechanische Wunder« von Excelsior, wie das vollradiale Vier-Ventil-Werkrennmodell, hier aus 1934, genannt wurde. (Im Besitz von Norman Webb, London.)

Diesen Namen finden wir heute nirgendwo mehr an Motorrädern, vielleicht noch über einem feudalen Hotel, und doch gab es einst sogar vier verschiedene Motorradmarken mit diesem klingenden Namen; zwei davon in Deutschland, eine in den USA und schließlich jene Excelsior-Motorräder, welche wir hier vorstellen, und diese kamen aus England. Während die beiden deutschen Excelsior-Firmen – eine in Brandenburg an der Havel und die andere in München – keine große Bedeutung erlangten, war die US-Firma Excelsior eine der großen Marken jenseits des Ozeans, deren Schicksal im Kapitel Super-X und Henderson-Motorräder ausführlich aufgezeichnet wird. Die englische Marke Excelsior hingegen schrieb einige Male Technik- und Motorsport-Geschichte und ist deshalb aus der europäischen Sicht die interessanteste. Ganz abgesehen davon war Excelsior in England eine der ersten, wenn nicht sogar die erste Motorradmarke, die auf der Insel am Markt erschien. Das kam so!

1874 tauchte erstmal auf Fahrrädern der Firma Bayliss, Thomas & Co. ein Markenemblem in Form eines wackeren Bergsteigers auf, der an einem langen Stock ein Banner schwang, auf dem »Excelsior« zu lesen war. In den neunziger Jahren des vergangenen Jahrhunderts kamen dann die ersten Motorräder vom Kontinent zur Insel hinüber und so entstand um 1896 bei Bayliss, Thomas & Co. ein Motorrad, in dem ein belgischer Minerva-Motor an einem stärkeren Fahrradrahmen eigener Fertigung angebaut war. Dem

Cris Staniland auf Excelsior-JAP 250, einem typischen Brooklands-Racer – langer Radstand, ohne Kotflügel und mit Schalldämpfer –, mit der er 1929 im 200-Meilen-Solo-Rennen mit mehr als 127 km/h Schnitt gewann. Im Herbst desselben Jahres siegte er nochmals mit mehr als 135 km/h.

Minerva-Motor folgten dann bald französische Motoren von De Dion und auch solche der Brüder Werner. Seit dieser Zeit beansprucht Excelsior für sich, das erste in England erzeugte und verkaufte Motorrad zu sein. Obwohl schon auf diesen ersten Excelsior-Motorrädern das Markenzeichen mit dem genannten Namen-Banner verwendet wurde, hießen die Motorräder »Bayliss-Thomas«, was in späteren Jahren dazu führte, daß Excelsior-Motorräder in Deutschland nur unter diesem ersten Markennamen verkauft werden durften, denn die deutschen Excelsior-Fahrradwerke, Gebr. Conrad & Patz AG in Brandenburg an der Havel, hatten sich den Namen Excelsior bereits 1901 als ihre Handelsmarke schützen lassen. Doch zurück zu Bayliss & Thomas in England.

Schon 1896 war das mit dem Minerva-Motor versehene erste englische Motorrad auf der Crystal Palace Exhibition, der Vorläuferin der späteren Fahrrad- und Motorrad-Ausstellungen in der Olympia-Halle, zu sehen; nicht ohne Hindernisse! Zuerst wollte man dieses neumodische, krachende und stinkende Gefährt nicht in die Ausstellungshalle hineinlassen. Als es aber im Freien vor der Halle, wo es zur freien Benützung für Interessenten angepriesen wurde, Menschentrauben anzog, gingen die Veranstalter in die Knie, und das erste englische Motorrad hielt Einzug in die Fahrrad-Ausstellung.

Nach den Minerva-, De Dion- und Werner-Motoren gab es dann ab 1902 Excelsior-Motorräder mit den in England gebauten MMC-Motoren, die jedoch noch immer mit Oberflächenvergaser und Abreißzündung versehen waren. Trotzdem sah damals ein Excelsior-Motorrad schon etwa so aus, wie man sich eben auch heute ein Motorrad vorstellt: der Motor war jedoch noch vor dem vorderen Rahmenrohr, das zum Tretlager herunterführte, angebracht und trieb über einen Keilriemen das Hinterrad an. Die Herren Bayliss, Thomas und Slaughter hatten auch rasch den Wert von Sporterfolgen erkannt, und Harry Martin war ihr erster Rennfahrer, der Excelsior-Motorräder durch seine Siege bekannt machte. 1903 war Martin auch der

Charlie Dodson (rechts) gratuliert dem Überraschungssieger der Leichtgewichts-TT Sid Gleave, der das »Mechanische Wunder« von Excelsior 1933 vom Reißbrett zum vielbegehrten Tourist-Trophy-Sieg führte. Dodson wurde hinter Gleave zweiter auf New Imperial.

erste Motorradfahrer, der im Dubliner Phoenix-Park die »Fliegende Meile« in 59,8 Sekunden, also unter einer Minute zurücklegte.

Von diesen Ereignissen weg entwickelte sich das Geschäft von Bayliss & Thomas mit ihren Excelsior-Motorrädern beständig, bis sie wegen der inzwischen 1908 jenseits des Ozeans gegründeten US-Firma Excelsior den Firmennamen in Excelsior Motor Co. Ltd. änderten.

Bis zum ersten Weltkrieg baute die Firma dann ausschließlich Touren-Modelle, angefangen von kleinen Zweitakt-Modellen bis zu großen Viertakt-Einzylinder-Töpfen mit Hubräumen von 694 und sogar 850 ccm; in einer Zeit, da fast alle bedeutenden Motorrad-Hersteller ab 350 ccm Zweizylinder-Motoren verwendeten. Nur 1916 erschien für kurze Zeit ein V-Zweizylinder-Excelsior-Modell mit Blackburne-Motor, während die Einzylinder-Motoren nach wie vor von MMC kamen.

Die nächste große Änderung in der Geschichte der Excelsior-Motorräder trat 1919 ein. In diesem Jahr kauften Mr. Reginald Walker und sein Sohn Eric, die schon seit 1910 komplette Motorräder unter dem Namen Monarch assemblierten, aber auch einen blühenden Motorradhandel mit fast 20 anderen Marken unterhielten, die ganze Firma Excelsior auf und verlegten die Produktion von Coventry nach Tyseley. Dort wurde auch der Nebenzweig der vorherigen Fa. Walker & Sohn, die Erzeugung von Instrumenten für Schiffe und Kraftfahrzeuge, weitergeführt, und Eric Walker konstruierte und baute sogar auch einen Kleinwagen, der bis etwa 1926 unter dem Namen Excelsior serienmäßig erzeugt wurde.

Ab 1920 begann dann wieder die reorganisierte Produktion der Excelsior-Motorräder, und mit ihr zog auch neues Interesse am Motorsport ins Haus. Unter der neuen Leitung begann eine gezielte Sporttätigkeit der Firma Excelsior. Mit Bradshaw-, JAP- und Blackburne-Motoren ausgerüstet, beteiligte sich Excelsior von 1923 an regelmäßig, Jahr für Jahr, an der Tourist Trophy und auch an zahlreichen Rennen am europäischen Festland. Der letzte Start einer Excelsior in der TT wurde 1958 regi-

striert, als die Firma den Bau von Rennmaschinen schon lange aufgelassen hatte. Unter den erfolgreichsten Excelsior-Fahrern zwischen 1923 und 1939 finden wir die berühmten Namen Wal Handley, Charlie Dodson, Sid und Leslie Crabtree, Eric Fernihough, Tyrell Smith, Ernie Nott, Charlie Manders, Sid Gleave, Frank Longman und Ted Mellors. Auch der Däne Sörensen zählte zu den beständigsten und erfolgreichsten Excelsior-Fahrern.

Obwohl das umfangreiche Modellprogramm der Firma von Zweitakt-Leichtgewichten bis zu schweren V-Zweizylinder-Maschinen reichte, war es vor allem der Markt der kleinen »Brot-und-Butter«-

1936 entstand nochmals auf dem Kurbelgehäuse des »Manxman«-Motors eine 250-ccm-Werkrennmaschine mit vollradialem 4-Ventil-Zylinderkopf und zwei Vergasern. Mit diesem Motorrad gewann im selben Jahr sogar Tyrell-Smith den »Großen Preis von Deutschland« am Sachsenring und wurde damit Europameister.

Links: Nochmals ein Blick auf den Vier-Ventil-Kopf des »Mechanischen Wunders«, der die Lage der vor und hinter dem Zylinder angebrachten Stoßstangen-Hüllrohre ebenso zeigt, wie die Kipphebel-Lagerung und die beiden linksseitigen Ventile.

Rechts: Der 1935 vorgestellte »Manxman«-Rennmotor von Excelsior in seiner letzten Ausführung 1938/39 mit verkapselten Haarnadel-Ventilfedern und Bronze-Zylinderkopf. Die im Bild gezeigte Maschine gehörte dem Dänen Sörensen, der von 1935 bis 1953 in der TT Excelsior fuhr, und ist nun im Besitz von Norman Webb/New Malden.

Modelle, der Excelsior besonders beschäftigte. Auch die sportlichen Ambitionen konzentrierten sich deshalb überwiegend auf die 175- und 250-ccm-Klasse. Trotz des frühen Beginns einer ausgedehnten Sporttätigkeit ab 1923 dauerte es bis 1929, ehe Excelsior einen TT-Sieg verbuchen konnte. Dieser wurde von Sid Crabtree in der Leichtgewicht-TT (250-ccm-Klasse) auf einer Maschine mit JAP-Motor errungen. In diesem Jahr schrieben die Brüder Sid und Leslie Crabtree noch zahlreiche weitere Grand-Prix-Siege in das Erfolgsbuch von Excelsior. Sid Crabtree gewann 1928 und 1929 den Großen Preis von Frankreich, 1928 auch die Großen Preise von Belgien, Holland und Deutschland, alle in der 250er Klasse. Diese Erfolgsserie wiederholte er dann 1930 mit Siegen im GP von Belgien und Deutschland, während Ernie Fernihough, später als Weltrekordfahrer berühmt geworden, die 175-ccm-Klasse des GP von Frankreich gewann. In diesen Jahren war Excelsior auch auf der Brooklandsbahn, dem Speed-Mekka der Engländer in der Zwischenkriegszeit, mit den Fahrern Cris Staniland, Fernihough und Tony Worters besonders erfolgreich. Mit einem 250-ccm-JAP-Motor fuhr Worters schon 1926 mit knapp 90 Meilen sogar einmal Weltrekord über den »Fliegenden Kilometer«.

Alle diese Excelsior-Erfolge hatten jedoch einen Pferdefuß; sie wurden mit Einbau-Motoren von JAP errungen, von welchen man auf längere Sicht nicht hoffen durfte, daß sie mit der nachdrängenden Konkurrenz von Rudge und New Imperial Schritt halten würden. Excelsior wollte deshalb einen eigenen, der Konkurrenz überlegenen Motor haben. Aus diesem Grund entstand bei Blackburne in Great Bookham bei London ein neuer Motor, konstruiert von Mr. H.J. Hatch, der unter dem Namen »Mechanical Marvel«, das »Mechanische Wunder«, in die Technik-Geschichte des Motorrads eingegangen ist.

Die »Motor-Cycling«-Zeichnung des Excelsior-»Manxman«-ohc-Motors.

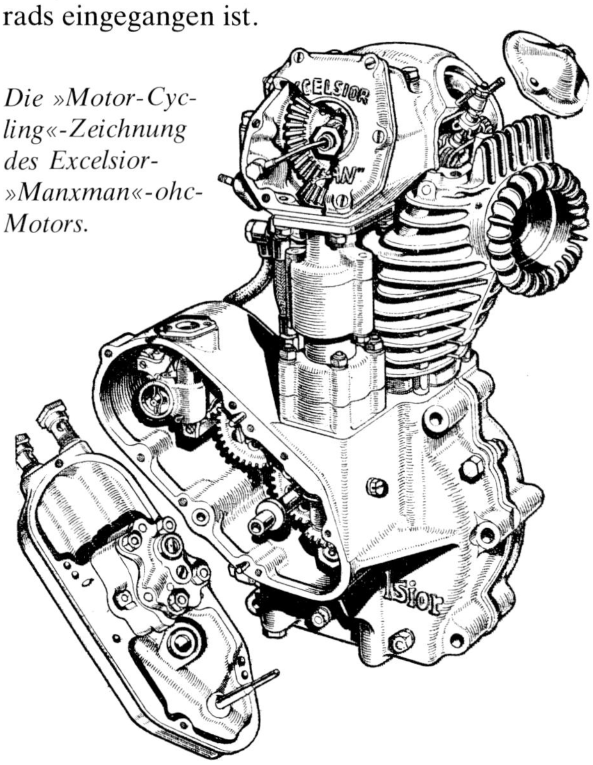

Das war ein 250-ccm-Einzylinder-Motor mit vier vollradial im halbkugelförmigen Zylinderkopf hängenden Ventilen, die von je einer vor und hinter dem Zylinder im Kurbelgehäuse hochgelagerten Nockenwelle über kurze Stoßstangen betätigt wurden. Nur sechs solche Motoren wurden gebaut. Sie wurden gerade rechtzeitig zur Tourist Trophy 1933 fertig. Wal Handley ging damit sofort in Führung; Sid Gleave übernahm dann in der 2. Runde das Kommando und gewann mit dem brandneuen Excelsior-Rennmotorrad in neuer Rekordzeit die Leichtgewicht-TT; die Sensation war perfekt.

Der neue Motor war jedoch für eine Serienproduktion zu kompliziert im Aufbau und auch für einen Privatfahrer im Unterhalt zu aufwendig. Deshalb entschloß man sich, einen einfacheren Motor zu bauen, und dieser erschien dann 1935 unter dem Namen »Manxman«. Das war ein Zweiventil-Königswellen-Motor, zunächst mit 250 ccm Hubraum, später jedoch auch in den Größen 350 und 500 ccm gebaut. Der »Manxman«-Motor wurde in milderer Form auch in Straßen-Sportmodellen eingebaut; in Rennausführung gab es ihn nur in den Hubraumgrößen 250 und 350 ccm. Da er in zweiventiliger Form zwar zuverlässig, jedoch zu wenig schnell war, um im Konzert der Werk-Rennmaschinen, vor allem der damals aufkommenden Moto-Guzzi- und DKW-Maschinen, mithalten zu können, entstand nochmals 1936 eine vollradiale 4-Ventil-Ausführung des »Manxman«-Motors, mit dem in diesem Jahr Tyrell Smith in Hohenstein-Ernstthal bei Chemnitz den Großen Preis von Deutschland gewann und damit sogar Europameister der 250-ccm-Klasse wurde. In der TT mußte er sich jedoch hinter der New Imperial von Bob Foster mit dem 2. Platz zufriedengeben. Zu einem TT-Sieg langte es dann für Excelsior nie mehr, wenngleich »Ginger« Wood zweimal, 1937 und 1938, den 2. Platz hinter dem überlegenen O. Tenni auf Moto-Guzzi und Ewald Kluge auf DKW sicherstellen konnte.

Die Beliebtheit und Zuverlässigkeit der Excelsior-Manxman-Rennmodelle ist durch nichts besser belegt als durch ihre Plätze in der Leichtgewichts-TT 1938 und 1939. Sie waren jeweils auf den Plätzen 2, 3, 4, 5, 6, 7 und 13 und (1939) 3, 4, 6, 12 und 13 anzutreffen. Selbst nach dem Krieg waren sie bis 1951 noch auf vorderen Plätzen im Ziel. Dann waren die Jahre der wunderschönen Königswellen-Excelsiors endgültig vorbei.

Seit 1935, dem Erscheinungsjahr des »Manxman«-Modells, bis zum Kriegsausbruch, baute Excelsior jedoch auch andere, weniger bekannte Modelle für den alltäglichen Gebrauch. Die Modellpalette bestand 1939 aus drei Zweitakt-Modellen mit 125-, 150- und 250-ccm-Villiers-Motoren, dessen billigstes, »Universal«, 25 Pfund 10 Shilling kostete, den 250-ccm- und 350-ccm-ohv-Modellen »Norseman« und »Warrior« zu 48 Pfund 10 und 53 Pfund 10, den mit Licht, Zündlichtmagnet und Kickstarter versehenen 250-, 350- und 500-ccm-ohc-Straßensport-Modellen »Manxman« und »Manxman Spezial«, deren Preis zwischen 74 und 95 Pfund lag. Der Unterschied zwischen diesen beiden Manxman-Ausführungen war, daß die »Spezial« einen beson-

ders getunten Motor mit hochwertigeren »Innereien« besaß, wie sie auch beim reinen Rennmotor verwendet wurden. Die Krönung des Excelsior-Programms waren dann die beiden »Manxman-Racer«-Modelle, die es nur in 250- und 350-ccm-Hubraumgröße gab. Ihr Preis war 105 bzw. 110 Pfund und 15 Pfund extra für eine Hinterradfederung eigener Fertigung. Als Höchstgeschwindigkeit dieser beliebten »Production Racer« wurden für das 250-ccm-Modell 96-97 Meilen und für das 350-ccm-Modell im Prospekt 106 bis 107 Meilen pro Stunde angegeben.
Nicht viele dieser nicht nur besonders formschönen, sondern auch schnellen Excelsior-Manxman-Rennmodelle haben bis heute überlebt. Die meisten befinden sich in der Hand des englischen Sammlers Norman Webb in New Malden bei London, der auch drei ganze Maschinen des seltenen »Mechanical Marvel«-Modells aus 1933 besitzt.

Excelsior baute auch noch nach dem Kriege weiter Motorräder, jedoch nur mehr mit Villiers-Zweitakt-Motoren zwischen 125 und 250 ccm Hubraum. Sie bekamen im Verlauf der Jahre auch Teleskopgabeln und Hinterradfederungen, waren jedoch außerhalb Englands so gut wie unbekannt. Der Versuch, einen Roller zu kreieren, schlug fehl. Die Lieferung von speziell für den Dreirad-Kleinwagen Berkeley gebauten Dreizylinder-Zweitakt-Motoren brachte schließlich Excelsior in finanzielle Schwierigkeiten und 1964 das Ende der Firma als Motorrad-Produzent. Die Besitzer der Firma, die Walker-Familie, verkaufte daraufhin den Rest ihrer Aktiva an die Automobil-Zubehörfirma Britax, die heute den Namen Excelsior wieder in ihrem Motorrad-Zubehör verwendet. Die Zeiten der Excelsior-Motorräder sind jedoch längst vorbei. Zurückgeblieben ist ihr sportlicher Ruhm aus den zwanziger und dreißiger Jahren mit den TT-Siegen 1929 und 1933. Weiter das seinerzeit sensationelle Werkrennmodell »Mechanical Marvel« und der nicht minder schöne und erfolgreiche »Manxman«-Königswellen-Motor, der zwischen 1935 und 1939 gebaut wurde und noch zehn Jahre später, 1948, 1949 und 1950, die Leichtgewicht-Clubman's-TT gewann. Und nicht zuletzt blieb bis heute die schnellste 250-ccm-Brooklands-Runde aller Zeiten ungebrochen, die 1933 M.B. Saunders mit einer stromlinienverkleideten Excelsior-JAP mit 102,48 Meilen pro Stunde, also knapp 165 km/h fuhr.

Das »Manxman«-Rennmodell bekam 1939 eine Geradeweg-Hinterrad-Federung mit Girling-Kabelbremse.

FN – die große belgische Motorrad-Marke mit der ersten Kardan-Vierzylinder

Das ist der erste serienmäßige Vierzylinder-Motorrad-Motor der Technikgeschichte. Er wurde von FN im Herbst 1904 auf dem Pariser Salon vorgestellt.

In Belgien gab es einstmals – vor allem zwischen den beiden Weltkriegen – zahlreiche bekannte Motorrad-Marken, von welchen ohne Zweifel FN die bekannteste war. FN leistete überdies einige bemerkenswerte Beiträge zur Technik- und Motorsport-Geschichte des Motorrads. Die Marke FN – die Abkürzung steht für »Fabrique Nationale d'Armes des Guerre« – ist auch heute jedem Waffenliebhaber als die führende belgische Waffenfabrik bekannt. Daß sie auch berühmte Motorräder baute, ist fast schon in Vergessenheit geraten.

Wie das auch bei anderen Waffenfabriken üblich war, begann FN bereits 1895 Fahrradrahmen zu erzeugen, welchen drei Jahre später komplette Fahrräder folgten. Nach weiteren drei Jahren kam dann 1901 der Sprung ins Lager der noch ganz jungen Motorrad-Produzenten. FN war damit jedoch nicht die erste belgische Fahrrad- und Motorrad-Fabrik, denn Sarolea, auch eine Waffenschmiede, hatte schon ein paar Jahre vorher – ebenfalls in Herstal – mit der Herstellung von Fahrrädern, und ab 1900 auch von Motorrädern begonnen. FN sollte jedoch Sarolea – diese Marke wird in Band 2 beschrieben – bald überflügeln und wurde die Nummer eins der belgischen Motorrad-Produzenten. Das kam so:

Das erste FN-Modell besaß einen leichten Einzylinder-Viertakt-Motor mit einem automatischen »Schnüffel«-Ventil als Einlaß. Das nur 135 ccm große Motörchen entwickelte 1¼ PS und trieb das Hinterrad über einen Lederriemen an. Am Motor außen links saß ein großes Schwungrad, und das ganze Aggregat war in einem verstärkten Fahrradrahmen über dem Tretlager eingebaut. Auch der Treibstofftank war in den vorhandenen Fahrradrahmen »hineingeschneidert«. Von diesem ersten FN-Modell wurden in den Jahren 1901 und 1902 dreihundert Stück gebaut, dann erschien bereits ein auf 188 ccm vergrößertes Modell, und ein Jahr weiter eines mit 300 ccm Hubraum, das bereits einen Spezialrahmen aufwies. Die Vorderradgabel wurde durch zwei Hilfsrohre verstärkt, das vordere Rahmenrohr vor dem Tretlager gegabelt, um den Motor, der nun vor dem Tretlager saß und tiefer gelegt war, aufzunehmen. Unterhalb des Tanks hatte man ein zweites, waagrechtes Rohr eingezogen. Die Schwungmasse des Motors war in das Kurbelgehäuse »verschwunden«. Der Vergaser, der sein Gemisch nach wie vor über ein »Schnüffel«-Ventil anlieferte, saß nun hinter dem Zylinder. Bis zu diesem dritten FN-Modell, von dem 1904 insgesamt 600 Stück erzeugt wurden, war die junge belgische Motorradmarke zwar durch saubere Arbeit, aber noch keineswegs durch technische Innovationen aufgefallen. Das sollte sich dann ein Jahr später drastisch ändern.

Noch im Herbst 1904 erschien am Pariser Salon als die große Motorradsensation das neue Vierzylinder-Kardan-Modell von FN, das dann zur Saison 1905 in Produktion ging. Das war das erste Serien-Motorrad der Zweiradgeschichte mit Vierzylinder-Motor, und zusätzlich hatte er anstelle des damals üblichen Riemenantriebs eine Kardanwelle zum Hinterrad. Dieses unerhört fortschrittliche und aufwendige Motorrad wurde zunächst mit einem Motor von 362 ccm Hubraum und ohne Kupplung gebaut. Die vier kleinen, einzeln auf einem gemeinsamen Kurbelgehäuse stehenden »Pötte« hatten automatische, hängende Einlaßventile, die von einem gemeinsamen Spritzdüsenvergaser mit Gemisch beliefert wurden, und vier stehende, gesteuerte Auslaßventile. Vorne an der Kurbelwelle war ein Bosch-Magnet angebracht, hinten eine freiliegende Schwungmasse, in die ab 1908 eine Kupplung eingebaut wurde. Der zierliche Motorblock hing zwischen zwei in halber Höhe nach rückwärts geführten ovalen Rahmenrohren. Die Kardanwelle war in das rechte rückwärtige Rahmenrohr verlegt, und die beiden Kegelräder-Paare waren verkapselt. Gestartet wurde durch Treten der noch vom Fahrrad übernommenen Pedale. Das Vorderrad war bereits durch eine Art von Trapezgabel gefedert, die auf eine in Hülsen gekapselte Spiralfeder wirkte.

Dieses sensationelle Motorrad, dessen Motor weich und kraftvoll wie ein Automobilmotor lief, wurde stufenweise weiterentwickelt und »starb« erst Mitte der zwanziger Jahre, als neue, einfachere Konstruktionen nachdrängten. Seinem Konstrukteur Paul Kelecom gebührt ein Ehrenplatz in der Technikgeschichte des Motorrads.

1908, als das Vierzylinder-Modell die dringend notwendige Kupplung erhielt, belegte FN mit dieser richtungweisenden Konstruktion auch in der Tourist Trophy mit dem Fahrer R. O. Clark den 3. Platz und unterstrich damit seine Zuverlässigkeit. Ein Jahr später bekam das inzwischen auf 410 ccm gewachsene Vierzylinder-Modell eine kleine einzylindrige Schwester mit 247 ccm Hubraum, gesteuertem Einlaßventil und Zweigang-Getriebe. Die Kraftübertragung erfolgte ebenfalls mittels Kardan. Ab demselben Jahr gab es auch für das Vierzylinder-Modell ein Zweigang-Getriebe als Extra, das aus England geliefert wurde und im rechten Kardan-Rahmenrohr untergebracht war. 1910 wuchs der Hubraum von 410 auf 492 ccm, im Herbst ging dann das vom Engländer S. Horstman gebaute Zweigang-Getriebe bei FN in Serie, und 1914 gab es eine Verlängerung des Rahmens und Radstandes durch die Einführung eines separaten Zweigang-Getriebes hinter der Kupplung; auch der Motor wuchs bei dieser Gelegenheit neuerlich auf 748 ccm Hubraum.

Mit diesem ersten Vierzylinder-Serien-Modell der Motorradgeschichte errang FN vor dem Ersten Weltkrieg zahlreiche Sporterfolge. Noch 1908 erhielt der in der TT erfolgreiche Clark in der Langstreckenfahrt London–Edinburgh–London eine Goldmedaille, und am »Festland« eilte »Opa« Geuder aus Deutschland von Erfolg zu Erfolg. FN lieferte bereits ab 1908 ihre Vierzylinder-Modelle an die belgische Armee, und dabei wuchs die Produktion von Jahr zu Jahr; 1912 waren es 2625 Stück, ein Jahr später bereits 3256 Fahrzeuge. Der Mitte 1914 ausgebrochene Erste Weltkrieg ließ dann bei FN die Motorradproduktion »eintrocknen«. Erst ab 1919 gab es wieder Motorräder aus der Waffenfabrik in Herstal.

Man begann bei FN dort, wo man 1914 aufgehört hatte: mit dem inzwischen auf 285 ccm gewachsenen Einzylinder- und 748-ccm-Vierzylinder-Modell. Man schritt jedoch bei FN, noch immer unter dem Konstrukteur Paul Kelecom, rasch an eine völlige Neukonstruktion, denn mit den aus der Vorkriegszeit stammenden Modellen war auf die Dauer kein Staat mehr zu machen, geschweige denn im wieder aufblühenden Motorsport ein Blumentopf zu gewinnen.

Das erste FN-Motorrad aus 1901/02 mit 133-ccm-Viertakt-Motor und 1¼ PS Leistung. Der Motor war ebenso wie der Brennstofftank in einen verstärkten Fahrradrahmen hineingebaut und trieb das Hinterrad über einen Flachriemen an. Von diesem Typ wurden 300 Stück gebaut, dann wuchs der Motor auf 300 ccm und wurde in einem Spezialrahmen installiert.

Diese Neukonstruktion, ein Einzylinder-Modell mit Blockmotor, erschien bereits 1922 mit 350 ccm Hubraum und hängenden Ventilen im Rennen, ging jedoch erst 1923 in Serie. Das wiederum richtungweisende Modell hieß M 60. Das alte Vierzylinder-Modell wurde zwar noch bis 1926 weitergebaut, war jedoch, obwohl auf Kettenantrieb umgestellt, so schwer und unhandlich geworden, daß es mit Anlaufen der Produktion des neuen Blockmodells M 60 langsam verschwand und keinen Nachfolger mehr bekam. Eine neue, die zweite große FN-Ära war bereits angebrochen.

Von den teilweise sogar mit obenliegender Nokkenwelle versehenen Werk-Rennmodellen der Jahre 1922 bis 1924 abgesehen, war das stückzahlmäßige Rückgrat der FN-Produktion ab Mitte der zwanziger Jahre das kopfgesteuerte 350-ccm-Modell M 60 mit dem Dreigang-Block-Motor und freistehendem Handschalthebel. Schon 1926 folgte ihm das kopfgesteuerte 500-ccm-Modell M 67. Schon das Modell M 60 mit einer Leistung von 10 bis 12 PS bei 3500 Touren und einem Trokkengewicht von 125 kg war bereits wendiger und mit fast 85 km/h Spitze beinahe gleich schnell wie das veraltete Vierzylinder-Modell; das über 15 PS starke Halbliter-Modell M 67 mit Trapezgabel war ihm dann deutlich überlegen.

Das richtungweisende Konstruktionsdetail des neuen Blockmotors, welcher ein Dreigang-Getriebe mit einschloß, war ein horizontal geteiltes Kurbelgehäuse, das erst 40 Jahre später wieder in Mode kommen sollte. Ungewöhnlich war auch die Anordnung der Nocken- und Stoßstangenseite links und der Abtrieb vom Hinterrad zum Getriebe auf der rechten Seite. Die Kipphebel waren an starken, am Zylinderkopf angeschraubten Formstücken nur einfach gelagert. Am Rahmen, mit zwei durchgehenden Rohrunterzügen versehen, war vorne eine Trapezgabel montiert, die ähnlich wie die Druidgabeln ihrer Zeit, an beiden Seiten unterhalb der Schwinghebel je eine Schraubenfeder besaß.
Die sportliche Betätigung von FN in den zwanziger Jahren verlagerte sich nach anfänglichen Erfolgen in belgischen Rennen mehr und mehr zur Rekordfahrerei, die 1926 ihren ersten Höhepunkt erlebte. Damals gingen die Fahrer Flintermann, Lovinfosse und Sbaiz mit einer 350 ccm M 60 in Monza auf Rekordjagd und spulten innerhalb von 24 Stunden 17 Weltrekorde herunter. Einige davon galten auch für die 500-ccm-Klasse. Noch mehr Ruhm und Ruf als unverwüstliches Motorrad brachte FN jedoch das 1927 erschienene 350-ccm-Modell M 70 mit seitengesteuertem Motor ein, das mit einer Leistung von etwa 9 PS ein gleichermaßen preiswertes und robustes Vehikel war. Es wurde bald unter dem Namen »Sahara« weltbekannt, weil drei belgische Militärfahrer damit eine 8000 km lange Sahara-Durchquerung schafften.
FN wollte nach diesen beiden publikumswirksamen Beweisen des Stehvermögens ihrer Motorräder jedoch auch zeigen, daß sie auch über kurze Distanzen schnell sein konnten. Noch im selben Jahr ging man im Herbst neuerlich auf Rekordjagd, diesmal auf einer in Belgien gelegenen Strecke zwischen Oostmalle und Vlimeren. Knapp ein Monat nach dem ersten Versuch, bei dem nur eine Weltrekordmarke – 99,4 km/h für den »Stehenden Kilometer« mit der 350-ccm-Beiwagenmaschine – erreicht wurde, klappte es schließlich am 21. Oktober 1926 für vier weitere Weltrekorde. Der bemerkenswerteste davon war mit der Halbliter-FN 183,5 km/h über den »Fliegenden Kilometer«. Während FN die Serienmodelle technisch in der mit den Blockmodellen eingeschlagenen Richtung entwickelte und von Jahr zu Jahr verfeinerte – 1931 kam das Modell M 90 mit seitengesteuertem 500-ccm-Motor hinzu –, ging FN im Rennsport eigene konstruktive Wege.
1929 engagierten die Belgier den Engländer George William Patchett als Konstrukteur. Da die von ihm verbesserten alten ohv-Modelle weder im »Großen Preis von Belgien« noch am Nürburgring ans Ziel kamen, gab es bald Krach, und Patchett verließ noch im selben Jahr Herstal in Richtung Prag. Für Jawa brachte er seinen bei FN bereits neu konzipierten Rennmotor mit. Seine Stelle bei FN nahm daraufhin der von Blackburne über Chater Lea zu Motosacoche in die Schweiz gegangene Engländer Dougal Marchant ein, der aus Genf auch gleich seinen Landsmann und Spitzenfahrer Wal Handley zu FN mitnahm.
Dort hatte er bereits mit seinem Königswellen-Rennmotor ebenso Furore gemacht wie Wal Handley, der damit 1928 den »Großen Preis der Schweiz« in der 350-ccm- und 500-ccm-Klasse gewonnen hatte und damit zweifacher Europameister wurde.

Marchants erste Tat in Herstal war, für Handley einen neuen Rennmotor zu konstruieren. Dieser trug unverkennbar seine Handschrift und erinnerte mit dem ganzen Fahrgestell stark an die »Fliegende Banane« von Motosacoche. Dieser neue Motor war in Übereinstimmung mit der FN-Linie eine Blockkonstruktion, die das schon fußgeschaltete Getriebe mit einschloß. Die Ventile wurden mittels Königswelle betätigt und trugen Haarnadelventilfedern. Das ganze Motorrad sah wie aus einem Guß aus, war auch schnell, jedoch offensichtlich schwer zu fahren. Es fehlte ihm zunächst auch das Stehvermögen, denn Handley kam weder 1930 noch 1931 in einem einzigen Großen Preis ins Ziel. Beim AVUS-Rennen 1930 blieb er mit fast vier Minuten Vorsprung vor Tom Bullus auf der neuen Königswellen-NSU, nach einer

Eine der seltenen Vierzylinder-FN, noch getriebelos, jedoch bereits mit Kupplung, wie sie noch bis 1912 gebaut wurde. Der Motor dieses Exemplars, das dem Buchautor gehört und im Motormuseum Schloß Kremsegg in Kremsmünster/Oberösterreich ausgestellt ist, hatte bereits 492 ccm. Das Fahrzeug wurde Ende der sechziger Jahre im Wienerwald entdeckt und war noch im Erstbesitz. Es wurde dann in Wien überholt, da noch immer in recht gutem, völlig originalem Zustand und dann in einigen Rallyes gefahren, ehe es im oben genannten Museum landete.

Rekordrunde mit 174 km/h, ohne Treibstoff liegen. Handley und der neuen FN mangelte es offensichtlich ebenso am notwendigen Glück.
Nur bei Rekordversuchen zeigte die neue FN von Marchant, was in ihr steckte. Am 24. August 1930 schraubte Handley in Arpajon, auf der Straße zwischen Paris und Orleans gelegen, die Weltrekordmarke für die »Fliegende Meile« in der Halbliterklasse auf 195,14 km/h. Insgesamt stellte Handley fünf Weltrekorde auf, die auch für die 750-ccm-Klasse galten. Im Spätherbst ging mit dem nun fertiggestellten 350-ccm-Motor in Irland die Rekordjagd weiter. Sie brachte zusammen mit den vorherigen Rekordmarken 26 Weltrekorde ein. Die 350er FN lief dabei über 5 km Distanz einen Schnitt von 179,6 km/h. Beide Rekordmarken waren phantastische Werte für völlig unverkleidete Maschinen.
1931 und 1932 ereignete sich bei FN nichts Bemerkenswertes. Die Firma war voll damit beschäftigt, den wirtschaftlichen Tiefgang dieser Jahre heil zu überstehen. Auf sportlichem Gebiet hatte man von Handley und Marchant Großes erwartet, blieb aber mit Ausnahme der Rekordernte ohne nennenswerte Erfolge, weshalb die beiden Engländer gegen Ende 1932 die Firma verließen. An die Stelle von Marchant trat als Renningenieur der bisherige Entwicklungsleiter Ing. Van Hout. 1932 und auch noch 1933 waren nicht nur für FN magere Jahre, ehe es, 1934, wieder aufwärts ging. Noch 1933 brachte FN ein billiges Zweigang-Zweitakt-Modell mit 200 ccm Hubraum und 4-PS-Leistung

heraus, das bereits ein Jahr später einen Dreigang erhielt. Ihm folgte bald darauf ein kleines 250-ccm-Viertakt-Modell mit 5 PS Leistung und nur 95 kg Gewicht. Diese Modell-Innovation wurde auch durch neue und diesmal erfolgreichere Sportaktivitäten unterstützt und beschleunigt, und so ging nun FN in das so ereignisreiche Jahr 1934.

Dieses begann mit einem Paukenschlag! Am 22. April 1934 überbot der bekannte belgische Rennfahrer Rénè Milhoux, der vorher schon mit der Konkurrenzmarke Gillet rund 60 Weltrekorde auf seiner Erfolgsliste stehen hatte, den 1932 von Ernst Henne auf BMW auf 214,22 km/h gesetzten Halbliter-Weltrekord und markierte ihn neu mit 224,019 km/h. Die Weltrekord-FN war dazu teilweise verkleidet, und ihr Einzylinder-ohc-Motor wurde mittels Kompressor auf etwa 54 PS Leistung bei 6000 Touren gebracht. Das Gewicht der erfolgreichen Maschine betrug jedoch 195 kg, zuviel, um auch für Straßenrennen benützt zu werden. Milhoux trug bei seinen Rekordfahrten erstmals auch einen Stromlinien-Helm und Rückenfortsatz, wie ihn Henne kreiert hatte.

Dann kam der »Große Preis von Europa« in Assen/Holland. FN trat mit drei Maschinen und den Fahrern Milhoux, Demeuter und Noir an. Es war ein turbulentes Rennen, in dem zunächst Milhoux am Start hängen blieb. Bald darauf stürzte Demeuter, in Führung liegend, und machte damit Noir Platz für die Spitze, den bald darauf Guthrie auf Norton überholte, ehe er ausfiel. Inzwischen war Demeuter wieder in Fahrt gekommen und kreuzte doch noch als Sieger und damit Europameister das Ziel. Alle drei FN zeigten dabei, daß sie an Spitzengeschwindigkeit sowohl der damals als unschlagbar geltenden Norton als auch den neuen, aus Schweden kommenden V-Zweizylinder Husqvarnas überlegen waren.

Nach diesem Triumph und dem begehrten Europameistertitel folgte eine Woche später eine Tragödie, die FN veranlaßte, sich bis zum Jahresende vom internationalen Rennsport zurückzuziehen. Sie ereignete sich beim »Großen Preis von

Links: 1909 bekam das fortschrittliche Vierzylinder-Modell von FN eine kleine Schwester mit 247 ccm Hubraum, ebenfalls bereits mit Kardan und vom Start weg mit Kupplung versehen. Beide Ventile waren schon gesteuert, und auch ein Zweigang-Getriebe erleichterte das Fahren.

Rechts: Der kopfgesteuerte Einzylinder-Motor des Halbliter-Modells M 67, das 1926 nach dem ein paar Jahre älteren 350-ccm-Bruder M 60 entstand, war mit seinen 15 PS den alten Vierzylinder-Modellen an Leistung klar überlegen. In Rekord-Ausführung schaffte er im Herbst 1926 über den »Fliegenden Kilometer« mehr als 183,5 km/h Schnitt, natürlich mit Alkohol-Treibstoff »gefüttert«.

Deutschland« am Sachsenring bei Chemnitz. Als erster der FN-Werkfahrer kam Noir in einer schnellen Gefällestrecke, ca. 1 km vor Start und Ziel, tödlich zu Sturz, während Demeuter an der Spitze lag. Doch auch ihn ereilte gegen Ende des Rennens das Schicksal an derselben Stelle, als ihm der spätere Sieger Ley auf DKW nachsetzte. Er stürzte schwer und verschied wenige Tage später. Auch Husqvarna verlor im selben Rennen ihren Spitzenfahrer Gunnar Kalén und eine Woche später in Belgien den holländischen Werkfahrer Van de Pluym. So war es kein Wunder, daß sich beide Firmen deprimiert vom weiteren Renngeschehen zurückzogen.

FN brachte trotzdem gegen Ende des Jahres ihre erste käufliche Rennmaschine, das Modell M 86 »Grand Prix« heraus, dem das Modell M 86 Supersport, mit 500 und 600 ccm Hubraum, als Spitzenmodell für den Straßengebrauch zur Seite gestellt wurde.

Diese Modellreihe blieb bis 1940 in Produktion und reflektierte die großen technischen und sportlichen Ambitionen von FN, die 1934 ihren großartigen und tragischen Höhepunkt zugleich gefunden hatten. Das Modell M 86 »Grand Prix« mit 80 mm Bohrung und 99 mm Hub sowie einem Bronze-Zylinderkopf, lief mit glattem Auspuffrohr eine vom Werk garantierte 160-km/h-Spitze. Im Gegensatz zum Werk-Rennmotor desselben Jahres wurden die Ventile der »Grand Prix« jedoch durch Stößelstangen und nicht durch eine obenliegende, mittels Kette angetriebene Nokkenwelle betätigt. Der massive Motor-Getriebeblock mit vier Gängen war jedoch in etwa der gleiche. Für das Supersport-Modell M 86 S, mit normalem Guß-Kopf, wurde eine Spitze von 130 km/h, allerdings mit Schalldämpfern, angegeben, und für das mit 85 mm Bohrung und 105 mm Hub ausgelegte 600er-Modell M 86 S dürften es etwa 10 km/h mehr gewesen sein. Da das Modell »Grand Prix« als Solomaschine den damals führenden und auch käuflichen ohc-Modellen nicht ganz gewachsen war – sie war vor allem in der Straßenlage unterlegen –, wurde es vorwiegend von Gespannfahrern bevorzugt. In Österreich war damit Karl Abarth in den folgenden Jahren bis 1939, besonders in Sandbahnrennen, sehr erfolgreich, in der Schweiz Fritz Mühlemann, in Belgien »Edison«, und Feuerstein in der Tschechoslowakei.

Bis zum Jahr 1937 folgte neben weiteren, teilweise sogar sehr erfolgreichen sportlichen Aktivitäten, die fast vollständige Erneuerung des normalen Modellprogramms. Das Modell M 71 zeigte als einziges noch deutliche Verwandtschaft mit dem berühmten »Sahara«-Modell und war, wie dieses, mit einem seitengesteuerten Dreigang-Blockmotor ausgerüstet. Die alte Druidgabel-ähnliche Vorderradfederung war jedoch schon vorher durch eine Trapezgabel mit Zentralfeder ersetzt worden. Mit 123 kg Gewicht war das Modell M 71 noch immer ein preiswertes »Brot-und-Butter«-Modell, das die großen Stückzahlen im Verkauf brachte. Daneben erschien jedoch noch im selben Jahr die neue M 11-Modellreihe mit Viergang-Blockmotor, der nur unterschiedliche Leichtmetall-Zylinder und -Köpfe aufgesetzt bekam. Das 350er-Modell hatte einen vollkommen gekapselten ohv-Zylinder, wog 150 kg und war mit etwa 110 km/h Spitze als Solomodell gedacht, während die beiden seitengesteuerten 500 und 600 ccm M 11-Modelle mehr für den Gespannbetrieb vorgesehen waren. Ihr Viergang-Getriebe besaß bereits Fußschaltung.

Dann gab es ab 1937 ein schweres, ausschließlich für Gespannbetrieb konstruiertes Kardan-Modell mit einem 1000 ccm seitengesteuerten Boxermotor, dem ohne Zweifel BMW und Zündapp Pate gestanden hatten. Dieses robuste Flaggschiff der FN-Modellpalette mit der Bezeichnung »1000 M 12« war auf Anregung der Armee entstanden und wurde auch fast nur in Militärausführung gesichtet. Es war jedoch auch im Verkaufskatalog 1937 enthalten und mit 250 kg Gewicht für eine zivile Verwendung sicher viel zu schwer. Interessant an diesem Modell war, daß es schon einen Rückwärtsgang besaß.

Mit dieser Modellpalette – vom 200-ccm-Zweitakt-Billig-Modell über 350, 500 und 600 ccm sv- und ohv-Einzylinder-Viertaktern bis zum 1000-ccm-sv-Boxer – erreichte FN als eine der führenden Motorradfabriken Europas und Nummer eins in Belgien den Kriegsausbruch im Herbst 1939. Nach dem bald darauf erfolgten Einmarsch der deutschen Truppen in Belgien – im Frühjahr 1940 – wurde die Motorradproduktion von FN eingestellt.

Im Sport gab es jedoch auch nach dem tragischen Jahr 1934, das wir schon geschildert hatten, noch Bemerkenswertes. Trotz des Desasters von 1934 war FN ein Jahr später wieder »mit dabei«, und zwar mit den Fahrern Milhoux, Van Gent, Colette und Charlier. Erstmals gab es auch eine 350-ccm-Werk-Rennmaschine, mit der Colette auch gleich im »Großen Preis von Frankreich« siegte; Milhoux holte sich dort den zweiten Sieg für FN in der Halbliterklasse. Auch in den Großen Preisen von Belgien, Holland und der Schweiz kamen FN-Maschinen auf vorderste Plätze, jedoch zu keinem weiteren Sieg. Sogar im »Großen Preis von Europa«, der 1935 in Nordirland auf der bekannten Ulster-Strecke ausgetragen wurde, belegte FN mit Milhoux und Mellors den 2. und 4. Platz und wurde nur von Guthrie, dem großen Norton-Star dieses Jahres, geschlagen. Als weitere Fahrer verstärkten 1936 »Edison« in der Gespannklasse und der junge Renier das Werkteam. 1937 erschien dann im »Großen Preis von Belgien« eine völlig neue FN-Rennmaschine, ein Vertikal-Zweizylinder, also ein »Twin«, mit einem mächtigen Rootes-Kompressor. Die auch schwerer gewordene Maschine hatte zunächst noch Kinderkrankheiten. Milhoux und Charlier fuhren mit ihr jedoch weitere Weltrekorde in der Gespannklasse, ehe sie 1938 im GP der Schweiz in Genf mit den Engländern »Ginger« Wood und Ted Mellors neuerlich wieder solo erschienen. Sie fielen aber beide aus.

Am politischen Horizont zogen inzwischen Wolken auf und damit erlahmten die sportlichen Ambitionen von FN, die in erster Linie eine Waffenfabrik war. Auch die Übernahme der Montage von Peugeot-Automobilen band alle Kräfte des Werks. Die drei fertigen Kompressor-FNs ver-

Dieses seitengesteuerte 350er-Modell wurde unter dem Namen »Sahara«-FN weltberühmt, da damit 1927 drei belgische Militaristen über 8000 km eine Sahara-Durchquerung schafften. Mit seinem nur 9 PS starken robusten Motor zählte es ab 1927 zu den meistverkauften FN-Modellen und wurde bis zum Kriegsausbruch ständig weiterentwickelt. Aus der Bezeichnung M 70 wurde das Modell M 71, bei dem die Druidgabel einer Trapezgabel mit Zentralfeder wich.

schwanden zunächst im Werk und dann endgültig in den Kriegswirren. Nur mehr Fotos zeugen heute von der großen Epoche der FN-Werkrenner der dreißiger Jahre. Einige M 86 »Grand Prix«-Modelle haben jedoch überlebt und in Veteranen-Wettbewerben die achtziger Jahre erreicht.

Bald nach Kriegsende startete FN wieder die Motorrad-Produktion mit einigen unveränderten Vorkriegsmodellen. Infolge großen Rohstoffmangels war zunächst nicht an Export zu denken. FN-Motorräder verkauften sich ja auch im belgischen Inland wie frische Semmeln. Trotzdem gab es bereits 1947 völlig neue, die 13er Modelle. Zumindest war das Fahrgestell neu, während die Motoren der Serie 12 entsprachen. Die Grundidee des Modells 13 war wiederum, auf gleichem Motor-Getriebe-Block verschieden große und auch in der Ventilsteuerung unterschiedliche Zylinder aufzusetzen. So gab es die Hubraumgrößen 250, 350 und 450 ccm mit 68 × 68, 74 × 80 und 84,5 × 80 mm Bohrung/Hub in ohv-Ausführung mit Leichtmetall-Köpfen und die beiden größeren Kubaturen auch in sv-Ausführung. Die Leistung der ohv-Modelle betrug 9 – 11 und 17,5 PS und ihre Spitze 105, 110 und 125 km/h. Das Gewicht der 250er lag mit 138 kg nur 3 kg unter dem 450er-Modell.

Das Ungewöhnliche, Neue des Typs 13 war jedoch seine Federung mit Gummibändern, sowohl am Vorder- als auch am Hinterrad. Dazu besaß die Vorderradgabel einen Vorbau, an dem eine gezogene Hilfsgabel gelagert war. Wenn diese einfederte, zog sie zwei Gummischlaufen, die an der Nabe geführt wurden, in die Länge. Ähnlich funktionierte auch die Hinterradfederung. Hinter dem Getriebe war eine Dreieck-Schwinge gelagert, die zwei unter dem Sattel untergebrachte Gummischlaufen auszog. Diese höchst ungewohnt aussehende Gummifederung war jedoch sehr effektiv und zuverlässig.

Diese etwas sehr skurrilen 13er-Modelle mit der Gummifederung baute FN bis etwa 1955, doch schon ab 1953 gab es auch normale Teleskopgabeln. 1953 erschien auch ein neues 175 ccm Doppelkolben-Zweitakt-Modell mit Telegabel und Schwinge hinten, die mit zwei Federbeinen ausgerüstet war.

Die Zweitakt-Modelle, da preiswert herzustellen und auch leichter im Gewicht, vermehrten sich ab 1954 im Angebot, und als Mitte der fünfziger Jahre der große Einbruch des Motorradgeschäftes folgte, verschwanden die teuren Viertakt-Modelle endgültig. Ein sehr schönes Halbliter-ohc-Twin-Modell mit Schwingrahmen war zwar schon serienreif entwickelt, ging jedoch nicht mehr in

Oben: FN baute nochmals, 1937, eine völlig neue Halbliter-Rennmaschine mit Twin-Motor und Kompressor.

Links: 1934 überraschte FN mit einem Weltrekord in der Halbliterklasse. René Milhoux fuhr mit diesem Einzylinder-ohc-Kompressor-Modell den »Fliegenden Kilometer« mit 224,109 km/h Schnitt.

Produktion. Ab 1958 gab es im Angebot von FN nur mehr 175- und 250-ccm-Zweitakt-Modelle und ein 175-ccm-Trial-Modell mit hochgelegtem Auspuffrohr. Anfang der sechziger Jahre ging der Verkauf immer weiter zurück, und nach dem 250er-Modell nahm man auch das 175er-Modell ein Jahr später aus der Produktion. Übrig blieben, nur kurze Zeit, ein 75-ccm-Modell neben reinen 50-ccm-Mopeds, deren Produktion man dann etwa 1963 endgültig einstellte. Seitdem produziert FN in Herstal nur mehr Waffen und Düsen-Motoren für Flugzeuge.

Nach 1945 gab es bei FN jedoch nochmals eine Periode mit großen Sporterfolgen, allerdings nicht mehr im Straßenrennsport, sondern im besonders in Holland und Belgien rasch aufkommenden Moto-Cross-Sport. Schon 1947 erschien FN mit einem Moto-Cross-Spezial-Modell. Es war eine Mischung vom erfolgreichen Vorkriegs-Einzylinder-ohc-Rennmotor mit dem neuen Gummi-Federrahmen. Bereits 1948 begann die führende Rolle von Victor LeLoup mit dieser FN in den kontinentalen Moto-Cross-Veranstaltungen. Dazu gesellte sich als zweiter erfolgsträchtiger FN-Fahrer August Mingels. Die 1952 erstmals ausgetragene Moto-Cross-Europameisterschaft ging so mit LeLoup an FN, der dieses Jahr jedoch schon eine normale Geradeweg-Federung am Hinterrad benützte.

Auch 1953 und 1954 war FN im Moto-Cross-Sport die Spitzenmarke. Mingels gewann in beiden Jahren den begehrten Europameister-Titel und fuhr dabei schon die neueste und letzte Werk-FN mit Telegabel und Schwingrahmen hinten. 1955 wurde dann FN erstmals von der BSA »Gold Star« von der Spitze verdrängt, kehrte jedoch 1958 nochmals mit Rénè Baeten zum EM-Titel zurück. Dann waren die Jahre der schnellen aber schweren Moto-Cross-FNs endgültig vorbei. Immerhin hatten sie zehn Jahre die Szene beherrscht. Der letzte Leistungsstand der bulligen ohc-Motoren von FN mit 85 mm Bohrung und 87 mm Hub wurden mit über 40 PS bei 6150 Touren angegeben. Das waren echte »Dampfhämmer«, wie man sie neuerdings wieder gerne zur Hand hat.

Die großen technischen Leistungen der heute schon fast vergessenen Motorradfirma FN waren also 1905 das erste serienmäßige Vierzylinder-Motorrad mit Kardanantrieb, 1927 das erste seitengesteuerte Billig-Modell »Sahara« mit Blockmotor, das einen neuen Standard an Zuverlässigkeit und Robustheit setzte, die ruhmreiche Geschichte der ohv- und ohc-Rennmotoren in den dreißiger Jahren, die zeitweise an die 100 Weltrekorde hielten, die ungewöhnliche Gummifederung nach 1946 und die ersten Moto-Cross-Spezialmaschinen, die diese neue Motorsport-Szene zwischen 1947 und 1958 beherrschten.

1958 gewann FN zum letzten Mal – nach 1952, 1953 und 1954 – mit diesem Einzylinder-ohc-Modell die MC-Europameisterschaft.

GILERA

Gilera – Aus Italien kam der querstehende Vierzylindermotor

Diese von Ing. Roland Friese/Steyr besonders schön restaurierte Gilera »Saturno« aus 1940 mit Gußzylinder und Leichtmetallkopf ist die Straßensport-Ausführung.

Obwohl die großen Zeiten der unbezwingbaren Gilera-Vierzylinder-Rennmaschinen schon mehr als 25 Jahre zurückliegen, liegt der Klang dieser italienischen Marke noch immer im Ohr der Motorradfahrer. Gilera war nämlich jene Motorradmarke aus Italien, die schon vor dem Zweiten Weltkrieg dem Doppelnocken-Vierzylinder-Konzept zum Durchbruch verhalf. Nach 1945 wurde zwar der leistungssteigernde Kompressor, der Gilera 1939 zum Europameister-Titel verholfen hatte, verboten und mußte »amputiert« werden. Innerhalb von wenigen Jahren lag Gilera dann aber wieder mit einem Vierzylinder-Saugmotor an der Spitze des internationalen Motorrad-Rennsports; noch ehe die Marke MV diesselbe Grundkonstruktion weiter kultivierte und anschließend in die Fußstapfen von Gilera trat. Die Geschichte der Gilera-Motorräder begann jedoch viel früher; mit der Gründung dieser Marke durch Giuseppe Gilera im Jahr 1909.

Vom Firmengründer gab es schon 1908 Bilder im Sattel zerbrechlich leicht gebauter Motorräder, als er im Alter von 21 Jahren bereits als erfolgreicher Rennfahrer bekannt war. Ein Jahr später gründete er dann seine Firma und begann in Mailand, am Corso Ventidue Marzo 42, die ersten Gilera-Motorräder zu bauen. Das waren natürlich noch handwerklich einzeln angefertigte Stücke. Sie besaßen einen kopfgesteuerten Einzylinder-Motor mit 317 ccm Hubraum, der etwa 5 PS bei 3000 Touren leistete. Dieser robuste Motor saß in einem noch stark an das Fahrrad angelehnten

Rechts: Von diesem ersten ohv-Gilera-Modell mit 320 ccm und 5 HP wurden 1909–1912 etwa 100 Stück gebaut.

Rechte Seite oben: In den zwanziger Jahren produzierte Gilera auch seitengesteuerte Modelle, wie diese »Sport« aus 1928, die sehr »englisch« aussahen.

Zeichnung unten: Es gab schon 1933/34 ein Königswellen-Modell, wie diese seltene »Moto-Revue«-Zeichnung zeigt.

Rahmen und trieb das Hinterrad – ohne Getriebe – über einen Keilriemen an. Von 1909 bis 1912 wurden von diesem Modell kaum mehr als 100 Stück gebaut, aber es war leistungsstark genug, um Gilera zum ersten bedeutenden Rennerfolg zu verhelfen. Davon kündete eine Sportseite des ältesten italienischen Fachblattes »Motociclismo« vom 13. Juli 1912. Diese Reportage berichtete in Bild und Wort vom Sieg des Signore Gilera auf seiner nach ihm benannten Maschine im Straßenrennen von Cremona. Der Durchschnitt, den er mit seiner so gut wie ungefederten 317-ccm-Gilera über die Distanz von 190 km schaffte, war 66 km/h; die schnellste Runde mit 71 km/h. Das Kurioseste an diesem Sieg von Giuseppe Gilera war jedoch, daß er selbst eigentlich gar nicht fahren wollte, sondern nur zur Unterstützung eines Fahrers seines Fabrikats nach Cremona gekommen war. Er wurde jedoch dann durch eine Wette seiner Freunde, er könne wohl nie gegen die besten Fahrer dieses Rennens bestehen, aufgestachelt, selbst in den Sattel einer Gilera zu steigen und gewann daraufhin das Rennen.

Dieser erste Gilera-Motor war für seine Zeit sehr fortschrittlich. Die parallel im Kopf hängenden Ventile saßen auf in einem flachen Zylinderkopf. Die Zündung erfolgte durch einen vor dem Motor liegenden Magneten; die Schmierung durch eine handbetätigte Pumpe. Noch vor 1914 gab es dann bereits zwei Gilera-Modelle: ein Einzylinder-Modell mit 499 ccm Hubraum, Dreigang-Getriebe von Sturmey-Archer und Primär-Kettenantrieb sowie ein 597 ccm großes V-Zweizylinder-Modell, Tipo B genannt, in etwa derselben Ausführung.

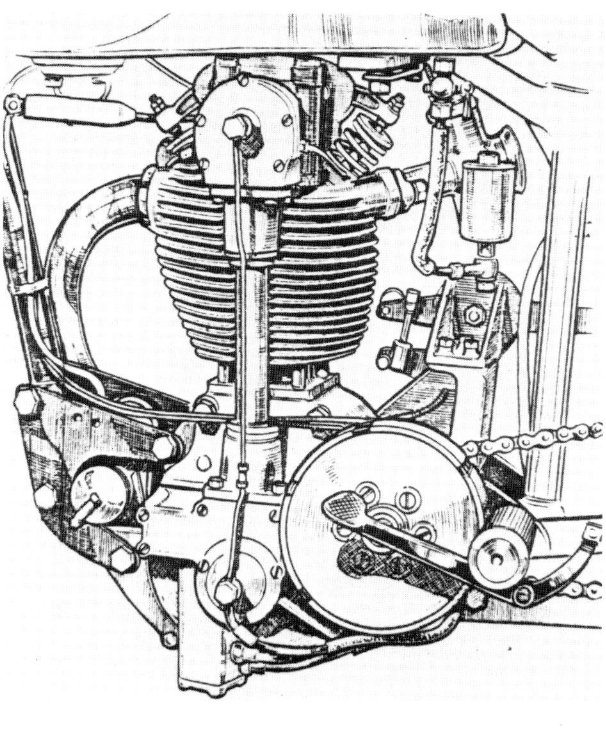

Rechts: Der nächste Schritt war dieses 500er-ohv-Modell noch mit getrennten Getriebe- und Ölbehältern unter dem Motor. Es hatte kurzfristig, wie diese aus 1933 stammende Maschine, sogar drei Ventile, zwei für den Double-Port-Auspuff. 1933 gab es auch noch nicht den »Federrahmen«.

Nach dem Krieg, in den frühen zwanziger Jahren, baute Gilera zunächst ein schon mit einer Druid-Gabel versehenes, seitengesteuertes Modell mit Zenith-Vergaser und Bosch-Magnet, von dem es auch eine sportlichere Version »Gran Sport« gab. Der Hubraum beider Modelle betrug 499 ccm. 1923 nahm Gilera dann mit zwei verschiedenen Modellen am »Großen Preis der Nationen« in Monza teil. Beide hatten Halbliter-Motoren, einer war jedoch auf 84 × 90 mm Bohrung/Hub ausgelegt, der andere wies mit 79 × 100 mm das typisch englische Langhub-Standard-Maß auf. Beide Motoren waren noch seitengesteuert, denn erst 1925 gab es wieder ein kopfgesteuertes Modell. Wie bei fast allen größeren Motorrad-Firmen in Italien veränderte sich das Modellprogramm von Gilera in dieser Zeit rasch und war technisch sehr vielfältig, jedoch keines der damals gebauten Modelle war von besonderen sportlichen Erfolgen begleitet, sieht man vom 350-ccm-sv-Modell »350 VL« ab, das 1926 das Langstreckenrennen Nord-Süd – später Mailand–Tarent genannt – gewann. Dieses »Flach-Tank-Modell« mit stark verripptem sv-Motor hatte eine außen angebrachte Frischölschmierung und ein separates Dreigang-Getriebe. Es sah »very british« aus, wie viele der italienischen Motorräder dieser Zeit. Aus diesem Modell ging letztlich Mitte der dreißiger Jahre ein 500-ccm-sv-Modell hervor, das schon einen Schwingrahmen hatte, wie er auch in den später beschriebenen kopfgesteuerten Modellen Verwendung fand, aus welchen das berühmte Saturno-Modell entstand. Eine Variante dieses 500-ccm-sv-Modells trieb das Hinterrad bereits über Kardan an und besaß auch eine extra Kupplung für Seitenwagenantrieb. Das war offenkundig ein Militär-Modell. Die Gilera-Modelle der zwanziger Jahre folgten also insgesamt der sogenannten »Englischen Linie«, die dann erst in den dreißiger Jahren mit der Einführung des Schwingrahmens abgelöst wurden und das typische Gilera-Bild prägten. Die eigenständige Gilera-Bauart wurde auch durch den mächtigen Semi-Blockmotor unterstrichen. Dieser schloß unter dem Kurbelgehäuse eine große Ölwanne in das gemeinsame Gehäuse mit ein; das Getriebe war jedoch als getrennte Einheit darauf montiert und wurde erst später in den Block integriert. Ehe jedoch diese Entwicklung zum typischen Gilera-Blockmotor einsetzte, gab es noch 1929 ein 500-ccm-ohv-Rennmodell, das stark an die »Big Port«-AJS erinnerte; mit zwei offenen, parallel nebeneinander stehenden Stoß-

Links: Der berühmte flüssigkeitsgekühlte Vierzylinder-dohc-Motor mit Kompressor der »Rondine«, der Gilera 1939 den Europameister-Titel in der Halbliterklasse brachte. Beachte den riesigen Kühler, der durch doppelte Rahmenpaare eingefaßt ist. Oberhalb der Kupplung ist ein Kühlluftturm, und hinter der Einlaßnockenreihe befindet sich ein verrippter Druckkessel.

Die »Rondine« von der rechten Seite. Gut zu erkennen – hinter dem Druckkessel – der Rootes-Kompressor und dahinter der Vergaser. Auch die Hinterrad-Federung mit Scheren-Stoßdämpfern ist gut zu sehen.

Der Einzylinder-Leichtmetall-Motor der ohv-»Saturno« in seiner letzten Ausführung im Rennmodell »Sanremo«, etwa 1952. Dieser mit dem Viergang-Getriebe verblockte Motor, dessen Gehäuse den Öltank mit einschloß, leistete in dieser Version an die 40 PS bei 6500 Touren und wurde stets mit glattem Auspuffrohr gefahren. Das im Bild gezeigte Exemplar gehört dem Schweizer Veteranen-Freund Erwin Walder und wurde anläßlich seiner Teilnahme am Brands-Hatch Meeting von John Surtees im Frühjahr 1981 »geschossen«.

stangen, dem Magneten vor dem Motor und einem getrennten handgeschalteten Getriebe.
1931 brachte Gilera das erste Leichtmotorrad mit 175 ccm auf den Markt, das einen ohv-Motor besaß und ein Dreigang-Getriebe mit in einen Block einschloß. Daneben gab es das seitengesteuerte Modell in zwei Hubraumgrößen, mit 350 und 500 ccm. 1933 kam dann ein neues kopfgesteuertes Modell 500 »Sport« mit drei Ventilen, an welchen man aber schon ein Jahr später wieder auf zwei Ventile zurückkehrte. 1934 bringt eine wichtige Neuerung mit dem Schwingrahmen oder »Elastischen Rahmen«, wie er genannt wurde. Das kleine 175er-Modell wird auf 200 ccm vergrößert. Die Halbliter-sv- und ohv-Modelle bekommen den Schwingrahmen, und auch ein dreirädriger Lasten-Karren steht im Produktionsprogramm.

Vom 500-ccm-ohv-Modell gab es bald zwei Versionen. Die sportlichere mit der Bezeichnung VTGS erhielt in der Sportwelt einen eigenen Namen: »Otto Bulloni«, weil ihr Zylinder mit acht Bolzen am Kurbelgehäuse festgehalten war. Aus diesem zunächst noch mit Gußzylinder und -Kopf ausgestatteten Sportmodell entstand dann 1940 das später noch ausführlich beschriebene Modell »Saturno«.
Viel maßgeblicher für den späteren Ruhm von Gilera auf sportlichem Gebiet war jedoch das Entstehen eines völlig neuen Vierzylinder-Motorrads in Italien, das seine vier Zylinder in je zwei luftgekühlten Twin-Blöcken quer zur Fahrtrichtung auf einem gemeinsamen Gehäuse stehen hatte. Zwischen den beiden Twin-Blöcken lag der Kettenantrieb zur obenliegenden Nockenwelle in einem

Leichtmetallgehäuse verkapselt. Die Ventile, im Winkel von 45 Grad zueinander geneigt, standen frei im Luftstrom. Dieser sensationelle Motor war zunächst mit einem Dreigang-Getriebe verblockt. Die vier Zylinder, mit den Köpfen in Paaren gegossen, wiesen die Maße 51 × 60 mm auf. Der Hubraum war daher 490,02 ccm.
Diese Konstruktion stammte von zwei römischen Ingenieuren, Carlo Giannini und Pietro Remor. Sie entstand bereits 1926, und als die beiden Techniker auf den sportbegeisterten Grafen Bonmartini stießen – er war Chef des Flughafens Littorio von Rom –, kam allen drei die zündende Idee. Sie gründeten die Firma OPRA (Officine dei Precisons Romane Automobilistichi). Sie sollte die Verwendung dieses in seinem Anfangsstadium bei 6000 Touren bereits etwa 32 PS starken Motors vorbereiten. Das damit ausgerüstete OPRA-Motorrad wurde über den Winter 1926/1927 fertiggestellt und gewann bereits am 6. März 1927 das Bergrennen von Cecchina nach Albano mit 83 km/h Schnitt. Da man mit der Kühlung der Auspuffventile Ärger hatte, entstand 1928 ein zweites Modell mit wassergekühlten Zylinderköpfen und zwei obenliegenden Nockenwellen. Das Fahrgestell war im Vergleich zum Motor noch immer antiquiert. Vorderrad und Hinterrad waren mit je einer Klötzchen-Bremse versehen, die in separaten Bremsfelgen wirkten. Noch im selben Jahr kündigte sich dann bereits die dritte Ausführung des OPRA-Motorrades, das erst fast zehn Jahre später bei Gilera landen sollte, nun mit Königswellenantrieb, an. Es ist jedoch nicht bekannt, ob es noch realisiert wurde. Auf alle Fälle wurde es nun mangels Interessenten um diese fortschrittliche Motorkonstruktion still.
Erst 1934 machte man den fast in Vergessenheit geratenen Motor wieder flott, als Ing. Giannini technischer Direktor der C.N.A. (Compagnia Nazionale Aeronautica) wurde. Diese Flugzeuge bauende Firma erlaubte Giannini, seinen Motor völlig neu zu entwerfen, und er baute ihn dann auf ihre Kosten in ein ebenfalls neu entwickeltes Fahrgestell ein. Dieses neue Vierzylinder-Motorrad von der C.N.A. wurde nach einem von derselben Firma hergestellten Leichtflugzeug mit 350-ccm-ABC-Boxermotor, das den Namen »Rondina« trug, »Rondine« (Schwalbe) getauft.
Schon bei ihrem ersten Auftritt zeigte die nun zur Gänze flüssigkeitsgekühlte »Rondine« ihre über-

Rechts: Diese dohc-Werk-Version der »Saturno« entstand für die Saison 1953, war jedoch mit ca. 45 PS Leistung den Nortons nicht gewachsen.

Rechte Seite: So sah der 1947 geschaffene luftgekühlte dohv-Vierzylinder-Rennmotor von Gilera im Jahr 1952 aus. Er trat die Nachfolge der Vorkriegs-»Rondine« mit großem Erfolg an.

legene Leistung. Am 31. März 1935 gewann Piero Taruffi, der als Ingenieur selbst an der Entwicklung des Fahrzeugs beteiligt war, den über eine Distanz von 327,5 km gefahrenen »Großen Preis von Tripolis« in Libyen mit einem Rekorddurchschnitt von 158,893 km/h. Auch der Zweite im Ziel, Amilcare Rosetti, fuhr eine »Rondine«.
Die neue »Schwalbe« hatte dank Verwendung eines Rootes-Kompressors und Alkohol-Treibstoff eine Leistung von etwa 80 PS bei maximal 9000 Touren; genug, um in Geschwindigkeitsbereiche weit über 200 km/h vorzustoßen. Obwohl dieses Fahrzeug damit eine unschlagbare Spitze besaß, war es trotzdem noch nicht in der Lage, die damals dominierenden Nortons oder Guzzis zu besiegen. Das Fahrgestell der »Rondine« ließ noch viel zu wünschen übrig, und als Ende 1935 die C.N.A. die Tore schloß, wurde der noch im Entwicklungsstadium stehende »Renner« an Caproni nach Mailand, ebenfalls eine Flugzeugfabrik, verkauft. Dort hatte man aber wenig Interesse an einem Rennmotorrad und gab es kurz entschlossen 1936 an Gilera weiter.
1937 erschien die von Taruffi und Giuseppe Gilera überarbeitete »Rondine« nunmehr mit dem Namen Gilera am Tank. Der nach wie vor flüssigkeitsgekühlte Vierzylinder-Reihenmotor mit zwei obenliegenden Nockenwellen mit den Zylindermaßen 52 × 58,5 mm war um 45 Grad nach vorne geneigt und nun in einen von Gilera kommenden Rahmen eingebaut. Durch die Verstärkung des Preßstahlrahmens und die Adaption der bei Gilera bereits seit Jahren bewährten Schwingarm-Hinterradfederung mit Reibungsstoßdämpfern und auf Zug beanspruchten Federn war das ursprüngliche Gewicht der »Rondine« von 160 kg auf rd. 180 kg angewachsen. Mit Benzin-Benzol-Treibstoff lag die Leistung des Motors nun etwas über 60 PS. Die 80-PS-Marke wurde nur mit Alkohol-Treibstoff erreicht, aber damit konnte Taruffi noch im Herbst 1937 auf erfolgversprechende Rekordjagd gehen. 274,181 km/h war dann auch die neue absolute Weltrekord-Marke für den »Fliegenden Kilometer«, die kurzfristig Ernst Henne als den schnellsten Motorradfahrer der Welt entthronte, ehe dieser knapp sieben Wochen später den absoluten Zweiradrekord auf 277,6 km/h hinaufschraubte. Für diese Rekordfahrten auf der Autobahn zwischen Brescia und Bergamo benützte Taruffi eine Stromlinien-Verkleidung, die bei

Die Entwicklung des Fahrgestells der Nachkriegs-Vierzylinder-Gilera in zwei »Moto-Revue«-Zeichnungen.

Caproni entwickelt wurde. Bemerkenswert ist auch der dabei von Taruffi auf 195,252 km/h markierte Stundenweltrekord, obwohl er dabei auf der Autobahn einige Male wenden mußte.

Nachdem Taruffi 15 Weltrekorde erobert hatte, zog er sich als Fahrer der Gilera »Rondine« vom Motorrad-Rennsport zurück und betreute von nun an das Gilera-Team als Rennleiter und fuhr weiter Autorennen.

Das Gilera-Team, das 1938 die Halbliter-Europameistertitel nach Italien bringen sollte, bestand aus den Fahrern Aldrighetti, Fumagalli und Serafini. Obwohl die Gilera »Rondine« schon im Herbst 1937 mit einem überzeugenden Sieg von Aldrighetti im »Großen Preis der Nationen« in Monza gezeigt hatte, daß sie an Geschwindigkeit allen Konkurrenten, einschließlich der Kompressor-BMW, überlegen war, begann das Jahr 1938 für Gilera mit einer Pechsträhne. Schon zu Saisonbeginn, im »Großen Preis der Schweiz«, stürzte Aldrighetti schwer und war dann die ganze Saison außer Gefecht. Serafini bestritt daraufhin allein die weiteren Europameisterschaftsläufe. In Holland stürzte auch er, wurde aber trotzdem noch hinter dem neuen BMW-Star Schorsch Meier und dem Holländer van Hammersveld, ebenfalls auf einer Kompressor-BMW, Dritter. Am Sachsenring in Hohenstein-Ernstthal (Deutschland) fiel er mit Kupplungsschaden aus, und selbst im »Großen Preis von Italien« konnte Gilera mit drei Maschinen am Start die BMW mit Meier im Sattel nicht schlagen.

Erst 1939 ging die Rechnung für die »Rondine« von Gilera endlich auf. Die ersten beiden Grand Prix in Holland und Belgien sowie die Tourist Trophy gingen zwar wieder an BMW mit Meier als Fahrer, doch beim »Großen Preis von Schweden« wendete sich dann das Glück Gilera zu. Meier kam beim Überrunden eines Fahrers zu Sturz, und Serafini war zum ersten Male Sieger. Zum darauffolgenden »Großen Preis von Deutschland« war Meier noch außer Gefecht, und selbst Jock West war auf der Werk-BMW nicht in der Lage, Serafini zu folgen. Zwei Wochen später fielen dann im »Ulster Grand Prix« endgültig die Würfel für Gilera. Zwar tauchte mit der wassergekühlten Vierzylinder-Kompressor-AJS und Walter Rusk als Fahrer ein neuer Gegner auf, der das Rennen sogar einige Runden lang anführte. Dann brach an der AJS jedoch ein Gabel-Traghebel und damit war für Serafini der Weg zum Sieg und Europameistertitel frei. BMW war wegen des drohenden Kriegsausbruches in Ulster gar nicht mehr erschienen. Der eine Woche später beginnende Zweite Weltkrieg stoppte dann alle Rennaktivitäten in Europa. Die unschlagbar schnelle »Rondine« wurde eingemottet, erschien jedoch 1946 noch einmal in der Schweiz, ehe sie das Kompressorverbot endgültig von den Rennstrecken verbannte. Mit einer Leistung von ca. 75 PS mit Benzin-Benzol-Treibstoff vor mehr als 40 Jahren war sie der Wegbereiter für die Entwicklung der Vierzylinder-Rennmodelle nach 1945 und für die Serien-Vierzylinder der siebziger Jahre.

Das Anlaufen der Nachkriegsproduktion bei Gilera geschah, wie auch bei allen anderen Motorradfabriken, mit den schon bis 1939 und noch kurz nach Kriegsbeginn vorhandenen Modellen. In Italien lief nämlich bis tief in das Jahr 1940 hinein die Produktion der Serienmodelle fast ungestört weiter, und sogar Ende 1940 gab es nochmals eine Motorradausstellung in Mailand. Dort war zum ersten Mal eine Wettbewerbsausführung mit Leichtmetall-Motor des bereits früher beschriebenen 500-ccm-ohv-Modells »Saturno« zu sehen. Während der noch mit Gußzylinder versehene Typ »Sport« bei einer Verdichtung von 1:6 eine maximale Leistung von 23 PS bei 5000 Touren abgab, wurden für das neu gezeigte Modell »Competitione« eine Verdichtung von 1:7,5 und 29 PS Leistung bei 6000 Touren genannt. Insgesamt umfaßte das Gilera-Programm 1941 noch 11 Modelle, angefangen vom 250er-Modell VL mit seitengesteuertem 9-PS-Motor, dem 250-cm-ohv-Modell »Nettuno«, den seitengesteuerten 500-ccm-Modellen L 500 mit 12 PS in einsitziger und zweisitziger Ausführung und das 14 PS starke Militär-Modell »Marte«, das anstelle von Kettenantrieb einen Kardanantrieb besaß. Vom 500-ccm-ohv-Modell gab es die beiden oben beschriebenen Ausführungen und dann kam noch ein Dreirad-Lastkarren mit 1000 kg Gesamtgewicht hinzu, in dem man zwei verschiedene Motoren haben konnte.

Als 1947 wieder eine geregelte Produktion möglich war, wurde in etwa dasselbe Programm wie 1941 angeboten. Alle Modelle hatten die bewährte Gilera-Hinterrad-Schwinge mit zwei Scherenstoßdämpfern und eine Trapezgabel sowie ein Viergang-Getriebe. Dem großen Nachkriegsbedarf an Lastfahrzeugen entsprach ein zusätzliches Dreirad mit 600-ccm-Motor und 1500 kg Gesamtgewicht. Im selben Jahr setzte auch die Weiterentwicklung des Einzylinder-Rennsport-Modells »Saturno« ein, das 1947 als Modell »Sanremo« neu erschien. Anstelle der Trapez-Rohrgabel hatte es nun eine Parallelogramm-Gabel mit zwei flachen Preßstahlscheiden, Leichtmetallfelgen und eine große Leichtmetall-Vorderradbremse, wie sie vorher nur in der »Rondine« verwendet worden war. Der auf 85 mm Bohrung und 90 mm Hub ausgelegte Motor, mit einem 32-mm-Vergaser ausgerüstet, entwickelte etwa 30 bis 32 PS bei 5800 Touren, die das 140 kg schwere Halbliter-Motorrad bequem über die 160 km/h-Grenze brachten. Infolge des Kompressorverbots der FIM stützte sich Gilera zunächst auch offiziell auf das Einzylinder-Rennmodell »Sanremo«. Seine Leistung stieg von Jahr ebenso wie sein Gewicht sank. 1949 werden bereits 35–36 PS und 125 kg, sowie eine Spitze von 175 km/h genannt. Die bedeutendsten Siege der Werk-»Sanremo« waren 1947 in »Großen Preis der Nationen« in Mailand und 1950 im GP von Spanien.

1950 wich die Trapezgabel einer Telegabel und zwei Jahre später die mechanisch gedämpfte Hin-

Nello Pagani, Gilera-Werkfahrer der ersten Nachkriegsjahre, im Sattel der Vierzylinder-Werkmaschine 1951, als sie noch unverkleidet und mit glatten Auspuffrohren gefahren wurde.

terradschwinge Federbeinen. Die Leistung war inzwischen mit einem 35-mm-Vergaser auf 37 bis 38 PS und die Spitze auf knapp 190 km/h gestiegen. Die letzte Version des ohv-»Saturno«-Motors in Rennausführung kam bis Mitte der fünfziger Jahre auf über 40 PS Leistung bei 6500 Touren und lief ohne Verkleidung etwa 200 km/h Spitze. Die Entwicklung dieses Einzylinder-Rennmodells von Gilera ist an den in Monza erzielten Runden-Durchschnitten abzulesen: er stieg von 155 km/h im Jahr 1948 auf 173,8 km/h im Jahr 1957.
Da dieses Einzylinder-Halbliter-Rennmodell von Gilera erheblich leichter zu fahren war, als die ab 1949 voll zum Einsatz kommenden Vierzylinder-Werkrenner, wurde es auf kurvenreichen Kursen, wie Barcelona, auch weiterhin von Werkfahrern eingesetzt. Dadurch wurde auch der Wunsch laut, aus diesem Motor noch mehr Leistung herauszuholen. So entstand von 1952 auf 1953 eine Doppelnockenversion des Saturno-Motors, der bei 8000 Touren etwa 45 PS abgab. Das war jedoch gegen die Werk-Norton dieser Jahre zuwenig, weshalb die Weiterentwicklung eingestellt wurde und Gilera werkseitig nur mehr die Vierzylinder-Rennmaschinen einsetzte.
Gilera erlebte in den ersten Nachkriegsjahren dank des umfangreichen Sportengagements und den großen Erfolgen auch kommerziell einen großen Aufschwung. Dazu verbreiterte die Firma auch ihr Verkaufsprogramm nach unten. Das erste 125-ccm-ohv-Modell mit einem Viertakt-Blockmotor erschien bereits 1948. Es hatte 5,5 PS und lief 80 km/h Spitze. Davon gab es 1951 ein 6,5 PS starkes Sport-Modell, dessen Hubraum ein Jahr später auf 150 ccm vergrößert wurde. Vom größeren 250-ccm-ohv-Modell »Nettuno« und der 500-ccm-ohv »Saturno« gab es jeweils drei Versionen: »Corsa« hieß das käufliche Produktions-Rennmodell und die zwei straßentauglichen Modelle nannten sich »Sport« und »Turismo«. Sie waren mit Licht, Kickstarter und Grauguß-Zylindern ausgerüstet. Die Versionen »Corsa« und »Sport« waren in feurigem Rot lackiert, das zahmste Modell, »Turismo«, in bescheidenem Schwarz.
Aus dem kleinen 150-ccm-Modell entstand 1952 durch Verdoppelung der Zylinder das Modell B 300 mit 304 ccm Hubraum, 12 PS Leistung und 120 km/h Spitze. Für verschiedene Exportländer, wie z.B. die Schweiz, gab es jedoch auch ein auf 250 ccm reduziertes Zweizylinder-Modell; sogar mit geschlossenem Kettenkasten. 1951 bekamen alle Serienmodelle Teleskopgabeln und ein Jahr später die Hinterradfederungen Federbeine. Während die Serienmodelle überwiegend in Italien verkauft wurden, interessierte sich die Motorsportwelt vor allem für die Vierzylinder-Werkrennmaschinen, deren Entwicklung folgende Stationen durchlief.
Zur Konstruktion und Entwicklung eines neuen Werk-Renners, der die Tradition und die Erfolge der Kompressor-»Rondine« fortsetzen sollte, engagierte Gilera zwei erfahrene Techniker, die schon vor dem Krieg ihr Können bewiesen hatten: P. Remor und Dr. Ing. Taruffi. Die Neukonstruktion folgte in den Grundzügen dem Layout der »Rondine«. Der nunmehr luftgekühlte Vierzylinder-Reihenmotor saß wieder leicht nach vorne geneigt, quer zur Fahrtrichtung, in einem Doppelschleifen-Rahmen. Der Antrieb der beiden obenliegenden Nockenwellen erfolgte wieder von der Mitte der Kurbelwelle aus über Zahnräder. Motor und Fünfgang-Getriebe waren verblockt und saßen auf einem großen, verrippten Ölbehälter. Das Hinterrad wurde über eine Kette angetrieben. Die Federung sah im ersten Stadium etwa so aus wie bei der »Rondine«. Die Zylindermaße waren 52 mm Bohrung und 58 mm Hub; eine quadratische Auslegung hatte man nach kurzer Probe verworfen. Jeder der vier Zylinder hatte ein kurzes, glattes Auspuffrohr, und je zwei Zylinder erhielten ihr Gemisch über einen Weber-Vergaser, der bald einem der Marke Dell'Orto wich. Die Zündung erfolgte durch einen über dem Getriebe zwischen den Vergasern stehenden Magneten.
Die ersten beiden Maschinen waren 1948 zum »Großen Preis von Holland« fertig. Die Leistung lag über 50 PS bei 8500 Touren und das Gewicht bei etwa 125 kg, also rd. 25 kg unter jenem der Werk-Norton. Eines der beiden Exemplare blieb schon im Training liegen, so daß nur eine neue

Vierzylinder-Gilera mit Masserini ins Rennen ging. Sie erschien nach dem Start sofort in Führung, wurde jedoch bald von Artie Bell, dem damaligen Norton-Spitzenfahrer, überholt und fiel zwei Runden später durch Sturz aus. Es hatte nämlich zu regnen begonnen. Sieger wurde Bell auf Norton während der zweite Gilera-Werkfahrer Nello Pagani auf einer Renn-Saturno den Platz zwei belegte. Zum zweiten Mal erscheinen die Vierzylinder-Gileras im »Großen Preis von Italien«, der 1948 in Faenza ausgetragen wurde. Die Fahrer waren Pagani, Bandirola und Masserini. Die beiden Erstgenannten stürzten, und Masserini gewann zum ersten Mal mit dem neuen Werkrenner aus Arcore vor Lorenzetti, der ein Monat vorher auf der klassischen Ulster-Strecke mit einer Guzzi-»Gambalungha« die Engländer geschlagen hatte und damit Europameister wurde.

Den ersten Sieg in einem nunmehrigen Weltmeisterschaftslauf im Jahre 1949 verbuchte Nello Pagani in Holland, wo er mit drei Sekunden Vorsprung vor dem AJS-»Stachelschwein« von Les Graham durchs Ziel ging.

In Belgien und Ulster war dann wieder Graham vorne. Erst beim letzten WM-Lauf in Monza gewann Pagani neuerlich, wurde aber von Graham in der Weltmeisterschaft um nur einen Punkt geschlagen.

1950 war Gilera dann zum erstenmal am Ziel seiner Ambitionen. Umberto Masetti wurde Weltmeister der Halbliterklasse, Norton gewann den Marken-WM-Titel. Als in Monza vor dem Heimpublikum Duke auf Norton die Gilera schlug, war eine gründliche Überarbeitung des roten Renners fällig.

Über den Winter entstand ein völlig neues Fahrgestell mit Teleskopgabel vorne und Federbein-Hinterradfederung. Am Motor saßen nun vier Vergaser, für jeden Zylinder ein separater Dell'Orto. Trotzdem war 1951 nochmals Duke auf Norton der überlegene Fahrer und wurde Halbliterweltmeister. Gilera blieb nur zum Saisonende in Monza der Trost, die ersten drei Plätze zu belegen und den Rundenrekord aus dem Vorjahr von 169,8 km/h auf 172 km/h verbessern zu können.

1952 schaffte schließlich Masetti zum zweiten Mal den WM-Titel für Gilera, vor allem durch zwei knappe Siege über Duke in Holland und in Belgien. 1952 war auch das Jahr, in welchem erstmals Engländer auf schnellen italienischen Werkmaschinen saßen. Cromie McCandless siegte auf

Diese 125-ccm-Zweizylinder-Renn-Gilera tauchte 1956 wie ein Komet auf. Sie verschwand jedoch bald von der internationalen Rennszene und lebte nur in Italien als 175er Twin weiter.

Gilera im Ulster-GP, und Graham gewann auf der Vierzylinder-MV, einer ebenfalls von Ing. Remor geschaffenen Kopie der Gilera, erstmals in Monza einen WM-Lauf für jene Marke, die nach dem Rückzug von Gilera im Jahr 1957 ihr Erbe antreten sollte. Noch war es aber nicht so weit.
Gilera entschloß sich nach dem knappen Ergebnis des Jahres 1952, ebenfalls einen Engländer als Spitzenfahrer zu engagieren. Geoff Duke widerstand den finanziellen Verlockungen aus Italien nicht mehr länger und zog, ein Jahr nach Graham, nach dem Süden zu Gilera. Die Rechnung ging prompt auf; Duke sicherte Gilera weiter drei Jahre hindurch, von 1953 bis 1955, den Weltmeistertitel. Natürlich wurden auch die Maschinen ständig weiterentwickelt. 1952 hielt die Höchstleistung der Werk-Gilera bei 55 PS und 10000 Touren. 1953 wurde die Straßenlage durch Verwendung eines dicken 4,00 × 17 Zoll Hinterradreifens verbessert. 1954 gab es einen neuerlich überarbeiteten Motor. Eine schmälere Ölwanne erlaubte, den Motor weiter nach vorne zu rücken und tiefer einzubauen. Die Leistung wuchs dabei auf 65 PS bei 10500 Touren. Die erreichbaren Tempis stiegen in diesem Jahr vor allem durch die Einführung von Stromlinien-Verkleidungen. Die Monza-Rekordrunde kletterte auf 182 km/h und die Spitze der »Gilera-Four« auf 240 km/h.
Das Jahr 1956 war dann für Gilera voll von Pech. Duke wurde auf ein halbes Jahr »gesperrt«, wodurch der nächste von England nach Italien »exportierte« Spitzenfahrer, John Surtees, der Konkurrenz-Marke MV-Agusta zum ersten Halbliter-WM-Titel verhalf. In Monza debütierte in diesem Jahr auch die neue 350-ccm-Vierzylinder-Gilera, eine verkleinerte Kopie des Halbliter-Renners. Der Motor, mit 46 × 52,6 mm Bohrung/Hub, gab 52 PS bei 11000 Touren ab und schlug auf Anhieb die führenden Guzzis.
Dann nahte das letzte große Gilera-Jahr 1957. Es begann in Imola mit einem Sturz von Duke, der dadurch für die erste Saison-Hälfte ausfiel. Für ihn stieg sein Landsmann Bob McIntyre in den Sattel der Gilera und gewann sowohl die Junior- als auch die Senior-TT in neuer Rekordzeit. Dabei fuhr er auch die erste 100-Meilen-Runde (160 km/h Schnitt) über den 60 km langen Insel-Man-Kurs. Der Weltmeister-Titel ging jedoch an Libero Liberati, da McIntyre in Holland seine WM-Chancen in einem Sturz begrub. In Monza gab Gilera dann seine Abschiedvorstellung. Duke gewann das Halbliter-Rennen, und McIntyre die 350-ccm-Klasse. Zum Abschluß ging Gilera im November 1957 noch auf Rekordjagd, um seine Spitzenstellung zu demonstrieren. McIntyre umrundete eine Stunde lang das Monza-Hochgeschwindigkeits-Oval mit der 350-ccm-Vierzylinder und legte dabei eine Distanz von 227 Kilometer zurück. Das war ein neuer Stundenweltrekord, der erst Mitte der sechziger Jahre von Mike Hailwood in Daytona/USA mit der Halbliter-MV gebrochen wurde. Anschließend wurden die schnellen Renner aus Arcore eingemottet. Nur einmal noch – sechs Jahre später – erschienen sie 1963 unter der Flagge der »Scuderia Duke« mit den Fahrern Derek Minter, Phil Read und John Hartle wieder auf den Rennstrecken. Sie zeigten dabei ihre alte ungebrochene Leistung. Der entscheidende Durchbruch gelang ihnen jedoch nicht mehr.
Ein anderes, wenn auch nur kurzes Kapitel Rennsport-Geschichte schrieb Gilera auch 1956 in der 125-ccm-Klasse, in der bis dorthin Mondial, NSU und MV Siege und WM-Titel gepachtet hatten. Zum »Großen Preis von Deutschland« auf der Solitude bei Stuttgart erschien Gilera mit einer sensationell schnellen Zweizylinder-Maschine. Sie wog nur 95 kg und erreichte stromlinienförmig verkleidet mit 20 PS bei 12000 Touren etwa 190 km/h Spitze. Romolo Ferri gewann auch das Rennen überlegen, wobei sein Rekordschnitt und die Rekordrunde um etwa 10 km/h höher lagen, als zwei Jahre zuvor Weltmeister Hollaus auf der Werk-NSU geschafft hatte. Nach diesem glanzvollen Auftritt verschwand die 125-ccm-Gilera-Twin wieder bis zu Rekordfahrten Ende 1957. Auf 175 ccm vergrößert, fuhr sie dabei den »Fliegenden Kilometer« mit 203,4 km/h und eine Stunde lang mit 195,9 km/h Schnitt.
Nach diesem eindrucksvollen Kapitel über die Rennaktivitäten von Gilera bis Ende 1957 ein

Blick zurück auf die Serienprodukte, die wir im Jahr 1952 verlassen hatten. Zur hubraumschwächsten Modellreihe der 125er und 150er Viertakter kam 1956 ein 172 ccm großes Modell mit 9,1 PS. Die Saturno-Reihe wurde inzwischen, auch mit einer Moto-Cross-Version, weitergebaut; die Nettuno-Reihe jedoch aufgelassen. Sie war vom neuen 300 Twin ersetzt worden. Nach unten hin gab's ein 50-ccm-Moped, die »Gilly«, mit Viertakt-Motor und drei Gängen. 1959 kam noch ein Hub ganz modern ausgelegt und sollte den Sprung in den sich abzeichnenden wachsenden Markt für große Motorräder ermöglichen. Auch ein neuer 125-ccm-Zweitakt-Motor mit Einlaß-Drehschieber wurde gesichtet, doch die finanzielle Situation von Gilera verschlechterte sich zusehends.

Am Mailänder Salon 1969 zeigte Gilera nicht nur das neue 125-ccm-Geländesport-Modell, dessen Drehschieber-Motor 20 PS entwickelte, sondern kündigte auch den Übergang der Firma in den

Ein Blick auf die »Brot-und-Butter«-Modelle der Nachkriegszeit von Gilera. Hier das 300-ccm-Twin-Modell, welches Mitte der fünfziger Jahre die 250-ccm-»Nettuno«-Reihe ersetzte, die neben der »Saturno«-Reihe in der Viertelliterklasse gebaut wurde. Besonders schön und praktisch der glatte Motor-Getriebeblock dieses gefälligen Motorrades aus Arcore.

Kleinmotorrad mit 98-ccm-Viertakt-Motor hinzu, das zum Anlaß des 50jährigen Firmen-Jubiläums »Giubileo« hieß.

Inzwischen war der Motorradmarkt, auch im so zweiradfreundlichen Italien, von der Autowelle überflutet worden. Diese Entwicklung hatte bereits 1957 den Rückzug Gileras aus dem Rennsport ausgelöst. Nur die Roller hielten sich noch in Stückzahlen und in der Gunst der Käufer. So gab es 1962 nach dem »Giubileo« den ersten Gilera-Roller mit 50 ccm Hubraum und ein Jahr später auch mit 80-ccm-Motor. Auch mit konfektionierten Mopeds und Zweitakt-Motoren versuchte Gilera durch die Flautenjahre des Zweirads zu kommen. Einmal noch, 1968, erschien ein neues, ausgewachsenes Motorrad, das Modell B 500 5 V, ein moderner Twin mit 35 PS bei 7500 Touren. Der Twin-Motor war mit 71 mm Bohrung und 61 mm Besitz von Piaggio & Co. an, den großen und erfolgreichen Vespa-Roller-Erzeuger. Zwei Jahre später stirbt dann im Alter von 84 Jahren der Firmengründer Giuseppe Gilera, der alle Höhen und Tiefen eines Motorrad-Produzenten der Pionier-Generation durchgemacht hatte. Der Name Gilera lebt jedoch weiter als ein in den siebziger Jahren wieder prosperierender Zweig der Firma Piaggio. Die erfolgreiche Rollerfirma stellte bald darauf ein neues Gilera-Programm vor. Das waren Viertakt-Modelle mit 125 und 150 ccm Hubraum. Gleichzeitig engagierte sich Gilera wieder im Geländesport. In jüngster Zeit tritt Gilera mit großem Erfolg in der 125-ccm-Moto-Cross-Weltmeisterschaft in Erscheinung. Die großen Zeiten der »Rondine« und der späteren Vierzylinder-Renner aus Arcore gehören jedoch ein für allemal der Vergangenheit an.

MOTOR
HARLEY-DAVIDSON
CYCLES
TRADE MARK

Harley-Davidson – die einzige große überlebende amerikanische Marke

Vom Innsbrucker Sepp Heinrich wunderschön restaurierte Harley-Davidson, Typ W, aus 1929. Sie bot verbesserte Leistung durch seitengesteuerte Ventile.

Um die Jahrhundertwende lag Amerika im Fiebertaumel des Fortschritts. Bis dorthin hatte sich der Amerikaner entweder am Rücken eines Pferdes, in Kutschen, auf Fahrrädern oder auf »Schusters Rappen« fortbewegt. Nun war die Urzeit des Automobils angebrochen, und auch das erste amerikanische Motorrad wurde 1901 von der E. R. Thomas Motor Company zusammengeschraubt. Zahlreiche andere Marken folgten unmittelbar darauf wie Indian, Yale, Minnesota, Pope, Merkel, Henderson, Thor und andere mehr. Sie verschwanden jedoch alle nach Höhenflügen und Niedergang wieder vom Markt, mit einer Ausnahme – Harley-Davidson! Sie ist die einzige überlebende große Motorrad-Marke in den USA. 1978 feierte sie in voller Frische ihr 75jähriges Jubiläum und wird nun von den Enkeln der Firmengründer geführt. Rund 60000 Harley's wurden 1980 produziert! Wie diese traditionsbewußte Firma mit ihren V-Zweizylinder-Monstern den dritten Motorrad-Frühling erreichte, ist eine lange und interessante Geschichte. Sie begann 1901.

Damals waren zwei Freunde, William Harley, ein technischer Zeichner, und Arthur Davidson, Werkzeugmacher von Beruf, des Fahrradtretens müde und sannen danach, wie sich die Fortbewegung auf zwei Rädern weniger mühevoll und schweißtreibend gestalten ließe. Ihre Lösung hieß: dem Fahrrad mußte ein Motor eingepflanzt werden. So bastelten beide in den freien Abendstunden zusammen mit einem deutschen Mechaniker, dessen Name nicht mehr überliefert ist, an ihrem ersten Motorrad. Zwei weitere Davidson-Brüder, Walter und William, fanden auch Gefallen an dieser Idee und beteiligten sich bald an diesem Unternehmen. Sie gründeten schließlich 1903 die Firma Harley-Davidson und starteten das junge Unternehmen in einer Bretterbude von 3 × 4 Meter Grundfläche im Garten des Besitzes der Familie Davidson. Nach dem Moto »Hubraum ist gleich Leistung und durch nichts zu ersetzen« hatte die erste Harley schon einen 25 cubic inch (410-ccm-) Viertakt-Motor, noch mit Schnüffel-Einlaßventil, aber mit satten 3 PS Leistung. Das war genug, um das noch fahrradähnliche Gefährt über einen Keilriemen munter zu motorisieren.

Zu dieser ersten Harley stellten die Firmengründer fast alles selbst her. Arthur Davidson machte die Formen für die Gußteile nach Zeichnungen von Bill Harley, und ein weiterer bekannter Motorenbauer gab ihnen gute Ratschläge. Das war Ole Evinrude, dessen Bootsmotoren später berühmt wurden. Walter und William Davidson fertigten alles an und bauten die Teile dann zusammen. Drei Maschinen entstanden so »im Nebenberuf« der vier Firmengründer: die Produktion des ersten Geschäftsjahres 1903. 1904 mußten sie die »Fabrik« an Fläche bereits verdoppeln und schafften acht Maschinen. Ein weiteres Jahr später, 1905, betrug die Jahresproduktion bereits 50 Motorräder. Dazu hatten die Hobby-Produzenten schon fünf Mann eingestellt und hängten schließlich ihre bisherigen Berufe an den Nagel, um sich ganz der Motorrad-Bauerei zu widmen. William Harley ging inzwischen auf die technische Universität in Wisconsin, um sich weiterzubilden. Gleichzeitig war er der Chefingenieur und Finanzchef der jungen Firma, der Walter Davidson als Präsident vorstand. Arthur Davidson betätigte sich als Verkaufsleiter, und William Davidson als Werks-Manager. Im Grunde mußte aber jeder alles können und alle zusammen arbeiteten das ganze Jahr hindurch bis in die Nacht hinein.

Das erste Harley-Davidson-Modell war inzwischen von 25 auf 29 und schließlich auf 35 cubic inch angewachsen – das sind 574 ccm Hubraum. Die hellgrau lackierte 5-PS-Maschine, die etwa 80 km/h Spitze schaffte, lief auch schön leise und wurde deshalb liebevoll »Silent Grey Fellow« (Leiser grauer Freund) genannt. 1907 wurden schon 150 Harleys hergestellt und ein Jahr später waren es bereits 450 Stück. Dann ging der Ausstoß sprunghaft in die Höhe; 1909: 1150 Stück, 1910: 3168, 1911: 5625. In diesem Jahr erreichte die Belegschaft bereits 481 Köpfe und ein Jahr später waren es bereits 1076 Beschäftigte, die mehr als 10000 Maschinen zusammen mit einem neuen Maschinenpark und neuen Produktionsmethoden herstellten. Auch das Motorrad war damit ein Massenprodukt geworden. Doch zurück zum bedeutungsvollen Jahr 1908.

Walter Davidson stellte sich in diesem Jahr zum ersten Mal persönlich der harten Konkurrenz seiner Zeit in einem wichtigen Wettbewerb. Das war eine Zweitage-Zuverlässigkeitsfahrt der ebenso jungen Amerikanischen Motorrad-Föderation, aus der die heutige AMA hervorging. Am Ende der zwei Tage hatte der Präsident der jungen Firma Harley-Davidson als Gesamtsieger auf der einzigen Maschine seiner Marke die höchstmögliche Punktezahl erreicht und erhielt noch fünf Extra-Punkte für den zuverlässigsten Fahrer und die zuverlässigste Maschine des Wettbewerbs. Als er eine Woche später in einem Verbrauchswettbewerb mit einer Gallone Treibstoff (4,5 Liter) eine Strecke von 188,234 Meilen (knapp 303 km!) zurücklegte, war der Name der bis dorthin fast unbekannten Motorradmarke Harley-Davidson in aller Munde. Die Firmengründer erkannten sehr rasch, daß Erfolge in Wettbewerben die beste Reklame für ihr junges Produkt waren. Die dadurch ausgelöste Nachfrage brachte schließlich die schon oben in Zahlen ausgedrückte rasche Entwicklung der Firma endgültig ins Rollen.

Inzwischen waren die jungen Unternehmer auch auf der technischen Seite nicht müßig geblieben. Nach ausgiebiger Erprobung und einer Entwicklungszeit von eineinhalb Jahren erschien 1909 das erste V-Zweizylinder-Harley-Modell am Markt. Das war die Geburtsstunde des 61 cubic inch (knapp 1000 ccm) 45-Grad-V-Motors, der in weiterentwickelter Form der Stammvater der heutigen Harley-Motoren ist. 1909 war auch das Jahr, in dem die nicht sehr zuverlässige Batterie-Zündung gegen Magnetzünder ausgetauscht wurde. Die Ein- und Zweizylinder-Motoren von Harley waren damals noch immer mit automatischem Einlaß-Ventil ausgerüstet, das schließlich 1911 einem gesteuerten Einlaß wich. 1912 kam dann dic Kupplung hinzu. Man konnte nun auch mit laufendem Motor anhalten. Und als 1914 Harley den Kickstarter einführte, war die Zeit, da man ein Motorrad anschieben und in den Sattel springen mußte, endgültig vorbei.

1915 löste dann ein Dreigang-Getriebe das bisher verwendete Zweigang-Getriebe ab, und die weitreichende Renntätigkeit der Konkurrenz zwang Harley-Davidson, im selben Jahr auch kopfgesteuerte Rennmodelle mit vier und acht Ventilen zu bauen. Diese schnellen und erfolgreichen Werkrenner waren auch für Privatfahrer käuflich; 1500 Dollar kostete das V-Zwei-Zylinder-Rennmodell, 1400 Dollar der Einzylinder-Renner.

Dann kam 1917 der Kriegseintritt von Amerika, und Harley mußte nun mit vollen Touren für die US-Army produzieren. Man hatte jedoch schon vorher den Reiz des Beiwagenfahrens entdeckt, und so wurden viele Harleys für den Militärgebrauch als Gespanne geliefert. Ab 1915 hatte es bei Harley auch schon Lastendreiräder gegeben. Der Kriegseinsatz von mehr als 20000 Harleys, mit und ohne Beiwagen, initiierte wegen des Mangels an Fachkräften zur Wartung 1918 auch die Gründung der Service-Schule im Werk. Neben dem Militär-Geschäft wurde jedoch auch während der Kriegsjahre der Verkauf an private Kunden nie unterbrochen. So stand Harley-Davidson nach dem Kriegsende mit einer gut ausgebauten Verkaufsorganisation bereit, den großen Nachholbedarf zu decken.

Im Krieg hatten viele junge Leute in Europa die Vorzüge der schweren kräftigen amerikanischen Motorräder kennengelernt. So kam es in den zwanziger Jahren zur ersten großen Harley-Exportwelle nach Europa. Harley-Davidson-Motorräder, die schon vor 1917 in Amerika einen

Walter Davidson, der erste Präsident der Firma, nach seinem Sieg im US-Endurance-Run 1908 mit dem ersten Einzylinder-Modell seiner Firma.

großen Namen im Rennsport hatten, erschienen nun auch im europäischen Motorsportgeschehen. In England fuhr schon 1921 D. H. Davidson auf der Brocklandsbahn eine Runde mit mehr als 100 Meilen Schnitt, und auch seine englischen Landsleute Claude Temple und Freddy Dixon fuhren die schnellen 8-Ventil-Harleys. In Deutschland waren die Harley-Fahrer der ersten Stunde Paul Rüttchen, ehe er als Werkfahrer zu NSU ging, und der Aachener Paul Weyres; in Österreich Eddy Meyer, der spätere Brough-Superior-Fahrer und -Importeur, und Lucky Schmid; und in der Schweiz Claude Ceresole.

Harley-Davidson vergrößerte auch bald nach dem Ende des Ersten Weltkrieges seine Modellpalette, die bis dorthin – sieht man von den Rennmodellen ab – aus dem 35″-Einzylinder- und 61″-V-Zweizylinder-Modell bestand. Offensichtlich durch die Beliebtheit der englischen Douglas-Modelle mit längsliegendem Boxermotor beeindruckt, die

ebenfalls in großer Zahl während des Krieges von Soldaten gefahren wurde, kam 1919 das 42 cu.in. »Flat twin«-Sport-Modell heraus, das sich aber als Flop erwies. Der 688 ccm große, seitengesteuerte Motor litt, wie alle längsliegenden Boxer, unter thermischen Schwierigkeiten des rückwärtigen Zylinders und verschwand nach zwei Jahren wieder vom Produktionsprogramm.

Harley setzte nun wieder auf große Hubräume und erschien 1921 mit einem 74″-Modell, dessen über 1200 ccm großer Motor vor allem für den Gespannbetrieb ausgelegt war. Bald darauf kam auch der patentierte »Federsattel« heraus, bei dem die Sattelfeder in das stehende Rahmenrohr verlegt war. Vor allem dieses Modell machte die Marke in Europa als Gespann-Maschine so beliebt, daß sie auch hier nur mehr gegen die Konkurrenz von Indian anzukämpfen hatte. Das im Krieg verwendete Khakibraun ersetzte nun auch im Frieden das alte Hellgrau der ersten Harley-Generation. Auch der 1208-ccm-Motor war, wie die Vorgänger, wechselgesteuert. Typisch für die Harley-Davidson-Motorräder der zwanziger Jahre waren nicht nur die robusten Motoren in schweren, strapazierfähigen Fahrgestellen mit der Harley-Federgabel, sondern auch die weitausladenden Tourenlenker, an welchen es keine Handhebel gab. Kupplung und Bremse – diese war nun am Hinderrad vorhanden – wurden von bequemen Trittbrettern aus mit der Schuhsohle betätigt.

Mitte der zwanziger Jahre lanzierte Harley-Davidson, vor allem für den Export nach Europa, ein neues Einzylinder-Modell mit 21″-Motor, also mit 350 ccm Hubraum. Davon gab es zwei Versionen, eine mit seitengesteuertem und eine mit kopfgesteuertem Motor. Letzerer erwies sich bald als erfolgreiches Sportgerät. Er ließ sich gut auf höhere Leistung trimmen. Davon abgeleitet, gab es auch einen 500-ccm-ohv-Motor, der ebenso wie sein 350-ccm-ohv-Bruder mit ganz kurzen Auspuff-Stummeln unter dem Namen »Peashooter« auf den Aschenbahnen Furore machte. Diese aus Australien nach Europa gebrachten Dirt-Track-Rennen auf ganz kurzen, maximal 400 m langen Aschenbahnen brachten einen neuen, speziellen Motorrad-Typ hervor, den der Harley-»Peashooter« maßgeblich mitbestimmte.

1929 gab es ein neues Harley-V-Zweizylinder-Modell, den Typ W, mit 750-ccm-Motor, der erstmals für diese renommierte Marke anstelle der wechselgesteuerten zwei seitengesteuerte Ventile hatte. Die Leistung lag durch die bessere Kühlung der stark verrippten Zylinderköpfe rund 20 Prozent über den gleich großen alten Modellen. Der Typ W war auch leiser und lebendiger. Man konnte nun auch die Räder austauschen, und das Vorderrad hatte endlich eine eigene Bremse. Eine stärkere Kupplung und auf Wunsch sogar eine Handkupplung europäisierten die Harleys nun etwas. Das neue Modell erschien jedoch zu einer Zeit, da die Weltwirtschaftskrise von den USA ihren Ausgang nahm. So versickerte in den folgenden Jahren bald der vorher blühende Export nach Europa, und auch in den Vereinigten Staaten hatte Harley schwer zu kämpfen. Nach 1934 war es in Deutschland fast unmöglich, eine neue Harley zu importieren, und auf den Rennstrecken hielt nur noch Paul Weyres der amerikanischen Marke die Treue.

In den dreißiger Jahren wurden von Harley vor allem die großen V-Zweizylinder-Maschinen weiterentwickelt. 1936 gab es ein neues 80″-(1311 ccm-)sv-Modell und kurz darauf das erste serienmäßige kopfgesteuerte Zweizylinder-Modell mit 61″ (998 ccm), den Vorläufer der heutigen Harley-ohv-Motoren. Mit diesem ohv-Modell stellte der damals erfolgreichste Harley-Rennfahrer Joe Petralli am Sandstrand von Daytona Beach einen US-Rekord auf, der lange Jahre hindurch ungeschlagen blieb. Mit der nur am Heck verkleideten Maschine schaffte er 219 km/h Schnitt. Die alten Einzylinder-Modelle waren inzwischen 1935 ausgelaufen.

Kurz vor dem Eintritt der USA in den Zweiten Weltkrieg im Jahr 1941 erschien dann das große 74″ (1213 ccm) ohv-Modell, der Vorläufer der heutigen »Elektra-Glide«. Der Kriegseintritt der USA stellte Harley wieder völlig auf die Belieferung der Armee um. Vor allem das weiterentwickelte 750-ccm-sv-Modell WLA wurde in großen Stückzahlen an die US-Army geliefert und blieb in Tausenden von Exemplaren nach 1945 in Europa zurück. Für Kriegszwecke entstand bei Harley auch ein völlig neues Modell, bei dem man technisch bisher unbegangene Wege ging. Es war eine BMW-Kopie mit quer im Rahmen stehendem Boxermotor, angeblocktem Getriebe und Kardanantrieb. Davon wurden jedoch nicht mehr als etwa 1000 Stück gebaut. Sie war für den Wüstenkrieg in Nordafrika gedacht, und als sie in Produktion ging, war Rommel bereits geschlagen.

Nach Kriegsende vertraute man daher wieder auf das alte Harley-Rezept »Je größer, desto besser!«.

Linke Seite: Der typische, wechselgesteuerte große Harley-V-Motor, den es ab 1921 auch mit dem Hubraum von knapp über 1200 ccm gab, hier ein Modell aus 1917 mit den für Harley typischen Fußbrettern.

Rechts: Schon 1915 baute Harley-Davidson V-Zweizylinder-Rennmodelle mit ohv-8-Ventil-Motoren, die nach dem Ersten Weltkrieg auch mit Erfolg in Europa gefahren wurden, wie hier von Freddy W. Dixon/England im Jahr 1922 auf der Brooklandsbahn.

1947 gab es das erste Modell mit Aluminium-Zylinderköpfen und hydraulischen Ventilstößeln, und 1949 gab es in den großen Modellen die erste Teleskopgabel. 1947 war auch ein kleines Zweitakt-Modell erschienen, das seine Verwandtschaft zur DKW RT 125 nicht verleugnen konnte. Es wurde lange Jahre hindurch ständig verbessert und später in Hubräumen von 165 ccm und zuletzt mit 175 ccm bis 1965 gebaut. Die wahren Harleys waren und sind jedoch heute die großen Zweizylinder-Modelle geblieben, wenngleich der Ausflug von Harley-Davidson nach Europa mit dem Erwerb der ehemaligen Aer-Macchi-Fabrik in Italien in den sechziger und siebziger Jahren auch noch andere, kleinvolumige Modellreihen hervorbrachte.

Inzwischen saß bereits die zweite Generation der Harleys und Davidsons am Schaltpult der Firma, denn 1950 war Arthur Davidson, der letzte der vier Gründer, bei einem Autounfall ums Leben gekommen. William Davidson war schon 1937 gestorben und sein Bruder Walter im Jahr 1942, während Bill Harley 1943 die Augen für immer schloß. Ehe jedoch die Ausweitung der amerikanischen Firma nach Europa durch den Erwerb der Aktien-Mehrheit von Aer-Macci im Jahr 1961 erfolgte, gab es in den fünfziger Jahren noch andere wichtige Ereignisse.

Zunächst kehrte die Firma schon 1948 zum Rennsport zurück. Noch auf dem alten kombinierten Strand-Straßen-Kurs von Daytona lebte das traditionelle 100-Meilen-Amateur- und 200-Meilen-Professional-Rennen wieder auf.

Harley konnte an diesem wichtigsten US-Motorrad-Rennen nicht vorbeigehen. Die Sportaktivitäten der AMA (American Motorcycle Assoziation) führten schließlich zu Anfang der fünfziger Jahre zur AMA-Meisterschaft, die aus einer Reihe verschiedener Rennen – Dirt-Track, Flachbahnrennen auf Halbmeile- und Meile-Trabrennbahnen

Links: Auch dieses Farbbild zeigt den großen wechselgesteuerten 74″-1208-ccm-V-Motor« von Harley, jedoch aus etwa 1925, als die Farbe der schweren Motorräder aus den USA bereits auf Khaki-Braun gewechselt hatte. Beachte die Ausnehmungen im Tank für die freiliegenden Kipphebel der hängenden Einlaß-Ventile.

Rechts: Dieser Einzylinder-ohv-Motor mit 350 ccm wurde Mitte der zwanziger Jahre vor allem für Europa gebaut und erlangte unter dem Namen »Peashooter« in Halbliter-Größe auf den Aschenbahnen große Berühmtheit.
Im Besitz des italienischen Sammlers Benito Battilani aus Imola.

und Straßenrennen – bestand. Der aus ihnen durch Punktewertung ermittelte Sieger erhielt für das jeweils folgende Jahr die begehrte AMA-Startnummer Eins. Seit 1954 trägt ein Harley-Fahrer ununterbrochen diese begehrte Nummer.

Um im Motorsport bestehen zu können, waren deshalb auch neue, stärkere Motoren notwendig. 1952 wurde das 45″ K-Modell mit einem völlig neuen sv-Motor vorgestellt. Es war gleichzeitig das erste Harley-Modell mit Hinterradschwinge und Federbeinen, einem fußgeschalteten Vierganggetriebe und 19-Zoll-Rädern. Der seitengesteuerte Motor trug stark verrippte Leichtmetallköpfe, und die »Flat heads« verschafften dem knapp 750 ccm großen Motor eine Leistung von 30 PS bei 5200 Touren. Daraus entstand zwei Jahre später das auf 45″ (901 ccm) vergrößerte Modell KR mit 40 PS bei 6000 Touren, und davon gab es dann noch das nach wie vor 750 ccm große Rennmodell KRTT, welches in verschiedenen Versionen bis 1969 die amerikanische Rennszene beherrschte. Zum Ausgleich gegenüber den technisch aufwendigeren europäischen Rennmodellen gab es nämlich bis 1969 in den USA ein Hubraum-Handicap zwischen ohv- bzw. ohc-Motoren und den sv-Motoren. Letztere konnten mit 750 ccm Hubraum gegen die um ein Drittel kleineren europäischen Renner antreten, und Harley gewann dabei meistens. Erst 1970 änderte die AMA diese technischen Regeln, und mit der neuen einheitlichen 750-ccm-Grenze ging Harley-Davidson auch im Rennsport zum ohv-Motor über, den es in Form des 883-ccm-V-Motors schon seit Jahren im Programm gab. Am Ende ihrer sportlichen Laufbahn liefen die schnellsten sv-KRTT-Modelle mit Verkleidung auf den Geraden der neuen Daytona-Rennbahn gute 220 km/h Spitze.
1961 kam dann die Erweiterung der Harley-Aktivitäten durch das Engagement bei Aer-Macchi in

Links: Eine der ohv-8-ventiligen Harley-Renner auf einer mit überhöhten Kurven ausgestatteten Holzbahn.

Rechts: Joe Petralli fuhr mit dieser 61"-(998-ccm)-ohv-Maschine 1936 US-Rekord mit über 219 km/h.

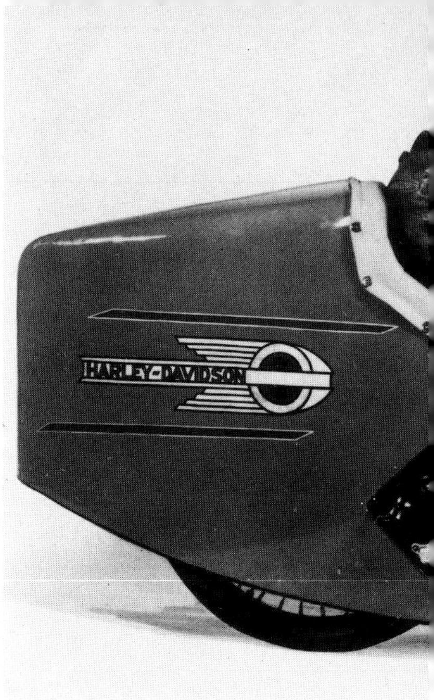

Italien; ein eigenes Kapitel, das bis 1978 dauerte. Es wird jedoch, da die Marke Aer-Macchi schon vorher existierte und auch nach 1978 unter dem neuen Namen Cagiva wiederauflebte, getrennt behandelt und hier nur gestreift. Harley-Davidson versprach sich von den kleinen Einzylinder-Zweitakt- und Viertakt-Modellen aus Varese eine namhafte Erweiterung ihres Geschäftes in den USA. Da jedoch Ende der sechziger Jahre am US-Markt die japanische Invasion einsetzte, wurden diese Erwartungen nie erfüllt, und so stieß Harley 1978 seinen europäischen Besitz wieder ab, um sich ganz auf das ureigenste Programm der großen »Super Bikes« zu konzentrieren.

Während Anfang der siebziger Jahre das »echte« Harley-Programm auf zwei ohv-Motoren mit 883 und 1200 ccm Hubraum aufbaute und die verschiedenen Modellvarianten nur in Ausstattung und Styling variierten, basiert das Verkaufsprogramm zehn Jahre später auf den zwei Hubraumgrößen von 998 und 1338 ccm. Mit dem »kleineren« Motor gibt es zwei Modelle. Mit dem größeren Motor, dem größten Hubraum, den ein serienmäßiges Motorrad 1980 in aller Welt anzubieten hat, werden zehn verschiedene Modelle ausgerüstet. Das schwerste und am aufwendigsten ausgestattete davon heißt »Elektra-Glide«. Mit 345 kg Gewicht ist diese Harley-Davidson heute mehr denn je ein Kind Amerikas; ein schweres, großes Motorrad mit viel Glamour und glitzerndem Schnickschnack, das nach wie vor seine ungebrochene Faszination auf einen bestimmten Kreis von Motorradfahrern ausübt. Diese Harley-Fans in aller Welt wollen nicht nur schlichtweg motorradfahren, sondern eine Harley bewegen. Deshalb dürfte der letzten großen Motorradfirma aus

Links: Das 1952 lancierte K-Modell mit 750-sv-Motor, die erste Harley mit Telegabel.

Rechts: Der schwere 1200-ccm-ohv-Motor, auch heute noch in vielen Harley-Modellen verwendet.

Rechts außen: So sah Anfang der siebziger Jahre die 750er-ohv-Renn-Harley aus, die auch in europäischen Rennen mit Erfolg gefahren wurde.

Amerika ein ewiges Leben beschieden sein; selbst in den Jahren der aufwendigen Sechszylinder-Motorräder mit Turbo-Motoren und Cantilever-Fahrwerken.

1969 verlor Harley-Davidson seinen Status als Familienbetrieb.

Sie ging mit der Firma AMF, einem US-Maschinenbau-Konzern eine Fusion ein. In diesem Jahr baute Harley 14000 V-Zweizylinder-Motorräder. Die nur durch die Fusion mit AMF realisierten großen Investitionen ermöglichten Harley-Davidson im Jahr 1980 eine Rekordproduktion von mehr als 50000 Motorrädern. Der Umsatz stieg in dieser Zeit von 49 auf etwa 300 Millionen Dollar. Da dabei der Anteil des Harley-Umsatzes doppelt so groß wie der Sport- und Freizeit-Artikel-Umsatz von AMF wurde, entschloß sich dieser 1981, den Harley-Teil seines Besitzes wieder zu verkaufen. Er wurde von einer Gruppe erworben, die schon immer die Geschicke der Harley-Davidson-Motorräder in der Hand hatte. Unter ihnen befinden sich auch die Enkel der Firmengründer John und William G. Davidson. Trotz der japanischen Motorräder, die den Weltmarkt überschwemmen, wächst Harley-Davidson weiter. 1980 exportierte die Firma 67 Prozent seiner Produktion; am meisten davon nach Japan! Die Firma ist offensichtlich mit ihren eigenwilligen Produkten in der Lage, ihr 100jähriges Jubiläum zu erreichen.

Zum Schluß noch die wichtigsten sportlichen Meilensteine von Harley-Davidson auf dem Weg dorthin (in den siebziger Jahren). Die Firma errang vier Weltmeistertitel im Straßenrennsport durch den Italiener Walter Villa – dreimal in der 250-ccm-Klasse in den Jahren 1974, 1975 und 1976 sowie einmal in der 350-ccm-Klasse 1976 – und schon 1970 überschritt Kal Rayborn mit einer Rekord-»Zigarre«, angetrieben von einem 1500-ccm-Harley-Davidson-Motor, erstmals die 400-km/h-Grenze auf zwei Rädern. Seine vier Jahre lang gültige absolute Weltrekordmarke – 427,0 km/h für den »Fliegenden Kilometer« – war ein weiteres Zeugnis des ungebrochenen Lebenswillens der einzigen noch lebenden amerikanischen Motorradmarke!

HERCULES® SACHS GRUPPE

Hercules – Vom Hochrad zum ersten Wankel-Motorrad; aus dem Hause Fichtel & Sachs

Das Hercules-Motorrad W 2000 mit Wankel-Motor war ein mutiger Schritt der Firma, der jedoch vom Markt nicht honoriert wurde. Heute ist die W 2000 schon ein Sammlerstück.

Hercules, heute mit einer Jahresproduktion von rund 125000 motorisierten Fahrzeugen und 200000 Fahrrädern einer der größten Zweirad-Erzeuger Europas, begann vor fast hundert Jahren – genau im Jahr 1886 – mit der Produktion von Fahrrädern. Damit ist Hercules die zweitälteste Fahrradfabrik Deutschlands und, heute zur SACHS-Unternehmergruppe gehörend, der größte Zweirad-Produzent von Deutschland. Eine bewegte Firmengeschichte liegt dazwischen. Sie begann in Burghaslach, 60 km von Nürnberg entfernt.

Dort wurde am 4. September 1863 Carl Marschütz als Sohn des Ortsschulmeisters geboren. Mit dreizehn Jahren kam er nach Fürth in die Realschule und mit vierzehn Jahren nach Neumarkt in die Lehre in eine Eisenhandlung, der auch eine kleine Kochherderzeugung angegliedert war. Dort lernte der aufgeweckte Junge Produktion und Verkauf kennen. 1878 kam ihm auch ein altes Drais-Laufrad mit Holzrädern in die Hände, und fortan träumte er von einem englischen Stahlrad. 1880 kommt ein spleeniger Engländer mit einem Hochrad durch Neumarkt. Er radelte von London nach Wien. Das war für den verträumten Marktflecken in Oberfranken eine Sensation. Marschütz durfte das Fahrrad besichtigen. Zum Ausprobieren waren seine Beine noch zu kurz. Sein Ziel stand nun fest. Er wollte nicht nur ein Fahrrad besitzen, er wollte sie später auch selbst erzeugen. Mit 19 Jahren nimmt er ein Darlehen auf, um sich eine englische Howe-Maschine zu kaufen. Der Preis,

einschließlich Laterne, war 286 Mark, ein Vermögen für die damalige Zeit.
Marschütz war damit der erste und einzige Radfahrer der Stadt. Im selben Jahr sieht Marschütz auf der Industrie-Ausstellung in Nürnberg ein modernes Hochrad, das ein Mechaniker Pirzer aus Ansbach aus englischen Teilen zusammengebaut hat. Er bringt seinen Chef mit Pirzer zusammen, und beide richten in Neumarkt eine kleine Fahrradfabrik, die späteren Expreß-Werke, ein. Das war die erste in Deutschland. Marschütz, der Initiator, weiß genau, was er will. Er lernt die technischen Kniffe vom englischen Fachingenieur Alpe ebenso kennen wie technisches Englisch. Bald reist er selbst nach England, um Teile einzukaufen. Das Geschäft kommt in Schwung. Marschütz, der diese Entwicklung vorausgesehen hat, leitet nun in Nürnberg eine Filiale der Neumarkter Firma.
Noch nicht dreiundzwanzig Jahre alt, gründet Marschütz dann am 5. April 1886 in Nürnberg die Firma Carl Marschütz & Co. Das ist der Beginn der Hercules-Werke, der ersten Fahrradfabrik Nürnbergs und heute das älteste Zweiradwerk der Welt, das in ununterbrochener Folge Fahrräder produziert. 1886 ist das Jahr, in dem Daimler nach dem ersten Motorrad, das er »Reitwagen« nennt, seine Motorkutsche in Bewegung setzt, und der Freitod des Bayern-Königs Ludwig II. die Gemüter bewegt. In Marschütz' Fabrik entstehen starke, widerstandsfähige und zuverlässige Fahrräder. Er sucht für sie einen Namen, denn Marke und Namen sind wichtig für ein zukunftsträchtiges Erzeugnis. Der Volksmund gibt ihm den passenden Hinweis. Man nennt seine Räder – nach dem griechischen Helden – Hercules, und bald führen die Räder der Nürnberger Fahrradfabrik den Namen Hercules auch offiziell. Der Firmenwortlaut wird 1888 in Aktiengesellschaft Nürnberger Velocipedfabrik Hercules, vorm. Carl Marschütz & Co., umgeändert, und ab 1910 firmiert sie als Nürnberger Hercules-Werke AG.
Um 1886 war ein Fahrrad ein echter Luxus und überdies kein ganz ungefährlicher. Die ersten Fahrräder aus der Fabrik von Marschütz waren noch Hochräder. Dann kommt das Sicherheitsrad »Kangaroo« auf, bei dem das Vorderrad durch eine Übersetzung im Antrieb schon wesentlich kleiner wird. Ab 1890 bürgert sich schließlich langsam das Niederrad ein, das schon bald die endgültige Form heutiger Fahrräder annahm. So etwas kostete um die Jahrhundertwende etwa 170 Mark; das war eine Zeit, da ein Arbeiter in der Woche 16 bis 20 Mark verdiente.
Hercules beschäftigte sich aber auch mit anderen Artikeln, denn Fahrräder waren ja reine Saisonware. Bereits 1894 wird in das Angebot ein Sortiment von Dreirad-Transporträdern aufgenommen. 1898 wird das erste Vierradfahrzeug, eine Elektrochaise, gebaut, die übrigens schon damals mit Batterieladung 40 km/h schnell und 40 km weit fuhr. Seit 1905 stellte Hercules elektrische Isolierrohre und Verteilerdosen her. Ab 1904 kamen sogar noch Stiefelputzmaschinen, Rohrrodeln und Rohrmöbel hinzu. 1904 steht schließlich das erste Hercules-Motorrad auf den Rädern. Hercules baut belgische FN-Einzylinder- und deutsche V-Zweizylinder-Motoren von Fafnir ein und bleibt auch später dabei, bewährte Einbau-Motoren zu verwenden. Auch Lastwagen entstehen ab 1909 bei Hercules und werden bis 1926 gebaut. Das »starke Bein« der Firma bleibt jedoch weiter die Fahrrad- und Motorrad-Produktion.
Nach dem Ersten Weltkrieg bringt ein großer Brand am 25. November 1921 die Firma nahe an den Ruin, und auch die folgende Inflation wird ebenso mit Zähigkeit und Fleiß aller Mitarbeiter überwunden. Das Motorrad-Programm wird unter Verwendung der damals führenden Einbaumotoren-Erzeuger JAP, Villiers und Sturmey-Archer aus England, Moser aus der Schweiz und schließlich den deutschen Marken Fichtel & Sachs, Ilo, Bark und Columbus weitergeführt und ausgeweitet. Es reicht dann nach dem Start mit dem berühmten Urahn der Fichtel & Sachs-Kleinmotoren-Reihe mit 74 ccm Hubraum über Viertakt-Modelle von 200 ccm bis zum Halbliter-Modell. 1928 werden in einer Woche bereits 250 Motorräder hergestellt.
1930 kommt Hercules zum zweitenmal in engere

Dieses erste Hercules-Motorrad aus 1905 war mit einem 4½-PS-Fafnir-Viertakt-Motor ausgerüstet; hatte bereits Magnet-Zündung und einen Spritzvergaser.

Hercules baute in den zwanziger Jahren Motoren von vielen Herstellern ein. Dieses Modell aus 1929 ist mit einem seitengesteuerten JAP-Motor von 198 ccm Hubraum ausgestattet, der für seine Zuverlässigkeit bekannt war.

Beziehung zu Fichtel & Sachs. Das erste Mal war es 1903, als die epochale Erfindung der Torpedo-Freilauf-Rücktrittbremse der Naben- und Kugellagerfabrik in Schweinfurt die Fahrradtechnik veränderte. 1930 war es dann der Fahrradhilfsmotor von Fichtel & Sachs, der dem motorisierten Zweirad einen neuen Impuls verschaffte. Mit beiden Produkten von F & S war der Werdegang von Hercules stets eng verbunden.

Der erste 74-ccm-Sachs-Motor – ein Zweitakter – brachte in der immer wieder versuchten Motorisierung des Fahrrads die entscheidende Wende. Drei Dinge verschafften diesem Motor den endgültigen Durchbruch: Das zum Einbau in den Fahrradrahmen geeignete Konzept und Maß, eine Fertigung, die hinsichtlich Material und Präzision hohen Qualitätsansprüchen genügte und schließlich eine laufende, fachkundige Betreuung durch Zehntausende im Lauf der Jahre vom Erzeuger geschulter Fahrradmechaniker.

Dieser erste Fichtel & Sachs-Motor war ein 10,5 kg schweres Aggregat, ein Nasenkolben-Zweitakt-Motor mit den Zylindermaßen 42 mm Bohrung und 54 mm Hub, der bei einer Verdichtung von 1:5,3 ganze 1,5 PS bei rund 3800 Touren leistete. Dieser wuchs im Lauf der Jahre bis 1,9 PS bei 4500 Touren, genug, um Fahrräder mobil zu machen. Zwei Jahre später, 1932, kam dann eine größere und stärkere Variante mit 98 ccm Hubraum auf den Markt, die dann die Welle der neuen Motor-Fahrräder erst richtig ins Rollen brachte.

Auch dieser Motor war, wie die erste 74-ccm-Version, ein luftgekühlter Zweitakt-Motor mit

Links: 1931 gewann Hans Kahrmann aus Fulda mit diesem 250er-ohv-JAP die deutsche Straßenmeisterschaft.

Rechts: Hercules-»Liliput«-Motorfahrrad, Damen-Ausführung, mit 98-ccm-Sachs-Motor. Es kostete 1938 RM 337,–.

Nasenkolben, mit 48 mm Bohrung und 54 mm Hub, Magnetzünder mit Lichtstromerzeugung, Mischungsschmierung und Zweigang-Getriebe. Zu Beginn seiner erfolgreichen Laufbahn betrug die Leistung 2,1 PS bei 3800 Touren, wuchs jedoch 1935 auf 2,4 PS bei 5000 Touren und schließlich 1937 auf 2,6 PS bei gleicher Drehzahl. Es gab ihn auch bald in zwei Versionen, mit und ohne Kickstarter, und sein Gewicht war gegenüber dem ersten 74-ccm-Motor nur um ein Kilogramm angewachsen. Die etwas schwerere Kickstarter-Ausführung wog 12,7 kg.
Mehr als 25 bekannte deutsche und zahlreiche ausländische Fahrradfabriken konstruierten für diesen Fichtel & Sachs-Motor ein spezielles, verstärktes Fahrgestell, das dann komplett, mit Sachs-Motor versehen, als Motorfahrrad, auch »Mofa« genannt, verkauft wurde. Vor mehr als 50 Jahren waren diese, vom Volksmund »Sachserl« getauften Motorfahrräder, der Beginn einer neuen Motorfahrzeug-Kategorie, die heute unter dem Namen Moped oder Mokick das Gros der motorisierten Einspurfahrzeuge ausmacht.

Ein derartiges Hercules-Mofa mit 98-ccm-Sachs-Motor kostete 1934 nur 345 Reichsmark und löste

Der erste 74-ccm-Sachs-Motor mit 2,1 PS aus 1930 motorisierte erstmals das Fahrrad preiswert und zuverlässig zugleich.

Rechts: Der zusammen mit der Freilaufnabe im Hinterrad integrierte 60-ccm-»Saxonette«-Motor war der nächste bedeutende Schritt zur Massen-Motorisierung des Fahrrads.

Rechts außen: So sah der »Saxonette«-Motor innen aus. Er wog komplett mit der Nabe nur 14,5 kg und bewegte ein Gefährt mit 1,2 PS etwa 30 km/h schnell.

zusammen mit den ebenso ausgerüsteten Modellen anderer Fahrradfabriken eine gewaltige Motorisierungswelle in den dreißiger Jahren aus. Neben der preiswerten Anschaffung waren auch die Betriebskosten des steuer- und führerscheinfreien Fahrzeugs dieser Spezies denkbar niedrig. Die »Motor-Kritik«-Testkarte aus 1939 nennt als Verbrauch des Hercules-Modells »Liliput MF 2« mit 98-ccm-Sachs-Motor (mit Kickstarter) bei 40 km/h gleichbleibender Geschwindigkeit 1,7 Liter und bei 50 km/h ganze 2,1 Liter je 100 km. Die Höchstgeschwindigkeit wurde damals mit 56 km/h gemessen, und mit den nur zwei vorhandenen Gängen konnte man alle gängigen Alpenpässe ohne Mittreten bezwingen.

Das geschah denn auch anno 1935, als die Schwestern Anne und Maria Lenz eine Alpenfahrt unternahmen und dabei Klausen-, Gotthard-, Furka- und Grimsel-Paß ohne Mittreten bewältigten. Als sie darüber in der »Motorwelt« berichteten, zweifelte sie ein Leser der Zeitschrift an. Daraufhin bot Fichtel & Sachs eine Wette an, diese Fahrt nochmals unter Aufsicht zu wiederholen. Die Strecke wurde dazu von 450 auf 1000 Kilometer verlängert und führte unter Kontrolle des zweifelnden Herrn Geiger und Automobilclubmitgliedern

Das typische Hercules-Kleinkraftrad der siebziger Jahre mit Langarmschwinge vorne und Federbeinen hinten.

über insgesamt 14 Alpenpässe. Das war der überzeugendste Leistungsbeweis für den 98-ccm-Fichtel-&-Sachs-Motor, der in den Hercules-Mofa-Modellen bald das wirtschaftliche Rückgrat der Nürnberger Firma wurde.

Die bedeutendsten Sporterfolge vor 1940 erzielte der 98-ccm-Sachs-Motor jedoch mit der in Paris seßhaften französischen Firma MR. Sie gewann mit dem Motorfahrrad-Motor aus Schweinfurt von 1934 bis 1938 die 100-ccm-Klasse des berühmtesten 24-Stunden-Rennens der Motorsportgeschichte, den »Bol d'Or«, fünfmal hintereinander. 1938 war der erfolgreiche MR-Fahrer Maucourant sogar schneller als der Sieger der 175-ccm-Klasse. Er legte dabei in 24 Stunden eine Strecke von 1631,774 km zurück was einen Schnitt von 68 km/h bedeutete. Die französichen MR-Techniker entlockten dem deutschen Einbaumotor offenbar mehr Leistung, als es den Fichtel-&-Sachs-Technikern selber möglich war. Doch zurück zu Hercules. Anfang der dreißiger Jahre, als die Klasse bis 200 ccm zur Ankurbelung der Wirtschaft steuerfrei wurde, gab es natürlich auch bei Hercules noch größere Modelle; mit steuerfreien 200 ccm Hubraum insgesamt vier, je eines mit sv- und ohv-JAP-Motor und je eines mit Zweitaktmotor von Villiers und Bark. Dann kamen noch größere 250-, 350-ccm-Bark- und 200- bis 500-ccm-JAP-Modelle hinzu. Auch solche mit kopfgesteuerten Sport- und Renn-Motoren sowie ein Halbliter-sv-Modell mit Küchen-Motor. Mit 173 und 198 ccm Hubraum gab es auch je ein ohv-Modell mit dem Schweizer Moser-Motor. Alles zusammen eine Typenvielfalt, die nicht lange durchgehalten werden konnte und bald dem Motorfahrrad-Programm mit Fichtel-&-Sachs-Motoren wich.

Das war auch die Zeit, da der Name Hercules im Rennsport durch den baumlangen Fahrer Hans Kahrmann aus Fulda Schlagzeilen machte. Dieser, später als Werkfahrer der schnellen DKW-Gespanne noch berühmter gewordene Fahrer, errang auf einer 250-ccm-Hercules-JAP 1931 den Deutschen Meistertitel im Straßenrennsport, obwohl er durch seine Größe und auch sein Gewicht alles andere als ein geeigneter Jockey für die kaum 100 kg schwere Maschine war, die heute noch in bestem Zustand erhalten geblieben ist. Sie bekam nur 1934 anstelle des von Kahrmann verwendeten Dreigang-Sturmey-Archer-Getriebes ein fußgeschaltetes Hurth-Getriebe mit vier Gängen. Mit etwa 18 PS Leistung lief diese kleine Hercules-Rennmaschine in ihren besten Tagen an die 150 km/h Spitze und wurde nach Kahrmann vom Bayreuther Privatfahrer Hans Mann gefahren.

1935 stellte Hercules anläßlich der Berliner Automobil- und Motorrad-Ausstellung folgendes Programm vor: In der Mofa-Klasse mit 98-ccm-Fichtel-&-Sachs-Motor je ein Herren- und Damen-Modell. Das erstere mit einer kräftigen Parallelogramm-Gabel, letzteres mit einer Pendelgabel. Führerschein- und steuerfreie Modelle unter 200 ccm gab es mit Zweitakt-Motoren von Bark mit angeblocktem Dreigang-Getriebe in zwei Aus-

Mit dieser SACHS-Cup-Maschine – Design Erwin Lechner – mit »entfesseltem«, wassergekühltem 50-ccm-6-Gang-Motor initiierte die österreichische Sachs-Hercules-Niederlassung 1981 neue Aktivitäten im Straßenrennsport für den Nachwuchs.

führungen und ebenso mit Bark-Viertakt-Motor und Kette in Ölbad. Diese waren schon mit Dreigang-Getrieben ausgerüstet. Das Gewicht wurde mit 120 kg beziffert, die Höchstgeschwindigkeit mit 96 km/h.

In der 350er-Klasse gab es zwei Geländesport-Modelle, wie man damals Motorräder nannte, die hochgezogene Auspuffrohre aufwiesen. Eines dieser mit Columbus-Motoren ausgerüsteten 350er-Modelle hatte ein Dreigang-Getriebe mit »Schwertschaltung«, wie man die Handschaltung auch nannte. Das andere war mit einem fußgeschalteten Viergang-Getriebe ausgerüstet. In der Halbliter-Klasse wurde nur mehr ein seitengesteuertes Modell mit Küchen-Motor gezeigt.

1936 kam zu den beiden 98-ccm-Tretkurbel-Motorfahrrädern ein Leichtmotorrad hinzu, dessen gleich großer Motor mit Kickstarter versehen war. Das übrige Modellprogramm blieb fast unverändert. Für die 350-ccm-Klasse gab es neben dem Columbus-Motor auch welche von Bark. Für den echten Geländesport verwendeten der Berliner Carl Geffers und der Nürnberger Rudi Grenz, die beiden erfolgreichsten Hercules-Fahrer, jedoch den Columbus-Motor.

1937 gab es bei Hercules auf der Berliner Ausstellung oberhalb von 200 ccm kein Modell mehr, jedoch feierte ein für den Export gedachtes 120-ccm-Modell mit Dreigang-Villiers-Motor Premiere. In der zweiten Hälfte der dreißiger Jahre war Hercules besonders im Geländesport stark engagiert. Vor allem der kleine Berliner »Carlchen« Geffers war in allen großen Prüfungen, sogar in den Int. Sechstage-Fahrten, eine populäre Figur und errang eine lange Reihe von schönen Erfolgen für Hercules; meist war er auf dem 250-ccm-Modell mit Columbus-Motor unterwegs.

1938 gab es dann bei Fichtel & Sachs einen neuen Motoren-Schlager; die Saxonette! Das war ein nur 60 ccm großer Zweitakt-Motor, der zusammen mit der Torpedo-Freilaufnabe in das Hinterrad eines Fahrrades integriert war. Man konnte damit jedes stärkere Ballonrad motorisieren. Ein komplettes Hinterrad mit Saxonette-Eingangsmotor wog ca. 14,5 kg, das ganze damit motorisierte Fahrrad etwa 35 kg. Die Leistung der Saxonette betrug 1,2 PS, was für ein Tempo von 30 km/h reichte. Auch die unumgängliche Kupplung war in diesen »Naben-Motor« mit eingebaut, und überdies lieferte die Zünd-Lichtanlage auch genügend Strom für die Fahrradbeleuchtung.

Natürlich zählte auch Hercules zu jenen Fahrradfabriken, die sofort ein Saxonette-Modell anboten. Es unterschied sich nur durch einen am hinteren Kotflügel aufgesetzten länglichen Treibstofftank von einem normalen Fahrrad. Andere Firmen bauten auch aufwendigere Saxonette-Modelle; in einem zeitgenössischen Prospekt von Fichtel & Sachs sind allein 25 verschiedene Firmen mit Saxonette-Modellen abgebildet. Ihre Namenreihe reicht von Anker und Assman über Hercules bis Victoria, Walter und Wanderer. Trotz niedrigem Preis und geringem Treibstoffverbrauch wurde dieses technische Glanzstück kein großer Ver-

kaufsschlager mehr. Die Zeit bis zum Kriegsausbruch war eben zu kurz, um die Saxonette-Modelle noch in größere Stückzahlen kommen zu lassen.
1939 wurde das Hercules-Programm, das inzwischen ausschließlich auf Motor-Fahrräder und Kleinkrafträder beschränkt war, durch ein neues 125er-Modell ergänzt. Dieses bekam als Kraftquelle einen ebenfalls von Fichtel & Sachs neu auf den Markt gebrachten Dreigang-Querstrom-Motor mit flachem Kolben. Auch dieser Motor entsprach bester Sachs-Tradition, er war mit höchster Präzision gefertigt, hatte mit 3,5 PS bei 4200 Touren zwar nur eine mäßige Leistung, glänzte jedoch durch unglaubliche Elastizität und lange Lebensdauer. Auch er war wie sein Vorgänger mit 74 und 98 ccm Hubraum verläßlich wie eine Uhr. Das ganze, bereits wie ein richtiges Motorrad aussehende Hercules-Modell 125 wog knappe 70 kg und lief etwa 70 km/h schnell. Die Schlagzeile des Prospekts verhieß »Das kannst Du dir auch leisten! 100 km für ca. 1 Reichsmark«. Das große Geschäft von Hercules in den letzten Vorkriegsjahren lief nun mit den kleinen Modellen mit Fichtel & Sachs-Motoren; das 200er-Modell mit Zweitakt-Bark-Motor fristete nunmehr ein Mauerblümchen-Dasein. Der Preis für das Herren-Modell mit 98-ccm-Motor und Kickstarter war 325 Mark, das Modell 125 S kostete 425 Reichsmark. Dann brach der Krieg aus.
Karl Marschütz hatte schon 1938 die Stätte seines Lebenswerkes verlassen müssen und emigrierte nach den Vereinigten Staaten, wo er 1957 im Alter von 94 Jahren verstarb. Der Gründer der Hercules-Werke kehrte aber wieder in seine Heimat zurück und ist, seinem Wunsche entsprechend, in Nürnberg an der Seite seiner Gattin beigesetzt worden.
Im Krieg wurde das Hercules-Werk dann zu mehr als dreiviertel durch Bomben vernichtet. Trotzdem lief die Fahrradproduktion bald wieder an. Millionen warteten auf einen »Drahtesel«. Bis zur Währungsreform ersteht der Betrieb wieder trotz aller Hürden, die ihm von der Besatzungsmacht und den Behörden immer wieder aufgerichtet wurden. Nach den Fahrrädern folgen 1948 die ersten neuen Hercules-Motorräder, und schon 1950 gab es bereits die ersten Hercules-Motorfahrräder mit 98-ccm-Sachs-Motor und ein 125er-Modell mit ILO-Motor. Die neuen Hercules-Motorfahrräder – ab 1951 auch mit 150-ccm-Sachs- und 200-ccm-ILO-Motor – hatten nun eine Teleskopgabel und hinten eine Jurisch-Geradeweg-Federung bekommen. Sie war für Konfektionäre wie Hercules billiger als eine Eigenentwicklung. 1952 gab es auch wieder ein 250er-Modell mit ILO-Zweitakt-Twin-Motor und ebenso ergänzte ein Roller bald das Angebot. Als Verkaufsschlager erwies sich das 100-ccm-Leichtmotorrad, mit dem Hercules auf den fünften Platz der deutschen Motorradproduktion vorrückte. Noch lagen DKW, NSU, Zündapp und BMW vor der Nürnberger Marke.
Dann kam der Niedergang der Motorradbranche, die Ebbe nach der Zweiradkonjunktur. Viele Erzeuger mußten die Tore schließen oder versuchten die Flucht nach vorne zum Kleinwagen, wie Victoria, NSU und Zündapp. Hercules blieb dem Zweirad treu und übernahm bereits 1960 den ersten Platz unter den noch Motorräder bauenden Firmen in Deutschland. Durch rechtzeitige Umstellung des Angebots auf eine breite Mofa- und Moped-Palette expandierte Hercules zu einer Zeit, als dem motorisierten Zweirad ein sanfter Tod vorausgesagt wurde.
Schon in den fünfziger Jahren war Hercules immer stärker unter den Einfluß seines Motoren-Lieferanten Fichtel & Sachs gekommen. Das Modellangebot von Hercules basierte Anfang der sechziger Jahre ausschließlich auf den in Schweinfurt gebauten Zweitakt-Motoren mit 50, 100 und 175 ccm Hubraum. Die Leistungen dieser Motoren lagen damals beim neuesten 47-ccm-Motor des Modells K 50 bei 5,2 PS und 7400 Touren, beim Modell K 100 S bei 8,2 PS und 6000 Touren und beim 174-ccm-Aggregat des Modells K 175 S bei 16 PS und 6000 Touren. Die aus diesen Modellen entstandenen, teilweise auch hubraumgrößeren Geländesport-Versionen stellten unter einer Reihe von erfolgreichen Geländefahrern die Qua-

litäten der Hercules-Fahrzeuge und Sachs-Motoren auf internationalen Veranstaltungen immer wieder unter Beweis.
Die Nachkriegs-Sportaktivitäten von Hercules setzten nach der einsamen Goldmedaille von Brösamle in der Int. Sechstage-Fahrt 1953 erst ab 1955 wieder im größeren Stil ein, als die »Deutsche Gelände-Meisterschaft« neu ausgeschrieben und dann jährlich wiederholt wurde. Ab 1956 gab es auch käufliche Geländesport-Modelle bei Hercules, die in Privatfahrerhand zur entsprechenden Breitenwirkung des Sporteinsatzes führten. Auch der gemeinsam mit SACHS ausgeschriebene Sportpokal tat sein übriges dazu.
Zur großen Schar der Hercules-Geländemannschaft, die in den fünfziger und sechziger Jahren die ganze Saison über, Sonntag für Sonntag, im Einsatz war, zählten als Säulen des Teams die Fahrer Heinz Brinkmann, Lorenz Müller, und auch Rudolf Witthöft begann einst bei Hercules. Der Höhepunkt in den Jahren zwischen 1955 und 1966 waren unter anderem die Int. Sechstage-Fahrt 1960 in Bad Aussee in Österreich, zu der das Werk mit 16 Fahrern antrat und alle ohne Ausfall das Ziel erreichten, die ISDT 1965 auf der Insel Man, bei der das Hercules-Team als einziges von 86 gestarteten Mannschaften den Goldenen Mannschaftspreis der FIM erhielt und ein Gesamtsieg von Brinkmann in der Dreitagefahrt in Bergamo mit der 50 ccm Hercules K 50. Auch bei der berühmt-berüchtigten Baja-Mexicana in den USA haben Hercules-Maschinen unter dem Markenzeichen von DKW die 125-ccm-Klasse in diesem 1000-Meilen-Geländerennen gewonnen und belegten im Gesamtklassement die Plätze zwei und fünf. Innerhalb von 20 Jahren – von 1960 bis 1980 – betrug die Sportbilanz der Hercules-Werke mehr als 1200 Goldmedaillen in Geländesport-Wettbewerben.
Hercules war inzwischen 1966 völlig in den Besitz von Fichtel & Sachs gekommen. Auch die Zweirad-Union war mit ihren Marken DKW, Express und Victoria in Hercules aufgegangen. In verschiedenen Exportländern leben manche dieser Marken noch weiter. Das alte Werk in der Fürther Straße wurde verkauft und die gesamte Fertigung in das ehemalige Victoria-Werk an der Nopitschstraße verlegt.
Die siebziger Jahre brachten Europa und damit auch Hercules den dritten Motorrad-Boom, der, von Amerika ausgelöst, in die Alte Welt herüberkam. Die im Geländesport, vor allem auch im Ausland, erfolgreichen Hercules-Motorräder sorgten dabei mit ihren Erfolgen für steigende Auftrags- und Produktionszahlen in Nürnberg.
Man konnte und wollte nun auch auf technischem Gebiet zu neuen Ufern gelangen und beschäftigte sich mit dem Wankel-Motorrad. Fichtel & Sachs war ein Wankel-Lizenznehmer und produzierte bereits Aggregate mit Wankel-Motoren für andere Zwecke. Der Einsatz bereits bekannter Technologie war also naheliegend. 1972 zeigte Hercules dann auf der IFMA in Köln den ersten Prototyp des Wankel-Modells W 2000, der eine neue Epoche der Firmengeschichte einleiten sollte. Erst zwei Jahre später ging schließlich die W 2000 dann in Serie, und auch ein Elektro-Mofa von Hercules machte inzwischen Schlagzeilen. Beide Neuheiten kamen jedoch am Markt nicht an, das Wankel-Motorrad wegen einer seiner Leistung nicht entsprechenden Hubraum-Einstufung mit dem dreifachen Kammer-Volumen. Die dadurch ungerechtfertigt hohe steuerliche- und versicherungstechnische Einstufung des Motors mit 294 ccm Kammervolumen in der »Super-Bike«-Klasse über 750 ccm versagte dem fortschrittlichen Motorrad den kommerziellen Erfolg. Beim Elektro-Moped ist nach wie vor die Frage der zu schweren Akkus ungelöst.

Heute ist Hercules – im Ausland teilweise auch unter dem Markenzeichen von DKW und neuerdings auch SACHS – der größte Produzent motorisierter Zweiräder in der Deutschen Bundesrepublik, und Fichtel & Sachs der größte Zweirad-Motoren-Fabrikant des Landes. Das Hercules-Fahrzeugprogramm steht konstruktiv und qualitativ heute auf der Höhe des Weltmarkt-Angebots, und auch Hercules-Fahrräder zählen dazu. 1986 werden sie den 100. Geburtstag ihrer Firma feiern.

HONDA

Honda – der Welt größter Motorrad-Produzent kommt aus Japan

Die Honda CB 750 – 1969 erschienen – war das erste »Super Bike« moderner Prägung mit vier Zylindern. Sie löste die Welle der schweren, großvolumigen Motorräder aus.

Die Geschichte der Motorrad-Marke Honda ist faszinierend, lehrreich und eindrucksvoll zugleich. Sie ist eng mit jener des Firmengründers Soichiro Honda verknüpft, der einige Male mit seiner Firma am Rande des finanziellen Absturzes balancierte, ehe er 1959 mit dem Sprung ins europäische Motorsport-Geschehen den Namen Honda in alle Welt verbreitete. Nach 18 Marken-Weltmeistertiteln, 141 Grand-Prix-Siegen zwischen 1961 und 1967 und einer unglaublichen technischen Kreativität, die vom Einzylinder- über Zwei-, Drei-, Vier-, Fünf-, bis zum Sechszylinder-Motorrad reicht, ist Honda heute, schon seit den frühen sechziger Jahren, der größte Motorrad-Erzeuger der Welt. Um diese unglaubliche Karriere eines besessenen Technikers aus Japan zu würdigen, muß man vorerst die Geschichte des Motorrads im Land der »aufgehenden Sonne« kurz schildern, denn nur vor ihrer Kulisse gewinnt der Aufstieg von Honda zum weltgrößten Motorrad-Produzenten die gebührende Dimension.

Die ersten Motorräder – einzelne Stücke der englischen Marke Triumph – wurden 1907 nach Japan importiert. Im selben Jahr gab es dort auch bereits das erste Motorrad-Rennen. Das erste japanische Motorrad hieß Miyata und entstand 1913. Nur etwa 40 Stück davon wurden in drei Jahren gebaut. Die Japaner hatten dieses neumodische Vehikel noch nicht erkannt oder gar nötig. Um 1916 entdeckten die damals größten Motorrad-Produzenten Indian und Harley-Davidson das Land im Fernen Osten. Ihre schweren 750- und 1000-ccm-

Die Honda-Ahnenreihe beginnt mit dem A-Typ 1947, ein motorisiertes Fahrrad.

Der zweite Schritt: das 100-ccm-Zweitakt-Modell Typ D aus 1951 mit zwei Gängen.

Zurück zum Fahrrad-Anbau-Motor; Typ F »Cub« aus 1952, ein 50-ccm-Zweitakt-Motor.

Benley J, ein 90-ccm-Viertakt-Leichtmotorrad, das sichtlich von der NSU »Fox« inspiriert war.

Honda »Dream« 250 SA aus 1955, die erste 250-ohc moderner und eigener Konzeption.

Honda »Super Cub«, das verkleidete Leicht-Motorrad, das große Stückzahlen brachte.

Maschinen wurden bald die populärsten Motorräder in Japan, bis in den zwanziger Jahren auch die führenden englischen Marken Triumph, Sunbeam und Norton am Markt erschienen. Auch japanische Firmen begannen um 1924 wieder Motorräder zu bauen. 1930 waren es ganze 1350 Stück in einem Jahr. Im selben Jahr startet auch der erste Japaner in der Tourist Trophy. Er hieß Kenzo Tada und belegte auf einer 350-ccm-Velocette den 15. Platz in der Junior-TT. Anschließend importierte er diese Marke in seine Heimat. 1934 erschienen erstmals Ausländer auf japanischen Aschenbahnen. Ein fünfköpfiges Speedway-Team aus Amerika, mit Pitt Mossman an der Spitze, zeigt den staunenden Japanern auf Martin-JAPs, wie man auf zwei Rädern schnell um die Kurve schlittert. Trotz allem Interesse am Motorrad blieb die japanische Produktion in einem embrionalen Zustand; die höchste Jahresmarke vor dem Zweiten Weltkrieg war 1940 mit 3037 erzeugten Motorrädern.

Auch nach dem verlorenen Krieg blieb die Motorisierung lange in den Kinderschuhen stecken. Erst 1948 wurden in Japan, einschließlich Motorroller, die Produktion von 1000 Stück pro Jahr wieder überschritten, und zwei Jahr später waren es bereits mehr als 11 500 Einheiten. Die Stückzahlen der in Fahrt kommenden Zweirad-Firmen begannen nun anzuschwellen. 1953 wurden 111 716 Fahrzeuge erzeugt und 1958, als in Europa die Motorrad-Industrie in die größte Flaute segelte, wurden in Japan fast 400 000 Stück motorisierte Zweiräder fertiggestellt.

Dann kam das Jahr 1959 und mit ihm die Vorstellung der neuen Honda »Super Cub«. Das war ein verkleidetes 50-ccm-Moped mit freiem Durchstieg, mit dem Honda in eine große Marktlücke am eigenen und dem Exportmarkt stieß. Die Jahresproduktion der japanischen Motorradfabriken kletterte damit 1959 auf 755 589 Einheiten. Allein Honda hielt davon rund 75%, und so überschritt 1960 die japanische Motorrad-Produktion erstmals die Millionen-Grenze. Damit sind wir jedoch schon inmitten des gigantischen Aufschwungs von Honda, der nun von seinem Start an aufgezeichnet wird.

Soichiro Honda, Gründer der Motorradfirma gleichen Namens, wurde am 17. November 1908 in Kyomo, einem Dorf nahe Hamamatsu, als siebentes Kind eines Schmiedes geboren. 1928 eröffnete er, nachdem er das Mechaniker-Handwerk erlernt hatte, eine eigene Garage. Honda war immer schon ein großer Sport-Enthusiast und fuhr in der Zwischenkriegszeit auch selbst Motorrad-, Motorboot- und Automobil-Rennen. Mit einem selbstgebauten Rennwagen verunglückte er 1936 schwer und mußte daraufhin seine ehrgeizigen Rennfahrerpläne aufgeben. Ab 1937 und während des Krieges war er dann ein renommierter Kolben- und Kolbenring-Hersteller, der seine Erzeugnisse nicht nur für die Automobile, sondern auch für Flugzeug-Fabriken lieferte.

Nach dem verlorenen Krieg stand Honda vor seinem ausgebombten Betrieb und mußte von vorne anfangen. Er sah sich deshalb nach neuen, zukunftsträchtigeren Produkten um. Er erkannte sofort den riesigen Bedarf nach einem billigen, individuellen Nahverkehrsmittel und kaufte 500 Zweitaktmotoren, die als Kriegs-Überschuß billig angeboten wurden. Mit zwölf Mitarbeitern modelte er diese Stromaggregat-Motoren zu Fahrrad-Hilfsmotoren um, die man leicht an jedem Fahrrad anbringen konnte. Pro Tag wurde ein Motor fertig und war auch sofort verkauft. Als der Vorrat an Motoren aufgebraucht war, begann Honda einen eigenen Motor zu bauen und gründete schließlich im September 1948 mit einem

Soichiro Honda, 1908 geboren, gründete 1948 mit 2777 Dollar seine Motorrad-Firma. Sein Verdienst ist es, der japanischen Motorrad-Industrie durch die Sporterfolge der Honda-Motorräder in den sechziger Jahren das Tor zur Welt geöffnet zu haben.

Honda »Benley« CB 92, ein 125-ccm-Zweizylinder-ohc-Modell, war zusammen mit der ähnlichen 250er »Dream« das erste Honda-Motorrad, das 1959 in Europa gezeigt und auch gut verkauft wurde. Daraus entstand 1962 das Doppelnocken-Rennmodell CB 93.

Kapital von 2777 Dollar die Honda Motor Company Ltd.
34 Mitarbeiter zählte damals die Firma, und kaum mehr als ein halbes Jahr später war Honda der erste, der nach 1945 ein zur Gänze in Japan erzeugtes Motorrad, den »Dream D«-Typ, herstellte. Das war ein kleines Zweitakt-Vehikel in einem leichten Preßstahlrahmen mit zwei Gängen; gerade das richtige Fahrzeug zur richtigen Zeit, denn die anderen japanischen Firmen kopierten in diesen Jahren meist schwere europäische Motorrad-Modelle. Bis zu hundert Stück »Dream« wurden im Monat fertig und gingen auch weg wie die warmen Semmeln. Das brachte Honda jedoch in die erste finanzielle Klemme. Das Geld für die verkauften Motorräder ging nämlich nicht im selben Maße ein wie die Produktion anstieg. Honda war in erster Linie ein Techniker und hatte wenig Sinn für die pingelige Arbeit einer Buchhaltung. Er brauchte also dringend einen erfahrenen Verkaufs- und Finanzmann, den er bald in Takeo Jujisawa fand.
Mit diesem Partner kamen die Finanzen der expandierenden Firma rasch wieder ins Lot, und der nächste Schritt war die Gründung eines eigenen Verkaufsbüros in Tokio. Honda bekam auch bald einen Regierungs-Kredit von 5555 Dollar zur Anschaffung neuer Maschinen für eine nördlich von Tokio erbaute Fabrik. Damit brachte Honda die Monatsproduktion auf 300 Fahrzeuge. Das klingt sehr bescheiden, war jedoch im Verhältnis zu den insgesamt 1608 Fahrzeugen, die im selben Jahr von insgesamt neun anderen japanischen Firmen produziert wurden, trotzdem beachtlich.
1951 wechselte Honda in seinem Modell »Dream« vom Zweitakt-Motor zu einem 150-ccm-Viertakter und erreichte zwei Jahre später eine Jahresproduktion von 32000 Einheiten. Im selben Jahr kehrte er zu seiner Idee, ein Fahrrad preiswert zu motorisieren, wieder zurück und brachte den 50-ccm-Zweitakt-Anbaumotor »Cub« heraus, den jeder Mechaniker an ein Fahrrad montieren konnte. Dieses Aggregat sah in etwa so aus, wie die 1938 von Fichtel & Sachs erzeugte »Saxonette«-Motornabe und war sofort ein kommerzieller Schlager. Eineinhalb Jahre nach der Einführung der Honda »Cub« wurden im Monat mehr als 6500 Stück davon produziert, und Herr Honda hatte schon 1952 für seine Verdienste um die Massenmotorisierung das »Blaue Band« des Kaisers als Auszeichnung erhalten. Noch im November 1952 flog Honda in die Vereinigten Staaten, um für mehr als eine Million Dollar die modernsten Werkzeugmaschinen, die man in den USA, Deutschland und der Schweiz bekommen konnte, für seine hochfliegenden Expansionspläne zu bestellen.

1953 schlitterte Japan als Folge des beendeten Korea-Krieges in eine wirtschaftliche Rezession. Die Verkäufe der »Dream« und sogar des billigen Anbau-Motors »Cub« gingen drastisch zurück. Gleichzeitig mußte die Firma jedoch die bestellten Werkzeugmaschinen bezahlen und geriet dadurch tief in die roten Zahlen. Sechs Monate lang hing das Schicksal der Firma Honda an einem Faden. Dann erholte sie sich langsam, und Herr Honda war mit seinen Gedanken schon wieder um Jahre voraus. Er besuchte 1954, völlig unbekannt, die Insel Man, um der Welt bedeutendstes Motorrad-Rennen, die Tourist Trophy, anzusehen. Es wurde ihm damals schon klar, daß der Schlüssel zu den überseeischen Exportmärkten nur in einem überzeugenden Erfolg im größten und wichtigsten Motorrad-Rennen der Welt, der Tourist Trophy,

Rechts: Honda CB 250, Zweizylinder-ohc mit 25 PS bei 9000 Touren. Sie brachte in den USA und Europa den endgültigen Durchbruch.

Links: Der erste Vierzylinder-»Renner« von Honda 1959, noch mit Königswellenantrieb.

liegen könne. Er wollte und mußte, wenn er dieses Ziel erreichen sollte, die damals führenden europäischen Motorrad-Marken auf ihren eigenen Rennstrecken schlagen. Es dauerte dann noch fünf Jahre, ehe Honda den ersten entscheidenden Schritt zu diesem Ziel tun konnte. Bis dorthin gab es in der Entwicklung der Firma Honda jedoch noch ein paar weitere, wichtige Ereignisse.

1954 entstand nach sorgfältigem Studium des traditionellen Motorradmarktes, der damals zu immer größeren, stärkeren und meist auch teuereren, geräuschvolleren Modellen tendierte, der Plan, ein völlig neues, motorisiertes, zweirädriges Vehikel zu bauen, das nicht so wie die damals in Europa und auch in Japan populären Roller (mit kleinen Rädern!) aussehen sollte. Es dauerte noch fast drei Jahre, bis diese Idee realisiert war und von den Montagebändern rollte. Das neue Honda-Modell hieß »Super Cub« und war die Vorwegnahme des heute auch in Europa die großen Stückzahlen bringenden Mopeds mit 50-ccm-Motor, großen Rädern und freiem Durchstieg zwischen Gabel und Fahrersitz. Damit war auch für Frauen das ideale Nahverkehrsmittel geboren. Als Motor

Honda-Halbliter-Vierzylinder-Rennmaschine aus 1966, die selbst Hailwood nicht zu Weltmeister-Titeln, jedoch zu TT-Siegen fahren konnte. Sie blieb anschließend in seinem Privatbesitz und ist heute im bekannten Donnington-Park-Motormuseum (GB) ausgestellt.

verwendete Honda einen sparsamen Viertakt-Motor mit 4,8 PS, der überdies unter einer Blechhaube versteckt seinen Dienst sehr leise tat. Die aus Preßstahl geformte Vorderradgabel federte über eine Kurzarmschwinge das Vorderrad, in dem eine Vollnabenbremse saß. Das Hinterrad war an einer Schwinge gelagert und durch Federbeine gefedert.

Am 1. August 1958 wird das neue Modell C 100, wie die »Super Cub« offiziell hieß, der Öffentlichkeit vorgeführt, und der Verkauf läuft zwei Monate später mit sensationellen Ziffern an. Noch bis Ende des Jahres waren 24000 Stück verkauft; im nächsten Jahr waren es bereits 167 443 »Super Cub«, die zusammen mit fast 86000 Stück 125-ccm-»Benley«- und über 64000 Stück 250-ccm-»Dream«-Modellen den Umsatz auf mehr als 72 Millionen Dollar hinaufschnellen ließen. Innerhalb von zwei Jahren hatte Honda den ersten Platz unter den Motorrad-Produzenten erreicht.

Die Zeit war nun reif, um Honda-Motorräder in aller Welt bekanntzumachen. Erst 1957 wurden die ersten zwei Honda-Maschinen nach Okinawa exportiert, und 1958 erreichten die ersten Honda-Erzeugnisse die USA, England und Holland. Dann brach das für die Geschichte von Honda so bedeutungsvolle Jahr 1959 an, in dem auch die Honda Motor Co. Inc. USA gegründet wird.

Es begann mit der Motorrad-Ausstellung in Amsterdam, und die Sensation dieser Schau war das erste japanische Motorrad in Europa, eine Honda 250-ccm »Dream«. Das war ein mit Elektro-Starter versehenes Zweizylinder-Touren-Modell, dessen ohc-Twin-Motor für eine Spitze von 130 km/h gut war. Das Fahrzeug sah nicht nur blendend und »aufgeräumt« aus, sondern bot zu seinem Preis auch Leistungen, die von den europäischen Konkurrenten nicht erreicht wurden. Die Fachwelt horchte auf und musterte, zunächst noch mit großer Zurückhaltung, den ersten Eindringling aus dem Fernen Osten. Im Juni 1959 hatte sie dann den nächsten Anlaß, sich mit der Marke Honda zu beschäftigen.

Zur Tourist Trophy auf der Insel Man erschienen erstmals in der Geschichte dieses ältesten Motorradrennens japanische Motorräder; fünf Honda in der 125-ccm-Klasse mit vier japanischen Fahrern und einem Amerikaner, Bill Hunt, der gleichzeitig auch Team-Manager war. Die exotischen Rennmaschinen waren keine Kopien europäischer Rennmodelle, sondern durchaus eigenständige Konstruktionen mit Zweizylinder-Doppelnocken-Motoren in Twin-Form und mit vier Ventilen pro Zylinder. Der Motorblock mit integriertem Sechsgang-Getriebe saß als tragendes Element in einem Zentralrohrrahmen. Die Leistung wurde mit 18,5 PS bei 14000 Touren angegeben. Das waren ungewöhnlich hohe Drehzahlen, sie brachten jedoch noch nicht genug Leistung, um die in dieser Klasse führenden Marken MV, MZ und Ducati schlagen zu können.

Die neuen Honda-Renner erwiesen sich aber als außerordentlich zuverlässig. Die vier japanischen Fahrer belegten die Plätze 6, 7, 8 und 11 und gewannen damit den Fabrik-Team-Preis; der Amerikaner Hunt stürzte und schied aus. Bei 40 Startern mit 16 Ducatis und 10 MV-Maschinen war das ein Achtungserfolg, den niemand erwartet hatte. Es war auch das erste Mal in der TT-Geschichte, daß eine ausländische Marke bei ihrem ersten Erscheinen auf der Insel Man den Team-Preis gewann. Honda lernte dabei eine Menge und zog sich anschließend bis zum nächsten Jahr von der europäischen Rennszene zurück.

1960 kamen die Japaner mit neuen, schnelleren Maschinen zurück; nicht nur mit 125-ccm-Twins, sondern auch mit völlig neuen 250-ccm-Vierzylinder-Modellen. Wieder wurden zwei obenliegende Nockenwellen durch Königswellen angetrieben und wieder hatte jeder Zylinder vier Ventile. Die Leistung der neuen 250er wurde mit 38 PS bei 13000 Touren beziffert; 17000 Touren waren das Sicherheitslimit! Noch reichte es aber nicht, die schnellen MV-Agusta-Twin und die phänomenale Einzylinder-Morini zu schlagen. Honda belegte jedoch in der 250-cm-Klasse die Plätze vier, fünf und sechs mit den Fahrern Brown/Australien und den beiden Japanern Kitano und Taniguchi; letzterer bringt auch in der 125-ccm-Klasse die beste

Honda auf Platz sechs. Auch ein weiterer Australier, Tom Phillis, sitzt nun im Sattel einer Honda. Brown stürzt wenig später tödlich im Training zum GP von Deutschland auf der Solitude. Für ihn kommt Jim Redman, ein erstklassiger Südafrikaner, ins Team, und schon im Ulster-Grand-Prix kommen Phillis und Redman als zweiter und dritter durchs Ziel. Mit einem 2. Platz von Redman in Monza scheint Honda in der WM-Rangliste auf Platz vier auf. Der Angriff der Japaner ist noch einmal abgeschlagen! Wie lange noch?!

1961 geht die Rechnung von Honda endgültig auf; nach nur drei Jahren intensiven Engagements im Rennsport erscheint Honda zur Tourist Trophy wiederum mit völlig neuen Maschinen. Wiederum sind es Vierventil-Motoren, doch nunmehr werden die beiden obenliegenden Nockenwellen von der Mitte der Kurbelwelle aus durch Zahnräder angetrieben. Das 125-ccm-Modell mit zwei Zylindern leistete mit neuen, steil von oben angesetzten Keihin-Vergasern 21 PS, die Vierzylinder 250er wird mit 43 bis 45 PS Leistung angegeben. Auch Rahmen und Federung sind neu, das Vorderrad ist nun mit einer Teleskopgabel versehen. Beide Modelle haben ein Sechsgang-Getriebe. Als Fahrer sind für die 125 ccm Honda Tom Phillis und der Schweizer Luigi Taveri vorgesehen. Die größeren Maschinen sollen der Schotte Bob McIntyre und die Engländer Mike Hailwood und John Hartle fahren. Der Sturm auf die Weltmeistertitel wird durch den Rückzug von MV aus der Rennszene begünstigt.
Honda gewinnt nun überlegen in der Tourist Trophy. Die Reihenfolge ihrer Piloten in der 125-ccm-Klasse lautet: Hailwood, Taveri, Phillis, und in der 250-ccm-Klasse: Hailwood, Phillis, Redman. Die schnellste Runde – mit fast 160 km/h Schnitt – geht an McIntyre, der dann mit Motorschaden aufgibt. Honda gewinnt anschließend fast alle Rennen der Weltmeisterschaft 1961; 8 von 11 Läufen in der 125-ccm-Klasse, 10 von 11 Läufen der 250-ccm-Klasse. Am Ende der Saison hat Honda zwei von vier Solo-Weltmeistertiteln in der Tasche. Die neuen Weltmeister lauten: 125 ccm Tom Phillis und 250 ccm Mike Hailwood. Das nächste, das vierte Jahr der großen Motorsport-Attacke von Honda in Europa, bringt dann den ersten Höhepunkt.

Die Vierzylinder-Werk-Honda, wie sie 1961 der Firma zum endgültigen Durchbruch im Rennsport verhalf. Der Doppelnockenmotor entwickelte max. 45 PS bei 14 000 Touren.

1962 erscheint Honda mit neuerlich verbesserten Modellen, nicht nur in der 125- und 250-ccm-Klasse, sondern mit neuen Maschinen auch in der 50- und 350-ccm-Klasse. Der kleine Einzylinder-dohc-Motor leistete 9,5 PS bei 14000 Touren. Der zunächst nur 285 ccm große Vierzylinder-Motor für die 350-ccm-Klasse kommt auf 50 PS Leistung. Zum bewährten Vorjahres-Team stößt noch Tommy Robb/Irland für die 50-ccm-Klasse, und Derek Minter/GB verstärkt es in der Tourist Trophy. Die TT-Sieger 1962 lauten: 125 ccm – Luigi Taveri, vor Robb und Phillis, 250 ccm – Minter vor Redman und Phillis. In der 50-ccm-Klasse sieht sich Honda mit Taveri noch von Degner auf Suzuki geschlagen, die dann den bei MZ großgewordenen Fahrer und Techniker nach Japan holten. Der Griff nach der 350-ccm-Klasse kostet jedoch Tom Phillis das Leben. Er stürzt in der Junior-TT tödlich. Trotzdem hat Honda am Schluß der Saison drei Weltmeistertitel: Redman ist Doppelweltmeister der 250- und 350-cm-Klasse, Luigi Taveri der Titelträger der 125-ccm-Klasse.

Der ungeheuere Sporteinsatz und die Erfolge, mit welchen Honda das ganze Jahr über die Schlagzeilen für die Sportpresse liefert, tragen inzwischen reiche Früchte. 1961 produziert Honda 935859 Motorräder. Zum ersten Mal klettert ein Monatsverkauf über die 100 000er Grenze. Knapp 50000 Maschinen werden im Jahr exportiert.

1962 übersteigt die Gesamtproduktion erstmals die Millionen-Marke. 142000 Fahrzeuge werden exportiert, davon allein 65000 nach den USA. Der Umsatz erreicht 179 Millionen Dollar. Ein Jahr weiter, 1963, rollen 1224695 Hondas von den Montagebändern; 338 000 davon werden exportiert, 114000 Stück davon nach den USA. Das Rückgrat des Geschäfts ist nach wie vor das 50-ccm-Modell »Super Cub«, von dem bereits 1962 über 800000 Stück erzeugt wurden. Bis 1967 sind über 5 Millionen von diesem Honda-Modell hergestellt. In Europa werden jedoch die 125- und 250-Modelle am besten verkauft. Die Zeit für die große Motorrad-Renaissance ist hier noch nicht reif. Die japanischen Firmen, Honda allen voran, konzentrieren sich vorerst auf den amerikanischen Markt, der mit Riesenschritten expandiert.

Inzwischen geht die Jagd nach den Weltmeistertiteln weiter. Das Jahr 1963 bringt Honda den ersten Rückschlag. Die Konkurrenz aus dem eigenen Lande nimmt deutlich zu. Suzuki hat sich mit den MZ-Erfahrungen von Degner in den kleinen Klassen 50 und 125 ccm an die Spitze gefahren. Der Neuseeländer Hugh Anderson wird auf Suzuki Doppelweltmeister in diesen kleinsten Hubraumklassen. Redman verteidigt seine Titel in der 250- und 350-Klasse erfolgreich, jedoch in der 250-ccm-Klasse war ihm die ganze Saison über Provini auf der Einzylinder-dohc-Morini hart auf den Fersen. In der 125-ccm-Klasse wurde Taveri von Anderson weit abgeschlagen. Für 1964 muß Honda deshalb neue Maschinen bauen, will er wieder zur Spitze vorstoßen.

1964 erscheint der größte Motorrad-Produzent der Welt in der 125-ccm-Klasse mit einem Vierzylinder-Renner. Die Leistung ist auf 25 PS bei 16000 Touren gestiegen. Die spitze Leistungskurve verlangt jedoch ein Achtgang-Getriebe. Die Spitze liegt bei 200 km/h. Die 250-ccm-Vierzylinder ist leichter geworden, muß jedoch gegen Ende der Saison gegen ein Sechszylinder-Modell ersetzt werden, denn die Leistung der Zweizylinder-Zweitakt-Yamaha ist höher. Die 350er Vierzylinder wird nun auf den vollen Hubraum gebracht und gibt 55 PS bei 14000 Touren ab. Das reicht für eine Spitze von fast 240 km/h. Am Ende der Saison ist Honda in der 125-ccm-Klasse wieder in Front und Taveri neuerlich Weltmeister. Redman wiederholt seinen Erfolg in der 350-ccm-Klasse zum dritten Mal, muß sich jedoch in der 250-ccm-Klasse von Read auf Yamaha geschlagen geben. Trotzdem verschaffen die Rennerfolge Honda neuerlich eine Produktionsausweitung. Der Jahresausstoß wächst auf 1353594 Einheiten.

Auch für den Privat-Rennfahrer gibt es schon seit zwei Jahren von Honda überlegene Sportgeräte. In der 125-ccm-Klasse steht ein Zweizylinder »Production Racer«, der Typ CR 93, zur Verfügung, welcher dem Werk-Modell aus 1961 ähnlich sieht. Ein ebenso aufgebautes 250-ccm-Modell wird ebenfalls an Privatfahrer abgegeben, jedoch in wesentlich geringeren Stückzahlen. Inzwischen geht der Titanenkampf der »Großen Drei« aus Japan – Honda, Suzuki und Yamaha – um die WM-Titel weiter.

1965 kehrt Honda in die 50-ccm-Klasse mit einem Zweizylinder-Modell zurück. Diese 2RC 114 leistet 20 PS bei 20000 Touren und benötigt ein 10-Gang-Getriebe. Die Spitze liegt bei 160 km/h. Der

Ire Ralph Bryans wird damit Weltmeister der »Schnapsglasklasse«. In der 125- und 250-ccm-Klasse reicht jedoch das Viertakt-Konzept gegen die Zweitakt-Brigade nicht mehr aus. Hugh Anderson gewinnt zum zweiten Mal für Suzuki die 125-ccm-WM-Krone, und ebenso wiederholt Phil Read für Yamaha den 250-ccm-Erfolg des Vorjahres. Redman muß sogar hinter Mike Duff/Canada, der ebenfalls Yamaha fährt, mit dem dritten Platz vorlieb nehmen. Einzig der 350-ccm-Titel bleibt Honda mit Redman erhalten. Honda gibt jedoch nicht auf. Noch im letzten Rennen der Saison, im Großen Preis von Japan, erscheint Taveri in der 125-ccm-Klasse mit einem Fünfzylinder-Modell, und für 1966 nimmt Honda Mike Hailwood unter Vertrag, der in der Königsklasse bis 500 ccm den Titel nach Japan bringen soll. Ein Vierzylinder-Monster mit 85 PS steht dazu bereit.

1966 gehen wieder drei WM- Titel an Honda. In der Achtelliter-Klasse gewinnt Taveri zum dritten Mal. Die 250- und 350-ccm-Klasse sieht Hailwood an der Spitze. Den Halbliter-Renner kann jedoch selbst »Mike the Bike« nicht bändigen. Er ist in der Straßenlage der neuen leichten Dreizylinder-MV unterlegen, die Agostini meisterlich fährt. Hailwood zeigt jedoch in der Senior-TT sein Können und gewinnt mit großem Vorsprung vor Agostini; auch das 250-ccm-TT-Rennen geht mit ihm an Honda. In der Weltmeisterschaft muß er sich jedoch Agostini geschlagen geben. Redman hat inzwischen nach einem argen Sturz in Belgien den Dienst als Team-Chef bei Honda quittiert.

Die Saison 1967 beginnt mit dem Rückzug von Honda aus den kleinen Klassen, 50 und 125 ccm. Taveri nimmt Abschied, nur Hailwood und Bryans versuchen in den drei großen Klassen weiter ihr Bestes. Hailwood wiederholt sein Vorjahres-Double in der 250- und 350-ccm-Klasse. In letzterer bringt er ein 297 ccm großes Sechszylinder-Modell in die Rennen. In der Halbliterklasse bleibt ihm aber der Erfolg wiederum versagt. Er gewinnt zwar neuerlich die Senior-TT, allerdings erst, als Agostini, in Führung liegend, nach einem Kettenbruch ausscheidet. Die Halbliter-Weltmeisterschaft wird schließlich am grünen Tisch durch das Reglement entschieden, denn Hailwood und Agostini erreichen beide die gleiche Punktezahl 46, beide haben auch die gleiche Anzahl von Sie-

Honda war die erste Firma, die ein 6-Zylinder-Renn-Modell – 1964 – herausbrachte. Es entwikkelte mit 250 ccm Hubraum 60 PS bei 16 500 Touren. 1978 erlebte der Wettlauf der Firmen nach noch mehr Hubraum und Zylindern bei Honda mit der CBX 1100 mit 6-Zylinder-Motor seinen vorläufigen Höhepunkt (im Bild).

Mike Hailwood, England, der erfolgreichste und glanzvollste Fahrer auf Honda-Rennmaschinen in den sechziger Jahren. Hier auf dem 350-ccm-4-Zylinder-Modell im Großen Preis von Deutschland 1966 am Hockenheimring.

gen. Den Ausschlag für Agostini gibt schließlich die größere Anzahl von zweiten Plätzen des Italieners. Die Entscheidung hätte nicht knapper sein können.

Alles blickt nun gespannt auf die Entscheidung von Honda, ob die Firma nochmals ihr Glück in der Halbliterklasse herausfordern würde. Im Februar 1968 fällt die Entscheidung, Honda zieht sich aus dem Rennsport zurück. Die Firma hat sich nun auch als Auto-Hersteller etabliert und entwickelt Formel-I-Pläne. Hailwood kann die Werksmaschinen 1967 noch eine weitere Saison als Privatfahrer benützen, darf damit aber an keinem WM-Lauf teilnehmen. Auch Suzuki quittiert seine Renn-Aktivitäten, einzig Yamaha läßt mit Read und Ivy ihre teueren Werk-Renner noch eine Saison weiterlaufen. Die Kosteneskalation des technisch so interessanten, aber immer aufwendigeren Wettlaufs der japanischen Firmen hatte schlußendlich ihre Ambitionen gestoppt.

Inzwischen war Honda im Jahr 1965 zu fast 1,5 Millionen produzierten Motorrädern aufgelaufen. Am 6. Januar 1968 fährt Soichiro Honda persönlich das 10millionste Honda-Motorrad vom Montage-Band. Die Reihe der Serienmodelle war unterdessen über die ursprünglich angebotenen Standardgrößen 50, 125 und 250 ccm weiter hinausgewachsen. Schon vor dem Erscheinen der CB 450, einem dohc-Twin, dessen Ventile Drehstabfedern aufwiesen, gab es von den ersten erfolgreichen 125- und 250-CB-Modellen größere Versionen mit 160 und 305 ccm Hubraum. Dann kam 1965 die CB 450 dazu, die mit einer Leistung von 41 DIN-PS (das Werk gab 45 PS an) weit über die gängigen Halbliter-Modelle der Konkurrenz hinausreichte.

1969 erscheint dann das neue Honda-Modell CB 750, ein serienmäßiges Vierzylinder-Motorrad, das neue Maßstäbe setzt. Mit ihm war die Zeit der neuen »Big Bikes« endgültig angebrochen. Der mächtige, mit einem Fünfgang-Getriebe zusammengefaßte Vierzylinder-Motor mit nur einer obenliegenden Nockenwelle ist von den erfolgreichen Rennmotoren abgeleitet und entwickelt bei max. 8000 Touren eine Leistung von 65 PS. Damit garantierte das 235 kg schwere Motorrad auch dem sportlichen Tourenfahrer eine Spitze von 180 km/h.

Die Vorstellung dieses schnellsten und stärksten Serien-Modells seiner Zeit erfolgt knapp nach der Ankündigung der neuen Dreizylinder-Modelle von Triumph und BSA und der Norton »Commando«, mit welchen die angeschlagene englische Motorrad-Industrie nochmals versuchte, gegen die übermächtigen Japaner Boden gutzumachen. Auch im eigenen Lande war Honda, neben Suzuki und Yamaha, mit Kawasaki ein weiterer ernstzunehmender Konkurrent erstanden. Honda war jedoch im Jahr 1969 mit mehr als 1,5 Millionen produzierten Motorrädern weitaus der Größte. Yamaha lag damals mit 519710 Einheiten auf Platz zwei vor Suzuki mit 398784 Stück, und

Kawasaki überschritt gerade die 100000-Marke um weitere 933 Stück. Rund 2,5 Millionen Motorräder wurden 1969 insgesamt in Japan erzeugt.
Neun Jahre später, 1978, erreichte die japanische Motorrad-Industrie ihren absoluten Produktionsrekord mit knapp 6 Millionen Einheiten. Honda stellte dazu 2639738, Yamaha 1887311, Suzuki 1144488 und Kawasaki 326317 Fahrzeuge. Dazwischen liegt die Renaissance des Motorrads in Europa und das weitere Andauern des Motorrad-Booms in den USA. Die Aktivitäten von Honda in diesem letzten Dezennium können von hier an nur mehr in Stichworten aufgezeichnet werden. Sie würden sonst ein eigenes Buch füllen.
Die lange Reihe der Serien-Modelle – 1970 in ihrem Grundkonzept noch auf die Hubraum-Größen 50, 100, 125, 175, 250, 350, 450 und 750 ccm mit 1, 2 und 4 Zylindern beschränkt – ist zehn Jahre später fast unübersehbar geworden. Sie reicht nunmehr von 50 ccm Hubraum in Zwei- und Viertakt und vielfältigen Versionen bis hinauf zu Kubaturen knapp unter 1100 ccm. Dazwischen liegen Vierzylinder-Modelle von 350 und 400 ccm an bis zum wassergekühlten V-Zweizylinder und Vierzylinder-Boxer und luftgekühlten Sechszylinder-Modell CBX. Fürs Auge unterscheidet sich die weit über 20 Grundmodelle umfassende Palette – Mopeds und Kleinmotorräder nicht mitgezählt – in sportliche Fahrzeuge herkömmlicher Aufmachung, in »Chopper«, die den amerikanischen Motorrad-Geschmack in alle Welt verbreiten und in »off-road«-Modelle. Das sind die friedlichen Ableger der echten Geländesport- und Moto-Cross-Versionen, die heute jede Motorradfabrik von Ruf anzubieten hat.
Auch die technische Figuration der Honda-Erzeugnisse reicht vom Einnocken-Layout, mit Kette oder Zahnriemen angetrieben, zum Doppelnockenantrieb über Zahnräder bis zur Wiederentdeckung des Stoßstangen-Antriebs im wassergekühlten V-Motor des Modells CX 500, dem ausgewogensten Modell des schillernden Angebots der achtziger Jahre. Den Wettlauf nach immer mehr Hubraum und immer höherer Leistung, der bei Honda 1978 mit dem Sechszylinder-Modell CBX seinen Höhepunkt erlebte, weicht wieder einer nüchternen Betrachtung der komplizierten Motorradfahrer-Psyche, die wieder mehr Komfort und Handlichkeit in den Vordergrund stellt.
Als letzter Schrei in dieser Richtung präsentierte Honda Mitte 1981 das erste serienmäßige Motorrad mit Turbo-Motor, eine CX 500, die mittels dieses leistungssteigernden Geräts auf über 200 km/h Spitze katapultiert wird. Ob dies jedoch die Zukunft des Zweirads ist, mag füglich bezweifelt werden.
Diese Entwicklung, die zahlenmäßig im Jahr 1978 ihren Höhepunkt erreichte, hat auch in den siebziger Jahren eine neuerliche, werkseitige Sportaktivität der »Großen Vier« aus Japan ausgelöst. Honda engagierte sich vor allem im Langstreckensport, gewinnt den Bol d'Or und EM-Titel mit von Serienerzeugnissen abgeleiteten Viertakt-Rennern. Die Marke betritt dann 1979 neuerlich die Grand-Prix-Szene mit einem geheimnisumwitterten V-Vierzylinder-Viertakt-Motor, der pro Zylinder 8 Ventile und ovale Kolben haben soll. Trotz aller Anstrengungen ist es diesem neuen, flüssigkeitsgekühlten Werk-Renner jedoch bisher noch nicht gelungen, die auch theoretisch begründete Leistungs-Überlegenheit der Zweitakt-Rennmotoren zu egalisieren. Honda ist jedoch auf der breiten Sportpalette der achtziger Jahre in allen Disziplinen stark und erfolgreich vertreten und hat am Moto-Cross-Sektor mit Zweitakt-Motoren sogar neuerlich WM-Titel errungen.
Das unumstrittene Verdienst von Honda ist, daß er mit seinen gewaltigen Anstrengungen im Motorradsport, die in den sechziger Jahren gigantische Ausmaße angenommen hatten, der japanischen Motorrad-Industrie das Tor zur Welt öffnete. Damit verhalf er dem Motorrad – zunächst in den USA, dann anschließend in Europa – zu einem neuen kommerziellen Höhenflug. Den Japanern war es damit vorbehalten, dem früher doch überwiegend als Transportmittel gedachten und verwendeten zweirädrigen Gefährt »Motorrad« eine neue Bedeutung als Sport-, Hobby- und Freizeit-Gerät verliehen zu haben. Honda hat dazu den größten Beitrag geleistet.

Husqvarna

Husqvarna – schnelle Motorräder für die Straße und das Gelände aus Schweden

Husqvarna-Rennmaschinen mit 350- und 500-ccm-V-Zweizylinder-Motoren waren 1934 und 1935 die Animatoren der internationalen Rennszene. Hier eine 350er aus 1934.

Die Geschichte dieser schwedischen Motorrad-Firma, die seit 1959 mit Zweitakt-Motoren im Moto-Cross-Sport eine führende Rolle spielt, ist viel älter und beginnt 1903. Das war das Jahr, in dem das erste Husqvarna-Motorrad das Licht der Welt erblickte. Die Firma Husqvarna Vapenfabriks AB, wie der volle Firmenwortlaut heißt, ist jedoch noch älter. Ihr Ursprung geht auf die Gründung der »Königlich schwedischen Waffen-Company« im Jahr 1689 zurück, und auch heute ist das Motorrad nur ein, wenn auch wohlgepflegter Nebenzweig eines Konzerns, der alles mögliche erzeugt: von Nähmaschinen und anderen Haushaltsgeräten angefangen über Motorsägen, Rasenmäher, Sämaschinen bis zu modernen Feuerwaffen. Dazwischen liegen eben die Husqvarna-Motorräder, die sich nicht erst in den sechziger und siebziger Jahren einen großen Namen im Motorsport machten, sondern schon einmal in der Zwischenkriegszeit drauf und dran waren, im Straßenrennsport die Spitzenposition zu erobern. Doch wollen wir von vorne beginnen.

Wie so viele andere Waffenfabriken, die in friedlicheren Zeiten ihr Geld auch mit anderen Dingen als Kriegsgeräten verdienen mußten, hatte Husqvarna schon vor der Jahrhundertwende Fahrräder produziert. Der Schritt zum motorisierten Fahrrad war deshalb naheliegend. Da man dazu nicht erst einen eigenen Motor mit allen seinen Kinderkrankheiten und Risiken entwickeln wollte, sahen sich die klugen Schweden erst einmal in Mitteleuropa um. Damals waren die führenden

Links: Husqvarna begann 1903 Motorräder herzustellen. Dieses mit 1¼-PS-FN-Motor ausgerüstete Fahrzeug war das erste Modell.

Rechts: Das erste Einzylinder-Rennmodell 50 B Special aus 1930 hatte noch einen JAP-Motor, der jedoch von den Schweden auf 33 PS gebracht wurde.

Länder am Motorradsektor Frankreich, England, Belgien, Deutschland und Österreich. Besonders die belgischen FN- und Minerva-Motoren, ebenfalls Erzeugnisse von Waffenfabriken, und auch NSU, standen besonders hoch im Kurs, und so entschied sich Husqvarna nach sorgfältiger Prüfung für den robusten und leichten FN-1¼-PS-Motor, einen Viertakter mit automatischem Einlaß-Ventil. Er sollte das zu diesem Zweck verstärkte Fahrrad motorisieren.

Der Motor hing vor dem Tretlager in einem gegabelten Rahmenrohr und trieb über einen Flachriemen das Hinterrad an. Die am Hinterrad montierte Riemenfelge war aus Holz, um, wie es im Handbuch zu diesem Modell hieß: »das Rutschen des Riemens und das Durchgehen des Motors zu verhindern«. Das hochbeinige Gefährt mit 26-Zoll-Rädern kam mit diesem Motor, der auf 100 km etwa 3,7 Liter Treibstoff verbrauchte, auf ein Tempo zwischen 40 und 50 km/h, was angesichts der schlechten Straßen und der damals miserablen Bremsen schon reichlich schnell war.

Dieses erste Husqvarna-Modell, praktisch ein Fahrrad mit Hilfsmotor, wurde bis 1909 gebaut. Aufgrund der inzwischen gesammelten Erfahrungen war der nächste Schritt ein stärkerer Motor und ein stärkerer Rahmen. Er wurde 1909 getan und gleichzeitig auch der Motoren-Lieferant gewechselt. Anstelle von FN kam nun die Schweizer Firma Moto-Rêve zum Zug, die von ehemaligen Motosacoche-Technikern gegründet worden war. Moto-Rêve baute kleine, saubere V-Zweizylinder-Motoren mit 2½ und 4 hp Hubraum, muß man sagen, denn diese frühen Leistungsangaben waren nur ein Hubraum-Äquivalent und nicht die tatsächliche Bremsleistung. Die beiden genannten hp-Größen entsprachen etwa 300 und 500 ccm Hubraum. Zwischen 1909 und 1919 wurden von Husqvarna jedenfalls zehn verschiedene Modelle gebaut, die vom leichten, etwa 50 kg schweren, getriebelosen Riemenmodell bis zum 548-ccm-V-Zweizylinder mit Dreigang-Getriebe und Kettenantrieb reichten. Anfänglich benützte man noch verstärkte Fahrradgabeln und später die üblichen, leichten Federgabeln, die unter dem Namen »Druid« bekannt waren, jedoch bei Husqvarna außer den beiden seitlich unter dem rückwärtigen Gabelbolzen liegenden zwei Schraubenfedern auch zwischen den Gabelscheiden eine Feder vor dem Steuerkopf aufwiesen.

1916 kam der Übergang vom Einbau- zum eigenen Motor bei den größeren Modellen, wohl unter dem Zwang des in Europa tobenden Ersten Weltkrieges. Die schwedische Armee wollte Motorräder haben, die zur Gänze im eigenen Lande hergestellt wurden. So waren auch die ersten seitenge-

steuerten Zweizylinder-V-Motoren von Husqvarna den Moto-Rêve-Motoren sehr ähnlich. Mit 65 mm Bohrung und 83 mm Hub entwickelten diese 50-Grad-V-Motoren etwa 11 PS Leistung aus 550 ccm Hubraum.

1916 war auch das Jahr, in dem Husqvarna seinen ersten großen Motorsporterfolg im »November-Kasan« errang. Das war die härteste Langstrekken-Prüfung, die es damals in Schweden gab. Der Sieger L.E. Ringborg legte die 475 km lange Strecke in weniger als 20 Stunden zurück, und mit ihm kamen drei Husqvarna-Maschinen auf die ersten drei Plätze. Das ursprünglich 550 ccm große sv-Modell bildete dann die ganzen zwanziger Jahre hindurch das Rückgrat der Husqvarna-Modellreihe; es wurde natürlich im Laufe der Jahre ständig verbessert und bis 992 ccm vergrößert. Mitte der zwanziger Jahre, als sich das Wirtschaftsleben wieder normalisierte, sah sich Husqvarna wieder um Einbau-Motoren um, da sie mit ihrem eigenen V-Motor nicht in der Lage war, eine weitge spannte Modellpalette anzubieten. Die Wahl fiel diesmal auf den englischen JAP-Motor, der einen ausgezeichneten Ruf besaß und leicht, schnell sowie zuverlässig zugleich war. Mit JAP kamen auch erstmals kopfgesteuerte Einzylinder-

Folke Mannerstedt entwickelte für die Rennsaison 1931 dieses V-Zweizylinder-Aggregat in seiner ersten Form mit Frischölschmierung; noch im Rahmen mit zwei Versteifungsrohren.

Motoren in das Modellprogramm und waren bald der Ausgangspunkt einer neuen technischen Aktivität der Firma.
1930 wurden im Verkaufskatalog zehn verschiedene Modelle von 175 bis 990 ccm Hubraum angeboten; jeweils fünf mit ohv- und sv-Motoren. Das kleinste Modell 25 besaß einen seitengesteuerten 175-ccm-JAP-Motor mit handgeschaltetem Burman-Dreigang-Getriebe und hatte 5,5 PS Leistung. Das nächstgrößere Modell 30 mit 250-ccm-JAP-sv-Motor kam auf 7,5 PS. Die Einzylinderreihe wurde mit dem 550-ccm-sv-Modell 50 S mit 14 PS fortgesetzt und endete mit dem 600-ccm-16-PS-Modell 61. Kopfgesteuerte Einzylinder-Modelle gab es von 250 ccm mit 11 PS Leistung, dem Typ 30 A, über das 20-PS-Halblitermodell 50, die »heißeren« Versionen 50-A mit 25 PS und 50-B mit 30 PS bis zum 50-B »Special Racer« mit 85 mm Bohrung und 87 mm Hub JAP-Rennmotor, der bei Husqvarna nochmals einer Leistungskur unterzogen wurde und auf etwa 33 PS kam. An V-Zweizylinder-Modellen gab es eines, das Modell 190, mit 15 PS und 550 ccm Hubraum – zweimal 65 mm Bohrung und 83 mm Hub – und später, 1933, das Modell 120 mit 26 PS. Das war ein Nachfolgemodell des schon ab 1922 gebauten Typ 500 mit 992 ccm Hubraum. Beide waren typische Seitenwagenmaschinen, robust, jedoch zu schwer für Solobetrieb.
Inzwischen initiierte der von 1911 bis 1946 »regierende« Generaldirektor Gustaf Tham Ende der zwanziger Jahre eine neue Sportpolitik. Eine Auswirkung davon war, daß Folke Mannerstedt im Februar 1929 in die Dienste von Husqvarna trat, um aus dem vorhandenen Motorenmaterial wettbewerbsfähige Rennmotoren zu entwickeln. Mannerstedt, ein Diplom-Ingenieur der Technischen Universität Stockholm, hatte seine ersten Erfahrungen im Rennsport als Aktiver im Sattel einer Vierzylinder ACE gesammelt und war dann 1927 zu FN nach Belgien gegangen, wo er für die Entwicklung der Einzylinder-ohv-Rekordmotoren verantwortlich war. Seine erste Tätigkeit bei Husqvarna war, auf der Basis der vorhandenen V-Zweizylinder-sv-Motoren kopfgesteuerte Versionen zu entwickeln, die dann ihre Feuertaufe 1929 in der Int. Sechstagefahrt erlebten, sich jedoch als Solomaschinen als viel zu schwer erwiesen.
1930 konzentrierte sich Mannerstedt zunächst auf die Entwicklung eines schnellen 350-ccm-ohv-Einzylinder-Motors, den er nur mit dem vorderen Zylinder des V-Zweizylinder-700-ccm-Motors realisierte. Mit einem ca. 12 Zoll großen Hinterrad versehen, das eine kniende Position des Fahrers gestattete, fuhr Mannerstedt selbst mit einem Beiwagen auf einem zugefrorenen See mit 135 km/h einen nationalen Rekord. Ein Jahr später, dieses Mal nur mit dem rückwärtigen Zylinder des V-Aggregates, schaffte Stig Tham mit Seitenwagen 146 km/h und solo 169,6 km/h; beachtliche Rekordmarken.
Diese ersten Erfolge wurden jedoch immer noch

Links: Zeichnung des 500er-Werkrenners 1935 mit Magnetantrieb über Zahnräder.

Rechts: So sah die andere Seite des 34er-Motors aus; beachte das gebogene Rahmenrohr.

mit Motoren errungen, die JAP-Motoren abgeleitet waren. Im Herbst 1930 wollten dann die Verantwortlichen von Husqvarna endlich wissen, wohin ihre Bemühungen gehen sollten. Dazu traten im »Großen Preis von Schweden« 1930 vier Husqvarna-Maschinen an: eine mit dem eigenen V-Zweizylinder-Werkmotor, zwei »Production Racer« mit werk-präparierten 500-ccm-Einzylinder-JAP-Motoren und eine 250-ccm-Maschine, ebenfalls mit JAP-Motor. Das Ergebnis: Ericsson belegte mit der V-Zweizylinder-Werkmaschine den 3.Platz hinter Simpson (Norton) und Simcock (Motosacoche). Damit war die Entscheidung zugunsten des eigenen Motors gefallen, den Folke Mannerstedt dann über den Winter für die Saison 1931 weiterentwickelte. Das Typische dieser schon mit Haarnadel-Ventilfedern ausgerüsteten V-Zweizylinder-Rennmotoren war die Führung der beiden Auspuffrohre, die in ihrer Länge auf jeden Zylinder einzeln abgestimmt waren. Das Rohr des vorderen Zylinders führte im gewohnten Bogen nach vorne rechts heraus und in einem Bogen nach rückwärts. Das Rohr des hinteren Zylinders führte schräg nach rückwärts, unten weg und ragte weit über das Hinterrad hinaus. Jeder Zylinder wurde durch einen eigenen Fallstrom-Vergaser gespeist. Als Getriebe verwendete man ein Viergang von Sturmey-Archer mit Fußschaltung. Die Leistung des Motors war zufriedenstellend, jedoch das Gewicht der ganzen Maschine mit 177 kg zu hoch.

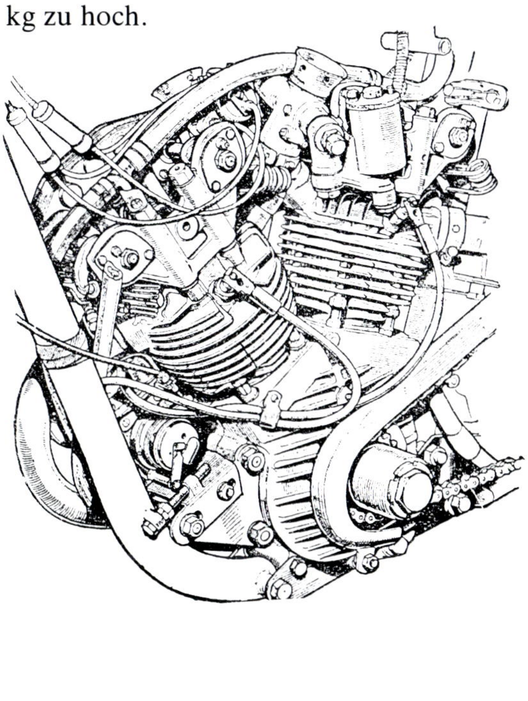

Das ist der Werk-Motor 1934, bei dem der Magnet noch über eine gekapselte Kette angetrieben wurde.

Der Weg zu Sporterfolgen war auch 1931 mit Steinen gepflastert; der erste Ausflug zur Tourist Trophy mit zwei Maschinen blieb ohne Erfolg. Kalén stürzte im Training und mußte durch den unerfahrenen Engländer Gellings ersetzt werden, der nach vier Runden ausfiel; Ericsson blieb schon nach einer Runde liegen. Auch im schwedischen Grand Prix kamen die Maschinen nicht ans Ziel. Trotzdem konnte sich die stattliche Reihe von 181 nationalen Siegen sehen lassen, und Mannerstedt wußte, womit er die Standfestigkeit der Motoren verbessern konnte. Er kurierte die Ventilschäden durch Verwendung von Chrom-Nickel-Stahl.
1932 stellten sich dann die ersten, auch international beachteten Erfolge ein. Ragnar Sunnqvist und Gunnar Kalén laufen erstmals im Großen Preis von Schweden auf Platz eins und zwei ein, während Jimmy Simpson seine Werk-Norton zu Tode hetzte. Das Jahr 1933 sah außerhalb von Schweden keine großen Sportaktivitäten, doch beim hei-

Der vom Wiener Martin Schneeweiss ab 1938 mit Erfolg gefahrene 350er-Bahnrennmotor.

mischen Grand Prix, der gleichzeitig auch der »Große Preis von Europa« war, trumpfte das Werk mit seinen schnellen Zweizylinder-Maschinen neuerlich auf. Stanley Woods und Tim Hunt waren mit den sieggewohnten Werk-Nortons die großen Rivalen. Gegen Ende des Rennens stürzte Hunt, und Sunnqvist schloß zum führenden Woods auf. Dann machte der Motor von Woods schlapp. Sunnqvist schien bereits einem sicheren Sieg entgegenzufahren, als seine Maschine eine Runde vor Schluß die Kette abwarf und Gunnar Kalén als Sieger und Europameister durchs Ziel ging. Demeuter auf FN war zweiter vor einer weiteren »Husky« mit Ericsson im Sattel.

Das Jahr 1933 wurde jedoch sonst reichlich genützt, um das Gewicht durch weitgehende Verwendung von Leichtmetall für Zylinder, Köpfe und Pleuel zu erleichtern. Das Kurbelgehäuse und die Kipphebelgehäuse wurden aus Elektron gegossen und auch die konischen Bremsnaben mit eingeschrumpften Stahlringen waren nun aus Aluminium. Mit dieser Radikalkur wurde das Trockengewicht der Werkrenner auf 128 kg herabgedrückt.

Nach dem Erfolg im »GP von Europa« entschloß die Firma, sich 1934 ganz in das internationale Renngeschehen zu stürzen. Schon zur Tourist Trophy engagierte das Werk Stanley Woods für die Halbliter-Maschine und Ernie Nott für den erstmals vorhandenen verkleinerten 350-ccm-V-Twin. Das Jahr begann jedoch mit viel Pech. Beim Verladen der Maschinen auf das Schiff in Malmö fiel die Ladung vom Kran und alle Maschinen wurden arg beschädigt. Sie mußten nochmals ins Werk zurück, um überhastet zerlegt, repariert und neu montiert zu werden. Sie langten dadurch arg verspätet auf der Insel Man ein, so daß zum Einstellen und für das Training zuwenig Zeit übrig blieb. Trotzdem belegte Nott in der Junior-TT den 3. Platz und Woods lag in der Senior-TT lange in Führung, ehe er stürzte. Er nahm das Rennen zwar wieder auf, lag dabei sogar noch am 2. Platz, doch blieb er dann ca. 15 km vor dem Ziel mit leerem Tank liegen. Beim Sturz hatte er offensichtlich die nun fehlende Menge Sprit verloren.

Die Saison 1934 war auch weiterhin von einer Pechsträhne durchzogen. In Holland kam nur der einheimische Husqvarna-Importeur Arie van der Pluym als dritter ins Ziel. Zwei Wochen später, im »Großen Preis von Europa« am Sachsenring bei Chemnitz, stürzte Gunnar Kalén tödlich, und beim nächsten Grand Prix in Belgien war van der Pluym selbst in einen Todessturz verwickelt; auch die Maschine brannte aus. Zu allem Überdruß fing der Rennmaschinen-Transporter am Rückweg nach Schweden Feuer und dabei wurden alle Maschinen zerstört. Zum Großen Preis von Schweden, Anfang September, wurde deshalb nur eine Maschine, aus Ersatzteilen aufgebaut, fertig, und mit ihr gewann Ragnar Sunnqvist das Rennen vor Rusk auf Velocette und Woods auf New Imperial. Der Österreicher Michael Gayer, der ein Jahr später eine 35er Werkmaschine kaufen konnte, belegte auf der schwedischen Marke den fünften Platz.

Inzwischen war der schwedische Motorradmarkt so stark zurückgegangen, daß sich die Leitung von Husqvarna im Frühjahr 1935 entschließen mußte, alle Rennaktivitäten einzustellen. Die inzwischen fertiggestellten neuen Maschinen mit bedeutenden Verbesserungen wurden deshalb von den bisherigen Werkfahrern Sunnqvist, Strömberg, Gülich und Kihlkog übernommen und liefen auf deren Kosten unter der Flagge der »Scuderia Husqvarna«. Nur für den »Großen Preis von

Das 175-ccm-Zweitakt-Modell »Drombagen« 281 Sport.

Schweden« 1935 wurde nochmals Stanley Woods engagiert, der dann auch prompt vor mehr als 140000 Zuschauern gewann. Den bemerkenswertesten Ausland-Sieg mit einer Husqvarna im selben Jahr landete jedoch Sunnqvist beim Avus-Rennen in Berlin, als er mit einem Durchschnitt von 171,7 km/h die alte Kompressor-BMW mit Karl Gall und die beiden Werk-DKWs mit Otto Ley und Toni Bauhofer schlug. Die Werk-Husqvarna in dieser letzten Ausführung hatte eine Leistung von 44 PS bei 6800 Touren und lief, unverkleidet, über 200 km/h Spitze, wenn sich ein Fahrer darauf »ganz klein« machte. Damit war dann das große Zwischenkriegs-Kapitel der schnellen Rennmaschinen aus Schweden endgültig beendet, auch wenn noch einige Privatfahrer ein paar Jahre weiter damit noch schöne Erfolge erzielen konnten.

Trotz der Flaute am schwedischen Motorrad-Markt hatte 1936 ein neues Modell mit einem völlig neuen, kopfgesteuerten Motor Premiere. Es hieß 112 TV, und der komplett verkapselte ohv-Motor gab bei 4800 Touren 24 PS ab. Das Gewicht dieser Starrahmen-Maschine mit Trapezgabel betrug 155 kg und ihr Motor sollte nochmals – 24 Jahre später – Motorsportgeschichte machen. 1936 war trotz dieses neuen Modells das Angebot der Firma auf fünf Modelle geschrumpft. Es gab zwei 350-ccm-Modelle mit sv- und ohv-Motoren und Leistungen von 9 bzw. 14 PS, weitere zwei Halbliter-Modelle, ebenfalls in sv- und ohv-Ausführung mit 14 bzw. 24 PS und letztlich das bewährte 990-ccm-V-Zweizylinder-Modell mit sv-Motor für Beiwagenbetrieb. Nur zwei Jahre noch hielt man dieses Sparprogramm althergebrachter Modelle und Hubraumgrößen durch, dann änderte die Firma ihre Modellpolitik radikal.

1938 kam sie mit einem völlig neuen Motorfahrrad auf den Markt, dem Modell 301 mit 98 ccm Zweitakt-Zweigang-Motor in einem nur mäßig verstärkten Fahrradrahmen und mit Tretpedalen. Der Motor war eine perfekte Fichtel & Sachs-Kopie, und das ganze Fahrzeug war, wie man heute sagen würde, ein einfaches Mofa. Vor Kriegsbeginn folgte dann auch noch ein größeres 118-ccm-Kleinmotorrad mit feststehenden Fußrasten und Dreigang-Getriebe, und mit diesen beiden Fahrzeugen kam Husqvarna wieder in größere Stückzahlen, 1938 waren es bereits 15000 Stück.

Mit diesem simplen, handgeschalteten Dreigang-Modell »Svartkvarnan«, dessen Vorderrad durch eine Gummi-Kurzarmschwinge gefedert wird, kommt Husqvarna auch über die Kriegsjahre bis 1954. Schon ein Jahr vorher, 1953, erscheint die schwedische Marke wieder in einem harten Wettbewerb, der schwedischen Sechstagefahrt, mit einem neuen 175-ccm-»Sport-Modell«. Die Firma gewinnt damit sieben Goldmedaillen und zweimal Bronze. Auch in der traditionellen Internationalen Sechstagefahrt desselben Jahres kommt Husqvarna zu sechs Gold-, einer Silber- und zwei Bronzemedaillen. Sie hat mit diesen neuen, ganz leichten Zweitakt-Maschinen im Motorsport wieder Anschluß gefunden. Sie zeigen auch, wo die

Zukunft der schwedischen Motorräder liegen wird.
Auf der Basis des 1953 erfolgreichen 175-ccm-Modells erscheint 1954 das Modell 281 »Drombagen« (Traum-Eisen) mit 9 PS Leistung. Der Doppelauspuff-Zweitakt-Blockmotor besitzt ein fußgeschaltetes Dreigang-Getriebe. Das Vorderrad ist wieder mittels Kurzarmschwinge gefedert, das Hinterrad sitzt in einer Schwinge mit kurzen Federbeinen. Das Gewicht ist mit 115 kg relativ hoch. Die Spitze wird (optimistisch!) mit 125 km/h angegeben. Dieses Modell erweist sich jedoch als kommerzieller Fehlschlag, denn die Jugend (16 bis 18 Jahre) darf nur Motorräder mit max. 75 kg Gewicht fahren, und sie stellt zu dieser Zeit fast ausschließlich das Käuferpotential. Das Drombagen-Modell lebt deshalb nur ein Jahr lang, und schon 1955 kommt die Anwort auf die schwedischen Marktgegebenheiten. Das neue, nur 75 kg schwere, ebenfalls 9 PS starke 175-ccm-Straßensport-Modell heißt »Silberpfeil«. Sein Drombagen-Motor hat nur mehr ein Auspuffrohr. Obwohl vom Konzept her dasselbe wie die »Drombagen«, ist der »Silberpfeil« optisch ein völlig anderes, neues Leichtmotorrad, das sofort Anklang und seine Käufer findet. Auch im Motorsport, vor allem in den auch in Schweden rasch populär werdenden Moto-Cross-Rennen macht das 175-ccm-Zweitakt-Modell in der 250-ccm-Klasse bald eine gute Figur, trotz seines Hubraum-Handicaps. Es gibt deshalb bald das 200-ccm-Modell »Goldpfeil«, und das Werk entwickelt für die Sportsaison 1959 ein ausgewachsenes 250er Wettbewerbsmodell, das bei 6000 Touren 15 PS abgibt. Wenn auch diese Leistung unter jener der Konkurrenz-Modelle liegt, gewinnt aufgrund des niedrigen Gewichts und der guten Fahreigenschaften 1959 Rolf Tibblin den ersten Europameistertitel im Moto-Cross-Sport für Husqvarna.
Obwohl dieser Erfolg für die ausschließlich aus

Rechts: Die seltenen Werkrenner der dreißiger Jahre erschienen 1979 und 1981 wieder am Kontinent beim »Oldtimer-Grand-Prix« am Salzburgring. Hier Nils-Gunnar Svennsson auf dem 350er Modell 1934.

Links: Rolf Tibblin, Moto-Cross-Weltmeister 1962 mit der Halbliter-Viertakt-Husqvarna unterwegs, deren ohv-Motor bereits 1936 erstmals im Modell 112 TV verwendet wurde. Hier ist er nun in einem modernen Doppelschleifenrahmen mit Telegabel und Federbeinen eingebaut.

kleinen Zweitakt-Modellen bestehende Produktions-Palette von Husqvarna ein ausgezeichnetes Werbeargument ist, fliegen die Ambitionen der Firma höher; man will Weltmeister werden, und diesen Titel gab es 1960 nur in der Halbliterklasse. Dazu brauchte man damals einen leistungsfähigen Viertakt-Motor, um gegen die bis dorthin dominierenden BSA »Gold Star«- und FN-ohc-Motoren ankämpfen zu können. Bei Husqvarna erinnerte man sich an den 1936 entstandenen Motor des Modells 112 TV, baute ihn in ein modernes Fahrgestell mit Ceriani-Telegabel und Hinterradschwinge mit Girling-Federbeinen ein, und damit holte 1960 Bill Nilsson auf Anhieb den Weltmeistertitel nach Schweden. Sten Lundin und Rolf Tibblin unterstreichen mit dem 2. und 4. Platz im Endklassement die Überlegenheit der neuen Halbliter-Husqvarna-Moto-Cross-Maschine. 1961 geht die Rechnung jedoch nicht mehr auf. Der WM-Titel geht mit Lundin an die schwedische Konkurrenzmarke Lito, und in der 250er Klasse bringt es der neue Werkfahrer Torsten Hallmann nur zu Platz vier. Inzwischen war auch der Verkauf der Serienmodelle so stark zurückgegangen, daß, wie anno 1937, eine grundlegende Entscheidung und Neuorientierung der Firma fällig war. Man glaubte mit der Herstellung von Replicas der erfolgreichen Moto-Cross-Werkmaschinen weiterleben zu können. Diese Rechnung ging auch auf, wie man nun, mehr als 20 Jahre später, feststellen kann.

Zur publizistischen Untermauerung dieser Neuorientierung wurden für 1962 alle Anstrengungen unternommen, die zwei Jahre vorher gewonnenen Titel wieder zurückzuholen. Trotz größter Bemühungen der Konkurrenz, vor allem CZ und BSA, gelang der Hattrick. Husqvarna holte sich 1962 aber nicht nur mit Rolf Tibblin die Halbliter-WM-Krone und mit Torsten Hallmann den 250er EM-Titel nach Schweden zurück, sondern wiederholte

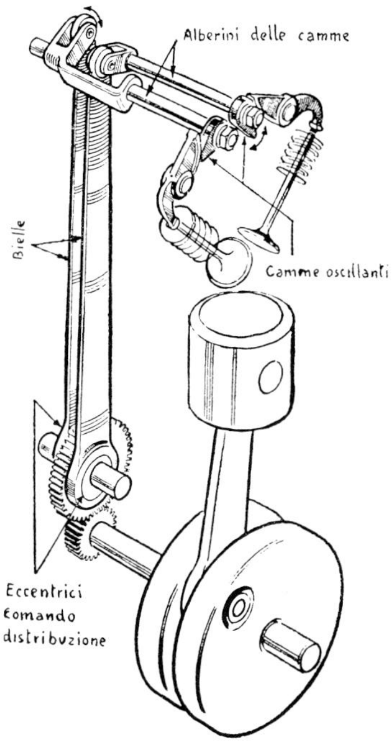

Links außen: Der Schwede Gülich fuhr 1935 im GP der Schweiz in Bern eine 250-ccm-ohv-»Husky«.

Links: Das von Mannerstedt entwikkelte Excam-System verwendete exzentrische, flache Pleuel zur Steuerung der Ventile.

diesen Erfolg auch 1963 nochmals. Anschließend konzentrierte sich die Firma völlig auf die 250-ccm-Klasse mit ihren leichten, erfolgträchtigen Zweitakt-Motoren und kehrte erst 1968 mit einem zunächst 360 ccm großen und schließlich auf 400 ccm gebrachten Zweitakt-Aggregat wieder in die Halbliterklasse zurück.

Die 250-ccm-Moto-Cross-Replica für das zahlungswillige Publikum wurde 1963 mit 22 PS bei 5800 Touren offeriert, wog nur 92 kg und war dank ihrer überlegenen Fahreigenschaften für die große Zahl der Moto-Cross-Fans ein so erfolgsträchtiges Gerät, daß Produktion und Verkauf wieder stetig anzogen. Trotzdem gab es 1967 auch wieder einen 250er »Roadster«, ein ausschließlich für den stark expandierenden US-Exportmarkt gebautes Geländesport-Modell, das jedoch ein nur mit Licht, Horn und anderen für den Straßenverkehr notwendigen Adaptionen ausgerüstetes, etwas zahmeres Moto-Cross-Motorrad war.

1966, ein Jahr vorher, hatte Torsten Hallmann zum dritten Mal die nun zur Weltmeisterschaft aufgewertete 250-ccm-MC-Klasse gewonnen. Auch in der Halbliterklasse hatten inzwischen die leichten Zweitakt-Maschinen das Heft in die Hand genommen. 1968 kehrt Husqvarna erstmals mit dem auf 360 ccm vergrößerten Zweitakt-Motor in die Halbliterklasse zurück. In der 250-ccm-Klasse unterlag Hallmann nur dem jungen Moto-Cross-»Genie« Joel Roberts, und in der Halbliterklasse belegten Jonsson, Åberg, Eastwood (GB), Teuwissen (B) und Hammergren in der WM-Endabrechnung die Plätze 3, 4, 6, 9 und 10; ein beachtliches Ergebnis für Husqvarna für das erste Jahr in dieser Klasse.

1969 gab es dann den auf 400 ccm gebrachten Motor, und für die Leistung der beiden käuflichen Moto-Cross-Modelle von Husqvarna werden 30 PS bei 7000 Touren bzw. 40 PS bei 6500 Touren angegeben. Das Gewicht, der Hauptvorteil der schwedischen Maschinen, lag bei 102 bzw. 105 kg. Schon ab 1963 besaßen sie auch ein Viergang-Getriebe. Der WM-Titel der Halbliterklasse ging daraufhin wieder zwei Jahre an Husqvarna mit Bengt Åberg als Fahrer. Der 1961 auf 423 Maschinen abgesunkene Verkauf war inzwischen wieder zu einer Größenordnung von jährlich 15000 Fahrzeugen angewachsen, die überwiegend nach den USA exportiert wurden. Torsten Hallmann hatte sich dort als Importeur seiner Erfolgsmarke niedergelassen.

Die siebziger Jahre, die im Moto-Cross-Sport auch die großen japanischen Firmen auf den Plan brachten, waren trotzdem für Husqvarna weiter erfolgreich. Die Firma war ja auch mit der Versorgung der schwedischen Armee beschäftigt. Von dort kam 1969 ein neuer Entwicklungsauftrag, an dem sich außer Husqvarna auch die Firmen Monark und Hagglund beteiligten. Die beiden letztgenannten Firmen präsentierten interessante, ungewöhnliche Lösungen mit Keilriemen-Automatikgetrieben. Auch das Husqvarna-Militärmodell hatte eine automatische Kraftübertagung, jedoch in Form einer Kombination von Fliehkraftkupplungen und Freiläufen. Der Heeresauftrag ging zwar zunächst an Hagglund, doch 1976 übernahm Husqvarna die Herstellung, hatte aber schon ein Jahr vorher seine Lösung der automatischen Kraftübertragung sogar in eine 360-ccm-Moto-Cross-Maschine realisiert. Das Militär-Modell von Husqvarna hatte mit 250 ccm Hubraum und 25 PS sowie einem Gewicht von 125 kg bemerkenswerte Eckdaten, überdies auch eine mechanische Benzin-Einspritzung, um im Gelände, beim Umkippen, von den üblicherweise »absaufenden« Vergasern unabhängig zu sein.

Aber trotz der überwiegend aus Japan kommenden Konkurrenz im Moto-Cross-Geschäft bleibt Husqvarna in dieser Domäne auch in den siebziger Jahren weiter erfolgreich. 1974 ist der Finne Heikki Mikkola Weltmeister der Halbliterklasse und 1976 nochmals in der Viertelliterklasse, ehe er von den Japanern geködert wird. Auch 1979 gibt es wieder einen Schweden als Weltmeister auf einer 250er »Husky«, Hakan Carlqvist. Trotzdem kämpft schon 1978 der schwedische Erzeuger von Motorrädern, Nähmaschinen, Kücheneinrichtungen und Motorsägen ums Überleben. Der bis dorthin umsatzträchtigste Amerika-Markt war durch Dollarsturz und Yen-Auftrieb für Husqvarna zusammengebrochen. In dieser Situation übernahm der Multikonzern Electrolux das notleidende Unternehmen und leitete die Sanierung ein. Die Motorrad-Produktion, die seit dem Jahr 1903 in der Stadt Huskvarna seßhaft war, die ihr auch den Namen gegeben hatte, wurde in das 60 km entfernte Ödeshög verlegt und die Produktpalette der nach wie vor auch für Privatfahrer erfolgversprechenden Modelle gestrafft. Sie besteht 1981 aus drei Cross-Modellen mit 125, 250 und 430 ccm Hubraum, aus drei analogen, jedoch zum öffentlichen Straßenverkehr zugelassenen Geländesport-Modellen und einem 420 ccm Automatik-Modell, das in 250 ccm Hubraumgröße auch für militärische Zwecke gebaut wird. Mit insgesamt 41 Weltmeistertiteln, darunter bis zum Jahr 1979 14 Fahrer-Titel im Moto-Cross-Sport sowie zahlreichen Mannschafts- und Nationen-Championaten ist Husqvarna eine der erfolgreichsten Marken am »off-road«-Sektor.

So sehen Husqvarna-Motorräder heute aus! Moderne leichte Zweitakt-Moto-Cross- oder Geländesport-Maschinen mit Licht. Hier das Enduro-Modell 430 aus 1981.

JAWA

Jawa – erfolgreiche Motorräder aus der Tschechoslowakei

Dieses 1932 auf den Markt gekommene 175er-Modell mit englischem Villiers-Motor im Preßstahlrahmen brachte Jawa schon 1934 an die Spitze der tschechischen Motorradindustrie.

Das erste Modell der erst ab 1929 Motorräder erzeugenden Firma Jawa kam aus Deutschland von Wanderer. Ein englischer Techniker brachte dann die Technik der Jawa-Motorräder auf neuen Kurs. Damit begann der Aufstieg der neuen Motorrad-Marke, die noch vor 1939 die Nummer eins in der Tschechoslowakei wurde und dies bis heute geblieben ist.

Der Firmengründer Ingenieur Frantisek Janeček startete 1922 mit einer Waffenfabrik in Nusle, einem Vorort von Prag. Ein ehemaliges Gasthaus reichte dazu aus, denn Waffen waren nach dem Ersten Weltkrieg kein großes Geschäft. Nach einigen dünnen Jahren beschloß Janeček, mit einer geeigneten Lizenz in den Motorradbau einzusteigen. Verhandlungen mit Puch und Schliha zerschlugen sich. Dann stieß er auf Wanderer.

Die Sachsen waren mit dem unausgereiften Halbliter-Kardanmodell so arg in die roten Zahlen geraten, daß sie den Motorradbau aufgaben. Janeček erwarb die gesamten Werkzeuge und vorhandenen Teile und gründete damit 1929 seine Motorradmarke Jawa. Der Name entstand aus den Anfangsbuchstaben von Janeček und Wanderer.

Das neue tschechische Motorrad nach Wanderer-Muster war zwar mit seinem Preßstahlrahmen, ohv-Einzylinder-Blockmotor und Kardanwelle eine moderne Konstruktion, aber keineswegs der erhoffte große Wurf. Bis 1933 wurden von diesem ersten Jawa-Modell nur zirka 1500 Stück gebaut. Janeček war schon rasch klargeworden, daß er einen fähigen Konstrukteur bräuchte, der eine völlig neue Modellreihe auf die Räder stellen mußte. Wie in dieser Zeit üblich, sah er sich dazu in England um.

Er fand dort George William Patchett, der von Brough-Superior über McEvoy und FN 1930 nach Prag kam und dort mit seiner Arbeit auf zwei Fronten beginnen mußte. Um die neue Marke Jawa rasch bekanntzumachen, entwickelte er aus dem vorhandenen schweren ex-Wanderer-Modell eine Rennmaschine. Anderseits mußte Patchett auch rasch ein preiswertes Serienmodell schaffen, daß der Firma Umsatz und Gewinn bringen sollte.

Beides gelang ihm vortrefflich. Die Werk-Rennmaschine mit dem Wanderer-Preßstahlrahmen kam zwar selten ins Ziel, sorgte aber nicht nur in der Fachwelt für die gewünschten Schlagzeilen. Dazu saß Patchett auch selbst oft im Sattel des publicity-trächtigen Renners. Als wackerster Werkfahrer war damals Franta Brand aktiv, und 1933 saßen bei der TT sogar »Ginger« Wood und Tommy Spann auf der Jawa. Auf den Plätzen acht und 14 bewiesen die beiden zumindest das Stehvermögen der tschechischen Rennmaschine.

Noch ehe die teure 500er auslief, ging bereits das erste »Brot-und-Butter«-Modell in Serie, die Jawa 175. Um kein Risiko mit dem Motor einzugehen, wurde nur das leichte, hübsche und dabei auch robuste Preßstahl-Fahrwerk bei Jawa konstruiert und gebaut. Als Motor wurde der bewährte britische Villiers-Zweitakter zunächst importiert und später bis zum Krieg in Lizenz gebaut. Er leistete 6 PS und brachte das 80 kg-Leichtgewicht auf flotte 80 km/h, was damals nicht wenig war. Die Jawa 175 war auch außerordentlich preiswert. Kein Wunder, daß in zwei Jahren mehr als 5000 Stück verkauft wurden. Bald konnte Jawa eine zweite Fabrik beziehen und war schon 1934 der größte Motorradproduzent im Lande.

Trotz des umsatz- und gewinnbringenden Zweitakt-Modells hatte Jawa die Viertakt-Ambitionen nicht vergessen. Schon 1933 gab es einen Einzylinder-350er-Prototyp mit seitlich stehenden Ventilen, elektrischem Anlaßer und Kardanwelle. Die Serienausführung kam wenig später, jedoch ohne E-Starter und mit Kette anstatt Kardan, was sich als vorteilhaft erwies. Trotz stärkerem Rahmen und Viergang-Getriebe blieb das Gewicht des 350er Modells bei 125 kg, und der 11 PS starke Motor schaffte mehr als 100 km/h Spitze.

Jawa verlor damit auch das Interesse am Kardanantrieb und verwendete von da ab nur mehr Ketten. 1936 wurde dann der sv-Motor durch einen 15 PS starken ohv-Motor ersetzt, der für

etwa 115 km/h Spitze sorgte. Dieses Modell sah rassig aus und hatte auch einen gesunden »Schlag« aus dem einportigen Auspuffrohr; es war die sportlichste Serien-Jawa der Vorkriegszeit und auch das erfolgreichste Modell im Motorsport bis 1940.

1936 kam auch eine Viertel-Liter Zweitakt-Jawa heraus. Im Gegensatz zum Nasenkolben-Motor von Villiers war es ein Flachkolben-Zweitakter mit Umkehrschmierung nach System Schnürle; das gab es in Deutschland damals nur bei DKW. Mit 9 PS Leistung und einem Gewicht von nur 95 kg war die neue 250er ein ungemein handliches und auch leistungsstarkes Modell.

George William Patchett kehrte 1938 nach England zurück, worauf sein erstklassiger Mitarbeiter Josef Jozif die technische Leitung des Werks übernahm. Er brachte noch 1937 das 100-ccm-Motorfahrrad »Robot« mit 2,7 PS Flachkolben-Zweitaktmotor heraus. Es wog nur 49 kg, hatte drei Gänge und war das tschechische Pendant zur deutschen DKW RT 3. Die Jawa »Robot« stand ihr auch an Handlichkeit und Leistung um nichts nach und wurde ein weiterer Verkaufsschlager. Das Jawa-Programm umfaßte nun Zweitakt-Modelle mit 100, 175 und 250 ccm, dazu das Spitzenmodell mit dem 350-ccm-ohv-Viertakt-Motor, dessen sv-Ausführung bereits 1936 ausgelaufen war.

mitteleuropäischen Sandbahnen nach Hause. Dabei wurden sie vom deutschen Sandbahnmeister Hermann Gunzenhauser und gelegentlich auch durch den Wiener Leopold Killmeyer bestens unterstützt.

Während die 250- und 350-ccm-Bahnmotoren offene Haarnadel-Ventilfedern hatten, war der Kopf des Halbliter-Rennmotors voll verkapselt. In ihrer Heimat bestritten Jawa-Motorräder

Links: Letzte Ausführung des ersten Jawa-Modells mit 500er-ohv-Motor und Kardanantrieb.

Rechts: 500-ccm-ohv-Werkrennmaschine aus 1936/37, die auf Sandbahnen besonders erfolgreich war.

Jawa vor 1940 war jedoch nicht nur eine Firma, die brave Serienmodelle produzierte, sondern Jawa bedeutete auch Wettbewerbs-Maschinen und große Sportaktivitäten. Die Rennversion 1932 der von Wanderer übernommenen Kardan 500er wurde zwar mit Kettenantrieb in Straßenrennen eingesetzt, doch Cheftechniker Patchett sah die Dinge realistischer und verlegte die sportliche Aktivität auf den von Werken nicht so überlaufenen Sektor der Bahnrennen. Dazu schuf er ab 1933 schnelle Sprinter-Motoren, ohv-Einzylinder mit 250 und 350 ccm, denen bald ähnliche Versionen mit 500 und 600 ccm Hubraum folgten. Es gab sogar einmal eine Königswellen-Ausgabe des Halbliter-Motors in einem Flachbahn-Fahrwerk, doch die großen Erfolge der Jawa-Rennmaschinen in Bahnrennen vor 1940 wurden alle mit ohv-Motoren errungen. Mit diesen Bahn-Jawas, brachten vor allem in der 250er und 350er Klasse die Tschechen Franta Juhan, Rosak und Vitvar unzählige Siege in ihrer Heimat, wie auch von

natürlich auch Straßenrennen und Wertungsfahrten mit großem Erfolg. 1938 baute Jawa dann eine kleine Serie von käuflichen Rennmodellen, die es in den Hubraumgrößen 175, 250, 350 und 500 ccm gab. Das 175-ccm-Triebwerk war eine Block-Konstruktion, die für die Stoßstangen im Guß des Zylinders und Kopfes ein Tunnel ausgespart hatte. Die größeren Motoren waren Kopien der bekannten Werk-Renner und dem normalen 350-ohv-Motor sehr ähnlich.

Der erfolgreiche Start in die Nachkriegsjahre gelang Jawa aber schon 1946 mit einer völligen Neukonstruktion, einem Zweitakt-Modell mit 250 ccm. Obwohl Jawa während des Krieges Wehrmachtsfahrzeuge reparieren mußte, wurden in dieser Zeit ungefähr 20 Prototypen gebaut. Die Versuchsfahrten der mit militärischer Tarnfarbe bepinselten Motorräder waren ein riskantes Unterfangen. Diese Vorbereitungen auf einen raschen Start in die Friedensproduktion blieben jedoch unentdeckt und so konnte Jawa bereits

1946 auf dem Pariser Autosalon den während des Krieges zur Serienreife entwickelten Typ 11 präsentieren. Das war eine echte Sensation.

Die neue Jawa 250 war ein besonders gefälliges, glattflächiges Motorrad; mit Einzylinder-Zweitakt-Flachkolben-Motor, formschön mit dem Viergang-Getriebe verblockt, der Vergaser mit einer Leichtmetallklappe verdeckt, Fußschaltung mit automatischer Kupplung, Teleskopgabel, die Steuerkopf und Scheinwerfer in eine harmonische Einheit zusammenfaßte, und Geradeweg-Hinterradfederung. Rechteckprofile anstatt der üblichen Rohre machten den Rahmen leicht und stabil: die ganze Maschine wog nur 110 kg.

Die neue Jawa 250 war eine Konstruktion aus einem Guß und fand sofort reißenden Absatz, nicht nur, weil die Konkurrenz in den ersten Nachkriegsjahren nicht so schnell in Schwung kam, sondern weil sie auch in Konstruktion und Aussehen um Jahre voraus war. Der Flachkolben-Motor mit Schnürle-Umkehrspülung leistete 9 PS und schaffte spielend 100 km/h.

Zwei Jahre später folgte eine 350er Jawa mit Zweitakt-Twin-Motor, der direkte Vorfahre des auch heute noch gebauten 350er-Modells. Der Motor basierte auf der Blockkonstruktion der Jawa 250, auch sonst war alles gleich; das gesamte Fahrgestell und auch der Motorblock. Es leistete vorerst 13 PS, und das Gewicht war durch die Verdoppelung der Zylinder, Kolben und Pleuel nur um 10 kg gestiegen. Die Produktion des neuen Modells übernahm in der nunmehr nationalisierten Industrie zunächst das Ogar-Werk, das seit 1934 mit schnellen Zweitakt-Modellen bekanntgeworden war und 1950 mit Jawa verbunden wurde. Die neue Jawa 350 erschien deshalb anfangs – bis zum Jahr 1950 – als Ogar 350. Mit 110 km/h Spitze war diese Maschine ein echtes Mittelklasse-Motorrad, mit etwa 3,5 Liter Verbrauch auch sehr sparsam und vor allem sehr preiswert.

Das Geschäft mit diesen beiden Modellen lief so gut, daß Jawa mit den Lieferungen immer im Rückstand war. Da die Exportländer jedoch nach einer größeren Halbliter-Maschine riefen, die auch seitenwagenfest sein sollte, brachte Jawa 1951 im gleichen Styling eine Viertakt-Twin mit obenliegender Nockenwelle heraus. Obwohl in Rahmen, Räder und Federung deutlich verstärkt, blieb dieses Modell mit 24 PS noch knapp unter 160 kg Gewicht.

Die erste Ausführung war an der rechts seitlich aus dem Motor-Getriebeblock herausgeführten Königswelle zu erkennen, die in eine beide Köpfe überdachende Leichtmetallhaube mündete.

Durch die Lage der rechten Zündkerze bedingt, war der Nockenwellenantrieb aus der Mitte gerückt und erforderte dadurch spiralverzahnte Schraubenräder. Aber dieser Antrieb blieb eine Schwachstelle, und auch das Getriebe war der Leistung nicht ganz gewachsen. Die Jawa 500 ohc wurde daraufhin zwar umkonstruiert, bekam 26 PS bei 5500 Touren, blieb aber trotzdem nicht mehr lange im Verkaufsprogramm.

Gleichzeitig wurde der Verkaufsschlager, die Jawa 350, auf den neuesten Stand der Fahrwerktechnik gebracht: Hinterradschwinge mit Federbeinen, Sitzbank statt Schwingsattel. Trotz dieser umfangreichen Änderungen wog die neue Jawa 350 nur 135 kg. Der Motor war noch im alten Rahmen von 13 auf 14,5 PS verstärkt worden und bekam 1954 im Schwingenfahrgestell schließlich 16 PS Leistung, die er jedoch schon bei 4000 Touren erreichte. Damit lief die Jawa etwa 120 km/h Spitze bei einem bescheidenen Verbrauch von 3,5 Liter auf 100 km Strecke. Mit dem rasch eskalierenden Leistungswettlauf der internationalen Konkurrenz der fünfziger Jahre konnte und wollte Jawa offensichtlich nicht mitziehen, auch deswegen, weil große Stückzahlen der Produktion in die Ostblockländer geliefert wurden, die weder in der

Links oben: dohc-Twin aus 1954, Beginn der Viertakt-Nachkriegs-Rennmotoren.

Oben: Die Sensation am Pariser Salon 1946: die neue Jawa 250.

Rechts: Das 1937 lancierte Leichtmotorrad »Robot« mit 100-ccm-2,7-PS-Zweitakt-Motor.

Treibstoffqualität noch an den praktischen Erfordernissen an ein Motorrad dem westlichen Standard entsprachen. Die Verläßlichkeit und die guten Fahreigenschaften der Jawa-Zweitakt-Twins dieser Jahre stand jedoch nie in Zweifel. Der drehfreudige Twin schnurrte wie eine Katze und lief weich wie eine Turbine.
Vor allem beschleunigte die leichte Maschine ausgezeichnet, was damals in Wertungsfahrten wich-

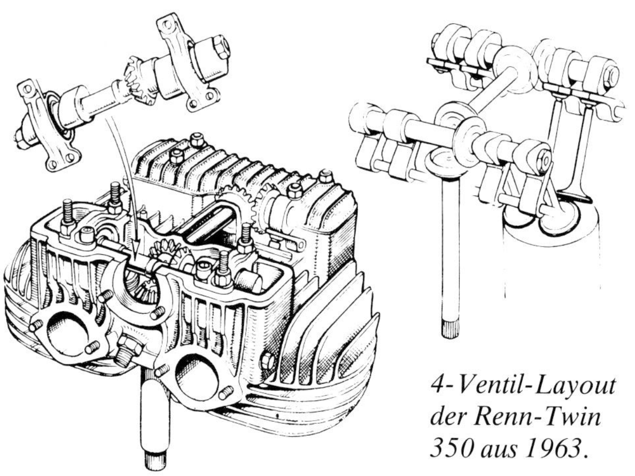

4-Ventil-Layout der Renn-Twin 350 aus 1963.

tiger als eine hohe Spitze war. Nur die Elektrik war stets etwas anfällig, jedoch mit einfachsten Mitteln in Schwung zu halten.
Das Grundkonzept der 350er Jawa-Twins von 1949 ist auch im heute noch gebauten Modell 350/634 voll erhalten und nun bei 26 PS Leistung angelangt. In Deutschland wird die Jawa heute nicht mehr angeboten, doch in Österreich ist sie mit einem einmalig niedrigen Preis das weitaus billigste 350er-Motorrad am Markt. Sie wird auch weiterhin, wenngleich in geringen Stückzahlen, von Kunden gekauft, die nicht hoher Leistung und der Motorrad-Mode nachlaufen, sondern ein einfaches und verläßliches Gebrauchsfahrzeug wünschen.
Daß Jawa an käuflichen, in großen Stückzahlen gebauten Serien-Modellen seit 1946 keine dramatischen Änderungen vornahm und sie vielmehr systematisch weiterentwickelt, beruht auf den Grundsätzen der staatlichen Produktions- und Modell-Planung der Ostblock-Staaten. Auf sportlichem Feld sind bei Jawa jedoch eine große Zahl verschiedener Entwicklungen zu verzeichnen, die man auf drei Ebenen verfolgen kann.

So gab es bis in die jüngste Zeit bei Jawa Straßenrennmaschinen, zuerst mit Viertakt-Twin-Motoren, dann in Zweitakt-Form mit einem, zwei und sogar vier Zylindern. Am Feld des Geländesports wurden Zweitakt-Jawas zu Favoriten, deren Erfolge in den Internationalen Sechstage-Fahrten kaum von einer anderen Marke übertroffen werden. Bis 1975 gewann Jawa die wertvolle »Trophy« der ISDT elfmal und seit Bestehen der Gelände-Europameisterschaft im Jahr 1969 sammelte die tschechische Marke allein 17 Europameistertitel. Fast unschlagbar war Jawa lange Jahre im Eis-, Sand-, Grasbahn- und Speedway-Sport. Hier dominierten die verschiedenen Versionen des aus dem ESO-Motor (Jawa übernahm dieses 1949 gegründete Spezial-Werk) entwickelten ohv-und ohc-Versionen dieses Einzylinder-Alkohol-Viertakt-Motors.
Die Reihe der erfolgreichen Straßenrennmodelle begann Jawa 1954 mit einem dohc-Twin, nach einigen erfolglosen Nachkriegs-Experimenten. Mit zweimal 73,6 mm Bohrung und 65,75 mm Hub wurden aus 488 ccm Hubraum zunächst 45 PS bei 7000 Touren herausgeholt; zwei Jahre später war man bereits bei 50 PS und 8000 Touren angelangt. Das Ungewöhnliche an diesen Werkrennern war jedoch die Verwendung von 16-Zoll-Rädern, die der Maschine ein ungewöhnlich kurzes, kompaktes »gestauchtes« Aussehen gaben.
Der Konstrukteur dieser Rennmaschinen war Jan Krivka, der lange Jahre auch in der FIM als Vorsitzender der technischen Kommission und als Betreuer der Sixdays-Mannschaften tätig war. Die erste 500er Renn-Jawa 1954 wog 140 kg und erreichte 200 km/h Spitze. Mit diesem Modell waren die Tschechen Kostir und später Stastny, gelegentlich auch der Deutsche Rudi Knees und der Österreicher Otto Heissinger erfolgreich unterwegs.
1960 erschien dann eine neue, leichtere 350er-Rennmaschine, die es auch in einer weniger erfolgreichen 250er-Ausführung gab. Der Motor war nunmehr mit sechs Gängen in einem fünfteiligen Block zusammengefaßt. Der Antrieb der beiden obenliegenden Nockenwellen erfolgte über

zwei separate Kegelradwellen; eine hinter den Zylindern stehende Welle trieb zunächst die Einlaß-Nockenwelle an und von dort übertrug eine zweite, waagrecht im Zylinderkopf liegende Welle die Drehbewegung auf die vordere Auslaß-Nokkenwelle.

Die Leistung der 350er Version wurde 1962 mit 49 PS bei 10300 Touren beziffert. Jawa verwendete an diesem Modell wieder 19-Zoll-Räder, und damit wurde Stastny 1961 Vizeweltmeister und zweimal – 1962 und 1963 – in der Junior-TT dritter. Bis 1967 gewann er noch zahlreiche weitere internationale Rennen, darunter 1965 sogar den WM-Lauf in Ulster. Dann wechselte Jawa auch im Straßenrennsport auf Zweitakt-Motoren um, von welchen die V4 traurige Berühmtheit erlangt, mit der Bill Ivy 1969 am Sachsenring zu Tode stürzte. Später gab es auch wieder Zweitakt-Twins mit Einlaß-Drehschieber, doch die großen Jahre der Jawa-Straßenrenner waren endgültig vorbei.

Die über eine Zeitspanne von mehr als 30 Jahren erfolgreichen Geländesport-Modelle von Jawa sind vorwiegend in den Hubraumklassen 250- und 350-ccm aktiv, allerdings sind das Spezialkonstruktionen, die es nie käuflich in Serie gab. Das Bild der erfolgreichen Sixdays-Jawa 1977 spricht für sich. Berühmt ist auch der Alkohol-Einzylinder-Bahnmotor, der seit 1962 in Details immer weiter entwickelt wurde. Ihn gibt es heute mit zwei und vier Ventilen und in ohv- und ohc-Ausführung. Dieser nach dem JAP-Bahnmotor wohl erfolgreichste »Alkohol-Minuten-Brenner« beherrschte lange Jahre hindurch diesen speziellen Markt, der durch die in den Oststaaten besonders beliebten Eisrennen ein beachtliches Volumen hat. In Standard-Ausführung gibt er etwa 55 PS Leistung ab; die Doppelnockenversion soll über 60 PS entwickeln. Sie wird in Leistung heute von den englischen Weslake- und von den vom Bayern Otto Lantenhammer getunten Bahnmotoren übertroffen.

Jawa ist trotz aller Rückschläge auf sportlichem und kommerziellem Gebiet nach wie vor die größte und technisch fruchtbarste Motorrad-Marke der Ostblockstaaten geblieben. Sie blickt auf eine große Tradition zurück und wird durch ihre spezielle Lage im Ostblock auch weiterhin – selbst gegen die fernöstliche Konkurrenz – bestehen. Sie hat auch in allen Motorsportdisziplinen mit unübersehbaren Erfolgen Geschichte geschrieben und allein schon damit ihren gebührenden Platz in der Motorrad-Historie gesichert.

350-V-Vierzylinder-Zweitakt-Rennmodell 1968/69.

Einzylinder-Zweitakt-500er für Moto-Cross und Gelände.

KTM

KTM – Europas größter Produzent von Geländesport-Motorrädern

KTM, im oberösterreichischen Mattighofen seßhaft, wurde erst in den siebziger Jahren durch ihre erfolgreichen Moto-Cross- und Geländesport-Maschinen weltbekannt.

Nicht nur japanische Firmen geben ein Beispiel dafür, wie man mit unternehmerischer Initiative, technischem Wissen und profunden kaufmännischen Fähigkeiten innerhalb von einem Jahrzehnt am Motorradmarkt eine beachtliche Position erringen kann. Solche Paradebeispiele gibt es auch in Europa, und eine Firma, die man unbedingt dazu zählen muß, ist die österreichische Marke KTM. Obwohl sie erst 1953 als Motorrad-Produzent auf den Plan trat und sich nicht vor Ende der sechziger Jahre intensiv mit »off road«-Maschinen befaßte, ist KTM heute der größte europäische Produzent von Geländesport- und Moto-Cross-Motorrädern. Neben Puch ist nunmehr KTM die zweite österreichische Zweirad-Firma, deren Name in der ganzen Welt bekannt ist. Daneben produziert KTM auch beträchtliche Stückzahlen von Mopeds und Moped-Rollern sowie Fahrrädern.

Die Wurzeln von KTM gehen jedoch schon auf die Vorkriegsjahre zurück. 1934 gründete der Innviertler Hans Trunkenpolz am Marktplatz von Mattighofen, einem blühenden Städtchen in Oberösterreich – ca. 40 km nordöstlich von Salzburg gelegen – eine Schlosserwerkstätte, die sich jedoch bald überwiegend mit der Reparatur von Motorrädern und Automobilen befaßte. 1937 übernahm der tüchtige Schlossermeister Trunkenpolz auch den Verkauf von DKW-Motorrädern und 1938 kam auch noch die Automarke Opel dazu. Das veranlaßte ihn zum ersten Umzug seines noch jungen Unternehmens in eine größere Werk-

stätte am Mühlweg. Dorthin nahm er damals schon fünf Mitarbeiter mit.
Während des Krieges, den der Firmengründer vier Jahre lang bei der Deutschen Wehrmacht verbrachte, führte seine Frau den Betrieb, der sich inzwischen auf die Instandsetzung von Dieselmotoren für Wehrmachtsfahrzeuge spezialisiert hatte. Schon 1944 wird deshalb die Werkstätte am Mühlweg durch einen Neubau einer 700 qm großen Halle erweitert, die es bald nach Kriegsende ermöglichte, eine Belegschaft von 35 Mann mit der Instandsetzung von für den Wiederaufbau dringend benötigten Lastkraftwagen zu beschäftigen. 1947 muß eine weitere Halle hinzugefügt werden, um einer bescheidenen Neuanfertigung von Ersatzteilen für LKWs Platz zu verschaffen.
1948 wird eine Gesenkschmiede errichtet und mit der Fertigung von Blei-Bronze-Lagern für Diesel-Motoren begonnen. Der Beschäftigtenstand ist inzwischen auf 70 Personen gestiegen. 1950 erreicht die nachkriegsbedingte KFZ-Teilefertigung ihren Höhepunkt und beginnt durch das Anlaufen der sich erholenden Großindustrie wieder abzubröckeln. Das ist der Anlaß für den stets von Ideen strotzenden Hans Trunkenpolz, nach neuen, zukunftsträchtigeren Produkten Ausschau zu halten. Nachdem er immer schon ein begeisterter Motorradfahrer war, ist er bald von der Idee gefesselt, selbst Motorräder herzustellen.
1952 beginnt die Idee des eigenen Motorrads Gestalt anzunehmen und ein Jahr später steht der erste Prototyp mit einem 98-ccm-Sachs-Motor aus den Gunskirchener Rotax-Werken auf den Rädern. Er feiert dann unter der Bezeichnung »Moser-KTM 100« auf der Wiener Frühjahrsmesse 1953 Premiere; eine neue österreichische Motorradmarke war geboren! Der Name Moser kam daher, weil Hans Trunkenpolz damals der »Co« der Firma Moser & Co war. Das war eine Firmenkonstellation, die in der Nachkriegszeit den Firmengründer dazu verhielt, einen Konzessionsträger in seine bereits fast zwanzig Jahre alte Firma aufzunehmen. Der Name KTM war hingegen schon existent, ehe noch der 1955 neu hinzukommende Kompagnon Ernst Kronreif in die Firma eintrat und das K des dann langjährig gültigen vollen Firmen-Wortlauts »KTM-Motorfahrzeugbau KG, Kronreif & Trunkenpolz« beisteuerte. KTM bedeutete vorher »Kraftfahrzeuge Trunkenpolz, Mattighofen«.
1954 stellte Hans Trunkenpolz die KFZ-Teilfertigung ein und beginnt mit rund 80 Mitarbeitern in Schalchen, Erlach, unweit von Mattighofen, in Räumlichkeiten, die vorher von einer Waagen-Fabrik belegt waren, mit der Fertigung und Montage des ersten KTM-Leichtmotorrads, das dem damals üblichen technischen Standard entsprach. An der »KTM R 100« waren jedoch einige besonders fortschrittliche technische Details zu entdekken, wie etwa die Leichtmetall-Vollnabenbremsen mit Ausfall-Steckachsen und die Teleskopgabel am Vorderrad. Als Motor wurde der von Rotax-Gunskirchen gefertigte 98-ccm-Fichtel & Sachs-Motor mit 3 PS Leistung eingebaut, den dieser während des Krieges nach Österreich verlagerte Zweigbetrieb des Schweinfurter Konzerns als Aggregat-Motor nach 1945 weiterbaute. Er besaß deshalb nicht, wie bei Leichtmotorrädern üblich, einen Kickstarter, sondern einen mit der Hand zu bedienenden Seilzug-Starter. Das ganze bald in zwei Ausstattungsvarianten gebaute Fahrzeug wog 61 kg und lief etwa 60 km/h Spitze; der Preis der Luxusversion betrug damals 6500 österreichische Schilling.
Es dauerte nicht lange, da gab es schon ein weiteres, größeres KTM-Modell, die »R 125 Tourist« mit 125 ccm, 6,1 PS Dreigang-Motor, ebenfalls von Rotax geliefert, der bereits für eine Spitze von 90 km/h sorgte. Dieses Modell erschien, zunächst noch nicht käuflich, 1954 bei der Österreichischen Alpenfahrt und kam dann 1955 auf den Markt, gerade zur Zeit, als sich der bei Rif, nahe Hallein, ansässige Geschäftsmann Ernst Kronreif als Geschäftspartner in Mattighofen einfand. Die Firma Moser & Co wird nun in die Firma »Motorradfabrik KTM, Kronreif & Trunkenpolz« umgewandelt. Die Tagesproduktion betrug damals etwa 20 Fahrzeuge.
Das KTM-Modell »R 125 Tourist« war ein großer Schritt nach vorne. Es besaß nicht nur einen fußge-

Die KTM-Mannschaft der ersten Stunde! Von links nach rechts: Erwin Lechner (mit hochgeschobener Brille), Ernst Kronreif, Hans Trunkenpolz, Albert Brenter, Edi Kranavetvogl und Pauli Schwarz vor der ersten KTM 100 mit 98-ccm-Rotax-Sachs-Motor; etwa 1953.

schalteten Dreigang-Motor, wie der 98-ccm-Motor eine Fichtel & Sachs-Lizenz-Fertigung von Rotax, sondern auch eine Hinterradschwinge mit Federbeinen. Das Fahrzeug sah auch sehr gut aus und hatte die Hinterradkette voll verkapselt, was damals an einem Leichtmotorrad nicht üblich war.
KTM entwickelte unter ihren beiden dynamischen Bannerträgern Kronreif und Trunkenpolz alsbald auch eine rege Sporttätigkeit, um den Namen KTM in der Öffentlichkeit bekanntzumachen. Dazu wurden nicht nur Wettbewerbsversionen der beiden Serien-Modelle mit »frisierten« Rotax-Motoren eingesetzt, sondern in Straßen- und Bergrennen auch Fahrzeuge, deren Viertakt-ohc-Motor von der italienischen Firma MV-Agusta stammte. Entgegen dem Serienfahrgestell hatten diese, bereits in der Saison 1955 zum Einsatz kommenden KTM-Straßen-Renner anstelle der Vorderrad-Teleskopgabel Langarmschwingen.
Für das bedeutendste Rennen des Jahres in Österreich, das 1. Rupert-Hollaus-Gedächtnis-Rennen, das am 1. Mai 1955 auf dem alten Autobahn-Rundkurs Salzburg-Liefering ausgetragen wurde, hatte KTM seine Werkmaschinen auch mit einer Vollverkleidung versehen. Mit diesen Fahrzeugen belegten die Fahrer Paul Schwarz und Erich Trunkenpolz, der Sohn des Firmengründers und spätere Firmenchef, die Plätze eins und zwei. Paul Schwarz wird wenig später beim Int. Solitude-Rennen bei Stuttgart in einem illustren Fahrerfeld mit der damals in Deutschland noch völlig unbekannten Marke vierter. Diese Sporterfolge, zu welchen sich noch jene von Erwin Lechner im Geländesport hinzugesellten, trugen viel mit dazu bei, daß es bei KTM zu einer Zeit aufwärts ging, in der sich bereits die erste Rezession der Zweiradbranche nach 1945 langsam abzeichnete. Die Tagesproduktion stieg in Mattighofen auf 30 Fahrzeuge und die Belegschaft auf 130 Mitarbeiter.
KTM hatte sich so gerade noch rechtzeitig auf die hochgehende Woge der Zweiradkonjunktur geschwungen, ehe diese 1956, in Österreich auch durch die Liberalisierung der Automobil-Importe bedingt, zum Abwärtstrend ansetzte. KTM

KTM-Rennmaschinen des Jahres 1955 waren mit Einnokken-MV-Agusta-Rennmotoren ausgerüstet. Das Fahrgestell stammte zur Gänze aus Mattighofen.

stemmte sich dann mit Erfolg dieser Entwicklung entgegen. Auf der Motorradseite wurde durch intensive Sporttätigkeit geworben und gleichzeitig die Modellpalette durch Geländesport-Versionen erweitert. Hinzu kam 1956 jedoch auch ein völlig neues Fahrzeug, der Motorroller »Mirabell« mit 12-Zoll-Rädern und dem bereits im »R 125 Tourist« bewährten 6-PS-Rotax-Sachs-Motor. Das Fahrgestell bestand aus einem Doppelschleifenrahmen mit rechteckigen Stahlprofilen und Langarmschwingen an beiden Rädern. Die Firma beschäftigte inzwischen schon 170 Arbeitskräfte und produzierte monatlich zwischen 500 und 600 Fahrzeuge.

Für die Straßenrenntätigkeit hatte KTM inzwischen den aus Graz stammenden Konstrukteur Ing. Ludwig Apfelbeck engagiert, der auf der Basis der 125-ccm-MV-Triebwerke einen Doppelnocken-Rennmotor baute, der mit ca. 18 PS Leistung bei 12000 Touren für weitere, auch internationale Erfolge sorgte. 1957 kam dann noch ein 50-ccm-Moped-Roller »Mecky« hinzu, der es innerhalb von zwei Jahren auf rund 8000 produzierte Einheiten brachte. Ebenso viele Exemplare der zwischen 1957 und 1959 erzeugten Viergang-125-Modelle »Trophy«, »Tarzan« und »Mustang« verließen das Werk in Mattighofen, nachdem es die ersten Dreigang-Modelle »Tourist« und »Grand Tourist« auf rund 9000 Stück gebracht hatten. Vom ersten Modell R 100 waren etwa 1000 Stück gebaut worden.

Den Trend der Zeit konnte KTM jedoch nicht aufhalten. 1959 wurde die Firma zusätzlich vom Tod ihres rührigen, am Vertriebssektor unermüdlich agierenden Gesellschafters Ernst Kronreif getroffen. Seine Gesellschaftsanteile übernahm daraufhin KR Karl Zizala, der mit seiner Firma ZKW der größte Zulieferer von KTM geworden war. Die Firma KTM wurde nun als OHG weitergeführt und stellte schließlich 1960, am Höhepunkt der weltweiten Zweiradkrise, die Motorrad-Produktion ein. Das einzige verbleibende »Standbein« am Markt war nun ausschließlich die Moped-Produktion. Gleichzeitig zog KTM auch in neue Betriebsanlagen an der Harlochnerstraße, direkt in Mattighofen, um. Sie sollten sich schließlich zur endgültigen Heimstätte der ab Mitte der sechziger Jahre wieder langsam und dann ab den siebziger Jahren rasch expandierenden Firma entwickeln. Die ursprüngliche Fertigungsfläche betrug damals 1400 qm. Heute sind es rd. 17000 qm.

Der Weg von KTM durch die sechziger Jahre war steinig. Nach dem 1959 verstorbenen »Verkaufs-Motor« der Firma, Gesellschafter Ernst Kronreif, wurde 1962 der Firmengründer Hans Trunkenpolz plötzlich aus der Mitte seiner gegen den Tiefgang

»Tarzan« taufte KTM die betont sportliche Schwester des ersten 125er-Modells R 125 »Tourist« mit Langarmschwinge am Vorderrad und Schwingrahmen hinten. Auch dieser Zweitakt-Motor kam von Rotax aus Gunskirchen, Oberösterreich.

der Zweiradbranche ankämpfenden Firma gerissen. KTM wurde daraufhin in eine Kommanditgesellschaft umgewandelt, in welcher der erst 30jährige Sohn des Firmengründers, Erich Trunkenpolz, als persönlich haftender Komplementär die Geschäftsleitung übernahm. Schon 1961 war bereits die Serienfertigung des Moped-Rollers »Ponny I« angelaufen, der vor allem im Export nach der Bundesrepublik Deutschland gute Verkaufszahlen brachte und dort von der Karlsruher Handelsfirma Gritzner & Kaiser vertrieben wurde. 1962 ging dann die wesentlich verbesserte Version des Rollers, »Ponny II« genannt, in Produktion, und mit ihm zeichnete sich die langsame Erholung der finanziell strapazierten Firma ab, die dann planmäßig über die ganzen sechziger Jahre hinweg wuchs. Der Umsatz stieg von 48 Millionen Schilling bei 180 Mitarbeitern im Jahre 1962 auf über 100 Millionen im Jahr 1963, und die Mitarbeiterzahl nahm auf 220 zu.

1964 stellte KTM wieder ein neues Fahrzeug vor und nahm es auch gleich in Produktion; das Kleinkraftrad »Comet«, das im Inland, mit Tretpedalen versehen, auch als Moped gut verkauft werden konnte. Im selben Jahr begann KTM auch Fahrräder herzustellen, um sich von dem stark schwankenden, von der schönen Jahreszeit abhängigen Geschäft mit Motorfahrzeugen unabhängiger zu machen. 1964 wurden bereits 35 094 Fahrräder in Mattighofen erzeugt, und das Sportmoped »Comet« lief mit 1002 Exemplaren an. Gleichzeitig konnte KTM auch in der Schweiz Fuß fassen, so daß das Jahr 1964 mit einem Umsatz von 138 Millionen Schilling abschloß; knapp 10 Prozent davon kamen aus dem Exportgeschäft.

Die weiteren Jahre von KTM sind durch folgende wichtige Stationen markiert: 1965 beginnt die Firma wieder in bescheidenem Maße im Motorsport aktiv zu werden. 1966 kommen die bisher ausschließlich exportierten Fahrräder auch am Inlandmarkt zum Verkauf. 1967 wird der dringend erforderliche Ausbau der Fabrik in Angriff genommen und eine Shedhalle mit 3000 qm Grundfläche errichtet, in die Montage und Versand umziehen. 1969 läuft die Produktion des wesentlich verbesserten Mofas »Hobby« in vollem Umfang an, und auch das »Comet« läuft in steigenden Stückzahlen vom Band. Der Umsatz steigt weiter auf 170 Mill. Schilling. Auch die Motorrad-Produktion ist wieder in Schwung gekommen.

In den Jahren ab 1965 beteiligt sich KTM wieder in zunehmendem Maße am Geländesport. In den Gründerjahren zwischen 1955 und 1961 war es vor allem Erwin Lechner, der allein sieben von insgesamt neun Staatsmeistertiteln im Renn- und Gelände-Sport für KTM gesammelt hatte. 1965 kommen nun Toni Kiemeswenger, Herbert Sommerauer und Hannes Meisenbichler auf KTM zu neuen Erfolgen. 1966 gibt es erstmals in den »Six Days«, die in Schweden ausgetragen werden, dreimal Gold für KTM mit 50-ccm-Maschinen. Zwei Jahre später wiederholt KTM in Italien in der Int. Sechstagefahrt seinen dreifachen Goldmedaillen-Erfolg in der 125-ccm-Klasse. Im selben Jahr wird der Linzer Siegfried Stuhlberger, der neu zur KTM-Truppe stößt, Moto-Cross-Staatsmeister der 50-ccm-Klasse mit einem von ihm selbst getunten Motor, dessen knapp 9 PS Leistung oft reichen, um auch in der 125-ccm-Klasse zu gewinnen. Mit seiner Zylinder-Entwicklung auf der Basis der 125-ccm-Fichtel & Sachs-Motoren legt er den Grundstein zur eigenen Versuchs- bzw. Sportabteilung von KTM, in der 1970 dann ein eigener Motorrad-Motor entsteht. 1969 sind es in Garmisch-Partenkirchen bei der Sechstagefahrt bereits vier Goldmedaillen, die KTM-Fahrer nach Hause bringen, und Stuhlberger wiederholt seinen Erfolg in der Moto-Cross-Staatsmeisterschaft 50 ccm. Auch in Italien und Finnland kommt KTM erstmals zu nationalen Geländemeister-Titeln. Die 1970 wesentlich erweiterte Versuchsabteilung und das Konstruktionsbüro haben inzwischen auf den eigenen Motor schon einen 250-ccm-Zylinder aufgesetzt, mit dem Manfred Klerr die Viertelliter Moto-Cross-Staatsmeisterschaft gewinnt. In Produktion ist im selben Jahr jedoch erst die 125 ccm »KTM-Penton« gegangen, deren Sachs-Motor mit KTM-Frisur satte 18 PS Leistung bringt. Dieses Motorrad wird ausschließlich über den Ozean nach den USA geliefert. Das Aufschließen des größten, zu dieser Zeit besonders stark expandierenden Motorradmarktes kam folgendermaßen zustande.

H. Trunkenpolz (stehend) und Ing. L. Apfelbeck konstruierten und bauten 1955 den ersten KTM-eigenen 125-dohc-Rennmotor.

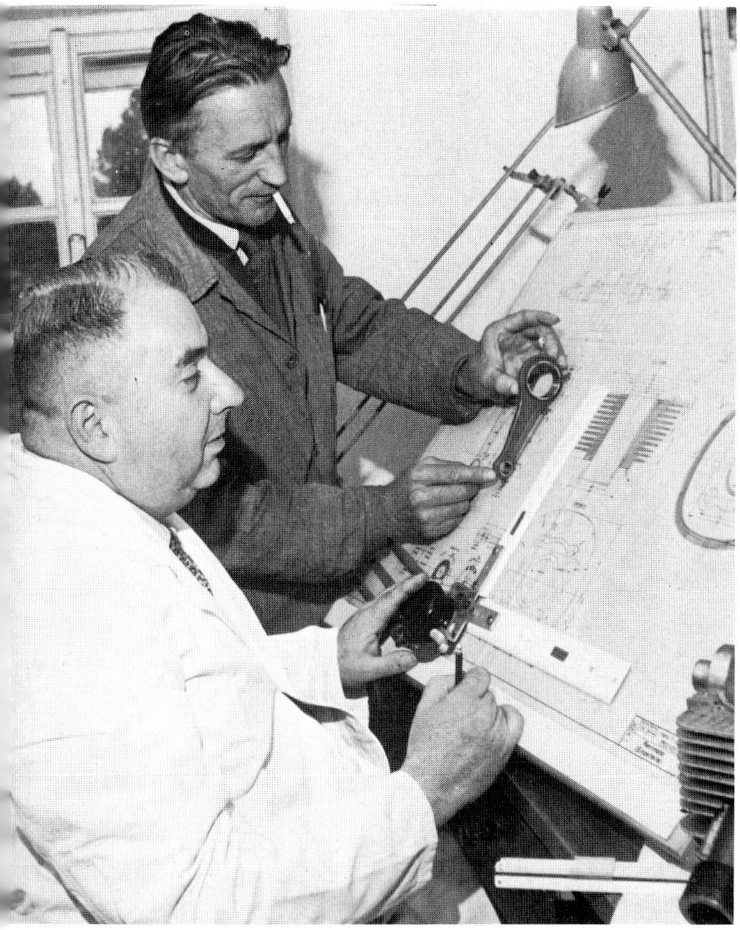

John Penton, ein in Amhurst-Cleveland (Ohio) seßhafter Motorradhändler, der selbst und mit seinen Söhnen aktiver Geländefahrer ist, sucht im Herbst 1967 am Mailänder Salon einen Erzeuger, der bereit ist, ein Geländesport-Motorrad zu bauen, wie er es sich vorstellt. KTM schlägt ihm vor, nach Österreich zu kommen, um gemeinsam mit ihm sein »Wunsch-Motorrad« auf die Räder zu stellen.

Der Amerikaner läßt sich daraufhin für einige Wochen in Mattighofen nieder und schneidert unter der Leitung von Ing. Morawetz und Sigi Stuhlberger die erste »KTM-Penton« nach Maß. Zufrieden über seinen Erfolg fliegt er nach Hause und bestellt die ersten tausend Stück. Es wird jedoch Herbst 1968, ehe diesem neuen Geländesportmodell mit 125-ccm-Sachs-Motor aus Österreich der große Durchbruch in der Int. Sechstagefahrt in Italien gelingt. Die US-Silbervasen-Mannschaft schneidet hervorragend ab. 1970 wird ein auf 175 ccm vergrößerter eigener Motor vorbereitet, der 1971 in Produktion geht und den Amerika-Export in die Höhe schnellen läßt. Schon 1970 werden rund 3000 Geländesport-Maschinen nach

den USA verfrachtet. In Spanien gibt es im selben Jahr weitere sechs Six-Days-Goldmedaillen.
1971 stellt sich neben Mr. Penton auch aus Italien ein sportbesessener KTM-Importeur ein, Arnoldo Farioli. Auch er will größere und stärkere Geländesport-Modelle aus Mattighofen. So wächst aus dem ursprünglich nur 175 ccm großen Motor eine Viertelliter-Ausgabe. 1971 gewinnt Sigi Lerner bereits auf einer 380 ccm großen Prototyp-Ausführung den Halbliter-MC-Staatsmeistertitel und zeigt, wohin die Entwicklung des ausbaufähigen KTM-Motors noch gehen wird, ohne daß seine Grundkonstruktion verändert werden muß. KTM ist so über den Geländesport wieder ein namhafter Motorradproduzent geworden.
1972 kommt die Motorrad-Produktion erst richtig in Schwung. Die Stückzahl der bis Jahresende produzierten Maschinen, die in erster Linie nach den USA und Italien geliefert werden, schnellt auf 8131 hinauf. Der Gesamtumsatz klettert auf 325 Mill. Schilling und die Zahl der Mitarbeiter auf über 400. Auch die Moped-Produktion der »Comet«-Reihe liegt erstmals über der 10000er-Grenze, genau auf 11939 Stück. Dazu kommen noch über 20000 Fahrräder, 14140 Mofas und 2303 Moped-Roller.
Während 1973 die Motorrad-Produktion durch die Ausweitung des Modellangebots von 100, 125, 175, 250 bis 400 ccm Hubraum weiter wächst, gehen erstmals die Zahlen der verkauften Sport-Mopeds, Mopeds und Roller zurück. Man läßt sich deshalb bei KTM etwas Neues einfallen: Druckgußräder für die Sport-Mopeds. Sie sind eine echte Sensation und verbessern sofort das Inlandsgeschäft spürbar. Trotzdem erlebt die Zweiradbranche und mit ihr auch KTM 1974 und auch 1975 zwei harte Jahre. Sie werden jedoch durch den erstmals 1974 vom Sowjetrussen Moissev errungenen Moto-Cross-Weltmeistertitel »versüßt«.
1974 halten sich die Produktionszahlen noch. Die »off road«-Motorräder erreichen sogar fast die 10000-Stück-Grenze, doch 1975 gibt es für motorisierte Zweiräder eine echte Rezession. Auch bei KTM ist der Rückgang bemerkbar; die Motorräder erreichen nur 7546 Stück, die Sport-Mopeds gehen weiter zurück, und besonders stark ist der Rückgang bei den Mofas, die nicht einmal die halbe Stückzahl des Vorjahres erreichen. In dieser Zeit wächst der Plan, in der Deutschen Bundesrepublik eine eigene Verkaufsorganisation aufzubauen.
1976 erfolgt in Simbach am Inn die Gründung der »Deutschen KTM-Vertriebs-KG« und mit ihr gehen die Produktionszahlen wieder aufwärts. Der Umsatz überschreitet erstmals die 500-Millionen-Grenze. Mehr als 11000 Motorräder, fast 12 000 Sport-Mopeds und über 10000 Mofas werden hergestellt. In Mattighofen wächst das Areal der Fabrik weiter um 1200 qm für die Entwicklungsabteilung und um 3500 qm für die Erweiterung der Fahrzeug- und Motoren-Montage sowie für den Versand.

So sah dieser Rennmotor aus, der mit 18 PS bei 12 000 Touren für weitere sportliche Erfolge von KTM sorgte.

»Mecky« hieß der erste KTM-Moped-Roller. Er besaß Langarm-Schwingen vorne und hinten sowie einen selbstgebauten Motor.

Links: Eines der erfolgreichen Modelle der »Comet«-Reihe, die 1964 gestartet wurde.

Links unten: So sehen heute die Hochleistungs-Zweitakt-Motoren von KTM aus.

1977 gewinnt KTM neuerlich die 250-ccm-Moto-Cross-Weltmeisterschaft und wird auch Markenweltmeister. Gleichzeitig entsteht in Mattighofen ein neues Zweigwerk auf einem Gelände von 30000 qm Größe. Der Umsatz erreicht 600 Mill. Schilling.

1978 wird das Werk II im Westen von Mattighofen seiner Bestimmung übergeben. Es beinhaltet das Ersatzteillager und das Lager für fertige Fahrzeuge. KTM übernimmt nun auch in den USA selbst den Vertrieb und gründet dazu in Lorain (Ohio) seine zweite Tochterfirma, die »KTM America Inc.«. Am Sportsektor bringt das sowjetrussische Moto-Cross-Team den 3. Weltmeistertitel auf KTM nach Österreich. Auch im Geländesport reißt die Erfolgsserie von KTM nicht ab. Von den Mofa-Modellen sind inzwischen mehr als 200000 Stück gebaut worden, von den Motorrollern mehr als 110000, fast 116000 Sport-Mopeds und fast 72000 Geländesport-Motorräder. Verglichen mit den fünfziger Jahren hat KTM zwanzig Jahre später eine gewaltige Aufwärtsentwicklung erlebt, die sich nicht nur in internationaler Anerkennung und Verkaufserfolgen niederschlägt.

Auch die technische Entwicklung bei KTM stand nie still. 1979 geht eine neue Motorengeneration in Produktion, die von 125 bis 420 ccm Hubraum reicht und KTM-Motorrädern weiterhin einen Spitzenplatz im internationalen Sportgeschehen sichert. Die neuen Motoren sind leichter und stärker, als die in mehr als 75000 Exemplaren erzeugten Motoren der ersten Generation. Per Ende 1979 ist die Sportbilanz auf drei Fahrer- und Marken-Weltmeisterschaften, sowie zwei Mannschafts-WM-Titel im Moto-Cross-Sport, zehn Gelände-Europameistertitel und jährlich an die 30 Landesmeistertitel angewachsen.

1980 scheidet die Firma ZKW-Metallwarenfabrik als Mitgesellschafter aus, und Erich Trunkenpolz übernimmt als geschäftsführender und persönlich haftender Gesellschafter den ZKW-Kapitalanteil von 50 Prozent. Damit ist die Firma wieder zur Gänze im Besitz der Familie Trunkenpolz. Der Umsatz erreicht 750 Mill. Schilling; die Mitarbeiterzahl ist auf 700 gestiegen, der Exportanteil beträgt fast genau drei Viertel des Umsatzes und ist weiter steigend. 11000 Motorräder, 45000 Mopeds und 70000 Fahrräder haben bis zum Jahresende das Werk in Mattighofen verlassen.

Links: Erich Trunkenpolz, heute alleiniger geschäftsführender Gesellschafter von KTM, 1968 auf einer »Penton«.

Rechts: Der Sowjetrusse Gennadij Moiseev brachte 1974 den ersten MC-Weltmeistertitel auf KTM nach Österreich.

MOTO MORINI

Morini – kleine Motorrad-Schmiede mit großem Namen aus Bologna

Das war das schnellste 250-ccm-Einzylinder-Motorrad aller Zeiten. Es machte Morini weltberühmt, als es 1963 die Vierzylinder-Hondas in einigen WM-Läufen schlug.

Diese italienische Marke verbinden Betrachter der gegenwärtigen Motorradszene nur mit einem schlanken, sportlichen Motorrad, das einen etwas ausgefallenen, originellen V-Motor besitzt. Mit diesem zunächst nur 350 ccm großen Zweizylinder-Motor erschien Morini Anfang der siebziger Jahre auch am Exportmarkt als eine bis dahin fast unbekannte Marke. Inzwischen hat dieses interessante Motorrad aus Bologna auch Schwestern mit 125, 250 und 500 ccm Hubraum gleicher Bauart bekommen und gilt im überreichen Angebot der internationalen Motorradflut als etwas Besonderes. Das waren jedoch die Schöpfungen von Alfonso Morini auch früher schon.

Der Name des Firmengründers Morini war, noch ehe er sich 1937 selbständig machte, bereits in der Motorradmarke MM enthalten, die schon 1924, ebenfalls in Bologna, entstand. Damals waren es gleich vier ehrenwerte Italiener, deren Name mit M begannen: Angelo Mattei, Mario Mazzetti, Giuseppe Massi und eben Alfonso Morini, die sich zusammengetan hatten, um Motorräder zu bauen. Viermal M als Marke wäre wohl zuviel gewesen, deshalb begnügte man sich mit der Bezeichnung MM, was verständlicherweise leicht mit Moto Morini verwechselt werden kann. Die Marke MM lebte dann auch noch nach 1945 bis 1957 weiter, als sich Alfonso Morini schon längst von ihr getrennt hatte. Trotzdem ein paar Zeilen über MM.

Das erste Motorrad von MM war eine kleine 125er mit liegendem Zweitakt-Motor, mit dem auch Alfonso Morini selbst in den zwanziger Jahren zahlreiche Rennen fuhr. Diesem folgte ein 175-ccm-Zweitakt-Motor, der um 1930 gegen einen Viertakter mit obenliegender Nockenwelle ausgetauscht wurde. Hier soll jedoch nicht die von MM bis 1939 gebaute Typenreihe aufgezählt, sondern nur davon berichtet werden, daß Morini schon in der Firma MM, die er ab 1927 nur mehr mit Mazzetti zusammen führte, seine technischen Fähigkeiten mit einer Reihe von Weltrekorden in der 175- und 350-ccm-Klasse unter Beweis stellen konnte. 1934 markierte Luigi Bonazzi die absolute Rekordmarke in der 175-ccm-Klasse mit einer nur rudimentär verkleideten MM, deren Motor mit Stoßstangen gesteuert war, auf 161,543 km/h. Im selben Jahr gewann auch Dorino Serafini, dem wir 1939 auf der Gilera »Rondine« wieder als Europameister begegnen, auf einer MM 175 die italienische Meisterschaft dieser Klasse. 1936 schließlich setzte Bonazzi auf einer kettengesteuerten ohc-MM den absoluten Weltrekord für die 350-ccm-Klasse auf 186,046 km/h. Morini wußte also schon damals, wie man einem Viertakt-Motor das Laufen lernt.

1937 machte er sich dann in Bologna selbständig. Die Firma MM wurde von Mazzetti allein weitergeführt. Den Krieg über war Morini mit seiner eigenen Firma damit beschäftigt, für die italienische Luftwaffe Teile anzufertigen, vor allem auch aus Leichtmetallguß, den er selbst herstellte. Auch heute noch gießt sich die Firma Morini alle Teile selbst. Obwohl die Fabrik 1943 ausgebombt wurde, war sie bis Kriegsende wieder soweit aufgebaut, daß Morini bald nach 1945 mit dem ersten 125-ccm-Zweitakt-Modell erscheinen konnte, das zur Gänze unter dem eigenen Dach gebaut wurde. Das Geschäft lief so gut, daß Morini bald daranging, wieder einen sportlichen ohc-Motor zu bauen, der Ende 1948 erschien. Mit 12 PS bei 10000 Touren war seine Leistung in einer Größenordnung, die auch im internationalen Wettbewerb Erfolg versprach. Ehe Morini jedoch mit diesem neuen ohc-Motor die Rennerei begann, hatte er bereits von seinem 125-ccm-Zweitakt-Modell eine Rennsport-Version zur Hand, die es auf 8 PS bei 7000 Touren brachte und 1948 sogar die italienische Meisterschaft gewann. Nur in Monza sah sich die kleine Zweitakt-Morini bereits von der dohc-Mondial geschlagen. Die kleine Zweitakt-Morini hatte, wie auch die Mondial, am Vorderrad noch eine Trapezgabel, und die Hinterachse war mittels einer Geradeweg-Federung beweglich gemacht. Das Auftauchen der schnellen Mondial veranlaßt Morini dann, seinen kleinen ohc-Viertakt-Motor in den Wettkampf zu werfen. Das ebenso wie das kleine Zweitakt-Modell auf dünnen 2,50 × 21-Zoll-Reifen laufende Rennmodell hatte gegenüber der Mondial jedoch bereits eine Hinterradschwinge mit dünnen Federbeinen, die zusätzlich Scherenstoßdämpfer benötigten. Der gedrungene Einnocken-ohc-Motor hatte seine Nockenwelle, wie seinerzeit die MM 350, mittels Kette angetrieben, und das Viergang-Getriebe war mit dem Motor verblockt. Kipphebel und Haarnadelventilfedern lagen im Freien, ebenso das links an der Kurbelwelle liegende Schwungrad. Dieser kleine Motor hing in einem offenen Rahmen. Das ganze Fahrzeug wog 80 kg und lief etwa 140 km/h Spitze.

1949 belegte Morini mit seinen kleinen Feuerzeugen, mit Magi und Masetti als Fahrern, nicht nur die Plätze zwei und drei im ersten Weltmeisterschaftsjahr der 125-ccm-Klasse, sondern zeigte zum Jahresabschluß in Monza vor dem heimischen Publikum, daß mit seinem Rennmodell zu rechnen sei; Umberto Masetti ging hinter der siegreichen Mondial von Gianni Leoni mit nur drei Sekunden Abstand als zweiter durchs Ziel. Auch die Nummer vier war eine Morini mit Renato Magi im Sattel. Trotz dieser Leistung überstieg es wohl die finanziellen Kräfte der kleinen Firma, eine volle WM-Runde mitzumachen, denn 1950 waren die kleinen Renner meist nur in italienischen Rennen zu sehen. Morini verkaufte schließlich seine gesamte Produktion im eigenen Land. Zum 125-ccm-Zweitakt-Serienmodell war 1949 auch noch ein ähnlich aufgebautes 250er Modell hinzugekommen, das jedoch schon eine Hinterradschwinge besaß.

Trotzdem wurde das 125-ccm-ohc-Modell, von dem es auch bald eine käufliche Sportversion gab,

Das erste Morini-Modell aus 1946 war ein zierliches Motorrad mit 125-ccm-Zweitakt-Motor in einem formschönen Motor-Getriebeblock und Geradeweg-Hinterradfederung. Die Leistung der Sportversion lag bei etwa 8 PS und 7000 Touren.

weiterentwickelt und erhielt erst zur Saison 1952 einen Doppelnockenkopf. Damit zeigte Emilio Mendogni als Sieger im »Großen Preis von Spanien« und auch im WM-Lauf in Monza den schnellen Mondials und MVs das Auspuffrohr.

In Monza hatte Morini schon vorher, nach der eindrucksvollen Leistung im Jahr 1949, immer wieder seine Wettbewerbsfähigkeit demonstriert. 1950 lief Zinzani mit nur 8/10 Sekunden Abstand zum Sieger hinter zwei Mondials durchs Ziel, und auch 1951 belegte Morini mit Zinzani nochmals einen knappen dritten Platz. 1952 schließlich schlug Emilio Mendogni den Weltmeister 1951, Carlo Ubbiali, im Zielspurt um 3/10 Sekunden und ließ die Morini-Fans jubeln. Die erste erfolgreiche Zeit der schnellen italienischen 125er war jedoch vorbei, als NSU seinen Einstieg in die kleinen Klassen bereits 1952 in Monza mit Luttenberger und Haas auf den Plätzen 6 und 7 ankündigte. Selbst 1953, als NSU das Zepter bereits übernommen hatte, war in Monza Mendogni der einzige, der mit der Morini das Hinterrad von Haas bis ins Ziel halten konnte und, mit nur 4/10 Sekunden abgeschlagen, zweiter wurde. Der Siegerdurchschnitt lag dabei knapp über 140 km/h, die schnellste Runde, ebenfalls von Haas gefahren, an die 145 km/h. Um da mithalten zu können, mußte die kleine Morini ca. 16 PS und eine Spitze von 160 km mitbringen.

Die Überlegenheit von NSU veranlaßte nicht nur Morini, sich von der internationalen Rennszene zurückzuziehen. Das Geschäft im eigenen Lande konnte man mit anderen Sportaktivitäten anheizen, vor allem mit der Teilnahme an den klassischen Langstrecken-Rennen »Mailand–Tarent« und dem »Giro d'Italia«. In diesen Wettbewerben waren besonders die schnellen 175er gefragt. Mit einer auf diesen Hubraum vergrößerten Einnokken-Maschine, die vom Fahrgestell her noch völlig der alten 125er entsprach, gewann schon 1954 Mendogni die italienische Meisterschaft. Man konnte also ein Jahr später unbesorgt in diese größere Klasse einsteigen. Dazu entstand jedoch ein komplett neues Modell mit einem neuen Motor; es hieß »Rebello«.

Der nunmehr leicht nach vorne geneigte Zylinder der »Rebello« hatte einen Zylinderkopf, in dem die Haarnadelventilfedern, durch runde Deckel zugänglich, verkapselt waren. Der Nockenantrieb erfolgte wie beim 125-ccm-Motor durch Kette. Es gab jedoch zwei getrennte Nockenwellen, die, wie beim BMW-RS-Zylinderkopf, über zwei kurze Kipphebel auf die Ventile wirkten. Der Motor, mit 60 mm Bohrung und 61 mm Hub, drehte auf 9000 Touren und gab dabei 22 PS ab. Der form-

Ende 1948 erschien dieser 125-ccm-ohc-Motor von Morini, dem 1955 der auf 175 ccm vergrößerte »Rebello«-dohc-Motor folgte (Mitte).

Dante Lambertini (links), der Techniker, der die 250-dohc-Morini zum »Fliegen« brachte; Tarquinio Provini, ihr großartiger Fahrer, der den Hondas das Fürchten lernte. Er unterlag der fernöstlichen Vierzylinder-Armada 1963 nur um zwei Punkte.

schöne Motor-Getriebeblock hatte wieder eine links außerhalb der Kurbelwelle liegende kleine Schwungscheibe, die jedoch unter einem auch die Kupplung verdeckenden Leichtmetalldeckel lag. Dieser Motor saß nun in einem modernen Fahrgestell mit Telegabel vorne und Schwingrahmen mit Federbeinen hinten. Auch die Bremsen waren nun in Vollnaben untergebracht. Die Räder, in 19-Zoll-Größe, trugen vorne noch dünne 2,50er Reifen und hinten die Dimension 2,75. Das Gewicht der kompletten »Rebello« betrug 105 kg. Mit diesem neuen, jedoch Schritt für Schritt aus dem alten 125er ohc-Modell entwickelten Renner gewann Morini 1955 nicht nur »Mailand – Tarent«, sondern 1955 und 1956 auch den »Giro d'Italia« der Motorräder und wurde so zur favorisierten Maschine dieser Klasse. Für 1956 entstand deshalb eine echte Doppelnockenversion des 175-ccm-Motors, der überdies in die national gefahrene »Formel 2« paßte und auch in der 250er »Formel 2« gefahren werden konnte. Es war also naheliegend, diesen schnellen Motor auf echte 250 ccm Hubraum zu vergrößern, was schließlich 1958 geschah. Der alte, noch schräg nach vorne

Rechts: Bei Morini gab es immer formschöne, eigenwillige Motoren, wie dieses ohv-125-Aggregat des Modells »Corsario« aus 1958.

Die jüngste Morini-Generation der siebziger und achtziger Jahre. Hier das Modell 500 Sport.

geneigte, auf 250 ccm gebrachte Motor hatte 69 mm Bohrung und 66 mm Hub und entwickelte mit einem 30-mm-Vergaser 29 PS bei 10000 Touren. Das Gewicht der ganzen Maschine betrug 113 kg. In Monza kam dieses Modell auf einen Rundenschnitt von 173 km/h.

Für 1958 entstand jedoch dann ein völlig neuer, der endgültige 250-ccm-Motor mit 72 mm Bohrung und 61 mm Hub, der bis 10500 Touren hochdrehte. Die Leistung lag nun bei 30 PS, und mit der damals üblichen Verkleidung, die das Vorderrad freigab, lief die neue 250er Morini etwa 210 km/h Spitze. Das genügte für Mendogni, um auf Anhieb im »Großen Preis der Nationen« in Monza vor Ubbiali (MV) mit einem Schnitt von 171,1 km/h zu gewinnen. Der neue Motor hatte nun einen Nokkenantrieb, wie ehedem die schnellen 250er Benellis, mittels fünf Zahnrädern, und ein Sechsgang-Getriebe war wieder im Motorblock integriert.

Dieser erfolgsträchtige Motor wurde nun zehn Jahre hindurch sorgfältig und systematisch weiterentwickelt. Vor allem, als 1960 Tarquinio Provini bei Morini Werkfahrer wurde und von 1961 bis 1963 drei italienische Meistertitel damit errang, kletterte die Leistung bis 36 PS und die Drehzahl auf 11000 Touren. Den Höhepunkt seiner sportlichen Laufbahn erlebte dieses schnellste Einzylinder-250-ccm-Rennmotorrad aller Zeiten 1963, als Provini mit Siegen in Argentinien, Spanien, Deutschland und Italien in der Weltmeisterschaft von der Vierzylinder-Werk-Honda mit Redman im Sattel nur um zwei Punkte auf den 2. Platz verwiesen wurde. Erfolge auf kurvenreichen Kursen, wie in Barcelona, schienen dabei noch verständlich, da die Morini sicher leichter und besser zu steuern war als die aufwendig gebaute Vierzylinder-Honda. In Hockenheim, einem Hochgeschwindigkeitskurs, die Hondas zu besiegen, war aber schon eine so außergewöhnliche Leistung, die man diesem Einzylinder-Renner nicht zugetraut hätte. Provini gewann, noch auf dem alten Hockenheimkurs, mit 187,1 km/h Schnitt vor Redman und Robb und fuhr dabei auch die schnellste Runde des Rennens mit 190,34 km/h.

Als Provini 1964 zu Benelli wechselte, um dort die neue Vierzylinder 250 zu fahren, kam ein neuer »Aufsteiger« auf die Morini: Giacomo Agostini, der im selben Jahr auf Anhieb italienischer Meister der Viertelliter-Klasse wurde. Dann wurde es nach seinem Weggang zu MV-Agusta wieder still um dieses »Wunder-Motorrad«, das etwa 240 km/h Spitze lief. 1967 tauchte es dann nochmals in der italienischen Meisterschaft auf und gewann diese prompt mit Angelo Bergamonti; das war der 5. Meistertitel für die 250er Morini. Dann war aber doch die Zeit für dieses »Uhrwerk« abgelaufen, und heute wird es von den Besuchern der kleinen Motorrad-Goldschmiede in Bologna im Empfangsraum, zusammen mit seinen ruhmreichen Vorläufern, der 125-ccm-Einnocken-Rennmaschine von 1949 und der 175er »Rebello«, gebührend bestaunt.

Inzwischen war das große Tief des Motorrads über Europa und auch Italien hinweggezogen. Diese Jahre brachte das kleine Werk mit hübschen, typisch italienischen Sport- und Supersport-Serienmodellen über die Bühne, die in den fünfziger Jahren die klangvollen Namen Settebello, Briscola, Tresetta und Corsario trugen und zwischen 100 und 175 ccm Hubraum lagen. In den sechziger Jahren kamen noch kleinere Kubaturen hinzu: 1963 die 48-ccm-Corsarino, und auch Zweitakt-Motoren zogen in das Programm der auf Viertakter eingeschworenen Firma ein. 1965 gab es sogar wieder eine echte 250er, die Settebello GTI mit 18 PS und 115 kg Gewicht, doch als 1969 der Firmengründer Alfonso Morini, zeitlebens ein dem Motorsport ergebener Techniker, starb und seine Tochter Gabriela die Leitung des Unternehmens in die Hand nahm, war die Zeit gekommen, ein völlig neues Konzept aus der Taufe zu heben, das der Firma den Anschluß an den bereits sichtbar werdenden Motorrad-Frühling ermöglichen sollte.

Das war die Geburt der neuen Morini-Linie mit einem V-Zweizylinder-Motor, dessen parallel in den Zylinderkopf hängende Ventile durch eine zwischen den beiden Zylindern hochgelegte Nokkenwelle über Stößel betätigt werden. Der Kompressionsraum ist nun in den konkaven Kolbenboden verlegt, und eine besondere, drallförmige Führung von Ansaug- und Auspuffkanal sorgt für eine kräftige Turbulenz des Gemisches im Zylinder. Diese nach dem Erfinder Heron genannte Ausführung erfordert einen wesentlich geringeren Bearbeitungsaufwand am Zylinderkopf als bei V-förmiger Anordnung der Ventile. Überdies ist dabei die Klopfneigung geringer und auch der Brennstoffverbrauch. Um die Kühlung des hinteren Zylinders sicherzustellen, ist dieser, bedingt auch durch den gemeinsamen Hubzapfen für beide Pleuel, seitlich gegenüber dem vorderen Zylinder so stark versetzt, daß er genügend Kühlluft bekommt. Beide Zylinder sind übrigens vollkommen ident.

Von dieser zunächst nur mit 350 ccm Hubraum gebauten V-Zweizylinder gab es bald zwei Versionen, die tourenmäßige V 3½ und die sportlichere V 3½ S mit zunächst 34 und 39 PS und einem Leergewicht von unter 150 kg trotz aufwendigem Fahrgestell. Im Herbst 1975 folgte dann eine größere 500-ccm-Version mit 42 PS und Scheibenbremsen anstelle der vorher verwendeten Vollnaben-Trommelbremse. 1979 wurde schließlich das V-Zweizylinder-Programm nach unten durch das Modell 250 »Amex J« verbreitert, das 26 PS leistet. Durch die Halbierung der V-Aggregate hat Morini auch ein 125-ccm-Einzylinder-Modell im Programm, das gewissermaßen aus dem »Baukasten« stammt. Auch ein Einzylinder-250-ccm-Modell entstand so durch Halbierung des Halbliter-Motors. Auf diese Weise ist es der relativ kleinen Firma mit rd. 300 Beschäftigten möglich, eine breite Modellpalette mit nur wenig, völlig gleichen Grundkomponenten zu bauen und mit einer Jahresproduktion von etwa 10000 Einheiten zu leben.

Das ist der eigenwillige V-Motor der jüngsten Morinis mit zwischen den Zylindern hochgelegter Nockenwelle und Stoßstangen zur Ventilbetätigung. Diese stehen parallel, und die Brennraumform ist in den Kolbenboden integriert (Heron-Patent).

Morini-Motorräder beweisen so, auch in den achtziger Jahren, daß sie besondere Technik und Qualität verbinden, wie sie ihr Firmengründer stets auf seine Fahnen geschrieben hatte. Für große Motorsport-Aktivitäten reicht heute bei Morini das Geld nicht mehr. Wer aber wissen will, wozu diese kleine Marke fähig war, muß sich eben in der Geschichte der Marke Morini aus Bologna etwas umsehen. Die Einzylinder-Doppelnocken-250er, mit Tarquinio Provini im Sattel, wird jedenfalls für alle Zeiten einen Ehrenplatz in der Motorsport-Walhalla einnehmen.

MOTO GUZZI

Moto-Guzzi – ungewöhnliches Vollblut aus Mandello del Lario am Comosee

Das typische Moto-Guzzi-Bild präsentiert hier ein Einzylinder-Rennmodell »Condor« aus 1940 des bekanntesten und größten Guzzi-Sammlers Erwin Bongards aus Essen.

In der über 60jährigen Geschichte von Moto-Guzzi gibt es fast keine noch so ausgefallene technische Lösung, die nicht praktiziert worden ist. Schon das erste Motorrad der 1921 in Mandello del Lario am Comosee gegründeten Firma war technisches Neuland; es besaß einen Motor mit horizontal nach vorne liegendem Zylinder, mit dem das Dreigang-Getriebe in einem Gehäuse zusammengefaßt war, eine außenliegende Schwungmasse und am Außpuffventil eine Haarnadelfeder.

In weiterer Folge entstanden bei Moto-Guzzi 120-Grad-V-Zweizylinder, Drei- und Vierzylinder-Motoren und schließlich Mitte der fünfziger Jahre auch ein V-Achtzylinder-Rennmodell das heute noch seinesgleichen sucht. Aber auch im Rahmenbau war Moto-Guzzi oftmals Schrittmacher seiner Zeit und konnte mit fortschrittlicher Technik zwischen 1922 und 1957 eine unvergleichliche Erfolgsserie im Rennsport erzielen. Moto-Guzzi war in diesen 35 Jahren – die Kriegszeit ausgeklammert – die führende italienische Marke im Motorsport. Sie lebt auch heute noch mit schönen, modernen und eigenwilligen Motorrädern. Die sportliche Faszination dieser Marke ist geblieben, wenngleich ihre sportlichen Taten nicht mehr mit der ruhmreichen Vergangenheit verglichen werden können. Die Geschichte von Moto-Guzzi ist einmalig und unvergleichlich mit kaum einer anderen berühmten Motorradmarke.

Sie begann schon vor der Gründung der Firma, die nur einen Namen der drei Italiener trägt, die die Idee zu diesem ungewöhnlichen Motorrad gebo-

Das 500er-Modell »Normale«, das von 1921 bis 1924 gebaut wurde, besaß einen wechselgesteuerten Motor mit 88 mm Bohrung und 82 mm Hub und entwickelte 13,2 PS, was für ein Tempo von 100 km/h reichte. Das Dreigang-Getriebe wurde mit der Hand geschaltet.

ren hatten. Sie hießen Carlo Guzzi, Giorgio Parodi und Giovanni Ravelli. Die drei hatten sich im Ersten Weltkrieg als Heeresflieger getroffen. Parodi, ein Kaufmann, und Ravelli, ein großer Sportsmann, waren beide Flieger, während Guzzi, ein Techniker, ihre Flugzeuge wartete. In ihrer Freizeit gab es nur ein Gesprächsthema: jenes neue Motorrad, das alle drei zusammen nach dem Kriege bauen wollten.

Noch ehe sie ihren Traum verwirklichen konnten, wurde Ravelli abgeschossen. Parodi, aus einer reichen Schiffsbauerfamilie stammend, trieb dann nach Kriegsende das nötige Geld auf, und Guzzi startete damit in einer kleinen Werkstatt am Comosee mit dem Bau seiner Idee von einem fortschrittlichen Motorrad; sie hieß »Moto-Guzzi«! Über dem Markennamen schwebt mit ausgebreiteten Schwingen der Adler, Symbol der Flieger, die zu dritt diese Moto-Guzzi erdacht hatten.

Das Ergebnis war auch in mehrfacher Hinsicht ungewöhnlich für ein Motorrad des Jahrgangs 1921. Rahmen und Räder unterschieden sich zwar nur wenig von der üblichen Standard-Bauweise. Der mit 88 mm Bohrung und 82 mm bereits überquadratisch ausgelegte Halbliter-Viertaktmotor lag jedoch horizontal im Rahmen, so daß der Fahrtwind genau dorthin blies, wo am meisten Hitze entsteht. Die Ventile waren übereinander angeordnet – wechselgesteuert sagt man dazu –, und das Auspuffventil, von vorne in den Zylinderkopf hineinführend, wurde durch eine Haarnadelfeder, die frei im Kühlluftstrom lag, am Sitz gehalten. Das Dreigang-Getriebe war mit der kompakten Kurbelwelle in einem gemeinsamen Gehäuse untergebracht, und um Raum zu sparen, sorgte ein schmales, außenliegendes Schwungrad für den runden Lauf der etwa 8,5 PS starken Maschine, die dazu etwa 3400 Touren drehte.

Dieser Tourenmotor war erstaunlich kräftig und zäh, überdies für seine Zeit wohl auch überdurchschnittlich zuverlässig, sonst hätte er seinen Weg am Markt nicht gemacht. »La Prima«, wie dieses erste Modell von Guzzi auch gerne genannt wird, erwarb sich bald den Ruf größter Robustheit, und die nächsten beiden Modelle, das ohv-Modell »due valvole«, und vor allem das mit einem Königswellen-Vierventil-Motor versehene Modell C V-4 gründeten dann den Ruf von Moto-Guzzi als erfolgversprechendes leistungsfähiges Rennmotorrad.

Die lange Reihe der Sporterfolge von Moto-Guzzi begann jedoch schon 1921, mit einem der insgesamt 17 im ersten Jahr fertiggestellten Exemplare. Aldo Finzi gewann die werbeträchtige »Targa Florio« für Motorräder, und damit war das Eis gebro-

chen. 1923 folgte der »La Prima«, dem Typ »Normale«, wie es offiziell schlicht hieß, der sportlichere Typ C 2V mit zwei hängenden Ventilen, womit die Leistung von 8,5 auf 17 PS bei 4200 Touren gewaltig anstieg. Das reichte 1923 bereits für vier Siege, darunter der »Giro d'Italia« mit Mentasti im Sattel, und im »Circuito del Lario«, der italienischen TT, durch V. Gatti.
1924 war dann das Jahr, in dem sich Moto-Guzzi internationalen Ruf verschaffte. Aus 21 Siegen ragen schon im Juni jener von Pietro Ghersi im »Circuito del Lario« und der erste Guzzi-Weltrekord von Mentasti über 500 km Distanz mit einem Schnitt von 135,542 km/h heraus, den er in Cremona aufstellte. Dann kam der großartige Sieg von Mentasti im »Großen Preis der Nationen« in Monza, in dem die ersten Europameister der Motorsportgeschichte gekürt wurden. Mentasti legte nicht nur das 400 km lange Rennen mit einem Schnitt von 130,6 km/h zurück, Guzzi-Maschinen belegten auch noch die Plätze zwei und fünf mit Visioli und Ghersi. Auch die schnellste Runde des Tages ging an Moto-Guzzi, von Mentasti mit 136,1 km/h gefahren. Der Ruf der schnellen, unorthodoxen Moto-Guzzi breitete sich nun rasch in ganz Europa aus. Das kann man gut im »Goldenen Buch« von Moto-Guzzi verfolgen, in dem bis 1956 insgesamt 3213 Siege verzeichnet sind.
1925 waren es noch 32 erste Plätze, aber 1926, als auch ein neues 250-ccm-Königswellen-Rennmodell hinzukam, kletterte die Palmares von Moto-Guzzi bereits auf 42 Siege, und ein Jahr später waren es schon deren 62. Doch zurück zu den eigenwilligen Motorrädern aus Mandello del Lario, einem hübschen Dorf am Comosee.
Das schnelle Halbliter-Rennmodell, mit dem Mentasti und Visioli 1924 den sportlichen Ruhm von Moto-Guzzi zementierten, hatte bei immer noch gleichen Zylindermaßen von 88 mm Bohrung und 82 mm Hub schon eine Leistung von 22 PS bei 5500 Touren. Damit erreichten die Werkmaschinen mit langliegenden Fahrern etwa 150 km/h

Guido Mentasti gewann am 7. September 1924 mit diesem 4-Ventil-Königswellen-Modell den »Großen Preis der Nationen« in Monza und wurde damit der erste Europameister der Halbliterklasse. Der etwa 22 PS starke Motor verlieh der nur 130 kg schweren Maschine eine Spitze von etwa 150 km/h.

Schon vor dem 4-Ventil-ohc-Motor gab es bei Moto-Guzzi ab 1923 bis 1934 einen zweiventiligen Halbliter-ohv-Motor, den Typ C 2 V mit 17 PS, der auch in Rennen benützt wurde.

Spitze. Die Bremsen dieser ersten Guzzi-Renner waren zunächst offenliegende Felgenbremsen am Vorderrad, und der Rahmen war hinten noch starr. Wer den Motor dieses Modells genau betrachtete, konnte die stabile Kipphebellagerung und die Haarnadelfedern ebenso bewundern wie den gegabelten Auspuffkrümmer.

Der Erfolg in der Halbliterklasse beflügelte Moto-Guzzi auch in die Viertelliterklasse einzusteigen. In dieser Klasse gab es damals noch kein schnelles italienisches Motorrad. So entstand 1926 das zweiventilige Königswellenmodell TT 250, eine beinahe maßstabgetreue Verkleinerung der Halbliter C 4V. Sie kam bei einer quadratischen Zylinderauslegung von 68 mm Bohrung und Hub auf Anhieb zu 18 PS bei 6000 Touren, genug, um sofort in die Höhle des Löwen, zur englischen Tourist Trophy, zu ziehen. Dort erlangte das bis 1952 erfolgreiche 250-ccm-Rennmodell von Guzzi am Anfang seiner Laufbahn traurige Berühmtheit. Pietro Ghersi führte das Rennen bei seinem ersten TT-Start vor den favorisierten Engländern und wurde, nachdem er das Ziel als zweiter erreicht hatte, disqualifiziert. Er hatte anstelle der bei der Abnahme vorgezeigten und in der Nennung angegebenen italienischen Zündkerze der Marke FERT eine englische der Marke KLG verwendet. Trotzdem blieb ihm und Guzzi der Ruhm, die Rekordrunde gefahren zu haben. Und als Guzzi 1927 wieder zur Insel Man kam, belegte Arcangeli hinter dem damals überragenden Fahrer Wal Handley den zweiten Platz mit der italienischen Marke. Natürlich hatte Guzzi ab 1926 auch die Siege in der 250-ccm-Klasse in Monza gepachtet. In der Halbliterklasse kehrte sie nach 1924 dort erst wieder 1936 zu Siegen zurück.

Von diesem 250-ccm-Rennmodell, das ebenso wie das Vierventil-Halblitermodell auch käuflich war, wurden zwischen 1926 und 1933, mit Dreigang-Getriebe versehen, insgesamt 377 Stück gebaut und auch außerhalb von Italien mit großem Erfolg gefahren. Anschließend erhielt es vier Gänge und 1935 einen »Federrahmen«, wie man in Italien die neue Hinterradfederung nannte. Vom Halbliter-Modell baute Guzzi in verschiedenen Versionen bis 1933 insgesamt 486 Exemplare, ehe es werkseitig durch das »Weitwinkel«-V-Zweizylinder-Modell abgelöst wurde.

Die erfolgreichen Italiener der zwanziger Jahre im Sattel der schnellen Moto-Guzzi-Renner beider Hubraumklassen waren, außer den bereits genannten Guido Mentasti, Visioli und Pietro Ghersi, dessen Bruder Mario Ghersi, Ugo Prini, Nazzaro, Truzzi und viele andere, unter welchen sich damals auch schon Taruffi befand, dem wir in der Geschichte von Gilera an maßgeblicher Stelle begegnen. Außerhalb von Italien vertrauten sich erst etwas später namhafte Fahrer dem feurigen Renner aus dem Süden an, der nur sehr schwer und überdies sehr teuer zu bekommen war. In Deutschland waren es vor allem Orlando Geißler, ein in München seßhafter Tessiner, und sein Landsmann Hans Winkler.

Inzwischen baute Guzzi seine Serienproduktion systematisch aus. Als kaufmännischer Kopf des Unternehmens war Giorgio Parodi emsig tätig, dem später sein Vetter, Dttr. Angelo Parodi, zur

1926 erschien das erste Viertelliter-Rennmodell mit ohc-Motor und zwei Ventilen, der bei 6000 U/min 18 PS entwickelte. Das Zagari-Bild zeigt ein besonders schön restauriertes Stück mit der typischen außenliegenden Schwungscheibe und der frühen Trapezgabel mit Rückholfedern.

Seite stand. Dem Halbliter-Gründer-Modell »Normale« folgte – man konnte es außer in Rot auf Wunsch auch in Olivgrün haben – das ebenso wechselgesteuerte Modell »Sport« mit 13 PS, das bis 1928 gebaut wurde und dann vom bereits mit Schwingrahmen versehenen Modell GT bzw. GT 16 abgelöst wurde. Daneben gab es auch ein etwas leichteres Modell »Sport« 14 und 15, alles Halbliter-Maschinen, während normale Straßenmodelle mit 250 ccm Hubraum erst 1932 in das Produktionsprogramm aufgenommen wurde.

Die erste überraschende Ausnahme aus dem konstruktiv vorgezeichneten Serienprogramm gab es dann 1932 mit einem Dreizylinder-Modell, dessen Halblitermotor 25 PS bei 5500 Touren entwickelte. Das war der friedliche Abklatsch eines schon 1930 gebauten Vierzylinder-Kompressor-Rennmodells, das bereits 45 PS bei 7500 Touren entwickelt haben soll, aber nie in Rennen erschien. Bei beiden Modellen waren die mit Längsrippen versehenen, luftgekühlten Zylinder, leicht angehoben liegend, nach vorne angeordnet. Das Rennmodell, anno 1930 war, im Gegensatz zum Dreizylinder-Serienmodell, noch mit starrem Rahmen versehen. Auch das Serienmodell kam in keine Stückzahlen. Eines hat jedoch überlebt und steht heute im Guzzi-Werkmuseum.

Ab 1934 gab es dann wieder modernere, kopfgesteuerte Halbliter-Modelle, die, ständig weiterentwickelt, 1967 in der »Falcone« ausliefen, und nochmals, zwischen 1971 und 1976, in der »Nuove Falcone« wiederkehrten. Dann war das alte, 1921 initiierte Guzzi-Konzept endgültig ausgereizt. Es lebte immerhin 55 Jahre lang, eine Leistung, die besser als viele Worte die Vorzüge dieser Konstruktionsidee unterstreicht.

Inzwischen formierte Moto-Guzzi seine Kräfte an der Motorsportfront von neuem. Das Halbliter-ohc-Modell C V4 lief 1933 aus und wurde vom 120-Grad-»Weitwinkel«-Zweizylinder-Modell abgelöst. Dieser ungewöhnliche Motor, dessen rückwärtiger Zylinder dicht unter den Sattel hinaufragte, saß zunächst in einem Starrahmen. Dem weiterhin mit einem waagrecht nach vorne liegenden Zylinder versehenen Motor war auf dem üblichen Motor-Getriebeblock im Winkel von 120 Grad ein zweiter Zylinder aufgesetzt worden. Dieser hatte im Gegensatz zum längsverrippten, liegenden Zylinder einen normal verrippten mit rundum laufenden Kühlrippen. Die Leistung dieses $2 \times 64/64$-mm-Motors wurde mit 44 PS bei 7000 Touren angegeben und die Spitze lag über 180 km/h. Berühmt wurde dieses Modell jedoch erst zwei Jahre nach seiner Geburt, im Jahr 1935, als Stanley Woods damit zur Tourist Trophy zog. Es hatte inzwischen, wie auch das kleine 250er Rennmodell, einen Federrahmen bekommen, und damit sorgte Guzzi dann für die Sensation der TT 1935. Stanley Woods brachte nämlich beide Modelle siegreich ins Ziel und überzeugte mit diesen Erfolgen die Engländer, daß ein gefedertes Hinterrad ebenso wichtig ist wie ein schneller, standfester Motor. Moto-Guzzi hatte mit diesen TT-Siegen der Hinterradfederung endgültig zum Durchbruch verholfen.

wickelt und eingesetzt, kam aber nie wieder zu so großen Erfolgen wie das 250-ccm- und später das auf 350-ccm vergrößerte Einzylinder-Rennmodell.

Schon vor 1940 legte Guzzi mehr Gewicht auf die Entwicklung des 250-ccm-Modells, dem 1938 erstmals ein Kompressor aufgesetzt wurde. Das war noch das Werk des während des Krieges verstorbenen Angelo Parodi. Im Jahr 1938 erschien dieses Kompressor-Modell schon bei einigen internationalen Rennen, hielt jedoch nie durch. Das Jahr

Das 250er-Werk-Rennmodell 1935, mit dem Stanley Woods die TT gewann. Es besaß schon ein gefedertes Hinterrad mit einem von Hand verstellbaren Reibungstoßdämpfer und Fußschaltung.

Rechte Seite: Das erfolgreiche V-Zweizylinder-»Weitwinkel«-Modell wurde ständig weiterentwickelt und bis 1951 gebaut.

Schon 1932 scheint in den Siegerlisten von Guzzi der Name Omobono Tenni auf, der 1937, zwei Jahre nach dem Doppelsieg von Woods, der erste Ausländer werden sollte, der je eine Tourist Trophy gewann. Tenni, ein waghalsig fahrender Italiener, schlug nicht nur die Engländer, sondern auch die in der 250er Klasse nachdrängenden DKW-Rennmaschinen in der TT, gewann anschließend den »Großen Preis der Schweiz« und wurde damit Europameister 1937 dieser Klasse. Zu Tenni gesellten sich in den dreißiger Jahren noch Pigorini, Bandini, Aldrighetti, Nello Pagani und 1939 noch Lorenzetti als Werkfahrer.

Der von ihnen gesteuerte »Weitwinkel«-Renner wurde in modernisierten Fahrgestellen als reines Werkmodell auch nach dem Krieg noch weiterent-

ging so mit dem TT-Sieg und Europameistertitel von Ewald Kluge klar an die zuverlässige DKW. Mit 38 PS war die aufgeladene Guzzi jedoch der DKW (29 PS) eindeutig überlegen. Das zeigte sich endgültig am 13. August 1939, als am Sachsenring, im »Großen Preis von Deutschland«, Nello Pagani und Sandri dem sieggewohnten Kluge um mehr als drei Minuten davonfuhren.

Bereits im Herbst, nach Kriegsausbruch, setzte Guzzi mit diesem Modell, noch mit einem Rootes-Gebläse und Vergaser versehen, die absolute Weltrekordmarke für die 250-ccm-Klasse auf fast 220 km/h. 1940 erhielt der Guzzi-Motor dann ein Cozette-Gebläse und Brennstoffeinspritzung. Nach 1946 und dem Kompressor-Verbot kehrte es nur mehr zu Rekordfahrten in den Sport zurück,

als 1952 Gino Cavanna auf der Autobahn zwischen München und Ingolstadt mit dieser Kompressor-Guzzi eine Reihe von Gespann-Weltrekorden fuhr. Die von ihm erreichte Bestmarke von 221,226 km/h galt eine Zeitlang als absoluter Gespann-Weltrekord, ehe er wenig später in den größeren Hubraumklassen von NSU und dann von BMW überboten wurde.
Für die Guzzi-besessenen Privatrennfahrer mußte die Firma jedoch zu anderen, einfacheren Mitteln greifen. 1938 erschien das Halbliter-Stoßstangen-

noch ein neues Dreizylinder-Kompressor-Modell, das 1940 nur einmal in Genua zum Einsatz kam. Sandri gewann auch überlegen mit diesem Motorrad, dessen Leistung mit 65 PS bei 8000 Touren beziffert wurde. Es hatte einen skurrilen Motor, der zusammen mit dem Gozette-Gebläse als tragendes Teil in einem ohne Unterzug versehenen Rahmen eingesetzt war. Dann zog auch Italien in den Krieg, und nach 1945 tauchte »Moto-Guzzi« bald wieder wie der »Phönix aus der Asche« neuerlich im Motorsport auf.

Modell »Condor« mit 28 PS bei 5000 Touren, einem Gewicht von 140 kg und einer Spitze von 160 km/h. 69 Stück wurden davon gebaut und überwiegend von Mussolinis Leibgarde gefahren. Sein Preis betrug damals 11000 Lire. Ein Jahr später gab es dann in der Viertelliter-Klasse die käufliche »Albatros«, ein Königswellen-Modell mit offiziellen 20 PS bei 7000 Touren. Dieses ca. 150 km/h schnelle Rennmodell wurde auch nach dem Kriege weitergebaut, bis es von dem stärkeren und im Fahrgestell modernisierten Modell »Gambalunghino« abgelöst wurde. 1939 kostete eine »Albatros« noch 12500 Lire, nach dem Krieg bereits 870000 Lire.
Da man bei Guzzi auch in der Halbliterklasse Erfolge sehen wollte, entstand kurz vor dem Krieg

Nach Kriegsende war Moto-Guzzi eine der ersten Firmen, die wieder käufliche Rennmodelle anbot, 1946 erschien die verbesserte »Condor« als »Dondolino«. Die Leistung war von 29 PS auf 33 PS bei 5500 Touren gestiegen, das Gewicht durch weitgehende Verwendung von Leichtmetall von 140 auf 128 kg gesunken. Der nächste Schritt war dann die 125 kg leichte »Gambalunga«, deren Zylinderdimensionen von bisher 88 × 82 mm auf 84 × 90 mm, also auf Langhub geändert waren. Das brachte weitere 2 PS und besseren Abzug aus den Ecken. Das »Langbein« wie die Übersetzung von »Gambalunga« lautet, war jedoch bereits ein Semi-Werkmodell, von dem nur mehr wenige Exemplare gebaut wurden und nur spärlich in Privatfahrerhand kam.

Auch in der 250-ccm-Klasse war Moto-Guzzi nach 1946 sofort wieder mit der »Albatros« zur Stelle, die 1949 von der leichteren (122 kg) und stärkeren (25 PS) »Gambalunghino« (Langbeinchen) abgelöst wurde. Diese Bezeichnung war allerdings Irreführung, denn der Motor verblieb bei den klassischen Maßen 64 mm für Bohrung und Hub. Das Modell erhielt jedoch die von der Gambalunga bewährte Kurzarmschwinge am Vorderrad anstelle der bislang verwendeten Trapezgabel.

Die Zahl der Erfolge von Moto-Guzzi schnellte ab 1946 rapid in die Höhe, denn diese Rennmodelle kamen nun rasch auch außerhalb von Italien in den Besitz erstklassiger Fahrer.1946 verzeichnet das »Libro d'Oro« von Guzzi 209 Siege in aller Welt, ein Jahr später waren es bereits 290 und 1948 waren es schon 301. Als 1949 die Weltmeisterschaft als Nachfolgerin der von 1924 bis 1939 gefahrenen Europameisterschaft neu erstand, war Moto-Guzzi in der 250-ccm-Klasse die führende Marke und stellte die ersten Weltmeister.

Die bekanntesten Werkfahrer waren zunächst wieder Tenni, der 1948 in Bern tödlich verunglückte, Balzarotti, Leoni, Lorenzetti und Ruffo, doch saß auch der Engländer Fergus Anderson ebenso wie seine Landsmänner Maurice Cann, Manliff Barrington, Bob Foster und Tommy Wood bald auf »halben« Werkmaschinen. In Deutschland war es Hein Thorn-Prikker, der über Anderson eine »Gambalunghino« erhielt, in der Schweiz fuhren u. a. Benoit Musy, Hans Haldemann und Luigi Taveri Guzzi und in Frankreich der spätere Autorennfahrer Jean Behra. Auch in Österreich waren Alex Mayer und Rupert Hollaus auf dem roten Renner aus Italien erfolgreich unterwegs. Wer in den Nachkriegsjahren bis 1955 in der Viertelliterklasse an der Spitze mitfahren wollte, mußte sich eine Guzzi anschaffen. Erst ab 1955 kam mit der NSU »Sportmax« eine schnelleres Sportgerät für Privatfahrer auf den Markt.

Werkseitig liefen bei Guzzi natürlich noch andere Konstruktionen mit mehr oder weniger Erfolg. In der 250er Klasse war dies 1947/48 ein Zweizylinder-Modell, das von der Dreizylinder-Kompressor aus 1940 abgeleitet war, jedoch keinen Erfolg brachte. Die Werk-Gambalunghino wurde inzwischen weiterentwickelt und brachte der Firma bis 1952 dreimal den Weltmeistertitel. Zweimal war es Bruno Ruffo (1949 und 1951) und 1952 Enrico Lorenzetti. Mit dem Auftauchen der überlegenen Zweizylinder-NSU im Jahr 1953 wich Guzzi auf Betreiben von Fergus Anderson in die 350-ccm-Klasse aus, die sie dann weiterhin von 1953 bis 1957 mit Einzylinder-Modellen beherrschte. Die 350-ccm-Weltmeister auf Moto-Guzzi hießen je zweimal Fergus Anderson (1953 und 1954) und Bill Lomas (1955 und 1956), sowie Keith Campbell (1957), ehe sich Guzzi am Ende des Jahres, wie auch Gilera und Mondial, vom Rennsport zurückzog.

Die technischen Lösungen, mit welchen Moto-Guzzi in diesen Jahren mit dem Einzylinder-Motor die Weltmeistertitel sicherstellte, verdeutlichen Bilder besser als viele Worte. Der Weg zum Erfolg führte bei diesen interessanten Maschinen weniger über die Motorleistung, als über geringstes Gewicht und perfekte aerodynamische Verkleidung. Dafür war in Mandello extra ein eigener Windkanal installiert worden. Die in einen leichten Gitterrohrrahmen integrierte Vollverkleidung gestattet dem 127 kg leichten 350-ccm-Motorrad bei einer Motorleistung von »nur« 35 PS bei 7800 Touren eine Spitze von 220 km/h zu erreichen. Ein gleich aufgebautes 500-ccm-Modell kam mit nur 42 PS damals schon auf knapp 240 km/h Spitze. Der Motor war im Grunde seines Aufbaues noch immer jener, mit dem Mentasti 1924 in Monza den Grundstein zum sportlichen Ruhm von Moto-Guzzi gelegt hatte; ein liegender Einzylinder, mit dem Getriebe zu einem Block vereint, und mit der typischen, außenliegenden Schwungscheibe versehen.

In der Halbliterklasse war das »Weitwinkel«-Modell 1951 am Ende seiner Entwicklung angelangt. Fergus Anderson gewann damit noch einmal in Bern ein großes Rennen bei Regen, dann wanderte dieses eigenwillige Modell ins Werkmuseum. 1952 folgte ein Motorrad mit wassergekühltem Vierzylinder-Reihenmotor und Benzineinspritzung, der in Längsrichtung eingebaut war

und das Hinterrad über Kardan antrieb. 54 PS bei 9000 Touren war die schmale Ausbeute des großen technischen Aufwandes. Da der Motor quer zur Fahrtrichtung lief und auch das Gewicht hoch war, befriedigte das Handling der über zwei Jahre hinweg entwickelten Maschine nicht. Für 1955 ging deshalb Renningenieur Carcano aufs Ganze und warf einen V-Achtzylinder-Motor aufs Reißbrett, der auf Anhieb 68 PS bei 12000 Touren brachte. Nach einem Jahr Entwicklung, in dem zahlreiche technische Probleme gelöst wurden, wie etwa die Verwendung einer Hirth-verzahnten Kurbelwelle und anderes mehr, war zu Beginn der Saison 1957 die Leistung dieses Motors bei 78 PS und 14000 Touren angelangt. Das war genug, um die sieggewohnten Vierzylinder-Renner von Gilera und MV-Agusta zu schlagen.
Zum Saisonauftakt in Imola fuhr Dale das Achtzylinder-Modell zum Sieg, in der Senior-TT rettete Dale den nur auf sieben Zylindern laufenden Motor auf Platz vier ins Ziel. In Belgien fuhr schließlich Keith Campbell das heulende Geschoß mit 190,7 km/h die schnellste 500er-Runde. Doch ehe die über 270 km/h schnelle Maschine zu Weltmeisterehren kam, erfolgte der Rückzug von Guzzi aus dem Rennsport, denn die ertragreichen Motorradjahre waren vorbei. Die sieggewohnte Firma mußte den Rechenstift ansetzen, und den Sparmaßnahmen fiel der Rennstall zum Opfer; er wurde aufgelöst. Das Achtzylinder-Rennmodel von Guzzi blieb damit bis heute das aufwendigste Motorrad aller Zeiten, nicht einmal von den Japanern in den sechziger Jahren an technischem Gehalt erreicht oder gar übertroffen.

Bei den Serienmodellen hatte Moto-Guzzi gleich nach Kriegsende den Trend der Zeit erkannt und schon 1946 ein Moped, würde man heute sagen, auf den Markt gebracht. Das »Motoleggera 65« hatte schon drei Gänge, feststehende Fußrasten und eine Hinterradschwinge mit nur einer kurzen Tonnenfeder. Diese Art der Hinterradfederung wurde erst in den siebziger Jahren als »Monoshock« am Rennmotorrad wieder neu »entdeckt«. Ein kleines Zweitakt-Motörchen mit 42 × 46 mm Bohrung/Hub und 64 ccm Hub brachte 2 PS bei 5000 Touren, und das 45 kg leichte Fahrzeug auf etwa 50 km/h Tempo. Der Verbrauch lag bei zwei Liter auf 100 km und der Preis war mit 150 000 Lire so niedrig, daß sich Guzzi sofort einen großen Marktanteil in dieser Motorradfahrklasse sichern konnte.
Selbst dieses »Brot- und Butter«-Transportmittel regte Guzzi zu Rekordfahrten an. Alberti, Leoni und Ruffo fuhren 1948 mit einem stromlinienverkleideten »Motoleggera 65« 27 Weltrekorde in der 50-ccm-Klasse; die schnellste Marke über den »fliegenden Kilometer« mit 96 km/h. Das bis 1954 gebaute Moped wurde bereits 1953 vom gleichstarken »Cardelino« gefolgt, das sich zunächst nur durch einen Scherenstoßdämpfer an der Hinterradschwinge von seinem älteren Schwestermodell unterschied, jedoch schon 1956 eine Teleskopgabel erhielt. Auch der Motor wuchs im Lauf der Zeit auf 73 und schließlich auf 83 ccm, und ehe dieser kleinste »Dauerbrenner« 1965 auslief, war er auch schon mit Federbeinen an der Hinterradschwinge ausgerüstet.
Neben dieser hubraumschwächsten, billigen Modellreihe wurden jedoch, wie schon einmal erwähnt, die jahrzehntelang entwickelten traditionellen Einzylinder-Modelle mit 250 und 500 ccm Hubraum weitergebaut. Eine völlig neue Konstruktion war hingegen der 1950 auf den Markt gebrachte und bis 1966 gebaute Roller »Galetto«. Das war eine gelungene Kreuzung von Roller und Motorrad, denn der optisch einem Roller ähnlichere »Hahn« verwendete 17-Zoll-Räder und garantierte damit außer dem vom Roller gewohnten Schutz vor Fahrtwind und Schmutz auch ausgezeichnete Fahreigenschaften. Als Motor wurde zunächst ein 160 ccm großer, kopfgesteuerter Einzylinder-Viertakt-Motor von typischer Guzzi-Bauart verwendet, dessen 6-PS-Leistung ein Tempo von 80 km/h verbürgte. Der »Galetto«-Roller wuchs im Laufe der Jahre bis fast 200 ccm Hubraum, und noch heute trauern »Galetto«-Fahrer ihrem zuverlässigen Guzzi-Roller nach, der sogar ein komplettes Reserverad, vor dem Schutzschild montiert, mitführte und später neben einem

Ehe das so erfolgreiche 250-ccm-Rennmodell »Gambalunghino« Doppelnockenantrieb und eine »Delphin«-Teilverkleidung, wie das darunter gezeigte Vierzylinder-Halbliter-Modell bekam, sah es 1952 so aus. Beachte den steilen Ansaugkanal mit dem Vergaser knapp unter dem Tank.

In der Halbliter-Klasse wurde 1952 das »Weitwinkel«-V-Zweizylinder-Modell von einem flüssigkeitsgekühlten Vierzylinder-Modell mit Kardanantrieb abgelöst, dessen dohc-Motor in Längsrichtung stand. Die Leistung lag bei 54 PS und 9000 Touren; die Spitze bei 230 km/h.

Höhepunkt der Rennmotoren-Entwicklung war das 1955 erschienene Achtzylinder-Halbliter-Modell. Je zwei Vierzylinder-Blöcke mit je zwei Nockenwellen standen im Winkel von 90 Grad zueinander.

Bill Lomas, England, 1955 und 1956 Weltmeister der 350er-Klasse auf Moto-Guzzi, hier mit einer von E. Bongards restaurierten Werk-350er-dohc aus 1957, mehr als 25 Jahre später wieder am Salzburgring.

Viergang-Getriebe auch einen Dyna-Elektrostarter erhielt.
1953 folgte mit dem Leichtmotorrad »Zigolo« mit liegendem Zweitaktmotor und Einlaßdrehschieber eine zweite leichte Maschine, die sich vom »Cardellino« durch größeren Hubraum von 98 ccm und robustere, für Zweipersonen-Betrieb ausgelegte Bauart, unterschied. Als »Zigolo-Sport« mit einer Sitzbank und leichter Motor-Verkleidung versehen, erreichte es mit von 6 auf 7 PS verstärktem Motor knapp die 100-km-Grenze. Auch hier wurden die für Moto-Guzzi lange Jahre hindurch so typischen Scheren-Stoßdämpfer an der Hinterradschwinge 1960 gegen Federbeine ausgetauscht. Inzwischen hatte jedoch 1956 das erste Guzzi-untypische Motorrad vom Typ »Lodola« mit 174-ccm-ohc-Viertaktmotor das Licht der Welt erblickt. In einem Doppelschleifenrahmen saß nun ein Motor-Getriebe-Block mit einem um 45 Grad nach vorne geneigten Zylinder, der mit der alten Guzzi-Linie nichts mehr zu tun hatte. Der zunächst 9 PS starke Motor wurde 1960 auf 235 ccm vergrößert und mit 14 PS auch in Moto-Cross- und Geländesport-Ausführung produziert.

Von 1960 ab gab es eine verkleinerte Ausgabe der »Lodola« in Form der zunächst 123,1 ccm großen und 7 PS starken »Stornello«, deren ebenfalls vier Gänge aufweisender Viertakt-Motor jedoch mit Stoßstangen gesteuert war und nur mehr 30 Grad nach vorne geneigt war. Auch von diesem bis 1975 gebauten Leichtmotorrad gab es im Lauf der Jahre größere, bis 160 ccm starke und mit fünf Gängen versehene Ausführungen; auch in Geländesport-Trim.

Nach unten hin wurde das Modellprogramm neuerlich 1963 durch das Billigmodell »Dingo« und 1966 durch den »Trotter« ausgeweitet. Das waren echte Mopeds mit Preßstahl- und Rohrrahmen, deren kleine Zweitakt-Motoren knappe 1,4 PS leisteten. Das »Dingo« war mit drei Gängen, das »Trotter« mit Zweigang- und automatischer Kupplung versehen. Mit diesen Modellen war Guzzi wohl am Markt der »Micromotori« gut vertreten, bei den Motorrädern war jedoch nach den leichten Fahrzeugen »Lodola« und »Stornello« Mitte der sechziger Jahre eine Neuorientierung fällig, die 1967 schließlich mit einer völlig neuen Modellreihe mit querstehendem V-Zweizylinder-Motor das heutige Bild der großen Moto-Guzzi-Motorräder prägte.

Man muß den technischen Fortschritt jedoch auch im Bild der allgemeinen Entwicklung des Zweiradmarktes und der Firma Moto-Guzzi selbst sehen. Schon die Einstellung der Sport-Aktivitäten Ende 1957 hatte den rapiden Rückgang des Motorradgeschäftes signalisiert. In die sechziger Jahre konnte sich Moto-Guzzi nur mit seinem Leicht-Motorrad-Programm hinüberretten. Große Motorräder nahmen in geringen Stückzahlen nur noch das Militär und die Polizei ab. Von dort kam auch der Impuls zum neuen Motorrad-Konzept. Dazwischen liegen jedoch die schwierigen Jahre 1964 bis 1966, in welchen die Firma am Rande des Zusammenbruchs laborierte. Die Sanierung war nur durch Staatshilfe möglich. 1967 mietete die staatliche SEIMM die Firma und erwarb sie 1969 schließlich zur Gänze. Während der drei Jahre wurden die neue V-7-Modellreihe und auch die Verkaufsorganisation neu formiert. Ende 1972 ging dann die bis dorthin in staatlichem Besitz befindliche Firma an den ehemaligen, aus Argentinien stammenden Ex-Autorennfahrer und Industriellen De Tomaso über, der schon zwei Jahre vorher Benelli erworben und neu organisiert hatte. Unter seiner umsichtigen und den modernen Erfordernissen angepaßten Leitung hat sich Moto-Guzzi, zusammen mit Benelli, bislang mehr als 60 Prozent der gesamten italienischen Zweirad-Produktion gesichert und baut heute über 300000 Fahrzeuge im Jahr. Mit welchen Modellen, sei im folgenden, letzten Abschnitt der Moto-Guzzi-Geschichte dargelegt.

Moto-Guzzi hatte schon seit 1932 stets besondere Militär- und Behörden-Modelle gebaut, die von normalen Serienmodellen abgeleitet waren; darunter auch Dreirad-Fahrzeuge. Unter letzteren befand sich in den Jahren 1960 bis 1963 auch ein besonderes Vehikel, das als Motor ein quer zur Fahrtrichtung eingebautes V-Zweizylinder-Aggregat mit Gebläsekühlung und Kardanantrieb besaß. Dieses noch vom ehemaligen Renningenieur Carcano entwickelte Fahrzeug, ein besonders berg- und wintertaugliches Militärgerät, war schließlich der Denkanstoß für eine neue Motorradgeneration, die Ende 1965 erstmals der Öffentlichkeit vorgestellt wurde.

Die neue Moto-Guzzi »V 7« – weil der quer eingebaute V-Zweizylinder-Motor mit 80 mm Bohrung und 70 mm Hub genau 703,7 ccm Hubraum hatte – hatte einen völlig neuen Motor. Das mächtige, luftgekühlte Aggregat war, wie bei BMW, über eine Trockenkupplung mit einem Vier-, später auch Fünfgang-Getriebe verblockt und trieb das Hinterrad über eine im rechten Schwingarm gelagerte Kardanwelle an. Der Motor hatte auch schon einen Elektro-Starter, und viele Bauteile waren jenem des gleichen von FIAT gebauten V-Zweizylinder-Motors identisch. Das Fahrzeug war eine 230 kg schwere, robuste Reisemaschine, die auch bald in einer Militärausführung in Serie ging. Sie hatte natürlich eine Teleskopgabel und eine Hinterradschwinge.

Die anfängliche Leistung der »V 7« von 50 PS bei 5800 Touren wuchs 1969, ebenso wie der Hub-

Mit diesem neuen Motor-Konzept, einem quer zur Fahrtrichtung eingebauten V-Zweizylinder, zunächst Typ V 7 genannt, erreichte Moto-Guzzi die siebziger Jahre.

raum, auf 757 ccm im Modell »V 7 Spezial«. Gleichzeitig zeigte Moto-Guzzi im Herbst 1969 mit einer Reihe von Langstrecken-Weltrekorden mit einem auf knapp 750 ccm reduzierten Motor, der etwa 68 PS auf das Hinterrad brachte, welches Potential in dieser Konstruktion steckte. 15 Solo- und Gespannweltrekorde zwischen der Distanz von 100 km bzw. der Zeit von einer Stunde bis 1000 km und 12 Stunden waren das Ergebnis dieser Demonstration. Die höchste Solomarke – für 100 km Distanz – lag auf 218,446 km/h, die Bestmarke für Gespann – 1 Stunde – auf 193, 258 km/h. 1972 erschien dann das 52 PS starke Modell »V 7 Sport« mit 748,4 ccm Hubraum und auch der 844 ccm große V-Motor in den Modellen »California« und »GT«. Aus diesem Motor entstand 1975 das 71 PS starke Super-Sportmodell »Le Mans« und der auf 948,8 ccm vergrößerte Motor für das Modell »Convert V 1000«, der einen automatischen Drehmomentwandler mit einem Zweigang-Getriebe verband. Das war das erste serienmäßig gebaute Automatik-Motorrad der Welt, eine ausgesprochen komfortable Reisemaschine.

Die technische Integration mit Benelli brachte nun auch Guzzi-Modelle hervor, die besser in der Firmengeschichte von Benelli nachzuschlagen sind: Zweizylinder-Zweitakt-Twins mit 250 ccm und Vierzylinder-Viertakt-Modelle mit 250, 350, 400 und 500 ccm, deren Motoren quer zur Fahrtrichtung im Rahmen stehen.

Die typische V-Zweizylinder-Guzzi-Linie mit querstehendem Motor erfuhr dann 1977 eine Erweiterung nach unten mit der wesentlich leichteren Modellreihe V 50 und V 35. Das sind dem Typ »V 7« analoge Fahrzeuge in gleichartigem Fahrgestell mit unterschiedlichem Hubraum von 350 und 500 ccm und mit knapp 37 bzw. 45 PS Leistung. Auch diese neuen Motoren sind, wie die großen V-Motoren von Guzzi, mit dem Getriebe verblockt und mit Kardan-Antrieb versehen. Im Gewicht wesentlich leichter und auch mit kürzerem Radstand als die große Modellreihe, sind diese jüngsten Guzzi-Modelle für den Solobetrieb besonders prädestiniert.

Daneben gibt es noch eine Reihe von kleinvolumigen Mopeds und Kleinmotorrädern mit 50-ccm-Zweitakt-Motoren und dem Moto-Guzzi-Emblem am Tank, die gemeinsam mit Benelli für den Markt der »Micromotori« gebaut werden. Durch die weitgehende Verschmelzung von Benelli mit Moto-Guzzi unter der Leitung von De Tomaso hat die traditionsschwere Marke aus Mandello del Lario die achtziger Jahre in guter finanzieller Gesundheit erreicht.

Das noch heute ungebrochene Image der Marke als Erzeuger von Qualitäts-Motorrädern von besonderem technischen Charakter basiert jedoch auf dem Ruf, den sich Moto-Guzzi als führende italienische Marke im Rennsport zwischen 1924 und 1958 erworben hat. Die Erzeugnisse der modernen V-Zweizylinder-Reihe konnten wohl mit ihrer exquisiten Technik wieder zum alten Ruf der Firma aufschließen, die große Ära der roten (und auch grünen!) Renner aus Mandello wird jedoch für immer die große und faszinierende Geschichte dieser außergewöhnlichen Marke bleiben.

MOTOSACOCHE
GENEVE-SUISSE

Motosacoche – einstmals weltbekannte, erfolgreiche Schweizer Marke

Für Motosacoche-Motorräder waren Khaki-Farbe und robuste Motoren typisch. Hier ein restauriertes »Jubiläums«-Modell 500 ohv des Österreichers Alois Gerner aus Mattighofen.

Die Schweiz mit ihren Bergen und damit auch Bergstraßen war immer schon ein Land der Motorradfahrer. Nicht erst Luigi Taveri verbreitete als dreifacher Motorrad-Weltmeister den Ruf der eidgenössischen »Töff-Fahrer« in aller Welt, sondern schon vorher – vor allem in der Zwischenkriegszeit – gab es ein Schweizer Aushängeschild in der Welt des Motorrads: die berühmteste Marke einer einst blühenden Motorradindustrie der Eidgenossen war Motosacoche in Genf.
Motosacoche war weit über die Grenzen der Schweiz hinaus ein Begriff. MAG-Motoren, wie die Abkürzung für »Motosacoche Acacias Génève« lautete, wurden nicht nur in den im eigenen Hause gebauten Motorrädern verwendet, sondern gingen in großer Zahl als Einbaumotoren in alle Welt. Auch zahlreiche andere Schweizer, deutsche, österreichische und sogar englische Motorrad-Erzeuger verwendeten MAG-Motoren; so Condor, Standard, Bücker, Imperia, Hekker, Ernst-MAG, Neander, Mars, OD, Luwe, Triumph, MT und viele andere mehr. In England, dem »Mutterland des Motorrads«, bauten z.B. Ariel, Brough-Superior, New-Henley, Matchless und Rex-Acme MAG-Motoren ein, und die Liste namhafter Motorrad-Marken mit MAG-Motoren läßt sich auch noch in Italien und Frankreich fortsetzen. Darüber hinaus baute man in Genf auch eine Reihe von schnellen Rennmotoren, und Ende der zwanziger Jahre zog der berühmte Engländer Dougal Marchant nach Genf, um die Schweizer Marke an die Spitze des Renngeschehens zu hie-

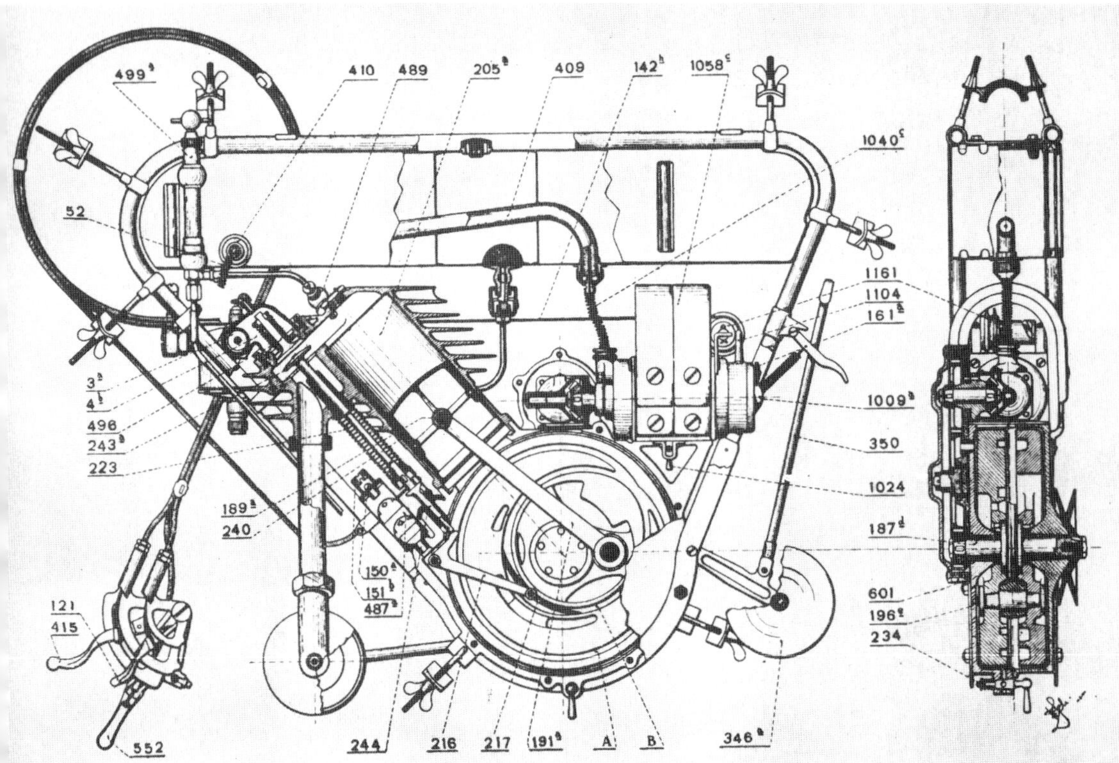

Links: Die Zeichnung der in einen Fahrradrahmen passenden »Motortasche«, von der die Firma ihren Namen bekam und groß wurde.

Rechts oben: Der zweite Motosacoche-V-Motor-Typ mit nach außen liegenden Ventilen. Ca. 1910.

Rechts unten: Hier jener 350-ccm-V-Motor, mit dem 1913 Fenton den GP von Frankreich gewann.

ven. Das alles begann aber schon kurz vor der Jahrhundertwende.

Die Geschichte der späteren Marke Motosacoche startete im Jahr 1899 mit der Gründung der »Société en commandite H. & A. Dufaux & Co«, in der sich die beiden Brüder Henri und Armand Dufaux mit zwei anderen Gesellschaftern, den Herren Francois Cuillery und Edouard Demole zum Zweck, einen Einbaumotor für Fahrräder herzustellen, in der Rue de Lancy 6 in Genf-Carouge zusammenfanden. Die beiden Brüder Dufaux waren Söhne eines den technischen Neuerungen jener Zeit sehr aufgeschlossenen Genfer Kunstmalers. Sie besaßen keine technische Bildung, waren aber, wie die kommenden Jahre zeigen sollten, äußerst ideenreiche Autodidakten.

Die Patentschrift für ihren ursprünglich H.A.D.C. genannten Fahrrad-Hilfsmotor bekamen die beiden Brüder Dufaux mit Nr. 21167 vom 24. Februar 1900 bestätigt, und die dazugehörige Zeichnung läßt bereits den Grundaufbau des »Motors in der Tasche«, den man in das Rahmendreieck eines normalen Fahrradrahmens einsetzten konnte, erkennen. Der nächste Schritt war 1900 die Gründung einer Werkstätte in der Rue des Caroubiers 10, wo man noch im selben Jahr mit der handwerklichen Herstellung der »Motortasche« begann. Als dieses neuartige Motorzweirad 1901 das Bergrennen auf den Col de la Faucille gewann, hatten die Brüder Dufaux Mühe, den Bestellungen nachzukommen. Die Nachfrage wurde dann durch den weiteren Erfolg von zwei Maschinen, die 1903 das 1000-Kilometer-Rennen des Moto-Club de France gewannen, so gewaltig angefacht, daß die Produktionsprobleme kaum mehr zu bewältigen waren. Die Räumlichkeiten und auch das bisherige finanzielle Korsett wurden bald zu eng, und 1905 wurde wieder einmal die bisherige Kommandit-Gesellschaft in eine Aktiengesellschaft umgewandelt, die dann auch gleich neue Räumlichkeiten an der Route des Acacias 56 in Genf bezog. Die dort auch heute noch befindliche Firma hieß nunmehr »Société Anonyme H. & A. Dufaux & Co.«

Aus der ursprünglich mit Batterie-Zündung versehenen »Motortasche« mit 212 ccm Hubraum, 1¼ PS Leistung und zeitgenössischem Einlaß-Schnüffel-Ventil, für die alles, einschließlich Zündkerze, im eigenen Hause gemacht wurde, entstanden bald eigene Fahrzeuge. Das A-1- und M-1-Modell wurde in eigene leichte Fahrgestelle eingebaut, bei

welchen beiderseits des Motors Bleche angebracht waren, die dem kleinen Motor Kühlluft zubringen sollten und auch einen Schmutzschutz für den Fahrer darstellten. Der Motor trieb über einen gedrehten Lederriemen und eine Spannrolle das Hinterrad an. Das komplette Fahrzeug wog beim nachfolgenden Typ MT, der 1907 bei seinem auf 227 ccm gewachsenen Motor auch den Einlaß gesteuert und anstelle der Akku-Zündung einen Magneten bekam, etwa 34 kg und lief um 40 km/h. In dieser MT-Form, bereits mit einer doppelten Federgabel versehen, wurde die Motosacoche von 1907 bis 1912 gebaut. Diesen Markennamen, wie in Französisch »Motortasche« heißt, bekam Motor und Fahrzeug schon ab 1905. Die Namensänderung der Firma in »Motosacoche S.A.« erfolgte jedoch erst 1917 und war mit einer Reorganisation und Kapitalstockung auf 2,5 Millionen Schweizer Franken verbunden.
Schon 1907 hatte Motosacoche in Turin eine Tochtergesellschaft gegründet, und 1908 verließ Henri Dufaux die Firma; ein Jahr später auch sein Bruder Armand. Sie wandten sich dann anderen Interessen, vor allem der Fliegerei, zu. Die Techniker der Firma hatten inzwischen den Zeichenstift gespitzt und neue Zweizylinder-Motoren entworfen. 1907 erschien der 296 ccm große V-Motor 2 C 1, dessen seitengesteuerte Ventile beider Zylinder von einer zwischen dem V liegenden Nockenwelle betätigt wurden. Das verursachte bald Kühlungsprobleme, und so folgte 1910 der Typ 2 C 3, der die Nockenwelle an den Außenseiten der Zylinder hatte. Der 344 ccm große Motor gab 3 PS Leistung ab und bekam in rascher Folge weitere Schwestermodelle, die mit 495 ccm Hubraum als 2 C 7 und 2 C 10 auf 4 PS, mit 740 ccm 6 PS und als 2 C 9 mit 1000 ccm auf 8 PS Leistung kamen. Mit dieser Einbau-Motorenreihe begann Motosacoche 1913 das große Einbaumotorengeschäft.
Daneben entstanden jedoch in Genf auch andere interessante Motoren. Das ist einmal der nur mehr in diesem einen Exemplar im Verkehrshaus in Luzern vorhandene Siebenzylinder-Sternmotor, der an der linken Seite des Hinterrads angebracht ist. Das war jedoch eine Versuchskonstruktion, die zwar von den Brüdern Dufaux stammte, als sie schon Motosacoche verlassen hatte, jedoch als zu aufwendig nicht weiter verfolgt wurde. Dann gab es, ebenfalls noch von den Gründerbrüdern, einen bei Motosacoche entworfenen und dort gebauten 20-Zylinder-H-Flugmotor, der bei einem Gewicht von nur 85 kg 120 PS Leistung aufwies; ein Leistungsgewichtwert, der sensationell war. Für Motorräder wurden dann 1912 auch ein- und zweizylindrige Rennmotoren gebaut, die mithalfen, den Ruf der Schweizer Marke weiter zu verbreiten. Das waren kopfgesteuerte Aggregate, bei welchen man das Kurbelgehäuse und die Nockenanordnung der Serien-Motoren verwendete. Die Bezeichnung dieser ersten Serie von MAG-Rennmotoren war 1 C 7-TT für den 248-ccm-Einzylinder- und 2 C 6-TT für den 344-ccm und 2 C 7-TT für den 496-ccm-Zweizylinder-Motor. Das Ventil-Layout war bei allen drei V-förmig: die Ventile lagen jedoch quer zur Fahrtrichtung.
Die wichtigsten sportlichen Erfolge der ab 1912 gebauten ohv-Motoren waren 1913 der Sieg des Engländers Fenton im »Großen Preis von Frankreich« auf Clement mit MAG-Motor in der 350-

ccm-Klasse und vier Weltrekorde, die 1914 bei einem Kilometer-Lancé in der Schweiz gefahren wurden. Der Werkfahrer Lavanchy kam dabei mit der Halbliter-Version auf 124,57 km/h, die 350er lief 109,750 km/h Spitze.

Motosacoche war damals, vor 1914, bereits der größte Einbau-Motoren-Hersteller der Welt und baute während des Krieges auch einen wassergekühlten Vierzylinder-Motor, der für Motordraisinen aber auch für Leichtlastwagen und sonstige stationäre Zwecke verwendet wurde. Neben den Motorrädern gab es bei MAG schon ab 1914 unter Lizenz von Royal Enfield eine Zweigang-Nabe, der während des Krieges auch eine selbstentwikkelte Dreigang-Nabe folgte. Während militärische Aufträge vom In- und Ausland im ersten Weltkrieg die Firma in Schwung hielten, kamen anschließend die mageren Jahre. Der Treibstoff war teuer und rar, und auch die Vorkriegsmotoren waren nun in der Herstellung zu teuer geworden, um am Weltmarkt konkurrieren zu können. Selbst die Schweiz machte zwischen 1921 und 1923 arge Rezessionsjahre durch, in welchen die früher über 1000 Kopf starke Belegschaft der Firma auf rund 150 Mann schrumpfte.

MAG versuchte sein Heil auch im Automobilbau und stellte 1922 eine Voiturette mit dem Namen MAXIMAG auf die Räder, die 1923 am Pariser Salon debütierte. Es wurde aber auch nicht das große Geschäft, denn zwischen 1923 und 1928 entstanden nur etwa 250 Stück davon, die ersten, bis 1925, sogar ohne Differential.

Erst Mitte der zwanziger Jahre belebte sich wieder das Motorradgeschäft und mit ihm der Verkauf von Motoren an andere Erzeuger. Vor allem in Frankreich war die Nachfrage so groß, daß 1924 über Betreiben des Monsieur Monet von der Firma Monet & Goyon in Lyon eine Schwesterfirma gegründet wurde, die MAG-Motoren für Frankreich und die französischen Kolonien baute.

Aber auch in der Schweiz selbst ging das Geschäft wieder besser. Motosacoche baute in dieser Zeit eine Reihe modernisierter Ein- und Zweizylinder-Motoren, deren Hubräume zwischen 248 und 1093 ccm lagen. Die Serienmotoren für das laufende Geschäft hatten meist die bewährte wechselgesteuerte Ventil-Anordnung: das Einlaßventil über dem stehenden Auslaßventil hängend. Daneben gab es auch eine Reihe in kleiner Stückzahl gebauter Rennmotoren, die schon 1923 einen Doppelnockenantrieb über V-förmig in den Zylinderkopf hängenden Ventilen aufwiesen. Für Condor wurde eine Abart dieser dohc-Motoren gebaut, die trotz zweifacher Nockenwelle die Ventile über kurze Kipphebel betätigten. Vom bekanntesten Motosacoche-Werkfahrer dieser Zeit, François Franconi, sind noch Bilder mit diesen Sondermotoren erhalten. Mit einer solchen dohc-V-Zweizylinder fuhr Franconi am 23.8.1923 mit 183 km/h einen neuen Schweizer Rekord. Ein halber dohc-V-Motor, für Condor gebaut, wartet beim Schweizer Veteranen-Spezialisten Paul Schneider auf Restauration.

Trotz aller technischer Anstrengungen und zahl-

Links: Mit diesem MAG-Gespann aus 1921 begeisterten jüngst Vater und Sohn Bezon bei Veteranen-»Rennen«.

Rechts: Martinelli/Genf war neben Franconi der bekannteste Schweizer Werkrennfahrer auf Motosacoche.

reicher Modelle kam erst 1926 der »große Wind« in das Geschäft, als eine neue Motoren-Reihe mit völlig gekapselter Ventilsteuerung auf dem Markt erschien. Das waren wechsel- und obengesteuerte Ein- und Zweizylinder-Motoren zwischen 250 und 1000 ccm Hubraum, die vor allem auch von zahlreichen deutschen Motorradfirmen verwendet wurden. Die bekanntesten MAG-Kunden dieser Zeit waren Avis-Celer, Bücker, Ernst-MAG, Neander, Imperia, Triumph und Standard. Die Einzylinder-Typen reichten von 250, 300, 350, 500 bis 600 ccm, wechsel- und kopfgesteuert, während die V-Zweizylinderreihe dieser Zeit sich auf 600, 750 und 1000 ccm, ebenfalls wechselgesteuert, beschränkten.

Daneben entstanden auch ohv-Rennsport-Motoren, die man äußerlich nur durch ein höhergezogenes Kurbelgehäuse und, wie bei den Racing-JAPs, an den seitlich versetzten Stoßstangen-Hüllenrohren erkennen kann. Der 350-ccm-1C14-TT wurde immerhin mit der etwas optimistischen Leistung von 28 PS angegeben, der 500er 1C9-TT sogar mit 36 PS, was sicher übertrieben war.

Die großen internationalen Sporterfolge von Motosacoche wurden aber durch einen Königswellen-Motor begründet, der 1927 durch den englischen Rennfahrer-Konstrukteur Dougal Marchant initiiert wurde. Dieser vorher bei Chater-Lea erfolgreiche Tuner kam 1927 nach Genf und brachte bereits einen 350-ccm-Motor mit, der als Typ M »Marchant« zunächst mit einer Reihe von Weltrekorden, in Montlhery bei Paris gefahren, für Schlagzeilen sorgte. Er lief mit mehr als 160 km/h Schnitt die Distanzen von 50 km, 50 Meilen und 100 Kilometer. 168,16 km/h für die Strecke von 50 Kilometer war die beste Marke.

Von diesem M-Motor soll es sechs Stück gegeben haben. Man erkennt sie gegenüber den 1928 folgenden A-Motoren durch den vor dem Motor liegenden Magneten. Die A-Motoren entstanden über den Winter 1927 auf 1928 in den Größen 250, 350, und 500 ccm. Sie hatten den Magneten hinter dem Zylinder stehen. Den größten Erfolg erzielte Motosacoche damit dann 1928, als erstmals der »Große Preis von Europa« in Genf abgehalten wurde. Marchant hatte sich dazu auch den besten englischen Fahrer, Wal Handley, verpflichtet, und dieser schlug in den beiden großen Soloklassen seine damals führenden Landsleute und die favorisierten englischen Marken. Beide Rennen gingen über eine Distanz von knapp 400 km, und beide Male siegte Handley überlegen vor den Augen seiner Brötchengeber. Die Spitzengeschwindigkeiten dieser schon mit Benzin-Benzol-Treibstoff laufenden A-Maschinen wurden für die 350er mit 144 km/h und für die 500er mit 155 km/h gemessen.

Diese neuen Rennmotoren waren echte Sensationen und zeigten 1928 den sieggewohnten Engländern mit den Fahrern Woods, Simpson, Guthrie, Dodson, Walker, Smith, Nott, Williams und Bullus allesamt ihre Auspuffrohre.

1929 erhielten auch die bekanntesten Abnehmer von MAG-Motoren leihweise Werk-Rennmotoren vom Typ A für ihre eigenen Rennställe. So fuhren u.a. in Deutschland bei Triumph Toni Fleischmann und Otto Ley, und bei Standard Karl Gall, Dipl.-Ing. Dom und der später als Mercedes-Benz-Rennfahrer berühmt gewordene Hermann Lang echte MAG-Werkmotoren. Lang wurde damit sogar Europa-Bergmeister 1929 in der Gespannklasse bis 600 ccm. Durch die Leipziger Firma O.D. kam nicht nur der Werkfahrer Arno Zaspel, sondern auch Hans Sönius zu einem

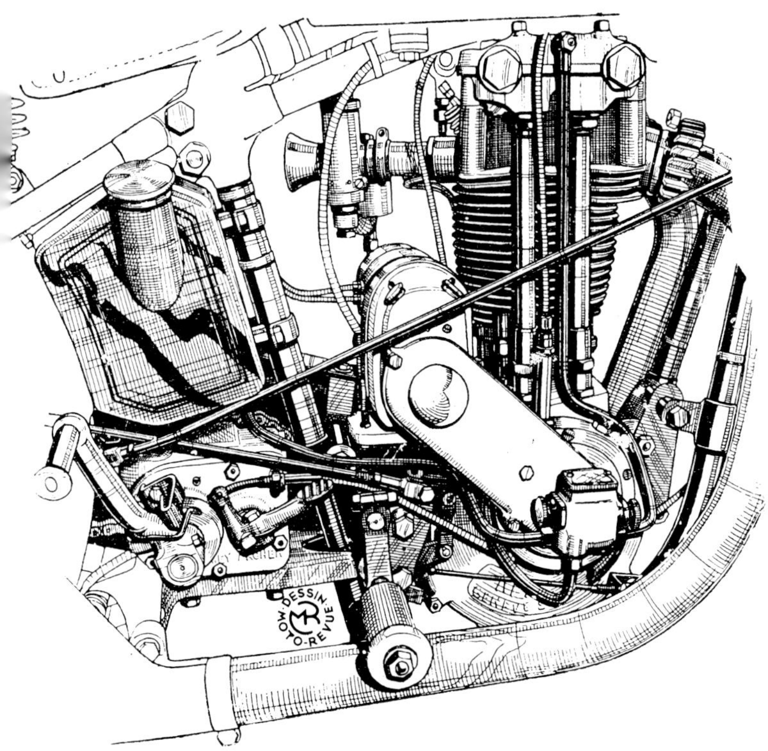

Der typische 500-ccm-ohv-MAG-Motor, der vor allem als Einbaumotor von zahlreichen Firmen verwendet wurde.

A-Motor. Für Motosacoche fuhren in diesen Jahren außer Wal Handley noch Dodson, Simcock, die Italiener Arcangeli und Barsanti sowie die Schweizer Franconi, »Oilter« und Martinelli; George Cordey und Ernst Hänni saßen als Condor-Werkfahrer auch auf Motorrädern mit A-Motoren.

Vom A-Motor gab es auch eine wenig gefahrene 250-ccm-Version, die 1929, ebenfalls mit Marchant als Fahrer, eine Reihe von beachtlichen Weltrekorden aufstellte. Sie reichten von 50 Kilometer über 50 Meilen bis 100 Kilometer und 100 Meilen sowie für eine Stunde.

Es waren insgesamt fünf Rekorde und sie lagen alle deutlich über 150 km/h. Die »Stunde« wurde mit 153,44 km/h Schnitt heruntergespult, eine erstaunliche Leistung für eine völlig unverkleidete 250er vor mehr als 50 Jahren. Auch mit der 500er A-Maschine wollte Marchant zeigen, was er konnte. Sie lief die Distanzen von 50 Kilometer und 50 Meilen mit knapp 175 km/h Schnitt.

Mit dem Aufwind der sportlichen Erfolge lief bei Motosacoche das Motorrad-Geschäft wieder auf vollen Touren. Rund 1200 Mann stark war um diese Zeit die Belegschaft, und für 1930, dem Jahr, in dem die Firma 25 Jahre alt wurde, bereitet man eine neue »Jubiläums«-Modellreihe vor. Das waren Einzylinder-Halbliter-Motoren in sv- und ohv-Ausführung, wobei es noch ein drittes Modell, den D-Motor gab, der als käuflicher ohv-Rennmotor dem erfolgreichen Königswellen-A-Motor soweit wie möglich ähnlich sehen sollte. Alle drei Motoren waren Konstruktionen des Schweizer Technikers Nebel; Marchant war schon im Herbst 1929 zu FN nach Belgien gezogen. Seine Stellung als Entwicklungsfachmann trat bald darauf sein Landsmann Bert Le Vack an, dem man oft fälschlicherweise die Konstruktion der Jubiläumsreihe und auch der späteren Motoren zuschreibt. Der D-Motor, oder besser gesagt das ganze Fahrzeug, ein besonders formschönes Rennmotorrad, war ursprünglich als Prämie für Abnehmer gedacht, die mehr als 100 Einbau-Motoren von MAG bezogen. Diese Überlegung wurde aber durch die bereits 1930 einsetzende Rezession über den Haufen geworfen. Das Geschäft ging so stark zurück, daß auch die Jubiläums-Reihe erst 1931 auf dem Markt erschien, und da war der Umsatz schon so geschrumpft, daß D-Motoren bekam, wer sie haben wollte und bezahlte.

Rund 100 Stück davon sollen gebaut worden sein; nur wenige davon haben bis heute überlebt. Sie haben, wie auch ihre zivilen Schwestern, der Typ 425 in sv-Form und der Typ 430 in ohv-Form, am Fuß des Kurbelgehäuses eine große Ölwanne angegossen, die sogar noch unter das Getriebe hin durch einen angeschraubten Teil verlängert wurde. Sie besaßen demnach Druck-Umlauf-

schmierung. Der D-Motor hatte im Gegensatz zum normalen Jubiläums-ohv-Motor Haarnadel-Ventilfedern, und beide Stoßstangen waren in einem runden Hüllrohr untergebracht. Als Leistung für den D-Motor wurden bei Benzin-Benzol-Treibstoff für die 350-ccm-Version D 35 etwa 22 bis 23 PS bei knapp 6000 Touren genannt, für den Halbliter-Motor D 50 etwa 29 bis 30 PS, beides realistische Angaben. Als Getriebe wurde im D-Modell ein fußgeschalteter Viergang von Sturmey-Archer verwendet.
Da inzwischen die Bezahlung von nach Deutschland importieren MAG Motoren immer schwieriger wurde, erhielt Triumph in Nürnberg die Lizenz zur Anfertigung der Motoren im eigenen Hause und bezahlte teilweise durch Lieferung kompletter Maschinen; auch das Fahrgestell des ab 1932 in der Schweiz angebotenen billigen 250-ccm-Zweitakt-Modells 25 T kam zur Gänze aus Nürnberg. Der Motor war hingegen ein in der Stationärmotorenreihe vorhandenes Aggregat. Auch ein kleines 100-ccm-Zweitakt-Motorfahrrad kam 1933 hinzu. Es hieß 10 T 1 und wog nur 38 kg.
Inzwischen war 1932 Le Vack bei Probefahrten mit einem neuen Gespann-Modell, dem Zweizylinder-Typ 720 mit 850-ccm-sv-Motor, tödlich verunglückt. Bei abrupten Startversuchen mit voller Motor-Leistung brach ein aus Bronze gefertigter Gabel-Schwinghebel. Der im Beifahrer-Boot mitfahrende Bosch-Techniker kam glimpflich davon. Damit ist evident, daß der 1935 neu erschienene ohc-Rennmotor vom Typ F nicht von Le Vack stammen konnte. Er wurde vielmehr von einem Genfer Techniker namens Roland, welcher schon die M- und A-Motoren mitgezeichnet hatte, konstruiert. Er ging später zu JAP nach London. Von diesem neuen Motor, der den Magneten wieder, wie beim ersten M-Motor, vor dem Zylinder hatte, wurden nur vier oder fünf Stück gebaut. Trotz sehr schrägem Fallstrom-Einlaßkanal und anderen Neuerungen reichten seine ca. 35 PS bei 6400 Touren nicht mehr, um mit den «fliegenden» Nortons dieser Jahre mitzuhalten. Überdies verlegte MAG seine Tätigkeit immer mehr auf den Industrie- und Landmaschinen-Sektor und ging schließlich 1936

Der von Dougal Marchand 1927 konstruierte Königswellen-Werkrennmotor, mit dem 1928 Wal Handley zweifacher Europameister wurde.

durch den Niederbruch seiner Hausbank – Comptoir d'Escompte – in Konkurs. Die Firma Motosacoche mußte ihre Tätigkeit jedoch nicht einstellen, sondern wurde von der mit Turbinenbau beschäftigten großen Genfer Firma «Ateliers des Chamilles», in deren Werken früher einmal der Pic-Pic-Wagen gebaut wurde, aufgekauft.
Unter einer neuen Leitung begann 1937 der Abbau des Motorrad-Sektors und die Erweiterung der Interessen im Stationärmotorenbau. Das letzte, komplett neue Motorrad-Modell von Motosacoche, der Typ 720 mit V-Zweizylinder-sv-

Oben: Der letzte 850-ccm-V-Motor mit seitengesteuerten Ventilen, der ab 1932 gebaut wurde.

Links: Der ohv-Rennmotor vom Typ D, den es ebenfalls in 350- und 500-ccm-Größe gab.

Motor, war 1932 erschienen und gehörte gewissermaßen noch zur »Jubiläums-Reihe«. Die noch bis Kriegsende verkauften Modelle waren dann nur mehr modernisierte Ausführungen mit den aus den frühen dreißiger Jahren vorhandenen Motoren, auch wenn sogar noch eine Geradeweg-Hinterradfederung Eingang in das Verkaufsprogramm fand. Die großen Zeiten der Motosacoche-Motorräder und -Motoren waren jedoch vorbei.

Während des Zweiten Weltkrieges war MAG mit Stationärmotoren und auch mit der Herstellung von Hydraulik- und Luftdruck-Anlagen für die Schweizer Armee sowie auch Argus und Messerschmitt beschäftigt. Auch als BMW mit der Fertigung der R-75-Gespanne voll ausgelastet war, wurde in Genf eine geringe Stückzahl von Ersatzmotoren für die noch in Wehrmachtsbetrieb befindlichen älteren BMW-R-12-Modelle gebaut und über eine französische Firma ausgeliefert.

Noch während des Krieges beschäftigte sich dann MAG wieder mit einer Fahrzeugentwicklung. Es entstand ein kleiner 100-ccm-Zweitakt-Roller, der nach Kriegsende als Prototyp sogar in Genf herumkurvte. In Produktion ging er jedoch ebensowenig wie das sensationelle Motorrad, das im März 1947 der Schlager des Genfer Salons war. Dieses neue Motosacoche-Motorrad hatte der wieder in Genf aufgetauchte W. D. Marchant auf die Räder gestellt. Es war ein völlig ungewöhnliches Vehikel. In einem aus dünnen Rohren gefertigten Doppelschleifenrahmen lag, mit dem Zylinder nach vorne, ein 200-ccm-sv-Viertakt-Motor, der über ein links liegendes, verschaltes, variables Keilriemengetriebe das Hinterrad antreiben sollte. Zur Federung des Sattels wurden ebenso zwei große Haarnadel-Federn verwendet wie für die Federung des ohne Bremse gebliebenen Vorderrades. Der aus England von Marchant mitgebrachte Prototyp war dort angeblich bereits

40000 km gelaufen; in der Schweiz legte er nach Meinung von Insidern keinen weiteren Kilometer mehr zurück und blieb so nur ein vielbestauntes Schaustück. Motosacoche stellte nämlich seine Ambitionen, wieder Motorräder zu bauen, auf ein paar Jahre weiter zurück.

Anfang der fünfziger Jahre folgten dann Kontakte mit der DDR-Firma AWO, die sich bald zerschlugen. Dann kam man mit Richard Küchen, der inzwischen in Ingolstadt einen VW-Betrieb leitete, ins Gespräch. Mit seinem bei OPTI, einer Reißverschlußfirma, erzeugten 250-ccm-ohc-Twin-Motor und einem Fahrgestell, das bei UT in Stuttgart gebaut wurde, kam MAG 1953 noch einmal ins Motorradgeschäft zurück. Das Modell »212 Twin«, 127 kg schwer und mit 14 PS Opti-Motor ausgerüstet, war jedoch ein zur Gänze aus der Bundesrepublik nach Genf angeliefertes Motorrad, das dort nur lackiert und zusammengestellt wurde. Zirka 600 Maschinen wurden davon zwischen 1953 und 1956 hergestellt.

Das war der letzte Ausflug der nach wie vor in Genf in ihren alten Gebäuden werkenden Firma Motosacoche in das Fahrzeuggebiet. Heute ist MAG mit einer Belegschaft von rd. 300 Mitarbeitern nach wie vor ein Zweig der »Atelier des Chamilles«, einer Gruppe, die außer Verbrennungs-Motoren, MAG-Ausrüstungen für Wasser- und Kernkraftwerke, Funkenerosions-Werkzeugmaschinen und CUENOD-Heizanlagen erzeugt. MAG besitzt überdies eine nicht in der Rue des Acasias 56 gelegene Leichtmetall-Gießerei und zusätzlich Vertriebsfirmen in Österreich (Salzburg) und England, wo sie 1976 die Verkaufsorganisation der Villiers-Industriemotoren-Gesellschaft aufgekauft hat.

Trotz dieser schon mehr als 25 Jahre dauernden Absenz vom Motorradbau ist heute Motosacoche ein Name voller Klang in der Welt der Motorradfahrer; sicher nicht mehr in jener der jungen Zweiradritter, jedoch in der jener Unverbesserlichen, die sich die Erhaltung der großen Schweizer Motorrad-Tradition zum Ziel gesetzt haben. Diese »Freunde alter Motorräder« haben sich seit einigen Jahren in der Schweiz organisiert und vermehren die historischen Bestände schöner, alter Motosacoche-Modelle beständig und mit großem Eifer. Die Namen der führenden Sammler und Restauratoren der alten Genfer Marke, wie Paul Schneider, Eric Bezon, Paul Waldner, Walter Muri u. a. m. verbreiten heute wieder den Ruf der großen Schweizer Marke und sorgen dafür, daß der Name Motosacoche nie in Vergessenheit gerät.

43 Weltrekorde, 378 Internationale Rekorde, 1247 erste Preise und 338 zweite Preise bis 1933, der großen Jahre von Motosacoche, sind eine stolze Sportbilanz, die nicht viele renommierte Marken aus der Zwischenkriegszeit überbieten können.

Der letzte ohc-Motor vom Typ F kam 1934 heraus, konnte jedoch nicht mehr an die großen Erfolge des A-Motors anknüpfen.

Norton

Norton – die im Rennsport unübertroffene große englische Marke

Das letzte klassische Norton-Manx-Modell im »Garden Gate«-Rahmen aus 1950 mit Doppelnocken-Motor, Telegabel und Geradeweg-Hinterradfederung.

Der Name Norton elektrisiert noch heute die Kenner der Rennszenerie, und ihr hartes, dumpfes Bellen begeistert nach wie vor die Besucher von Vintage-Rennen, obwohl es nun schon mehr als 25 Jahre her ist, daß offizielle Norton-Werkfahrer in Erscheinung traten. Noch bis Mitte der sechziger Jahre wurden dann die begehrten »Manx«-Modelle von Norton hergestellt, und selbst heute sind die Namen der erfolgreichsten Norton-Fahrer wie Geoff Duke, John Surtees, Mike Hailwood, John Hartle, Phil Read, Peter Williams, Jimmy Guthrie, Stanley Woods, Harold Daniell, Freddie Frith und Jimmy Simpson in bester Erinnerung.

Die fast unübersehbare Reihe von Norton-Erfolgen in großen internationalen Rennen und Grand Prix, nicht zuletzt auf der Insel Man – 43 TT- und Clubman's-TT-Siege und 47 Amateur- und Manx-GP-Siege – begann schon früh in den zwanziger Jahren. Sie erlebten ihren großen und nachhaltigsten Höhepunkt in den dreißiger Jahren, der sich dann nach dem Kriege nochmals wiederholte, ehe Anfang der fünfziger Jahre das »Federbett«-Modell auf den Rennstrecken erschien und sich dann schließlich der maschinellen Übermacht der italienischen Vierzylinder-Konstruktionen beugen mußte. »Manx«-Nortons waren dann noch bis in die siebziger Jahre hinein verläßliche und beliebte Privatfahrer-Rennmodelle, und heute noch prägt ihr Erscheinen die »schnelle« Veteranen-Szene. Der Aufstieg dieser im Rennsport erfolgreichsten englischen Motorradmarke und ihr Niedergang ist eine lange, interessante Geschichte. Sie steht stellvertretend für das Drama der englischen Motorradindustrie, die heute nur mehr ein Schattendasein fristet. Sie begann 1869 mit der Geburt von James Lansdowne Norton in der City of Birmingham.

Schon im Alter von zehn Jahren hatte er eine voll funktionierende Dampflokomotive gebaut, die so viele Bewunderer vor dem Fenster seiner elterlichen Wohnung versammelte, daß sie die Polizei zerstreuen mußte. Nach der Schule ging er zunächst bei einem Juwelier in die Lehre, aber sein Interesse an mechanischen Dingen und Maschinen brach schließlich durch, und so gründete er nach Tätigkeiten bei Werkzeugmachern und Ketten-Erzeugern 1898 seine eigene Firma »Norton Manufacturing Company«, hauptsächlich um Rahmen-Fittings und sonstige Teile für die Branche zu erzeugen. Er hatte jedoch schon um die Jahrhundertwende seinen Plan, ein ganzes Motorrad auf die Räder zu stellen, realisiert. Dazu verhalf ihm Charles Garrard, der die französischen Clement-Motoren nach England importierte und unter dem Namen Clement-Garrard verkaufte. Das waren nach heutigen Maßstäben bessere Mopeds, die einen kleinen Viertakt-Motor mit »Schnüffel-Ventil« am vorderen Rahmenrohr eines Fahrrades montiert hatten und mit ihren 1⅓ PS bei 1100 Touren den Fahrer leidlich motorisierten.

Bis 1907 montierte James Norton in seiner kleinen Werkstätte in der 320 Bradford Street in Birmingham wohl zahlreiche Motorräder zusammen, die den Namenszug Norton am Tank führten, aber keinen Norton-Motor besaßen. Diesen Wunsch konnte sich James Norton erst ein Jahr nach seinem ersten großen Sporterfolg erfüllen, denn 1907 gewann Rem Fowler auf einer Konfektions-Norton mit V-Zweizylinder-Peugeot-Motor die erste Tourist Trophy, und zwar die Mehrzylinder-Klasse. Das spornte »Pa« Norton, wie seine Freunde ihn nannten, mächtig an, und ein Jahr später gab es den ersten eigenen Norton-Motor, einen seitengesteuerten Langhuber mit 82 mm Bohrung und 120 mm Hub, der mit 633 ccm Hubraum die lange Reihe der »Big-Four«-Modelle begründete, die erst Mitte der fünfziger Jahre aufgelassen wurde. Die Premiere dieser ersten Norton fand 1907 in der Londoner Stanley Show statt. Es gab auch bald eine kleinere Version dieses sv-Motors mit 82 × 90 mm Bohrung/Hub, die 1911 durch die Einführung der Senior-Klasse (500 ccm) bei der Tourist Trophy vom 490-ccm-Motor (79 × 100 mm) des Modells 16 abgelöst wurde. Das sollte ebenso lange leben wie die »Big Four«.

James Norton, der 1907 nur als Helfer von Rem Fowler auf der Insel Man war, hatte Ambitionen,

seiner Marke selbst zu sportlichem Lorbeer zu verhelfen. Dreimal ging er deshalb in der TT an den Start – von 1909 bis 1911 –, aber jedesmal hinderte ihn sein schlechter Gesundheitszustand, das Ziel zu erreichen. Er schleppte schon von Jugend an einen schweren Herzfehler mit, der ihm dann – viel zu früh – 1925 im Alter von 56 Jahren den Tod brachte. James Norton mußte so ein Jahr pausieren und blieb zur Kur auf der Insel Man. Inzwischen kam sein Geschäft in Schwierigkeiten und wurde nur dank Mr. R.T. Shelley gerettet, der als Nachbar in seiner Maschinenfabrik viele Arbeiten für Mr. Norton durchführte. Die Firma wechselte in die Sampson Road, wurde umstrukturiert und hieß von nun an »Norton Motors Ltd«. Nochmals, 1913, kam es zu weiteren Schwierigkeiten, im Zuge welcher auch die Sattelerzeuger F.W.Lycett Ltd. und die Firma C.A. Vandervell, Erzeuger von C.A.V.-Magneten und anderem elektrischen Gerät, einsprangen.

Mr. Vandervell wurde im Verlauf dieser Veränderungen schließlich Vorsitzender der Norton Motors Ltd.

Inzwischen hatten sich bei Norton doch einige wesentliche technische Dinge getan. In den neuen Werkstätten entstanden weitere Modelle, darunter auch eine Zweitakt-»Nortonette«, die jedoch nicht in Produktion ging. 1912 gab es dann einen großen Sporterfolg auf der Brooklandsbahn, als Jack Emerson auf einer 3½-PS-Norton zunächst auf eigener Achse von Hull nach Surrey fuhr, um dann das 150-Meilen-TT-Rennen zu gewinnen, wobei er drei Langstrecken-Weltrekorde aufstellte. Damals kam auch Bill Mansell zu Norton, der lange Jahre eine führende Rolle spielen sollte. Eine weitere Norton-Acquisition dieser unruhigen Jahre war auch der Rennfahrer und Techniker D.R. O'Donovan, ein Schwager von Mr. Shelley, der zusammen mit »Daddy« Lycett und C.A. Vandervell die Firma Norton gerettet hatte.

O'Donovan schlug seine Zelte an der Brooklandsbahn auf und sorgte, daß vom gängigen seitengesteuerten Norton-Riemen-Modell zwei spezielle Modelle für sportlichere Kunden in den Verkauf kamen. Das war die 3 ½ BS (Brooklands Spezial) und die BRS (Brooklands Road Spezial). Zu diesem Zweck holte er die Motoren von Birmingham zur Brooklandsbahn, baute sie in ein dort vorhandenes Fahrgestell ein und schickte sie erst zurück, wenn sie nachweislich die Brooklands-Runde mit 70 Meilen (für das Modell BRS) oder mit 75 Meilen (für das BS-Modell) umrundet hatten. Der Kunde bekam dann ein Zertifikat, das ihm diese Geschwindigkeit – an die 120 km/h – für seinen seitengesteuerten Motor garantierte. Das Muster-Motorrad, in das O'Donovan die Motoren für seine, »PS-Kur« einbaute, ist unter dem Namen

Rechts: R. O. O'Donovan fuhr mit dieser 1912er Halbliter-Norton, »Old Miracle« genannt, 1915 auf der Brooklandsbahn mit 133,3 km/h Weltrekord.

Links: Diese V-Zweizylinder-Norton mit Peugeot-Motor machte die Marke 1907 durch ihren ersten TT-Sieg mit Rem Fowler im Sattel berühmt.

»Old Miracle« in die Norton-Geschichte eingegangen.
Trotz allem war Norton damals eher ein besserer Handwerksbetrieb. 1913 wurden nicht mehr als etwa 100 Maschinen hergestellt, viel zu wenig, um etwa wie Douglas in Bristol oder Triumph in Coventry als Heereslieferant in Erscheinung treten zu können. Trotzdem gelang es Bill Mansell, einen Lieferkontrakt für die russische Regierung zu bekommen. Die während der Kriegsjahre für Rußland produzierten Nortons erreichten jedoch überwiegend nie das Land im Osten. Als 1919 der Krieg zu Ende war, entdeckte Mansell hunderte seiner Militär-»Big Fours« in Londoner Lagerhäusern, kaufte sie rasch zu Diskountpreisen auf, lakkierte sie neu und konnte so zu einer Zeit Motorräder liefern, zu der andere englische Motorrad-Firmen noch mit Material- und Arbeitskraft-Mangel kämpften. So kam Norton wieder zu Kräften, ehe sich die Firma in die »goldenen zwanziger Jahre« stürzte.
Schon zum 1. Jänner 1919 veröffentlichte Norton seine Modelliste mit fünf Modellen, zwei davon mit Kettenantrieb, sowie zwei Beiwagen. Hinsichtlich der Sportaktivitäten war eine Presse-Note bemerkenswert:
Wir dürfen daran erinnern, daß unser seit langem gültiger Rekord von 130,41 km/h kürzlich in der Schweiz gebrochen und auf 131,33 km/h verbessert wurde. Mr. O'Donovan hat daraufhin, trotz des schlechten Zustands der Brooklandsbahn, mit einem absolut serienmäßigen 490-ccm-Norton-Motor einen neuen Rekord mit 133,30 km/h aufgestellt und damit bewiesen, daß Norton weiterhin »unapproachable« (unübertreffbar) in Leistung und Kraft ist. Wir halten 21 Weltklassenrekorde!
Noch während des Krieges war die Firma von der Sampson Road in die Phillips Street übersiedelt, die direkt an die Aston Brooks Street grenzte, in der die Fa. R. T. Shelley Ltd. lag. 1916 engagierte Mr. Norton einen jungen Mann namens Gilbert Smith als technischen Zeichner, der später in der Firma Karriere machen sollte.
1920 kam dann der Sport wieder in Schwung und mit ihm gab es die erste Nachkriegs-Tourist-Trophy. Bei Norton entwickelte man neuerdings eine

Stanley Woods konnte 1926 leicht lachen. Er hatte gerade auf einer ohv-Norton die Senior-TT in neuer Rekordzeit gewonnen.

Rechts Mitte: So sah ein Jahr später der neue Königswellen-Rennmotor, von W. Moore konstruiert, aus. Bennett gewann damit auch 1927 die Senior-TT.

Rechts außen: 1930 wurde der ohc-Motor von Arthur Carroll stark überarbeitet und sah nun so aus.

große Begeisterung für den Motorsport. Man war auch in neue Räumlichkeiten in der Bracebridge Street gezogen, in der Norton dann bis 1963 verbleiben sollte. Trotz ihrer 21 Weltrekorde hatte Norton einen Erfolg auf der TT bitter nötig; der Sieg von Rem Fowler aus 1907 war schon verblaßt. So zog ein 5-Mann-Team 1920 auf seitengesteuerten 16er-Modellen zur Insel. Die Fahrer waren u. a. Duggie Brown, ein früherer Rover-Star, Graham Walker, der später bei Sunbeam und Rudge

berühmt wurde, ehe er zum Chefredakteur von »Motor Cycling« avancierte, und Norman Black. Brown wurde nur um fünf Sekunden vom Sunbeam-Fahrer de la Hay geschlagen, und Norton kehrte deshalb 1921 mit großen Hoffnungen zur Insel zurück.

Wieder war das Werk-Team fünf Mann stark: Duggie Brown, Victor Horsman, Jimmy Shaw, Bill Hassall und der Sohn des Firmenchefs, Tony Vandervell. Die großen Erwartungen erfüllten sich aber nicht. Nur drei von 16 gestarteten Nortons erreichten das Ziel. Der beste Norton-Fahrer war Privatmann Mitchell auf Platz sechs. Trotzdem war man nicht entmutigt, sondern sann vielmehr nach einem besseren technischen Konzept. Zur Untermalung der Leistung des seitengesteuerten Norton-Motors fuhr der achtzehneinhalbjährige »Lehrling« von O'Donovan, Rex Judd, mit dem BS-Modell neuen Kilometer-Rekord mit knapp 139 km/h. Über den Winter entstand nun der erste ohv-Motor von Norton. Die Basis des neuen Motors war das Kurbelgehäuse und Nokkenlayout des sv-Motors. Offene Stoßstangen

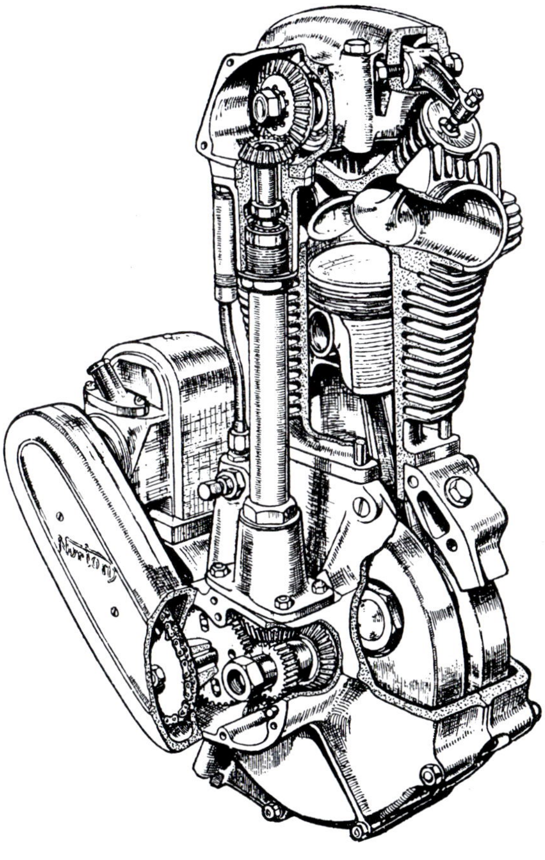

betätigten nun über Kipphebel die V-förmig in den halbkugelförmigen Zylinderkopf hängenden Ventile. Die Zylinderdimensionen blieben mit 79 × 100 mm für Bohrung und Hub unverändert. Den Einstand gab der neue ohv-Motor am 15. März 1922 auf der Brooklandsbahn. Rex Judd setzte den Kilometer-Rekord auf 144,68 km/h. Dann wurde die Rekord-Norton wieder in den Schuppen von O'Donovan geschoben. Zur TT vertraute Norton wieder überwiegend dem »Sidevalve«-Modell, nur Cawthorne und Tony Vandervell gingen mit ohv-Motoren ins Rennen. Neun von 14 Norton erreichten nicht das Ziel; bester

Fahrer war Graham Walker auf Platz fünf mit dem sv-Modell.
Trotzdem wurde das Modell 18 mit dem ohv-Motor im Herbst 1922 auf der Olympia-Show als Serien-Maschine vorgestellt. Man hatte jedoch schon zahlreiche Änderungen vorgenommen. Der Preis des Modells 18 betrug damals 98 Pfund. Neben den beiden sv-Modellen »Big Four« und 16 H gab es, das letzte Mal, noch ein Riemen-Modell vom Typ 9. Auch ein 250-ccm-ohv-Modell mit dem Magneten hinter dem Zylinder wurde vor der Show angekündigt, erschien dann jedoch nicht. Erst mehr als 30 Jahre später sollte es dann die erste Viertelliter-Norton, die »Jubilee-Twin« geben.
1923 zog Norton nur mehr mit ohv-Maschinen zur Insel Man. Sieben Mann stark war das Soloaufgebot für die Senior-TT; zwei Mann, Graham Walker und Georg Tucker, hatten für die erste Beiwagen-TT mit 588-ccm-Motoren genannt. Die Kompression der TT-Modelle betrug 1:6 und Aluminium-Kolben waren nun Allgemeingut. Die Dreigang-Getriebe waren ungefähr mit 4,2–5,3 und 6,5 zu 1 übersetzt. Diesmal war das Ergebnis erfreulicher. In der Senior-TT wurde der Edinburger Greame Black knapper zweiter hinter dem Douglas-Fahrer Sheard, und im ersten Beiwagen-Rennen belegten Walker und Tucker die Plätze zwei und drei. Norton gewann überdies mit Black (2.), Walker (4.) und Simister (5.) den ersten Team-Preis.
Zur Olympia-Show im Oktober 1923 zeigte Norton bereits zwei ohv-Modelle. Das Standard-Modell 18 und ein TT-Modell mit voller Rennausrüstung; trotz großem TT-Tank und separatem Öltank war am Hinterrad noch eine Felgenbremse das Vorkriegs-Relikt. Am Vorderrad gab es bereits eine winzige Innenbacken-Trommelbremse. Rechtzeitig zur Motor-Show hatte am 4. Oktober Albert Denly auf der Brooklandsbahn den Stunden-Weltrekord auf 137,12 km/h hinaufgesetzt; ein echter Show-Gag!
1924 kam nach einem Vierteljahrhundert Auf und Ab das erste große Norton-Jahr im Motorsport. Bill Mansell engagierte den besten Fahrer dieser Jahre, den Exkanadier Alec Bennett ins offizielle Werk-Team. Ein halboffizielles Team stellten die Ulster-men Jimmy Shaw, Dinsmore und Joe Craig. Für das Seitenwagenrennen wurden zwei Fahrer genannt: George Tucker und der Schotte George Grinton. Die Rechnung ging voll auf! Bennett verschaffte Norton den ersten Senior-Sieg; zum erstenmal mit einem Schnitt von mehr als 60 Meilen pro Stunde; Tucker gewann das Beiwagen-Rennen. Bis zum Ende der Saison hatte Norton weitere Grand-Prix-Siege in Belgien, Frankreich und Spanien gesammelt und eine Reihe anderer wichtiger Rennen, wie Leinster 100 und den Ulster-GP gewonnen, insgesamt waren es 1924 123 erste Preise! Es war das große »Jahr der Siege«, wie eine Broschüre der Firma daraufhin betitelt wurde. Auf einem Empfang der Stadt Birmingham für seine großen Motorradfahrer konnte der weißbärtige »Pa« Norton noch einmal das Hohelied auf seine »Boys« singen und tränengerührt bemerken:»Auf diesen Tag habe ich 19 Jahre lang gewartet!« Diese Ehrung kam gerade rechtzeitig, ehe James Norton im Frühjahr 1925, nicht unerwartet, verstarb. Er war als tief religiöser Mann weitum bekannt und eine leitende Persönlichkeit in der Heilsarmee. Er blieb auch weiterhin die Galionsfigur des Unternehmens, das seinen Namen trug.
Das Jahr 1925 verging ohne besonderen sportlichen Lorbeer, aber auch ohne nennenswerte technische Neuerungen. Erst 1926 schlug Norton wieder zu! Es waren noch die ohv-Motoren, mit welchen Norton in die Tourist Trophy zog, doch hatte sich am Fahrzeuggestell etliches geändert. Vor allem die Bremsen waren auf acht Zoll Durchmesser gewachsen und die Kompression auf 6,5 : 1 gestiegen. Auch ein Viergang-Getriebe entstand, für die Rennen blieb man aber doch bei den bewährten drei Gängen. Von einem nordirischen Händler wurde Bill Mansell ein junger Fahrer ans Herz gelegt, der zwar als 19jähriger schon 1923 auf Cotton die Junior-TT gewonnen hatte, dann aber auf Scott, New-Imperial und Royal-Enfield nur eine Pechsträhne aufweisen konnte. Sein Name war Stanley Woods. 1926 saß Woods daraufhin auf

Das war der Werk-Rennmotor 1934. Zylinder und Zylinderkopf waren bereits in Leichtmetall gegossen, jedoch geschwärzt. Es wurden auch Haarnadel-Ventilfedern verwendet. Die Werkausführung erkennt man an der vorderen Motor-Aufhängung und am Aluminium-Öltank sowie an den Anschlag-Blättchen am Fußraster, der das Abrutschen des Stiefels verhinderte.

der Senior-Norton, und das Glück war mit ihm. Alec Bennett bekam nach zwei Runden Kupplungs-Schaden, und Stanley Woods wahrte seine Chance. Er gewann die Senior-TT auf der ohv-Norton und schlug Wal Handley mit neuem Rekordschnitt von 108,7 km/h um mehr als vier Minuten. Joe Craig wurde vierter und der spanische Privatfahrer Macayo, ein Linkshänder, elfter.

Für 1927 bereitete Norton einen neuen Königswellen-Motor vor. 1926 hatte Bennett mit einem solchen ohc-Motor die Junior-TT für Velocette gewonnen. Norton sah die Zukunft ebenfalls in diesem moderneren Layout. Eine entsprechende Konstruktion hatte Walter Moore zu Norton mitgebracht, nachdem er bereits 1924 bei George Tucker als Beiwagenpassagier die TT mitgefahren hatte. Dieser Königswellen-Motor war 1927 nur für die Werk-Rennmaschinen bereit. Er saß auch in einem neuen Fahrgestell mit durchgehendem Rahmenunterzug. Die Königswelle lag rechts vom Motor; der Magnet hinter dem Zylinder, wurde von einer separaten Kette vom Kurbelwellenritzel angetrieben. Mit diesem ohc-Modell siegte 1927 neuerdings Alec Bennett mit mehr als 110 km/h Schnitt in der TT; Woods, der vier Runden lang mit großem Vorsprung geführt hatte, ruinierte in der 5. Runde seine Kupplung. Nur der Trost der schnellsten Runde mit 114 km/h, der ersten TT-Runde über 70 Meilen, blieb dem »Irischen Express« und die Erkenntnis, daß die Information der Fahrer während des Rennens zu wünschen übrig ließe.

Er revanchierte sich dann mit Siegen in den Grand Prix von Belgien, Holland und der Schweiz, wurde zweiter im »Großen Preis von Europa« und dritter in Ulster. Der neue Motor hatte so seine Leistung bewiesen, der alte Stoßstangen-Motor war jedoch noch nicht »out«. Auf der Brooklandsbahn stellte damit Bert Denley noch 1928 eine Reihe von neuen Weltrekorden auf; der bedeutendste darunter war jener, in dem er mehr als 100 Meilen (160 km) in einer Stunde zurücklegte. Bereits zwei Monate vorher hatte er den »Fliegenden Kilometer« auf fast 175 km/h hinaufgesetzt. Trotzdem gab es schon für das Jahr 1928 zwei neue ohc-Modelle im Norton-Programm; die CS 1, das käufliche Königswellen-Modell und im selben, durchgehenden Rahmen auch den ohv-Motor im Modell ES2.

Insgesamt 13 Modelle und vier Seitenwagen präsentierte Norton auf der Olympia-Show 1927.
Trotz des erfolgversprechenden Starts des Königswellen-Motors kam nun eine Periode, in der die Erfolgskette von Norton abriß. Das galt auch für das 1928 erstmals gebaute 350-ccm-Modell mit 71 mm Bohrung und 83 mm Hub, das sofort in zwei Versionen – ohc und ohv – entstand. Obwohl leichter als die Halbliter-Ausgabe, war die 350er Norton zunächst ein »Mauerblümchen«. In den drei Jahren von 1928 bis 1930 kamen in der TT nochmals, wenn auch zum letzten Mal, Stoßstangen-Konstruktionen von Sunbeam und Rudge zum Zuge, die standfester waren als der damals noch nicht ausgereifte Norton-ohc-Motor. Trotzdem kommt Norton zum Saisonende 1929 noch zu zwei Europameister-Titel. Tim Hunt gewinnt die große Soloklasse im GP von Spanien; Dennis Mansell, der Sohn des Norton-Direktors, die Gespannklasse. Die Norton-Modelle 1930 zur Olympia-Show sind um die »Norton Junior« erweitert, bekamen alle Satteltanks, doch hatten alle, nur mit Ausnahme des ohc-Modells, die Magnete vor dem Motor plaziert.

Inzwischen formiert sich die Rennmannschaft von neuem. Moore verläßt zum Jahresende 1929 Birmingham in Richtung Neckarsulm, um dort ab 1930 mit seinem überarbeiteten ohc-Motor zu neuen Ehren zu kommen. Seinen Platz als Team-Chef übernimmt Joe Craig, der das Rennleder an den Nagel gehängt hat. Auch die Fahrercrew wird laufend verjüngt. Neben Stanley Woods und Jimmy Simpson war schon 1928 der Schotte Jimmy Guthrie zum Norton-Team gestoßen. Sein 2. Platz in der Senior-TT 1927 auf New Hudson hatte ihm diese Berufung verschafft. 1929 hieß die Neuerwerbung Tim Hunt, ein reicher Unternehmersohn aus Nordengland, der schon 1928 auf einer CS 1 die Amateur-TT in neuer Rekordzeit, schneller als im gleichen Jahr die Profis, gewonnen hatte.
Nach dem Abgang von Moore überarbeitet der junge Konstrukteur Arthur Carroll den ohc-Motor für die Saison 1930. Der geänderte Motor bekommt einen wesentlich schlankeren Wellenantrieb, und der getrennte Magnetantrieb wanderte an die rechte Seite. Auch die Serienmodelle zeigten Neuerungen. An den ohv-Modellen wird der Ventiltrieb verkapselt. Der Rückgang im Verkauf reflektiert in reduzierten Preisen. Die 16 H kostete nur mehr 49 Pfund.
Nach einem Probe- und Versuchsjahr begann dann 1931 mit dem von Carroll geänderten ohc-

Motor die zweite, erfolgreichste Rennperiode von Norton. Sie dauerte bis 1938. Bis dorthin gewann Norton mit zwei Ausnahmen – die Senior-TT 1935 und Junior-TT 1938 – über alle Jahre hinweg die zwei großen Soloklassen der Tourist Trophy, meistens sogar die ersten beiden, oft sogar alle drei vordersten Plätze. Das war zu einer Zeit, da die Weltwirtschaftskrise zahlreiche bekannte und alte Motorradfirmen in die Knie zwang und in den Konkurs trieb. Der Motorsport lief aber weiter, und auch Norton vermehrte von Jahr zu Jahr den Ruf seiner Unschlagbarkeit.
Für 1931 hatte Carroll am Werkmotor einiges verändert; der Einlaßkanal führte nun schräg nach unten in den Zylinderkopf; 14-mm-Zündkerzen, semi-slipper-Kolben und ein Viergang-Getriebe waren die weiteren Neuheiten. Tim Hunt feierte damit das erste Senior-Junior-Double in der TT-Geschichte. In der Senior-TT gab es den Hattrick Hunt, Guthrie, Woods; in der Junior-TT kam auf Platz drei eine Rudge ins Ziel. Das »unapproachable« Norton-Team gewann nun bis 1934 fast alle großen Rennen, ehe Ende 1933 Tim Hunt schwer stürzte und ein Jahr später Woods zuerst zu Husqvarna und dann zu Moto-Guzzi wechselte. Die Liste der Norton-Siege dieser Jahre sind eine Legende, zu umfangreich, um sie hier festzuhalten. Doch auch bei den Serien-Modellen wird der technische Fortschritt von Norton tonangebend wie bei seinen Rennmaschinen. Von Jahr zu Jahr werden die in Rennen gewonnenen Erkenntnisse in die Standard-Modelle übernommen.
1931 erhalten die Serienmodelle einen neuen Rahmen, mit nur einem Rohr zwischen Steuerkopf und Sattel, der den Radstand um zwei Zoll verkürzt; dazu ist nun auch der Magnet bei allen Motoren hinter den Zylinder gewandert. Die sv-Modelle 16 H und »Big Four« erhalten einen demontablen Zylinderkopf, und auf Wunsch kann man bei den ohv-Motoren einen »Double port«-Kopf bekommen, eine Mode in diesen Jahren. Trendsetter sind jedoch die käuflichen Königswellen-Modelle!
Schon 1932 bietet Norton zwei neue, ausschließlich für den Sporteinsatz gedachte Modelle an. Sie heißen »International« 30 und 40. Das Modell 30 ist die Halbliter-Version, das Modell 40 die 350-ccm-Replica der Werkrennmaschine. Sie werden im Katalog ohne Lichtanlage, mit Schnellverschlüssen an den Tanks sowie mit Georg-Dance-Knieschützer abgebildet; ein deutlicher Hinweis, daß es sich um »Production Racer« handelt.

Linke Seite: Diese HK-Zeichnung zeigt den Werkrenner 1937 am Höhepunkt seiner ersten Erfolgsserie, ehe er eine Teleskopgabel bekam.

Links: So sah im gleichen Jahr das käufliche »International«-Modell, die Basis für Privatfahrer-Rennversionen, aus. Ein makelloses Modell des Schweizers Walter Teuscher.

Die beiden anderen ohc-Modelle CS 1 (500) und CJ (350) figurieren weiter im Produktions-Programm, jedoch mit Zündlichtanlage, Dreigang-Getriebe und Handschaltung. Die »Internationals« sind natürlich mit Viergang-Fußschaltung ausgerüstet.

An den Werkmaschinen geht die Entwicklung indessen weiter. 1932 erhält die ursprünglich von Webb gelieferte Gabel an den vorderen Gabelbolzen zwei tonnenförmige Rückholfedern, die dann bis zur Einführung der Telegabel – 1938 an den Werkrennern, an den Standard-Modellen erst nach dem Krieg – die typischen »Roadholder«-Gabeln von Norton blieben. 1933 endet an der Werk-Norton die »Eisenzeit«. Sowohl Zylinder als auch Zylinderkopf werden in Leichtmetall gegossen; der Zylinder mit Eisenlaufbüchsen, der Zylinderkopf über einem Dom aus Bronze.

Die erstmalige Verwendung von Haarnadel-Ventilfedern und eines Auspuff-Megaphons fallen in das Jahr 1934. Die großen weichgelöteten Benzintanks, die gerne zum »Weinen« neigten, bekommen durchgehende, auf Gummipuffern gelagerte Tankbolzen.

1934 werden die »International«-Modelle mit Lichtanlage und Schalldämpfern abgebildet. Eine Fußnote verkündet: »Wenn Sie bestellen, geben Sie an, ob Sie für die Primärkette einen Ölbad-Kettenkasten oder eine offene Abdeckung für Rennzwecke wünschen!«. Man konnte nun also die »International« auch auf der Straße spazieren fahren. Wer Rennen damit bestreiten wollte, mußte eben selbst Hand anlegen.

Das Jahr 1935 ist für Norton in mehrfacher Hinsicht von Bedeutung. Craig übernimmt das gesamte Kommando der Rennabteilung, nachdem 1934 Konstrukteur Carroll bei einem Verkehrsunfall ums Leben kommt. Dann gewinnt nach vier »Norton-Jahren« erstmals eine ausländische Maschine die Senior-TT. Stanley Woods bringt die »Weitwinkel«-Guzzi vier Sekunden vor Guthrie ins Ziel. Nach langen 460-Renn-Kilometern war

J. H. White fährt hier ein 38er-Werkmodell im »Großen Preis von Deutschland« am Sachsenring. Es besaß bereits eine noch ungedämpfte Teleskopgabel am Vorderrad, und der Motor war vom klassischen Langhubmaß 79 × 100 mm Bohrung/Hub auf 82 × 94 mm »verkürzt«.

Drei berühmte Norton-Modelle im Jahr 1947. Das Modell 18 mit ohv-Motor blickte in diesem Jahr bereits auf eine mehr als 20jährige Entwicklung zurück. Es war ein robustes Tourensport-Modell.

Die »International«-Modelle 40 und 30 in 350 und 500 ccm Größe waren die für den Straßenverkehr gezähmten Ausführungen der Rennmodelle mit Kickstarter und Zündlichtanlage. Sie wurden in dieser Form bis 1952 gebaut.

Das käufliche »Manx«-Rennmodell aus 1947 mit Einnocken-Motor. Ebenfalls in 350 und 500 ccm Größe gebaut, war es der Traum der Privatfahrer nach dem letzten Krieg.

Geoffrey Duke war der junge Norton-Star, der 1950 den neuen »Federbett«-Werkrenner erstmals zum Sieg führte. Der Kurzhub-Motor saß nun in einem Doppelschleifenrahmen mit Hinterradschwinge.

das für Norton sehr schmerzlich, obwohl der Sieg der Guzzi nur die Folge des besseren Signalisationssystems von Woods war; er verhalf jedoch der Hinterradfederung zum endgültigen Durchbruch. Guthrie gewann dann im Spätsommer nach vielen Rennen in Europa noch den »Ulster Grand-Prix« erstmals mit mehr als 90 Meilen Schnitt, und wurde damit zum ersten Mal Europameister. Zum Saison-Abschluß gab es, wie schon früher Weltrekorde als Werbeaufhänger für die Olympia-Show. Guthrie spulte in Montlhery bei Paris in einer Stunde 183,75 Kilometer herunter; das war ein neuer Weltrekord und noch dazu mit einer Starrrahmen-Maschine gefahren.

1936 erscheint auch Norton mit einer Hinterradfederung. Es ist der Typ jener Geradeweg-Federung, wie sie ein Jahr später auch BMW an seinen Werkrennern installiert; zwar leichter als der aufwendige »Federrahmen« von Guzzi, aber auch weniger effektiv. Auch die Lagerung der Vorderradgabelfeder wird verbessert. Kugelenden verhindern das Verwinden der Feder. Norton kehrt damit wieder zu TT-Doppelsiegen zurück. Guthrie schlägt Woods, der zu Velocette gewechselt ist, Freddie Frith, ein neuer Mann mit Manx-Grand-Prix-Siegen auf seiner Erfolgsliste, gewinnt die Junior-TT vor White, nachdem Guthrie wegen »fremder Hilfe« disqualifiziert wird. Die großen Rennen am Kontinent gingen 1936 ebenso an Norton wie schon im Jahr zuvor. In England war Norton jedoch in Velocette ein neuer Gegner entstanden, vor allem durch die erste echte Schwingarmfederung mit Federbeinen. Norton mußte also mehr »Speed« finden. Für die Rennsaison 1937 bekamen deshalb die Norton-Werkmotoren einen Doppelnockenantrieb, noch größere Zylinderkopfrippen und größere Megaphone; auch die Vorderradbremse wurde verstärkt und erhielt konische Form.

1937 war dann das letzte große Norton-Jahr. In der Junior-TT gabs neuerlich einen Hattrick mit Guthrie, Frith und White; in der Senior drängte sich, wie schon im Jahr zuvor, Woods mit der Velocette zwischen die beiden Nortons von Frith und White, nachdem Guthrie, in Führung liegend, in der 5. Runde ausfiel. Guthrie wiederholt seinen Erfolg aus 1936 und wird in der Schweiz zum dritten Mal Europameister 500. 1937 holt er sich im

gleichen Rennen im Bremgarten bei Bern auch den EM-Titel der 350-ccm-Klasse.
Der schon 43jährige Schotte ist am Zenit seines Könnens. Dann kommt der unglückliche »Große Preis von Deutschland« in Hohenstein-Ernstthal. Weit in Führung liegend, bricht Guthrie wenige Kilometer vor dem Ziel die Hinterradachse, und der folgende schwere Sturz endet tödlich. Der Wiener Karl Gall geht auf der Kompressor-BMW als Sieger durchs Ziel. Trotz dieses Verlustes gibt Norton aber nicht auf. Für 1938 werden neue Werkmaschinen vorbereitet.
Der Motor wird nun stark verändert. Die seit Jahrzehnten gültigen Zylindermaße von 79 × 100 mm Bohrung/Hub werden auf 82 x 94 mm gewechselt. Das Kurbelgehäuse wird wesentlich versteift und höher gezogen. Am Rahmen ändert man nicht nur die Hinterradfederung, sondern das Vorderrad erhält nun eine Telegabel, jedoch noch ohne Dämpfer. Das Werkteam 1938 besteht nun aus Freddie Frith, dem Brillenträger Harold Daniell und »Crasher« White. Noch einmal geht nach der Senior-TT die Norton-Flagge hoch. Daniell schlägt Woods um 15 Sekunden und fährt die erste TT-Runde unter 25 Minuten; mit genau 91 Meilen Schnitt (146,42 km/h). Schorsch Meier, der alle anderen EM-Rennen der Saison gewinnt und Europameister wird, muß auf der TT bald nach dem Start kapitulieren; eine Anwärmkerze »flog« mitsamt dem Gewinde aus dem Kopf.
1939 gabs dann zum ersten Mal kein offizielles Norton-Team mehr. Die Wolken des kommenden Krieges zogen bereits auf, und Norton war mit der Produktion von Militär-Maschinen voll beschäftigt. Sie liehen zwar zur TT nochmals die verbesserten 38er-Werkmaschinen ihren »arbeitslos« gewordenen Spitzenfahrern. Es reichte jedoch nicht mehr zu Siegen.
Am Ende dieser großen Norton-Periode, die von 1931 bis 1938 reichte, muß festgehalten werden, daß während der zwanziger und dreißiger Jahre auch zahlreiche Privatfahrer in fast allen europäischen Ländern auf Norton erfolgreich unterwegs waren. In Deutschland waren dies u.a. Hans Bock, Oskar Steinbach, Sepp Klein, Otto und Karl Rührschneck, Otto Ley, Hans Sönius und vor allem Walter Hamelehle, der 1937 in der Deutschen Meisterschaft Heiner Fleischmann auf der dohc-Werk-NSU nur knapp unterlag. In Österreich waren es bis 1939 die Wiener Rudolf Runtsch und Franz Link sowie der Salzburger Peppi Jung; in Ungarn Stefan und Nikolaus Horthy, die Söhne des früheren Reichverwesers, und Dr. Feledy, die Norton-Maschinen zu großen Erfolgen führten. Selbst in Italien gab es mit den Brüdern Pietro und Mario Ghersi sowie Piero Taruffi, der auf Norton 1932 sogar Europameister wurde, und Tazio Nuvolari erfolgreiche Norton-Fahrer. In der Schweiz waren es Ernst Hänni und später George Cordey, die im Bremgarten bei Bern sogar Werkmaschinen fahren durften, ebenso wie in Holland Piet van Wijngaarden.
Sie alle vertrauten zunächst der alten ohv-Norton, dann den ohc-Motoren von Moore und schließlich den »International«-Modellen, die ab 1936 in »Racing Spezification« und ab 1938 auch mit Hinterradfederung zu kaufen waren. Sie werden heute fälschlicherweise gerne »Manx«-Modelle genannt, eine Bezeichnung, die Norton offiziell erst ab 1947 für seine käuflichen Rennmodelle verwendete. Für den Privatfahrer gab es vor 1939 in der Halbliterklasse wohl kaum ein erfolgsträchtigeres Renngerät als die Norton. In der 350-ccm-Klasse lief in den letzten Jahren dann die Marke Velocette Norton den Rang ab, und im internationalen Renngeschehen waren es ausschließlich die aufwendigen Kompressor-Entwicklungen von BMW und Gilera, die den Werk-Nortons dank ihrer weitaus größeren Motorleistung davonfuhren. Verständlich, daß England nach dem gewonenen Krieg versuchte, die Uhr zurückzudrehen. Aber auch die anderen europäischen, am Motorsport interessierten Länder konnten nur auf »Sparflamme« wieder beginnen. Deshalb verbot die FIM im Herbst 1946 die Verwendung von Kompressoren im Motorsport. Norton konnte somit wieder auf seine bewährten Vorkriegskonstruktionen zurückgreifen und ging so wohlgerüstet in die letzte Runde seiner großen Sport-Historie. Sie sollte noch bis in die sechziger Jahre hineinreichen.

Doch nochmals ein Blick zurück auf 1939 und das damalige Modell-Angebot von Norton für den Kunden, das ebenfalls eine ständige Entwicklung durchgemacht hatte. Die wichtigsten Änderungen zu Beginn der dreißiger Jahre wurden schon festgehalten: 1931 ein kürzerer und niedrigerer Rahmen, eigene Vorderradgabeln und Magnet hinter dem Zylinder. 1932 Erscheinen der International-Modelle 30 und 40, Viergang-Getriebe an allen ohv-Modellen, Modell 19 ändert Bohrung/Hub von 79/120 mm auf 82/113 mm. 1934 bekommen alle Modelle Vorderradgabel-Rückholfedern und Ölbad-Kettenkasten. 1935: Fischschwanz-Auspufftöpfe verschwinden gegen runde Schalldämpfer, die Lenker werden in Gummi gelagert. Von der International-Modellen gibt es reine Renn-Versionen und um 5 Pfund extra kann man eine Trial-Version der ohv-Modelle bekommen, die höher gelegten Motor, hochgezogenen Auspuff, abklappbares Kickstarter-Pedal, weitgestuftes Getriebe und grobstollige Reifen beinhalten. 1936 erfolgt eine optische Überarbeitung aller Modelle. Die ohv-Motoren erhalten, wie die ohc-Motoren ab dem Carroll-Typ, durchgehende Stehbolzen, die Kopf und Zylinder in einem zusammenhalten. 1938 bekommen alle ohv-Motoren die Ventile und Federn voll verkapselt, und die beiden Stoßstangen-Hüllrohre werden leicht zueinander geneigt. Um 15 Pfund Aufzahlung gibt es an den International-Modellen, auch in der Racing-Version, die seit 1936 an den Werkrennern verwendete Hinterradfederung. Auch die sv-Motoren sind nun völlig verkapselt. 1939 ist die Hinterradfederung auch für das Modell ES 2 erhältlich. Die nun in reiner Rennausführung gelieferten International-Modelle bekommen Elektron-Motorgehäuse. Der Preis der teuersten Maschine, des Inter-Modells 30 (490 ccm), beträgt 123 Pfund, 9 Shilling, 6 Pence.

Im Herbst 1939 erscheint noch der Katalog 1940, wird jedoch mit einem roten Streifen versehen: »Nicht mehr aussenden wegen des Kriegsausbruchs!« Er zeigt noch bemerkenswerte Verbesserungen, die selbst nach 1945 noch einige Zeit auf sich warten ließen. Alle bislang offenen Rahmen-Modelle – 30 und 40 waren die Ausnahmen – erhielten nun zwei am vorderen Rahmenrohr und Getriebe-Platte verschraubte Rohrunterzüge; Teleskopgabel war für den Typ ES 2, 30 und 40 vorgesehen. Der Fußschalt-Automat wurde voll in den Getriebedeckel integriert. Alle sv- und ohv-Motoren sollten von 79 x 100 mm Bohrung/Hub auf 82 x 94 mm geändert werden, was dann nach 1945 jedoch ausblieb. Neben der voll straßentauglichen »International« wurde eine getrennte Rennversion mit Telegabel abgebildet. Insgesamt waren es 15 Solo-Modelle und vier Beiwagen, die Norton in seinem nicht mehr realisierten Programm 1940 ankündigte. Dann gingen in Europa die Lichter aus.

Während des Krieges baute Norton mehr als 100 000 Motorräder der Typen 16 H und »Big Four« für die englischen Streitkräfte; viele mit Beiwagen, und vor allem die für den afrikanischen Kriegsschauplatz mit angetriebenem Seitenwagenrad. Das war eine Entwicklung, die Dennis Mansell schon in den dreißiger Jahren für den Geländesport vorweggenommen hatte. Knapp nach Kriegsende, im August 1945, lief die Produktion für den Zivilbedarf mit den Modellen 16 H und 18 wieder an, beide mit dem geschlossenen, durchgehenden Rahmen, der früher nur für ES 2 und ohc-Modelle reserviert war. Ende 1945 übergab auch Walter »Bill« Mansell, der die Geschicke von Norton seit 1913 als Generaldirektor geleitet hatte, seine Funktion an Gilbert Smith, der, von der Schule kommend, 1916 in das Konstruktionsbüro von Norton eingetreten war. 1946 kehrte auch Joe Craig zu Norton zurück, nachdem er 1939 in die Rennabteilung von AJS übersiedelt war. Norton konnte sich also, wenn auch vorerst nur mit bescheidenen Mitteln, wieder in den Rennsport stürzen.

Die ersten Jahre nach dem Krieg waren für jeden Motorradproduzenten eine schwierige Zeit. Die Probleme waren nicht nur, wie bekommt man das notwendige Material in der gewünschten Menge und Qualität. Es gab auch eine Reihe anderer Beschränkungen, wie Treibstoffrationierung, schlechte Benzin-Qualität, sowie Handels- und

Devisenbewirtschaftung. »Renn-Professor« Craig blieb so 1947 nicht viel Zeit, die Vorkriegs-»Schlachtrösser« von neuem zu satteln. Um den schlechten 76-Oktan-Treibstoff besser zu verdauen, mußte die Kompression der 500er-Werk-Norton von 11:1 auf 7:1 reduziert werden. Trotzdem begann die Nachkriegserfolgsserie von Norton wieder mit einem Senior-TT-Sieg des einzigen Vorkriegsstars, der wieder im Team aufschien; Harold Daniell. Die »Jungen« waren die Manx-Grand-Prix-Fahrer Kenn Bills und Ernie Lyons sowie der Insel-Man-Neuling A.J. (Artie) Bell. Neu im TT-Programm ab 1947 waren auch die »Clubman's-Rennen« mit serienmäßigen Sportmaschinen; eine »glatte Sache« für die wieder produzierten »International«-Modelle.
1948 gab es wieder einen Norton-Hattrick in der Senior-TT; noch immer mit den »aufgewärmten« Rennern aus 1938. Bell, Doran und Weddel hieß das siegreiche Trio, nachdem O. Tenni, einige Rekordrunden drehend, seine Guzzi mit Motorschaden abstellen mußte. In der Junior-TT hingegen waren, wie schon 1947, die Velocettes nicht zu schlagen. Auch 1949 ging die Rechnung – allerdings mit Glück – noch einmal für die »Museumsstücke« für Norton auf. Zuerst lag Bob Foster auf einer »Weitwinkel«-Guzzi einige Runden in Führung. Als er ausfiel, übernahm Les Graham auf dem AJS-»Stachelschwein« das Kommando. Den Sieg schon in Sicht, blieb Graham drei Meilen vor dem Ziel mit Magnetschaden liegen, und wieder siegte der Londoner Norton-Händler Harold Daniell; Lockett belegte zusätzlich Platz zwei für den Renner aus der Bracebrige Street. Inzwischen zeigte Norton auf der Earls Court Show, Nachfolgerin der Vorkriegs-Olympia-Show, im Herbst 1948 ein völlig neues Motorrad, den ersten Twin, das Modell 7 »Dominator«. Die Konstruktion des kompakten Zweizylinders stammte von Bert Hopwood, der über Ariel und Triumph 1946 zu Norton gekommen war. Es war ein Halbliter-Motor mit zweimal 66 x 72,6 mm Bohrung/Hub und 28 PS Leistung bei 5800 Touren.
Norton hatte nun dem Trend des Marktes zum Mehrzylinder-Motorrad Rechnung getragen.

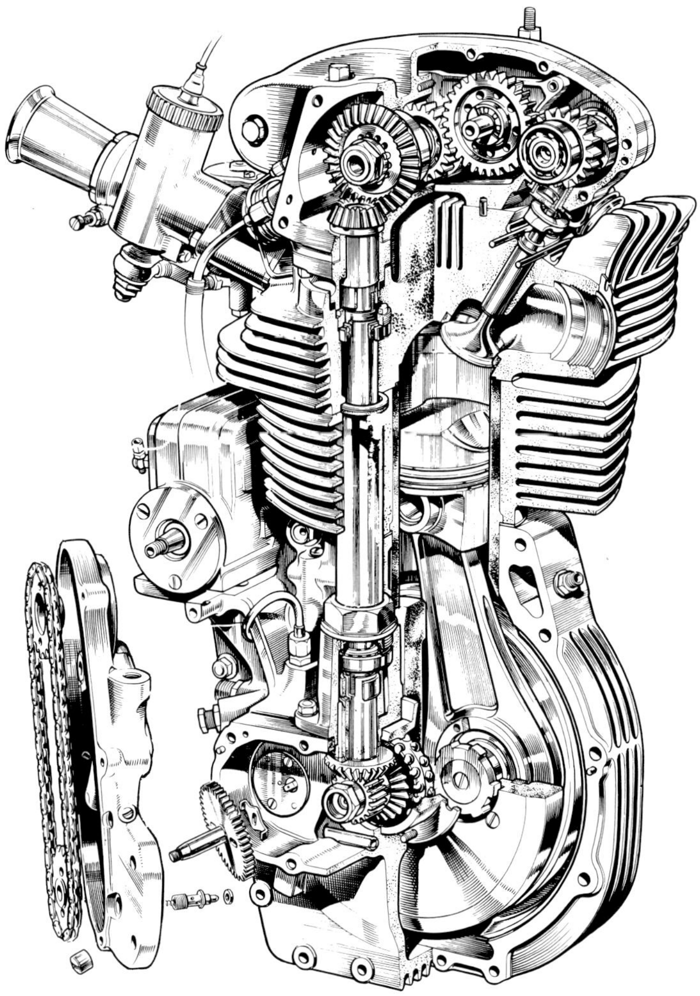

Diese »Motor-Cycling«-Zeichnung enthüllt das Innenleben des legendären Norton-Doppelnocken-Rennmotors, wie er im Jahr 1954 aussah.

Würde dies auch auf den Rennsport reflektieren? Ein Jahr später, zur Show 1949, wurde die Modellpalette 1950 vorgestellt: zweimal mit sv-Motor im Modell 16 H und »Big Four«, zweimal mit ohv-Motor im Modell 18 und ES 2 und viermal mit ohc-Motor in je zwei »International«- und »Manx«-Modellen. Letztere bekamen 1950, noch immer langhubig, erstmals Doppelnockenantrieb. Dann gab's noch ein eigenes Trial-Modell T 500 und schließlich die »Dominator«, die ausschließlich dem Export vorbehalten war.
Die Sammlung der Sporterfolge zum Jahresende 1949 umfaßte bei Norton nicht nur die Senior-TT-Trophäe, sondern auch jene für die Clubman's-TT und den Manx-Grand-Prix. Die beiden letzteren

Rennen hatte ein neuer, junger Fahrer gewonnen, der in den kommenden Jahren der große Norton-Star werden sollte: Geoffrey Duke aus St. Helens. Und ebenso wie es in den Vorkriegsjahren üblich war, gingen kurz vor der traditionellen Motorrad-Ausstellung Duke, Bell und Oliver in Monthlery bei Paris auf Rekordjagd. Das Ergebnis waren 21 neue Weltrekorde für Norton, und mit Eric Oliver hatte die Firma überdies auch den ersten Seitenwagen-Weltmeister auf ihrer Erfolgsliste.

Für 1950 sprachen zunächst Gerüchte von einer neuen Zwei-, ja sogar Vierzylinder-Rennmaschine. Es blieb jedoch dann alles beim guten alten »Single«, jedoch in einem neuen, revolutionierenden Fahrgestell, das unter dem Namen »Federbett« in die Motorradtechnik eingegangen ist. So fühlte sich nämlich Altstar Daniell, als er 1950 zum letztenmal auf dem neuen Werkrenner den TT-Kurs umrundete . Der neue Rahmen bestand aus zwei langen gebogenen Rohren, die vom Steuerkopf weg das verwindungssteife Rahmentrapez bildeten. Das Hinterrad wurde in einer Schwinge geführt, die zwei hydraulisch gedämpfte Federbeine aufwies. Der Tank lag, nur mehr mit einem Stahlband gehalten, auf den beiden oberen Rahmenrohren. Die Konstruktion war durch die nordirischen Brüder McCandless erprobt und entwikkelt worden. Er garantierte einen überzeugenden Standard an Straßenlage, wie die kommenden Rennjahre zeigen sollten. Auch der Motor wies Neuerungen auf, hauptsächlich an den Zylinderköpfen, die nicht mehr in Bimetall-Ausführung, sondern komplett in Leichtmetall gegossen und mit Nickelstahl-Ventilsitzringen versehen waren.

Der erste Einsatz der neuen »Federbett«-Norton auf der Insel Man brachte einen sensationellen Erfolg. Es gab einen Norton-Hattrick in beiden großen Soloklassen. Das siegreiche Senior-TT-Trio hieß Duke, Bell, Lockett und das Junior-TT-Trio Bell, Duke, Lockett. In der »Senior« fuhr Duke dabei neuen Strecken- und Runden-Rekord mit 148,46 bzw. 150,15 km/h. Der alte Rundenrekord von Daniell aus dem Jahr 1938 war nun nach 12 Jahren gebrochen. Norton entging der zweifache Weltmeistertitel in diesem Jahr jedoch durch ein Reifendesaster, das beim »Großen Preis von Holland« alle Werk-Nortons außer Gefecht setzte. Erst der Wechsel zu einer anderen Reifenmarke brachte Norton wieder auf die Siegerstraße mit Duke in Ulster, und schließlich sogar in Monza mit einem Double (350/500), und das in der Höhle der Gilera- und MV-Löwen. Im Herbst 1950 gab es erstmals keine Motorrad-Show in London. Norton hätte für 1951 auch nur geringe Änderungen an den Serienmodellen zeigen können.

1951 war jedoch das erste Jahr, in dem die käuflichen Manx-Modelle 30 und 40 im neuen »Federbett«-Rahmen erschienen und endgültig für 1952 in den Verkauf gingen. Mit ihnen beginnt nun eine mehr als ein Dutzend Jahre andauernde Entwicklung eines käuflichen Rennmodells, das während dieser Zeit das Bild der Motorradrennen in aller Welt prägte; die Werkrennmaschinen der Italiener ausgenommen. Noch einige Jahre – bis 1955 – versuchten Norton und ihr »Rennprofessor« Joe Craig mit bewährten Mitteln, den Einzylinder Schritt für Schritt weiterentwickelnd, mit den Spezialkonstruktionen der Marken Gilera, Moto-Guzzi und MV-Agusta mitzuhalten, die Vierzylinder und sogar Achtzylinder-Motoren bauten. Dazu reichten jedoch die finanziellen Mittel bald nicht mehr, und so gab es ab 1955 keine Norton-Werkrenner mehr. Die Rennabteilung war jedoch noch bis 1962 mit der Verbesserung der weiterhin gebauten käuflichen Manx-Modelle beschäftigt, die schließlich einen Leistungsstand erreichten, der jenen der letzten Werkmaschienen aus 1954 übertraf.

Bis 1955 lieferte Norton jedoch den Italienern noch manch harten Kampf, besonders auf der Insel Man gab sich Norton noch lange nicht geschlagen. Sowohl 1952 als auch 1953, als Duke und Armstrong bereits zu Gilera gegangen waren, gab es Norton-Doppelsiege. 1952 durch Armstrong (Senior-TT) und Duke (Junior-TT) und 1953 war es dann der junge Südrhodesier Ray Amm, der die Nortons an der Spitze hielt. Die Senior-TT gewann er vor seinem Teamgefährten Brett, die Junior-TT vor dem Australier Ken Kavanagh, der ebenfalls Norton fuhr. In beiden

Rennen gab es neue Rekordzeit und Rekordrunden für Amm. Für Weltmeistertitel reichte es 1953 bei Norton gegen die Italiener in den Soloklassen nicht mehr. Dafür wurde Oliver, nach einem Jahr Unterbrechung durch Cyrill Smith, der ebenfalls Norton fuhr, zum viertenmal Gespann-Weltmeister mit dem Einzylinder-Motor aus Birmingham. 1954 war dann das letzte Jahr mit offiziellem Norton-Werk-Team. Schon 1953 war dic Firma in den Besitz von AMC (Associated Motor Cycles) übergegangen, die in London die AJS- und Matchless-Motorräder baute. Norton blieb jedoch in Birmingham, wo über den Winter ein neues Rennmodell, der »Kneeler« entstand. Das war ein Motorrad, auf dem der Fahrer kniete, um weniger Luftwiderstand zu bieten. Das Ganze war überdies in eine Verkleidung gesteckt. Trotzdem benützte Amm zur TT wieder das konventionelle Motorrad. Der Motor war jedoch neuerdings kurzhubiger geworden. Die Bohrung/Hub-Maße änderten sich beim Halbliter-Modell von 85,93 x 86 mm (aus 1952) auf 90 x 78,4 mm und beim 350er-Modell von 75,9 x 77 mm auf 78 x 73 mm. Überdies bekamen die Motoren eine außenliegende Schwungmasse und ein Fünfgang-Getriebe. Team-Kapitän blieb Ray Amm, mit Jack Brett zur Seite, und nochmals gelang es ihm, die Senior-TT zu gewinnen. Es war zwar ein irreguläres Rennen, das nach drei Runden wegen Wolkenbruch und Nebel abgebrochen wurde. Aber gerade bei Abbruch war Amm in Führung vor Duke, der seine Gilera gerade kurz vorher zum Nachtanken angehalten hatte. Dann kam das »Out« für das Rennteam. Auch bei den Gespannen wurde Norton 1954 erstmals durch BMW mit Noll/Cron geschlagen. AJS und Matchless stellten ebenfalls nach dieser Saison die Werkbeteiligung an Rennen ein. Für 1955 war bei Norton noch ein Rennmodell mit liegendem Motor, wie bei Guzzi, in Vorbereitung. Es blieb allerdings dann ein Museums-Stück.

1955 wurde jedoch die käufliche Norton-Modell-Palette verjüngt. Die beiden altgedienten Seitenventil-Modelle »Big Four« und 16 H verschwanden, ebenso auch das ohv-Modell 18. Dafür gab es neuerdings ein 596-ccm-ohv-Modell 19 für Gespannbetrieb. Die »Dominator«-Twin war schon 1953 als Modell »De Luxe« im Federbett-Rahmen erschienen und hieß nun »Dominator 88«. 1957 gab es dann die auf 597 ccm vergrößerte »Dominator 99«, und auch die »International«-Modelle, die schon 1953 den »Federbett«-Rahmen bekamen, wurden ab 1956 nur mehr auf Bestellung gebaut.

1955 gab es nur noch ein »halboffizielles« Werkteam mit John Hartle und John Surtees. Am Ende der Saison packte Joe Craig »seine Sachen« und ging in Pension. Sein Nachfolger war Bert Hopwood, der von BSA gekommen war. Nur ein Jahr in Ruhe war Craig gegönnt, nachdem er die Witwe des früheren holländischen Norton-Fahrers Piet

Ein Insel-Man-Stilleben. John Bennett aus Halesowen bei Birmingham kam 1979 mit seiner Norton-Manx 1950 per Achse zur »Lap of Honour« zur Insel gefahren. Im Vordergrund sein Reisegepäck.

van Wijngaarden geheiratet hatte. Am 7. März 1957 verunglückte er dann infolge einer Herzattacke nahe Innsbruck im Auto tödlich, und mit ihm ging das erfolgreichste Kapitel der Norton-Renngeschichte zu Ende. Von 1928 an hatte der vorher aktive Rennfahrer Norton mehr als 25 Jahre lang an der Spitze des Rennsports gehalten. Dieses traurige Ereignis war am Jahresbeginn zum »Goldenen Jubiläum« der Tourist Trophy, die 1907 zum erstenmal – mit einem Norton-Sieg – gefahren wurde. Darum gab es 1957 wiederum ein »inoffzielles« Werkteam mit verbesserten Manx-Modellen, die nun die überquadratischen Zylinderdimensionen der 54er-Werk-Maschinen bekommen hatten. Die Fahrer waren Jack Brett, Alan Trow und John Hartle. Die Vierzylinder-Gilera, mit Bob McIntyre im Sattel, überschritt in diesem Jahr erstmals die 100-Meilen-Grenze. Die schnellste Norton-Runde mit 97,5 Meilen (156,88 km/h) lag nicht weit ab. Der Einzylinder-Renner war immer noch nicht abgeschlagen. Die Halbliter-»Manx« entwickelte damals gut 50 PS und die 350er über 40 PS. Zum Preis von 480 Pfund waren beide Modelle nach wie vor die erste Wahl für einen ambitionierten Privatfahrer, und so sollte es noch bis 1963 bleiben. Das war das letzte Jahr, in dem die »Manx«-Modelle gebaut wurden. Dazwischen lag noch das Jahr 1961, in dem noch einmal, sowohl in der Senior-TT als auch in der Junior-TT eine Norton siegreich durchs Ziel ging. Die Fahrer hießen nun Mike Hailwood und Phil Read. Hailwood gewann dabei das Rennen mit mehr als 100 Meilen Schnitt. In der Senior-TT gab es sogar einen Hattrick mit Hailwood, McIntyre und Tom Phillis, der ein neues Rennmodell, den »Domi-Racer« fuhr. Dieses war als Nachfolger der Manx-Modelle gedacht und stammte von Ingenieur Doug Hele. Es kam jedoch nicht mehr dazu, da 1962 das alte Norton-Werk in Birmingham geschlossen und die Produktion nach London zu AMC verlegt wurde. Man mußte »rationalisieren«, weil AMC schon ein Jahr vorher in »rote Zahlen« gekommen war.

1963 war dann die Übersiedlung beendet, und bis zum bitteren Ende von AMC im Jahr 1969 kamen nun die Nortons aus der Londoner Plumstead Road. Der letzte Norton-Katalog aus der Bracebrigde Street zeigte bereits eine Modellpalette, die überwiegend auf Twin-Modellen beruhte. Es gab sie mit 249, 349, 497 und 647 ccm Hubraum; die beiden kleineren Modelle mit Viergang-Blockmotor, die größeren noch mit getrenntem AMC-Getriebe. Von den alten Einzylinder-Modellen blieben nur noch die ohv-Modelle 50 und ES 2 mit 350 und 500 ccm und die »Manx« 30 und 40 übrig. 1963 erschien dann auch noch das 750-ccm-Modell »Atlas«, ein Twin. Das war das stille Ende der »echten« Nortons alter Tage. Was nachher kam, ist kurz geschildert. Es war das letzte Kapitel der berühmten Marke.

1966 wurde AMC von der Firma Manganese Bronce Holdings unter der Leistung des früheren Autorennfahrers Dennis Poore übernommen, der schon vorher die bekannte Zweitaktmotoren-Firma Villiers erworben hatte. Alle Teile, Vorrichtungen und Zeichnungen der Norton »Manx«-Modelle wurden an Colin Seeley, den bekannten Fahrgestell-Erzeuger, verkauft, der jedoch alles bald an John Tickle weitergab. 1967 entstand unter der Leitung des von Rolls-Royce gekommenen Technikers Dr. Stefan Bauer ein vollkommen neues Motorrad, die Norton »Commando«. Es hatte einen komplett neuen Rahmen, in dem der mit dem Getriebe zusammengefaßte und auf 750 ccm gebrachte Twin-Motor elastisch aufgehängt war. Das ließ die Vibration verschwinden und gab mit dem neuen Rahmen beste Fahreigenschaften. Als 1969 die AMC-Fabrik in London zusperrte, übersiedelte Norton-Villiers, wie die Firma nun hieß, in neue Anlagen in Andover. An der nahegelegenen Thruxton-Rennstrecke wurde die Versuchs- und Rennabteilung etabliert, die nun von Peter Williams, dem Sohn des früheren Rennfahrers und AJS-Matchless-Renntechnikers Jack Williams, geleitet wurde. In den frühen siebziger Jahren schien es, als ob sich Norton nochmals erholen könnte. 1972 kam die glorreiche Marke unter der Flagge der Tabak-Firma John Player wiederum ins internationale Renngeschehen zurück. Der Höhepunkt dieses »Schwanengesangs« war der Sieg von

Peter Williams in der »Formel 750-TT« 1973, die er mit 169,88 km/h Schnitt gewann.
Im gleichen Jahr übernahm die Norton-Villiers-Gruppe die »todkranke« BSA-Triumph-Gruppe. Poore will nun die Triumph-Fabrik in Meriden bei Coventry zusperren. Sie wird jedoch von ihren Arbeitern besetzt gehalten, und damit ist das ganze Sanierungsprogramm zu Fall gebracht.

Trotzdem gibt es noch ein letztes Aufflackern. 1975 zeigt Norton einen wassergekühlten Achtventil-750er-Twin-Motor, der von Cosworth konstruiert wurde. In Rennversion soll er 120 PS Leistung bringen, in Serienform an die 80 PS. Auch ein Zweischeiben-Wankel-Motor mit 65 bis 70 PS macht in der Motorradpresse noch Schlagzeilen, doch Geld sollen hauptsächlich Mopeds und Klein-Motorräder mit 125-ccm-Zweitakt-Motoren aus Taiwan bringen. Doch alles erreicht nicht mehr das Stadium echter Produktion und vor allem nicht mehr den Verkauf. Norton ist am Ende seiner ruhmreichen Geschichte angelangt, die in ungeahnte Höhe sportlichen Ruhms und weltweiter Anerkennung geführt hatte. Sie ist gleichzeitig die Geschichte vom Aufstieg und Niedergang der englischen Motorrad-Industrie, die in Europa rund 60 Jahre lang tonangebend war. Nun lebt sie nur mehr in Büchern und der Veteranenszene weiter. Letztere wird dafür sorgen, daß der Name Norton nie untergehen wird.

Der letzte Norton Twin-Motor der noch bis in die siebziger Jahre produzierten Commando-Modelle mit 750 ccm Hubraum in Isolastic-Rahmen war immer noch eine technische Delikatesse.

Peugeot

Peugeot – motorisierte Zweiräder aus Frankreich seit drei Generationen

Der »Leichte Löwe« von Peugeot, wie das populärste Modell V 330 genannt wurde, wog 1911 nur 43 kg und lief über 50 km/h. Dieses Prachtstück hat F. X. Scherer (Pasing/München) restauriert.

1885 wurden Daimlers Patente veröffentlicht. Diesseits des Rheins interessierte sich niemand ernstlich dafür; jenseits des Rheins spitzten jedoch Industrielle wie Panhard, Levassor und Peugeot die Ohren, und noch mehr: schon 1887 wurde ein Vertrag über Motorenlieferungen bzw. Lizenzbau zwischen Daimler und Levassor unterschrieben.
Panhard und Levassor waren in Ivry/Paris Bandsägen-Fabrikanten. Sie stellten deshalb einen ihrer ersten Wagen – noch mit dem zierlichen Original V-Zweizylinder-Daimler-Motor – ihrem Bandstahl-Lieferanten Armand Peugeot vor. Das Wägelchen lief nur 25 Sachen auf flacher Strecke, aber Armand war hell begeistert . . . hatte er doch schon länger mit dampfbetriebenen Fahrzeugen wie Bollée, Dietz, Serpollet und De Dion geliebäugelt, aber sofort ihren Pferdefuß, die Heizerei, erkannt.
Die Familie Peugeot besaß in Valentigny (60 km von Basel) eine Fabrik für Federstahl und hatte mit Korsettstangen ein Vermögen gemacht. Die Krinolinen gingen, das Hochrad – später das Niederrad – kam. In Terre Blanche und Beaulieu baute Armand nun Peugeot/Daimlers. In Valentigny hatte Bruder Eugéne der Fahrradproduktion De Dion-Dreiräder hinzugefügt, worauf als logische Folgerung die ersten Motorräder folgten. Gewissermaßen um die Ecke, in der Schweiz, gab's ja schon von Zedel gute Einbau-Motoren zu kaufen. Genügte dies für einen brillanten Start? Bis wann waren die ersten Millionen in der Kassa?!

Gemach! Damals hieß das Spiel: Bauen und den Kunden erjagen.
Händler-Optimisten, die im voraus bestellten, waren völlig unbekannt! Wer immer einen Kunden brachte, bekam zehn Prozent Provision in die Hand gedrückt! Das liest mir Claude Peugeot aus seines Onkels Notizbuch vor . . . wie auch die Erläuterung, warum sich Eugéne und Armand plötzlich trennten: der erstere, mit Autos beschäftigt, konnte damit kein Geschäft machen; 1892 wurden 29 Stück abgesetzt, 1893 insgesamt 40 Stück, 1895 immer erst 72! Armand Peugeot: obwohl die 333er De Dion mit Schnarchventil nur ein Sechstel von einem Auto kostete, wurden in zweieinhalb Jahren nur 327 Stück abgesetzt. Man trennte sich also (um sich später wieder zu vereinigen). Die Söhne der Brüder Peugeot blieben beim motorisierten Zweirad. Der Name Peugeot überlebte dann alle Stürme und Krisen, womit er einzigartig in der Welt des »Motorcycle« dasteht.
Das Automobil geisterte damals schon in regelmäßiger Folge durch die gesamte Tagespresse. Anlaß dazu waren die zahlreichen Fernfahrten im Stile wie Neuilly–Versailles (1892), Paris–Rouen (1894), Paris–Bordeaux (1895) mit der Beschreibung der daran teilnehmenden Vehikel und ihrer mutigen Piloten. Die »Tricycles« kamen dabei nicht schlecht weg, passierte es doch, daß sie oft Bestzeit fuhren. Studierte man in Valentigny bereits ein Rad mit Zedelmotor, so geschah der erste Kontakt mit Kunden über die nach Conte De Dion gebauten Dreiräder. Wie konnten diese kleinen, 320-ccm-Einzylinder-Motoren, auf der Hinterachse angebaut, mit Zweiliter-Wagen mithalten?
Nur durch ihre Schnelläufigkeit! Sie wurde von Bouton rein zufällig entdeckt, als ihm ein Motor »durchging«! Anstatt nur mit 900 U/min dahinzutuckern, drehte er an die 2500 U/min, ohne zu zerbrechen.
Natürlich hatten die ersten Peugeots, wie auch die Zedel-Einbaumotoren automatische Einlaßventile, zarte kleine Tellerchen mit einem Stiel aus Bronze. Die Feder – mehr ein Federchen – hielt es mit 200 Gramm Zug auf seinem Sitz und öffnete etwas, wenn der Kolben auf halbem Wege zum unteren Totpunkt war. Man kann erraten, daß dabei 50 Prozent Füllungsgrad schon ein »hervorragender« Wert war (gegen 82 Prozent der späteren ohv-Motoren). Man versteht sicher auch, daß die Automatik Grenzen hatte; bei 2500/U/min waren sich Federhub und Motorschnelle nicht mehr einig.
Nun, ob Zedel oder Peugeot Nr. 1, nur der Auslaß war nockengesteuert. Dafür war der Vergaser eine Art Badestube für vorbeistreichende Luft; sie sollte sich mit dem Gas des gegen Zerklüftungen schwappenden Benzins anreichern. Das muß man nämlich wissen! Denn auf Neckarsulms glatten Asphaltstraßen wollte eine Gillet 1903 nicht laufen, während sie auf heimatlichem Klamotten-Pflaster glatte 50 rannte.
Alle Modelle 1900 – genaugenommen waren es erst zwei – hatten die startsichere aber kurzlebige 4-Volt-Batteriezündung; sie steckte im Mittelteil des Tanks, vorne war Benzin, hinten der Ölvorrat. Die Anbringung des Motors vor dem Pedallager währte kaum einen Frühling lang, dann kam er für ewig in das Mittelteil des Rahmens aus geraden Rohren. Mit der kleinstmöglichen Motorriemenscheibe und der größtmöglichen auf dem Hinterrad ergab sich eine Übersetzung von 1 zu 3,8. Solange noch kein Vorgelege erfunden war, mußte diese Riemenübersetzung gezwungenermaßen für die verschiedensten Motoren verwendet werden. Vier Hebel am oberen Rahmenrohr regelten die Vorzündung, die Gaszusammensetzung und deren Menge sowie den Ventilausheber zum Start. Ein Gag aus 1900: Vorderradfelgenbremse und Zündstromausschalter kombiniert!
Das Modell 1902 hatte bereits einen Tank mit fünf Liter für etwas weitere Ausflüge; ins Öl-Kompartiment tauchte eine Handpumpe für Zusatzschmierung bei bergigen Strecken. Normal floß ein Ölfaden, regelbar durch einen Schraubhahn, zum Kurbelwellenlager der Abtriebsseite. Der Pedalantrieb war höher übersetzt, damit man das Vehikel leichter in Gang setzen konnte.
Für 1903 hatte Peugeot einen eigenen Motor, fast mit gleichen Abmessungen, dem Zedel-Motor

Cissac gewann mit dieser 331-ccm-Einzylinder-Peugeot 1906 die »Tour de France« über die beachtliche Distanz von 2134 km. Der Motor hatte noch einen »Schnüffel«-Einlaß und war getriebelos.

vorgezogen. Auch der Rahmen und die 650er-Räder blieben gleich; somit auch das Gewicht von ca. 40 kg und bei gleicher PS-Zahl (2 ganze Pferdchen!) wie ehedem, blieb auch die max. Geschwindigkeit bei 42 bis 47 km/h gleich. Der Graugußzylinder mit seinem Kopf bestand aus einem Stück; eine große Bohrung (mit Gewinde) axial in der Auslaßventil-Linie gestattete die Ventilführungsbohrung zu erstellen, den Ventilsitz zu schleifen und zu allerletzt das Schnarchventil »obendrauf« mit seinem Einlaßkanal festzuschrauben. Diese um die Jahrhundertwende von allen nach und nach adoptierte Idee wurde »genial« genannt, obgleich der gerühmte »Guß-aus-einem-Stück« wegen der verlorenen Form einen vielteiligen Gußkern benötigte. Das waren schließlich Arbeitsstunden, aber man fürchtete mehr das Fräsen und Hobeln, nicht zuletzt auch das Aufspannen unbestimmter Gußformen.

Auf dem Peugeot-Stand der Ausstellung 1904 (draußen Schnee – innen Grünflächen auf den Ständen) wurde kein Modell mehr mit Zedel-Motor gezeigt. Aus eigenen 238 ccm Hubraum holte man bei 1800 U/min nun 2,5 PS heraus. Erste Wettbewerbe auf Zementbahnen – wie die berühmte »Buffalo« in Paris-Süd –, gefördert durch Radsportvereinigungen, konzentrierten sich auf den Drittel-Liter-Motor . . . und eine Sportkommission sanktionierte dann diesen Hubraum. So kam Peugeot auch rasch mit einer 333-ccm-Version und 2,75 PS heraus, um nicht gegen Anzani, Moto-Rêve und andere sportbesessene Marken zurückzustehen. Eine besondere Neuheit dabei: beide Ventile waren nun gesteuert. Damit wurden nun wohl »schwindelerregende« 2600 U/min erzielt, doch blieb der Ventildurchmesser winzig und entsprechend auch die PS. Das war übrigens noch das letzte Jahr, in dem das inzwischen weiter verbesserte Dreirad gegen Aufpreis von 90 Franc in ein Vierrad mit Steuerrad verwandelt werden konnte. Anderseits war das Jahr 1904 in bezug auf neue Vorderradgabel-Federungen trächtig. Die Peugeot-Lösung für dieses und die folgenden zwei Jahre war ein Langschwinghebel-Mechanismus mit Führung im Steuerkopfrohr und einer vertikalen Feder an diesem.

Wir haben damit gleich das Jahr 1905 übersprungen, wo sich zu Bekanntem eine Neuheit gesellte: der erste Renner! Man hat ihn in Valentigny entworfen, um den Kilometer-Rekord zu brechen. Zwischen den Rädern hat gerade noch ein Rahmen mit V-förmigem Hauptteil Platz und dieses ist mit einem riesigen 1,1-Liter-V-Motor ausgefüllt; mit seinen automatischen Ventilen, den dazuge-

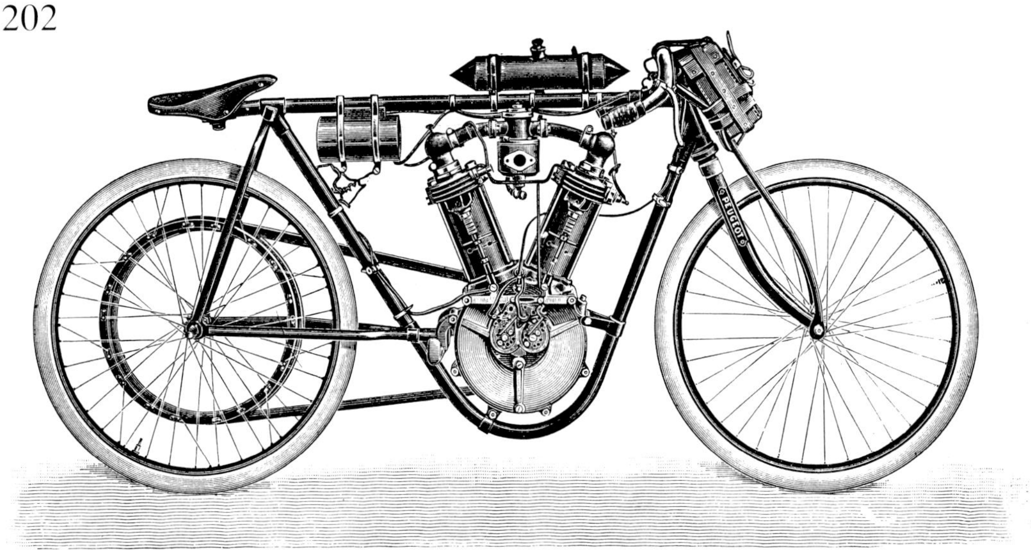

Mit diesem 1,1-Liter-V-Zweizylinder-Monster heftete Peugeot 1905 den absoluten Weltrekord an seine Fahnen; 123,2 km/h Schnitt war eine Leistung auf diesem Martergerät.

hörigen Einlaßkanälen und dem Languemare-Vergaser, der dabei an das obere Rahmenrohr stößt. Der Direkt-Riemen-Antrieb war 1:2,47 übersetzt. Mit zweimal 74 mm Bohrung und 125 mm Hub hatte der V-Riese 1070 ccm Hubraum und soll 16,5 PS entwickelt haben, was absolut glaubhaft zu der erzielten Höchstgeschwindigkeit von 123,2 km/h passen würde. Die Maximal-Drehzahl läßt sich bei Reifen von 68 cm Durchmesser und der genannten Übersetzung von 1:2,47 mit 2300 U/min errechnen. Da als Fahrerposition nur »langliegend« in Frage kam, befand sich das Sattelchen im Überhang über dem nackten Hinterrad.

Die Gußzylinder hatten nur am Einschraubloch der Zündkerze vier Kühlrippchen, die Batterie befand sich in einer Ledertasche auf der übrigens noch starren Gabel. Der Tank enthielt gerade 0,6 Liter Benzin, die man für den Rekord brauchte. Die zwei Steuernocken, kurz über der Kurbelwelle, liefen ungeschützt. Dieses Martergerät wog komplett nur 68,3 Kilogramm und war auch in anderer Weise eine Rekordausgabe: sein Abdruck in den Gazetten erreichte ebenfalls Bestseller-Ausmaße.

Das war Wasser auf die Mühlen der Sportinteressenten. Im darauffolgenden Jahr gab es dann daraufhin zwei Sportmodelle: eines mit 3,5 PS und einen 5-PS-Bahnrenner. Ab 1906 hatte der Kunde die Wahl zwischen vier 45-Grad-V-Motoren mit 330, 480, 660 und 1000 ccm Hubraum und drei Einzylinder-Modellen; eines der letzteren hatte bereits seine beiden Ventile gesteuert. Mit Ausnahme der »Tausender« hatten alle Modelle den gleichen, durchgehenden Rohrrahmen. Mit der »gesteuerten« 331er (Bohrung und Hub 75 mm) wurde Zissac in der 1906er und der folgenden »Tour de France« über 2134 km Distanz Sieger! Warum daraufhin diese Modelle und die beiden V-Motoren von 330 und 1000 ccm vom Programm verschwanden? Das Notizbuch behauptet: »Die Kunden wollten sie nicht« . . . wollten vielmehr 1907 den »Leichten Löwen«, einen Einzylinder von 218 ccm Hubraum, 40 kg Gewicht und 1,75 PS bei 2350 U/min. Sonderbar? oder nicht!

Im gleichen Jahr, nunmehr 1907, gewann nämlich eine gewisse Norton unter Rem Fowler die erste Tourist Trophy auf der Insel Man. Der Motor dieser Norton war ein V-Motor mit 660 ccm von Peugeot. Die wenigen Sammler, die ihn heute noch besitzen, sind begeistert von ihm. Tatsächlich hatten damals alle »großen« Hersteller einen »Multi« im Programm . . . wie Laurin & Klement, Phaenomen, NSU, Puch, Progress, Réné-Gillet und auch die Motorenbauer Minerva, JAP und MAG.

1910 sahen dann die Experten, daß der »Leichte Löwe« immer noch ein Marktrenner war. So bauten sie in den superleichten Rahmen dann auch den verbesserten V-330-ccm-Motor, den wohl kleinsten seiner Art und immer noch mit automatischen Ventilen. Weitere Neuheiten bis 1910 waren die Truffault-Federgabel, eine Schwappgabel, die Magnetzündung und schließlich der Claudel-Einhebelvergaser. Auch die V 330 wog nur 43 kg und ging schon über 50 km/h.

Ab 1913 glaubte man in Valentigny und Terre Neuve den Kunden »etwas mehr« bieten zu müssen; zudem wechselte die »Mode«! Hauptrenner im Programm wird die schnelle Einzylinder; sie hat nunmehr 350 ccm und zwei seitengesteuerte Ventile! Das hatte sich bei der Fernfahrt Paris–Nizza als unschlagbarer Vorteil erwiesen gegenüber all den anderen »Schnarchventilern«. Der Tank erhielt einen Niveauanzeiger, die Truffaultgabel wippte mit Verstärkung . . . und nun der Clou: alle Modelle mit Standard-Direkt-Antrieb konnte man mit Kupplung oder mit Dreigang-Nabe im Hinterrad umrüsten lassen. Das war ein Fortschritt, der sich jedoch nicht auf die 500er und auch nicht auf die 1000er bezog. Damals gab es »heiße Diskussionen«; soll man oder soll man sich nicht ein Getriebe zulegen!?

Einheitlich nach wie vor: die Fahrradpedale mit Kette zum Hinterrad und keine Rede von Kickstarter und Fußrasten. Es gab zum »Anwerfen« der Tausender eine Andrehkurbel, von deren Benützung die Betriebsanleitung abriet. Der Abstand der traditionellen Pedalkurbeln zwang die Konstrukteure, mit der Baubreite sparsam umzugehen! Das war ein Handikap für steife Kurbelgehäuse und wurde schwierig, wenn es sich um Hubräume von 550, 650 ccm oder gar um einen Liter handelte. Solange Experten noch direkte Übersetzungen zwischen Kurbelwelle und Hinterrad empfahlen, war die höchstmögliche Übersetzung etwa 1:3,8 und damit die Beziehung Tempo zur Motordrehzahl festgelegt. Da die max. Motordrehzahl von Feder und Gewicht des automatischen Einlaßventils abhing, war der Unterschied in Höchstgeschwindigkeit zwischen der preiswerten 240er, den Mittelklasse-330ern und -500ern, ja selbst der Luxusklasse 660er nur ganz gering. Das veranlaßte Peugeot-Ingenieur Antonesco, Nachfolger des berühmten Ing. Henry, zum lakonischen Ausspruch: »Für den größeren (und teureren) Hubraum bekommt der Kunde wenigstens einen kräftigeren Auspuffton mitgeliefert!«

Bis zum Kriege 1914/18 blieb der »Stand der Technik« recht konventionell. Für die französische Armee baute Peugeot dann eine seitengesteuerte 750er mit verstärktem Rahmen und Gabel sowie mit bereits vorgesehenen Seitenwagen-Anschlüssen. Sie sollte den Krieg überleben wie auch die 330er-V-Zweizylinder – einstiger Wunschtraum der Bahnrennfahrer – und wurde nun an der Front von den Meldefahrern benützt. Beide hatten auch »schon« Zwei- oder Dreigang-Getriebe und end-

Schon 1913 entstand dieses fortschrittliche Rennmodell mit zwei Zylindern, acht Ventilen und Doppelnockenantrieb über Zahnräder. Hier steht Werkfahrer Pean mit dem englischen Peugeot-Vertreter 1922 auf der Brooklandsbahn.

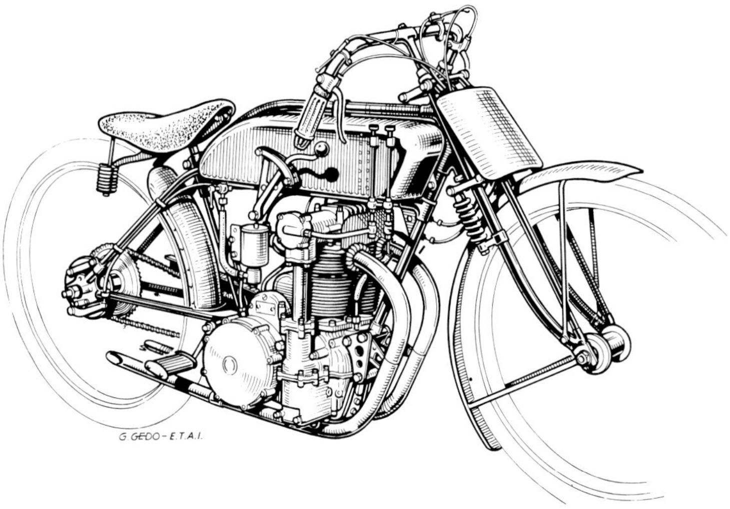

lich eine Geradeweg-Rohrgabel mit zentraler Schraubenfeder. Der Schalthebel nach Trambahnart auf dem grauen, später vernickelten Tank differenzierte diese Modelle von den nachfolgenden; die »kleine V« wird mit der Winkelschaltung bis 1921 weitergebaut; für die anderen Viertakter hat die Glocke des Endspurts geschlagen, denn der Markt war von den »Surplus«-Motorrädern der Marken Harley, Indian, BSA und Triumph derart überflutet, daß der Preis dieser soliden und oft auch viel moderneren Konstruktionen auf etwa 380 heutige DM abgefallen war.

1922 war Peugeots Alternative darum der kleine Zweitakter. Sie bauten ihn zunächst als 110- und 270-ccm-Einheit; und mit einem modischen Gag: der Zylinder war geneigt, während die Kühlrippen horizontal blieben. Die Presse lobte das als »schnittig«, und zweimal wurde es kopiert. Das kleinere Modell war ein Querläufer und mit der Absicht so gebaut, um Kardanantrieb zu installieren. Das war das damals aktuelle Motorrad-Thema, ausgelöst durch ABC und Gnome-Rhone. Es blieb bei der 110er dann aber beim Kegelrad und Vorgelege. Soweit des braven Chroniceurs Story.

Jetzt kommt endlich Salz in die Suppe der braven Serienmodelle. Dafür sorgte Ingenieur Henry; der hatte schon genug vom Aufmalen der Motor-Bolzen und Riemenscheiben. War doch die Technik der Flugmotoren und Automobile den »armen« Motorradfritzen schon längst davongelaufen. Henry hatte so schon 1913 einen dohc-Parallel-Twin mit zwei obenliegenden Nockenwellen für je vier Ventile pro Zylinder entworfen und auch sofort realisiert. Das war so schnell möglich, weil die Kurbelwelle aus zwei Einzylinder-Einheiten zusammengesetzt war. Der Motorblock enthielt außer der Kaskade von fünf Zwischenrädern für den Nockenwellenantrieb nur eine reichlich dimensionierte, offen liegende Kupplung. Das Ganze war typisch ein Versuchsbau auf die Schnelle; nur um zu sehen, wie sich solche »Hispano-Suiza-Technik« mit luftgekühlten Zylindern bewähren würde, bei dem jedes Ventil seinen eigenen Auspuff bekommen hatte. Es lief auf Anhieb hervorragend. Auf der Ausstellung des Jahres bescheiden im Hintergrund versteckt, dann in Montlhery von der Fachpresse beobachtet, wurde dieser Renner über Nacht in »The Motorcycle« die Sensation und als Fortschritt »von zehn Jahren« über alles andere herausgestellt.

Noch im Versuchsbau-Zustand – allerdings mit Vorgelege – stellte Peugeot-Einfahrer Péan einen »Flying Kilometer«-Rekord mit 122,2 km/h auf und noch besser: er gewann eine Handvoll Bahnrennen, wie z.B. im Parc des Princes einen GP des Motorcycle-Club de France sowie das Bergrennen von Gaillon. Dann brach der Krieg aus. Freilich noch nicht für alle Zeitgenossen; in den USA, wohin die plötzlich wieder vereinten Auto- und Moto-Branchen der Peugeots ihren Rennfahrer Lacroix geschickt hatten, wurde noch fleißig um die Wette gefahren. Lacroix hatte zwei 1000er V-Spezial für Indianapolis mitgebracht, womit er dort spielend vor den Hendees und Indians gewann.

Aber auch das Parallel-Zweizylinder-Wunder erlebte noch einen zweiten Frühling. Trotz seiner Achillesferse – der Tropfschmierung der zwei Nockenwellen – gewannen Einfahrer Péan und Gillard mit dem nach dem Krieg immer wieder aufgemöbelten Einzelstück verschiedene nationale Rennen. Dann hatte Peugeot-Cycles einen rumänischen Ingenieur namens Antonesco für die Überarbeitung des Parallel-Twin-Racers engagiert. Das neue Wunder – zunächst in zwei Exemplaren als 500er und 750er realisiert – behielt die Gegenläufigkeit der Kolben bei, wegen des relativ guten Masseausgleichs. Das Kurbelgehäuse war wegen der zusammengesetzten Kurbelwelle mit

Mitte der dreißiger Jahre kamen richtige Motorräder aus Valentigny. Hier das 500er-ohv-Modell SP 515 mit formschönem Blockmotor und »Fischschwanz«-Auspufftopf.

Sogar neue Weltrekorde fuhr Peugeot 1934 über lange Distanzen mit diesem Gerät; 2000 km mit mehr als 120 km/h Schnitt schafften die Brüder Pahin und Camille Narcy damit in Montlhery.

So sehen heute die leichten Peugeot-Zweitakt-Motorräder in dem für die achtziger Jahre typischen Geländesport-Look aus.

Linke Seite oben: Auf Königswellenantrieb mit nur einer Nockenwelle umgebaut, beherrschte 1923 der Halbliter-Twin von Peugeot die europäische Rennszene.

»für-ewig-eingebautem« Mittellager horizontal geteilt. Nun saß nur mehr eine Nockenwelle über den Ventilen und betätigte diese über Kipphebel. Ihren Antrieb besorgten nun nicht mehr Zahnräder, sondern eine handfeste Königswelle. Den Vorteil der verdoppelten Ventile und der leichten hin und her gehenden Massen hatte Antonesco fallenlassen. Man war ja auch von jenen Drehzahlen noch weit entfernt, die heute Dauertempo sind. Auch schmierungsseitig hatte er vom Vorbild der Flugmotoren profitiert, hatten es doch die bis dorthin gängigen Zweirad-Motoren nicht viel weiter als zu einer von Hand regelbaren Best-&-Lloyd-Tropfschmierung gebracht. Jedenfalls wurde das Curriculum dieser Rennmaschine ein seltener Fall.
Vom ersten Wettbewerb an dominierten Peugeots in Grand-Prix-Rennen die Konkurrenz. Die Piloten hießen Péan, Gillard und Richard, und ihre Beute waren 1923 die »Großen Preise« von Lyon, von Marseille, der Jahres-Cup des Motoclub de France, die »Großen Preise« von Spanien, der Schweiz und sogar der »Gran Premio des Nations« in Monza! Noch Jahre später wurden Bergrekorde wie in Arpajon, Senart und Gaillon verbessert. Die 750er war für 168 km/h Spitze gut; den »Kilometer mit stehendem Start« erledigte die 500er 1925 mit 124 km/h Schnitt.
Etwas diskreter war man in dieser schnellen Gesellschaft in Hinsicht auf die Tourist Trophy. Zwar flößten die zwei mit Péan und Gillard besetzten Maschinen im Training den Engländern wegen ihres Speed auf dem »Mountain«-Abschnitt Respekt ein, aber der Peugeot-Rennleiter verdarb sich alle Chancen, als er in einer Überdosis von Patriotismus die bewährten englischen Gabeln durch Peugeots »steinharte« ersetzen ließ. Damit wurde die Straßenlage zum Problem, und Péan und Gillard kamen über die Plätze 10 und 12 nicht hinaus . . . einer von ihnen gab dann auch noch auf. Trotzdem, es waren schöne Erfolge in einer harten Zeit. »Sie dienten fast mehr der Werbung für Peugeot-Autos als für die Motorräder«, denn die Überschwemmung des Marktes mit billigen Armee-Surplus-Maschinen hatte Peugeot gezwungen, sich um die Kundschaft mit der kleinsten Börse zu kümmern, und für diese waren sportliche Erfolge kein handfestes Argument mehr. »Billig und zuverlässig« war nun die Devise!
Dazu baute Peugeot einen 267-ccm-Zweitakt-Motor mit Zweiganggetriebe und einer Blattfedergabel. Das Modell kostete nach heutiger Valuta etwa 621 DM. Nur einen Hunderter weniger kostete ein Einbau-Aggregat für Fahrräder; rund um eine Federgabel konzipiert, das sich »ganz einfach« anstelle der Original-Gabel »einstecken« ließ. Das wurde ein totaler Fehlschlag, jedoch keine Lehre für -zig andere Hersteller, die diese Gedanken noch später wiederaufnahmen; jedoch mit der gleichen Pleite als Ergebnis.
Im Jahre 1926 hatte sich Automobiles-Peugeot wieder einmal von den Motos Peugeot getrennt, weil das Zweiradgeschäft so schlecht ging. Man brachte aber dann endlich die P-Modelle heraus, und nun ging die Sonne wieder auf. Das waren die P 101, eine Zweitakt-Eingangmaschine; die P 102, eine auf 175 ccm aufgebohrte Variante, und schließlich die Viertakt-Serie 105–107 und 108, alle mit dem gleichen Dreigangblock. Zwei Versionen gab es als 250er und 350er seitengesteuert, und von der P 105, 350 ccm, auch eine kopfgesteuerte Variante. Dieses Baukastenprinzip war das Werk des belgischen Ingenieurs Kunell; sein Leitmotiv hieß Sparen! Ein für allemal gab es für die ganze Modellpalette eine Parallelogrammgabel, Wiegenrahmen und die Umlaufschmierung. Gute Zugänglichkeit für den Piloten wie auch aller Innereien für den Reparateur wurde Vorbild (sogar für die Konkurrenz!).
Die Anregungen dazu stammten von den Händlern, welche seit Kriegsende selbstverständliche Mittler zwischen Kunde und Fabrik waren. »Blockmotor und nur ein Topp« war deren Devise. Der »Velomoteur«, auf 100 ccm beschränkt und von der Gesetzgebung favorisiert, kam in verschiedenen Formen – zum Beispiel als Damenmodell – zur neuen Viertakt-Generation dazu und hielt sich bis 1933. Der andauernde Erfolg erklärt sich wohl damit, daß Konkurrenzmarken noch lange an schlecht gekapselter Pri-

mär- und Hinterrad-Ketten-Übertragung festhielten.
Auf der Ausstellung von 1933 hatten die weiterentwickelten 350er- und 500er-Maschinen auch noch den Rückstand an Leistung eingeholt. Sie hießen nun P 115 – P 117 und P 515. Entsprechend der Mehr-PS verwendet man im Primärantrieb Duplexketten. Federn und Kipphebel des Ventiltriebs waren voll gekapselt wie auch die Bremsen, die man vorne und hinten kombinierte. Elektrische Beleuchtung war jetzt selbstverständlich. Was der Kunde mit den ohv-Versionen in damaligen Wettbewerben in der 350- und 500-ccm-Klasse erzielen konnte, machten ihm die Werkfahrer Marcel und Robert Pahin vor, noch dazu mit Standard-Wettbewerbszubehör. Sie gewannen fast alle Zuverlässigkeitsfahrten zwischen 1929 und 1939 wie Paris–Pyrenäen–Paris (zweimal), die »Tour de France«, die »Tour de Marseilles«, die 24 Stunden von Montlhery (mit 118 km/h Schnitt) und Six-Days-Medaillen; alles meist vor den ruhmbeklekkerten, berühmten englischen Marken.
Schon 1926 hatte eine neue Phase in der Motorradwerbung eingesetzt; da hatte nämlich Robert Sexé – der wandernde Motor-Poet – mit Andrieux die Welttour auf zwei Gillet-Motorrädern gemacht und mit starkem Echo beschrieben. Peugeot erkannte sofort die ungewöhnliche Werbewirkung dieser Motor-Heroika. So schnatterte dann Sexé fortan auf 350er oder 500er Peugeots gegen den Orient oder rund ums Mittelmeer. Abenteuer in Life-Aufmachung konnte der Leser nun wöchentlich verfolgen. Auf einer Fernfahrt benutzte Sexé die 175er-Zweitakt mit Anhänger, der heimwärts mit »nicht wiederkehrenden« Andenken voll bepackt war. Das und der geringe Hubraum zündete...!
Das passierte gerade zur rechten Zeit, denn das reine Motorradgeschäft flaute ab. 1937/38 verkaufte Peugeot noch 6454 Velomoteurs, aber nur mehr 2203 Motorräder. Wohl reüssierte ein Dreirad-Lieferwagen; die aufgelegte Serie wurde ausverkauft, doch die mehrfache Umstellung im Zweiten Weltkrieg auf anderer Objekte hinterließ an seinem Ende eine düstere Situation.

Nickel und Messing lassen den V-Motor des »Leichten Löwen« von Peugeot aus 1911 leuchten, dem Franz Xaver Scherer das Laufen beigebracht hat.

Der Wiederbeginn startete mit dem Velomoteur P 54, einem Dreigang-Zweitakter mit Fußschaltung und 125 ccm Hubraum, dessen Motor man auch für ein Schnelliefer-Dreirad benutzte. Zwischen 1945 und 1956 wurden schließlich in Valentigny 260 533 führerscheinfreie Velomoteurs, 31 160 Roller (vollverkleidet à la Zündapp »Bella«) und 28 376 Dreiräder ausgeliefert. Immerhin kam 1953 noch zaghaft eine 250er-Zweitakt-Viergang heraus. Tuner Bouin gewann damit ihre Klasse im Bol d'Or. Daraus machten die Peugeot-Leute in Beaulieu eine Zweitakt-Twin, deren zwei einzelne Zylinder durch ein zentrales Schwungrad gekoppelt waren. Leistung und Handling waren zufriedenstellend, wenn auch nicht die Klasse einer »Adler«, wie Bouin beim gelegentlichen Tausch mit der »Adler« des Autors feststellen konnte.
Ab 1955 waren auch in Frankreich Hunderttausende reif für das Moped mit 50 ccm Hubraum. Solex war der erfolgreiche Pionier; Motobecane bestätigte es: für Kurzstrecke und Großstadttransport ist das Moped ideal! Peugeot stieg auch ein, zunächst »runner up«, überflügelte es eines Tages den Größten, als er gerade mit 4500 Einheiten pro Tag der »König« geworden war. Sonst hört man nie davon: 600 000 bis 800 000 Stück pro Anno sind heute drinnen! Ist das nichts !?

PUCH

Puch – durch den Doppelkolben-Zweitaktmotor berühmt geworden

S 4 – Sport-Viergang – hieß das populärste Puch-Modell der Zwischenkriegszeit mit Doppelkolben-Motor; hier ein Exemplar mit der Illichmann-Hinterradfederung aus 1939.

Der Zweitaktmotor beherrscht seit Ende der siebziger Jahre – mit wenigen Ausnahmen – die Szene des Motorrad-Rennsports. Bis zu dieser Überlegenheit über den Viertaktmotor war ein weiter Weg. Die bekanntesten Motorradfirmen, die dem Zweitaktmotor zu seiner heutigen Überlegenheit verholfen haben, sind – in chronologischer Reihenfolge – Scott, Garelli, Puch, DKW, Adler und MZ. Puch hat dazu seit 1923, über einen Zeitraum von rund 30 Jahren hinweg, mit seinem Doppelkolben-Zweitaktmotor einen wesentlichen Beitrag geleistet.

Bei Puch begann die Motorradproduktion jedoch schon 1903; zunächst mit Viertaktmotoren, und heute ist die in der steiermärkischen Landeshauptstadt beheimatete Firma nicht nur der älteste noch tätige Zweiradproduzent, sondern auch der größte in Österreich. Seine Produkte am Zweiradsektor – in Graz werden auch vierrädrige Geländefahrzeuge gebaut – sind heute fast ausschließlich Moped und Leichtmotorräder mit Einkolben-Zweitaktmotoren, die in rund 85 Länder der Welt verkauft werden und sich dank ihrer Qualität höchster Wertschätzung erfreuen. Auch vom Umfang seiner Produktion her zählt Puch gegenwärtig zu den größten europäischen Motorradfabriken. Jährlich verlassen mehr als 200 000 motorisierte Zweiräder und zusätzlich noch etwa 100 000 Einbaumotoren für Motorradkonfektionäre das Werk in Graz-Thondorf. Aber auch bei Puch war »aller Anfang schwer«.

Links: Ein Puch-Motorrad vom ersten Typ A/B aus 1903/04 fuhren die beiden Wiener Alexander Girardi, der bekannte Volksschauspieler, und sein Freund Gustav Schreiber (links).

Rechts: Mit diesem (ohne Magnet) nur 50 kg wiegenden 905-ccm-V-Zweizylinder-Monster siegte Puch 1906 im letzten »Coupe«-Rennen.

Schon 1890 begann der erst 28jährige Johann Puch, der am 27. Juni 1862 in Sakuschack bei Pettau auf dem heutigen jugoslawischen Staatsgebiet geboren wurde, in der Grazer Strauchergasse 18a mit der fabriksmäßigen Erzeugung von Fahrrädern. Seine »Styria«-Fahrräder verkauften sich nicht nur gut, sondern errangen auch zahlreiche Siege in großen internationalen Straßenrennen. Nach einigen unternehmerischen Umwegen gründete er schließlich am 28. September 1899 die endgültige Firma »Johann Puch – Erste steiermärkische Fahrrad-Fabriks-Aktiengesellschaft« und brachte es anschließend, bis zu seinem Tod am 20. Juli 1914, zu einem der bedeutendsten Industriellen in der damaligen österreichisch-ungarischen Monarchie.

Puch war in den ersten Jahren nach seiner letzten Firmengründung ausschließlich mit der Fahrraderzeugung beschäftigt, baute aber auch 1901 versuchsweise ein Automobil und auch ein »Motorcycle«, ein dreirädriges Gefährt à la De-Dion-Bouton. Die echte Motorrad-Fertigung startete erst 1903 mit dem A-Modell, das schon im Herbst 1902 als Prototyp am Semmering-Rennen teilgenommen hatte.

Das Puch-Motorzweirad vom Typ A war eine »Leichte Tourenmaschine« mit 254 ccm großem Einzylinder-Motor von 68 mm Bohrung und 70 mm Hub. Es wurde auch 2¾-HP-Modell genannt und unterschied sich vom zeitgenössischen Konkurrenten, dem einzylindrigen Laurin-&-Klement-Modell derselben Jahre, durch einige wesentliche Dinge. Man konnte auf Wunsch schon ein gesteuertes Einlaßventil anstelle des »Schnüffel«-Ventils haben. Die erste Puch besaß bereits einen Spritzvergaser, und überdies war der Magnet für die Abreißzündung gut geschützt hinter dem Motor eingebaut. Auch der schmälere Keilriemen anstelle eines Flachriemens der L & K war ein Fortschritt.

Vom Typ A und dem nur in Details verbesserten Modell B wurden innerhalb von zwei Jahren 750 Stück hergestellt, dann kamen die V-Zweizylinder-Modelle, ausgelöst durch den »Coupe International des Motocyclette«, den 1905 in Frankreich Laurin & Klement gewann und damit die Austragung dieses wirklich ersten europäischen Rennens 1906 nach Österreich brachte. Für diesen Wettbewerb entstand dann bei Puch das C-Modell in einer Rennversion, das max. 50 kg Gewicht (ohne Magnet) zunächst einen 770-ccm-, dann einen 905-ccm-Motor bekam. Dieses Modell

brachte dann 1906 mit den Fahrern Nikodem und Obruba den Puch-Werken den vielbeachteten Doppelsieg im »Coupe«-Rennen, der letztlich die Engländer 1907 zur Gründung der dann über Jahrzehnte hinweg im Motorsport tonangebenden Tourist Trophy auf der Insel Man veranlaßte. Von zehn Konkurrenten aus Frankreich, England, Deutschland und Österreich erreichten 1906 hinter Nikodem und Obruba nur noch einer der Matchless-Gründer, Collier, und der Deutsche Retienne das Ziel des über 250 km Distanz gehenden Rennens. Der Schnitt des Siegers Nikodem auf der erfolgreichen Puch-Rennmaschine betrug 77 km/h.

Die zivilen V-Zweizylinder-Modelle, aus welchen der 1906 erfolgreiche Renner entstanden war, reichte in verschiedenen Hubraumgrößen von $3\frac{1}{2}$ bis 6 HP, und von ihnen wurden zwischen 1905 bis 1909 rd. 2650 Exemplare gebaut. Das Motorrad-Programm von Puch bestand 1907, als das Motorradgeschäft schon etwas nachließ und auch Puch zum Automobil drängte, aus vier leichten Einzylinder-Modellen von $2\frac{1}{2}$, $2\frac{3}{4}$, $3\frac{1}{4}$ und $3\frac{1}{2}$ HP und mit Preisen zwischen 800 bis 1050 Kronen sowie fünf Zweizylinder-Modellen vom leichten $3\frac{1}{2}$ über 4 und 5 HP bis zu den schweren 5- und 6-HP-Modellen für die es als Extras bereits eine Doppelübersetzungsnabe im Hinterrad, Ventilator, Ketten anstatt Riemen-Übertragung, Friktionsbremse, Bergstütze und auch einen Korbbeiwagen gab; die Preise ohne Extras lagen zwischen 1000 und 1600 Kronen.

1908 ging ein neues zusätzliches Modell in Produktion, die Stückzahlen gingen jedoch zugunsten der Automobilfertigung zurück. Dieses neue Modell hieß »Puch-Colibri« und trug einen aus der A/B-Serie stammenden leichten 2-HP-Motor mit Abreißzündung in einem stärkeren Fahrradrahmen, wog 40 kg und lief 45 km/h. Es war gewissermaßen ein Vorläufer des heutigen Mopeds und kostete 700 Kronen; nur 460 Stück wurden davon gebaut. Die Motorradfahrer dieser Zeit wollten offensichtlich stärkere Maschinen, die 1910 mit einem $2\frac{3}{4}$-HP-455-ccm-Einzylinder-Modell und ein Jahr später mit den wesentlich moderneren Modellen R 1 und R 2 folgten; letzere hatten bereits zwei seitengesteuerte Ventile und Hochspannungsmagnet-Zündung. Gegen Aufpreis gab es sogar eine Art teleskopisch gefederte Vorderradgabel und, wie schon vorher, anstelle des damals bevorzugten Riemenantriebs auch Ketten sowie eine Zweigang-Nabe im Hinterrad. Vom

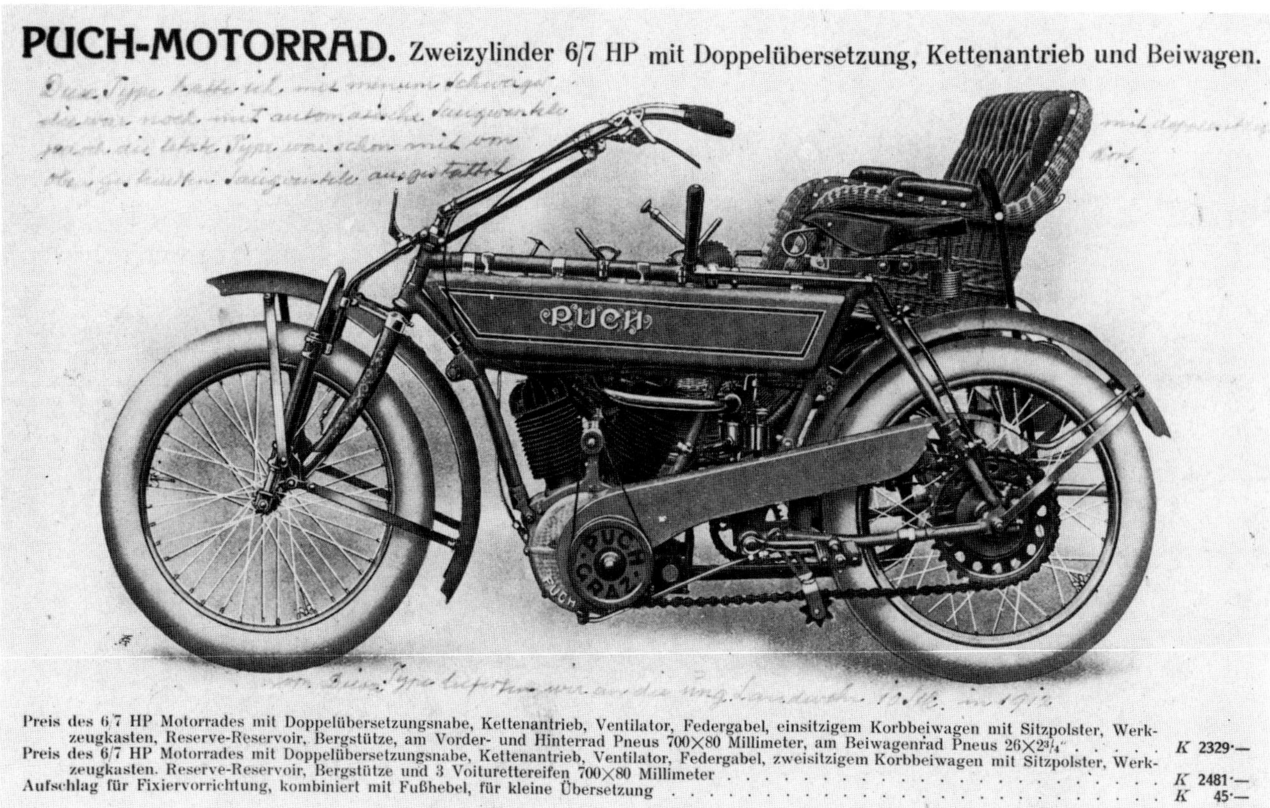

Die schwere Gespann-Maschine von Puch aus 1907 besaß schon eine teleskopartige Federgabel und einen über Riemen angetriebenen Ventilator.

R 1- und R 2-Modell wurden immerhin wieder 900 Stück gebaut. Dann schwenkte Puch endgültig auf die »englische Linie« ein und brachte 1914 das DR-Modell mit getrenntem Dreigang-Getriebe und Kickstarter, ölgefülltem Primärkettenkasten und Innenbackenbremsen auf den Markt. Davon wurden bis zum Kriegsausbruch nur mehr 105 Stück fertiggestellt, und das noch während des Krieges gebaute, von Douglas inspirierte Modell MM mit längsliegendem 6-PS-Boxermotor brachte es gar nur auf 10 Stück. Johann Puch war schon 1912 aus Gesundheitsgründen von der Leitung der Firma zurückgetreten, die kurz vor seinem Tod noch in »Puch-Werke AG« umbenannt wurde.

Außer dem bereits erwähnten Doppelsieg von Puch im bedeutensten Rennen 1906 mit den beiden Werkfahrern Nikodem und Obruba gab es in der Pionierzeit von Puch noch andere erfolgreiche Fahrer auf der steirischen Marke, wie Wetzka, Ing. Medinger, der zusammen mit Hermann sogar 1913 die Tourist Trophy mitfuhr, und den späteren Mercedes-Benz-Direktor Werlin.

Im Ersten Weltkrieg war das Grazer Werk dann überwiegend mit der Produktion von Automobilen aller Art für den Kriegsbedarf beschäftigt. Als der Krieg beendet war und die alte Donaumonarchie auf viele neue Nachfolgerstaaten aufgeteilt wurde, verlor Puch seinen einstigen Inlandsmarkt und frettete sich in den ersten Nachkriegsjahren mit dem Bau von Feldbahnen, den alten PKW-Modellen und anderem motorisierten Gerät mehr schlecht als recht durch.

1923 kam dann neues Leben durch den Doppelkolben-Zweitaktmotor in die Werkhallen von Puch, womit die alte Firma wieder Anschluß an das Motorradgeschäft fand. Diese Konstruktion stammte vom späteren Werkdirektor, Giovanni Marcellino, der schon 1914 aus Italien zu Austro-Fiat nach Österreich gekommen war. Es wird erzählt, daß Marcellino eigentlich von jener Bankengruppe, die vom sagenumwobenen Finanzgenie der Inflationszeit, Camillo Castiglioni, geleitet wurde und die Geldgeber von Puch waren, nach

Graz geschickt wurde, um die Firma zu liquidieren. Er hatte jedoch eine bessere Lösung zur Hand, indem er mit dem genannten Doppelkolben-Motor das erste Puch-Nachkriegsmodell vom Typ LM mit 122 ccm Hubraum schuf und in Produktion nahm.

Europa stand damals am Beginn der Zweitakt-Entwicklung, die durch die Marke Scott von England aus ihren Ausgang genommen hatte. Findige Köpfe bemühten sich vielenorts, den schwerwiegendsten Nachteil der ersten Zweitakt-Konstruktionen, die nasenförmige Ausbildung des Kolbenbodens, zu umgehen. Sie war jedoch erforderlich, um die in den Verbrennungsraum strömenden Frischgase aufzurichten und gleichzeitig von dem auf der gegenüberliegenden Seite durch den Auspuff abziehenden verbrannten Gemisch zu trennen. Anfang der zwanziger Jahre war der Flachkolben bei normalen Zweitakt-Motoren noch unbekannt, und alle Motorenbauer mußten sich mit dem schweren Nasenkolben plagen. Als Ausnahme gab es in Italien schon einen Doppelkolben-Motor bei Garelli, jedoch mit symmetrischem Steuerdiagramm, da bei dieser Konstruktion beide Kolben auf einem gemeinsamen Kolbenbolzen saßen.

Marcellino dürfte sich die Anregung zu seinem Doppelkolbenmotor mit asymmetrischem Steuerdiagramm wahrscheinlich von Garelli geholt haben. Er drehte jedoch die Kurbelwellenachse um 90 Grad und führte zwei lange, schmale Kolben an zwei separaten Kolbenbolzen mittels Gabelpleuel. Dadurch gingen beide Kolben nicht parallel auf und ab wie bei Garelli, sondern beim Niedergehen eilte der Auspuffkolben etwas voraus, öffnete dadurch den Auspuffschlitz, noch ehe der Überströmkanal vom anderen Kolben freigegeben wurde. Dadurch expandierten die unter Druck stehenden verbrannten Gase früher und entwichen. Beim Aufwärtsgehen eilte der Auspuffkolben wiederum dem Überströmkolben voraus, schloß damit den Auspuffschlitz rascher als der andere Kolben den Überströmkanal, wodurch die Füllung verbessert und der Motor insgesamt »aufladefähiger« wurde. Die Trennwand beider

Puch baute bereits 1913 diesen fortschrittlichen ohv-Motor mit schräg in den Zylinderkopf hängenden Ventilen. Er wurde 1980 originalgetreu von Ing. Ludwig Apfelbeck nachgebaut.

Zylinderbohrungen wirkten überdies wie die Nase des Einkolben-Zweitakters und verhinderte weitgehend die Vermischung der Frischgase mit den verbrannten Abgasen. Die bessere Spülung des Zylinders brachte höhere Leistung bei niedrigerem Verbrauch, und das war ein echter Fortschritt.

Die lange Reihe der Puch-Motorräder mit Doppelkolben-Zweitakt-Motoren startete also 1923 mit dem Modell LM (Leicht-Motorrad), das bei 42 kg eine Leistung von etwa 2 PS bei 2500 U/min aufwies. Es wurde wegen seines zigarrenförmigen Benzintanks im Volksmund auch »Zigarren- oder »Zeppelin«-Puch genannt. Es war ein robustes, preiswertes Fahrzeug, von dem die aufgelegte Serie von 2500 Stück schon in einem Jahr verkauft war und dem nächsten, größeren 175-ccm-Modell Platz machte.

Von der LM-Puch gab es drei verschiedene

Modelle; die Normalausführung, ein Damen-Modell mit tiefgezogenem oberen Rahmenrohr zum besseren Durchstieg und eine Sportausführung, die auch rasch die ersten Nachkriegs-Sporterfolge brachte. Noch ehe im Spätherbst das neue 175er-Modell folgte, baute Marcellino aus zwei 122-ccm-LM-Motoren einen knapp 250 ccm großen Werkrenner, einen Doppelkolben-Twin, der in die Motorsportgeschichte einging. Mit diesem Werk-Rennmodell beteiligte sich das Grazer Unternehmen nämlich im September 1924 am ersten »Großen Preis von Europa«, der auf der bekannten Monza-Bahn bei Mailand veranstaltet wurde. Die beiden Werkfahrer Rupert Karner und Hugo Höbel lagen im 250-ccm-Rennen lange in Front, ehe Karner stürzte und sie schlußendlich in der Reihenfolge Höbel, Karner auf den Plätzen zwei und drei durchs Ziel gingen. Ein von diesem Rennmodell abgeleitetes Versuchsfahrzeug mit zunächst 250 und später sogar 350 ccm Hubraum ging jedoch nicht in Serie, weil das neue 175er-Modell die Kapazität des Werkes auslastete.

Das genau 173 ccm große zweite Puch-Doppelkolbenmodell war schon wesentlich robuster und stärker als das Modell LM. Der Motor stand nun aufrecht im Rahmen, war nicht mehr um 45 Grad nach vorne geneigt und besaß als großen technischen Fortschritt eine Frischölschmierung durch eine getrennte Ölpumpe, deren Förderung lastabhängig durch die Betätigung des Gashebels reguliert wurde. Das Getriebe war, wie schon bei der LM, eine im Hinterrad montierte Zweigangnabe, und auch die Kupplung saß dort.

Auch das Modell 175 bekam bald einen Rufnamen. Es wurde »Harlette« genannt, weil es wie Harley-Davidson einen zweiteiligen Überschubtank besaß. Von diesem Puch-Modell wurden 1925 insgesamt 3500 Stück gebaut; der Verkauf zog sich jedoch noch ins Jahr 1926 hinein. Es gab auch ein Sport-Modell 175 mit Bronze-Kopf und zwei Auspuffrohren, mit dem die Werkfahrer Höbel, Sandler und später dann auch Toricelli sowie zahlreiche Privatfahrer bereits ab 1926 eine Reihe von Sporterfolgen errangen. In Deutschland war um diese Zeit der Freiburger Zick der erfolgreichste Puch-Fahrer. 3500 Stück wurden vom Modell 175 gebaut. Dann kam das Modell 220 als letztes der ersten Modellreihe, die den Motor mit den beiden Kolben in Fahrtrichtung stehen und die Zweigangnabe im Hinterrad hatte. Alles war an diesem Modell gewachsen: der Hubraum auf 220 ccm, die Leistung auf 4,5 PS und das Gewicht auf 85 kg. Die Zylindermaße waren nun zweimal 45 mm Bohrung und 70 mm Hub. Von der »220er«, wie sie genannt wurde, baute Puch von 1926 bis 1928 insgesamt 12 000 Stück; ein großer kommerzieller Erfolg. 1928 erfolgte auch der Beschluß der Aktionärsversammlung, die seit 1923 bestehende Interessengemeinschaft mit der »Österreichischen Automobilfabriks AG«, vormals Austro-Fiat, durch eine Fusion mit den in Wiener-Neustadt ansässigen Austro-Daimler Werken zu vertiefen. Die Eintragung der »Austro-Daimler Puchwerke AG« ins Handelsregister erfolgte am 28. Dezember 1928.

Im Frühjahr 1929 stellte Puch auf der Wiener Automobil- und Motorrad-Ausstellung ein völlig neues Modell, den Typ 250 vor. Der Motor saß nun quer im Rahmen und war mit einem Dreigang-Getriebe verblockt. Trotzdem blieb die Kupplung weiter im Hinterrad. Das war dann die neue, eigenwillige Puch-Linie, die für alle bis 1940 gebauten Modelle typisch war. Die Leistung des Modells 250 betrug 6,5 PS bei 3000 U/min.

Die Zündung erfolgte durch einen vorne auf der Kurbelwelle sitzenden Magneten, und auch die Frischölschmierung wurde beibehalten. Mit rd. 100 kg Gewicht war das neue Modell vergleichsweise leicht und trotzdem sehr robust. Es machte sich bald als guter »Bergsteiger« einen Namen. Auch der kommerzielle Erfolg von Puch hielt trotz der ab 1930 spürbar werdenden Wirtschaftskrise an. Von 1929 bis 1932 wurden 13 200 Stück 250er gebaut.

Schon 1928 war der Ruf nach einem beiwagentauglichen Modell laut geworden. Mit den damals vorhandenen Zweitakt-Motoren wäre dies nicht realisierbar gewesen. Deshalb gab es 1928 bei Puch einmal kurz ein 500-ccm-Modell mit einem seitengesteuerten englischen JAP-Motor, von

Die Doppelkolben-Protagonisten der ersten Stunde 1924: V. l. n. r.: Hugo Höbel auf dem 250-Renn-Twin, daneben Dir. Marcellino und KR Linninger mit einem davon abgeleiteten Prototyp.

dem jedoch nur 500 Stück gebaut wurden. Die Idee, eine gespanntaugliche Puch zu bauen, wurde jedoch nur aufgeschoben, denn 1931 kam das erste 500-ccm-Zweitakt-Modell mit zwei hintereinandergestellten 250-ccm-Einheiten auf den Markt. Es hieß 500 Z und schnurrte mit seinen vier Kolben wie eine Katze, wenn der Motor lief. Die Leistung war 14 PS, doch haperte es meist mit der Kühlung des rückwärtigen Zylinders. Dennoch wurden von der 500 Z sowie den nachfolgenden Modellen N und 2 N von 1931 bis 1933 mehr als 2000 Stück gebaut und auch verkauft.
1931 erhielt das Modell 250 eine 8 PS starke Schwester, die sich 250 »Sport« nannte und durch größere Kühlrippen zu erkennen war. Die Leistung des Normalmodells 250 wuchs 1933 von 6 auf 7 PS und jene der »Sport« von 8 auf 10 PS. Für Deutschland, wo Motorräder ab 1934 mit 200 ccm Hubraum steuerfrei waren, baute Puch Versionen mit reduziertem Hubraum mit 6 und 9 PS Leistung. 1934 war auch das Jahr, in dem die Fusion mit den Steyr-Werken zur auch heute noch bestehenden »Steyr-Daimler-Puch AG« erfolgte, die am 10. Mai 1935 im Wiener Handelsregister eingetragen wurde.
Hier müssen noch die Sportaktivitäten bis 1932 eingeblendet werden, weil sie, auch international gesehen, zu bedeutenden Ergebnissen führten und dem Puch-Doppelkolben-Motor große Publizität verschafften.
Damals war der Sport, viel mehr noch als heute, das Experimentierfeld für das spätere Serienerzeugnis. Der schon erwähnten 175er-Sport, von der es bereits eine Werk-Ausführung mit rechts seitlich am Motor angebrachter Ladepumpe gab,

Die älteste existierende und völlig original restaurierte Puch vom Typ A befindet sich im Besitz des Restaurators Helmut Pfeffer in Brand in Niederösterreich.

folgte schon im Herbst 1927 zum »Großen Preis von Österreich« das erste 250-ccm-Rennmodell mit quer im Rahmen stehendem Motor, der erst zwei Jahre später in Serienfertigung kam.
Schon 1928 gewann damit der Schweizer Werkfahrer Toricelli überlegen die »Österreichische Tourist-Trophäe«, die seit 1923 alljährlich im Wienerwald ausgetragen wurde. 1930 gab's dann den ersten wassergekühlten 250-ccm-Ladepumpen-Motor, noch mit Dreigang-Getriebe und Handschaltung, der etwa 15 PS bei 4400 Touren leistete. Diese neue, auch »Kompressor-Puch« genannte Werkmaschine eilte dann in den Jahren 1930 und 1931 von Erfolg zu Erfolg. 1931 bekam das Modell ein fußgeschaltetes Viergang-Getriebe, und die Leistung stieg auf etwa 18 PS. Den Höhepunkt seiner Erfolgsserie erreichte die Renn-Puch am 5. Juli 1931 am Nürburgring, als Toricelli im »Großen Preis von Deutschland« gegen die damals ungeschlagenen Engländer mit Rudge-, New-Imperial- und Excelsior-Maschinen in neuer Rekordzeit gewann. Neue, für die Saison 1932 vorbereitete Renn-Modelle mit 23 PS Leistung kamen nicht mehr zum Einsatz, da wegen der schlechten wirtschaftlichen Lage die Tätigkeit der Rennabteilung eingestellt wurde. Puch konzentrierte sich daraufhin ab 1934 auf den Langstrekken- und Geländesport, der mit dem luftgekühlten 250-ccm-Sport-Modell S 4 beschickt wurde. 1933 startete man auch eine für damalige Verhältnisse aufsehenerregende Fernfahrt: Geographiestudent Max Reisch fuhr auf einer für lange Wüstenreisen speziell ausgerüsteten, sonst jedoch serienmäßigen Puch 250 auf dem Landweg als erster Motorradfahrer über mehr als 13 000 km nach Indien. Dies war erstmalig in der Geschichte aller Motorradexpeditionen.
Neben dem Schweizer Toricelli war in dieser Zeit der Grazer Cmyral der erfolgreichste Fahrer. Er wurde durch Rudi Hunger unterstützt, und auch in Ungarn, wo ein Neffe des Firmengründers, Johann Puch jun., die Budapester Puch-Niederlassung leitete, waren mit ihm selbst, Laszlo Kiss und Ferencz Lukawetz ausgezeichnete Puch-Fahrer am Werk.
1935 sah das Puch-Programm wie folgt aus. Mit 250 ccm Hubraum gab es drei Modelle: den Typ E (einfach), den Typ L (Luxus) und Typ S 4 (Sport-Viergang) sowie zwei 500er Modelle V und N 2. Das Gewicht der 250er-Modelle lag bei 125 kg und die Leistung der E und L betrug 7,5 PS, die der S 4 ganze 10,5 PS. Die Modelle L und E hatten im Gegensatz zur S 4 ein Dreigang-Getriebe. Bei den 500er-Modellen lag der Unterschied in Zündung und Getriebe; das Modell N 2 besaß ein Dreigang-Getriebe und Magnetzündung, das Modell V ein Viergang-Getriebe und, wie alle 250er-Modelle, Batterie-Zündung.
1936 kam dann die Erweiterung des Angebots mit einem schweren 800-ccm-Vierzylinder-Viertakt-Modell, das als Beiwagenmaschine für Militär und Gendarmerie konzipiert war. Die beiden Zylinderpaare lagen im stumpfen Winkel von 165 Grad gegenüber, waren seitengesteuert und brachten

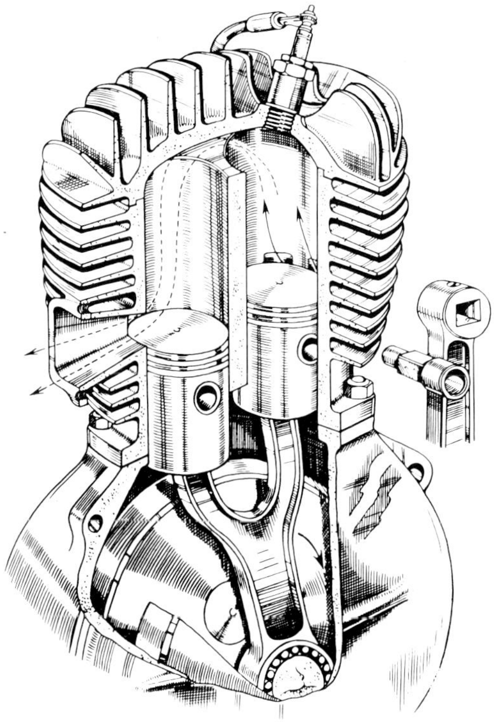

Puch-Doppelkolben-Zweitakt-Motor von innen. Zum Ausgleich der seitlichen Kolbenbolzen-Bewegung war ein Pleuelauge rechteckig geschlitzt.

eine Leistung von 20 kräftigen Pferden. Von diesem 195 kg schweren Gefährt wurden zwischen 1936 und 1938 nur 550 Stück gebaut. 1937 erschien dann mit der Puch 200 ein »Volksmodell« zum Niedrigpreis von 980 Schilling. Der Rahmen war aus Preßstahl, und der handgeschaltete Dreigang-Motor mit angeblocktem Dreigang-Getriebe war nun gemischgeschmiert. Erstmals saß die Kupplung zwischen Motor und Getriebe. Das kaum 100 kg schwere Motorrad lief bei 6 PS Leistung max. 75 km/h, war aber erstaunlich zäh und trug zwei Personen über die steilsten Pässe.

1938 gabs wieder zwei zusätzliche Modelle, das motorisierte Fahrrad »Styriette« und die 350 GS »Gelände-Sport«. Die »Styriette« war ein echtes Mofa mit 1,5 PS Leistung und nur einer fixen Übersetzung. 2300 Stück davon wurden bis Kriegsausbruch gebaut. Der GS 350 war ein längeres Leben beschieden, denn sie wurde nach Weglassung einer komplizierten Hinterradfederung mit vier kurzen Schwingarmen und 10 Schmiernippeln auch noch in den Kriegsjahren für die Wehrmacht gebaut. Von der zivilen Ausführung entstanden bis Kriegsbeginn 2500 Stück. Diese erste 350er Puch brach mit der 1929 initiierten Tradition der quer zur Fahrtrichtung stehende Zylinderbohrungen. Die beiden Zylinder des Modells 350 GS standen nun hintereinander, und die noch in Längsrichtung liegende Kurbelwelle hatte für jeden Kolben ein eigenes Pleuel, die jedoch zur Erzielung eines unsymmetrischen Steuerdiagrammes gegeneinander etwas versetzt waren.

Auf wesentlich größere Stückzahlen als die beschriebenen neuen Modelle ab 1936 waren in den dreißiger Jahren die bewährten 250er-Modelle gekommen. Zwischen 1934 und 1940 wurden von der S 4 insgesamt 7600 Stück gebaut und von den schwächeren E- und L-Modellen 6500

Mit dieser wassergekühlten Ladepumpen-Rennmaschine – 250 ccm und vier Gänge – schlug Puch 1931 am Nürburgring die Weltelite.

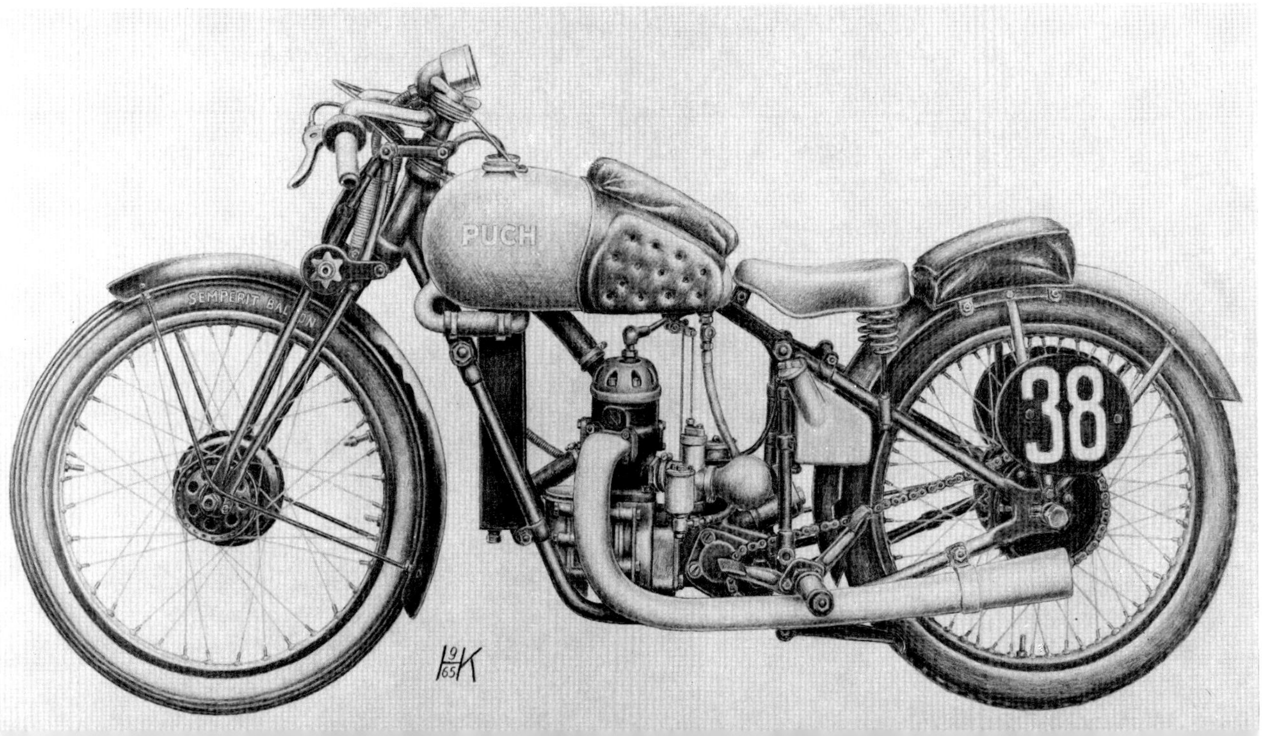

Stück, zusammen also fast 15 000 Exemplare; auch das billigere Modell 200 erreichte in zwei Produktionsjahren mit 9585 Einheiten fast die 10 000er-Grenze. Gegenüber 5325 zwischen 1903 und 1917 produzierten Puch-Motorrädern zeigen die von 1924 bis 1940 gebauten 67 347 Einheiten den gewaltigen Aufschwung, den Puch in der Zwischenkriegszeit genommen hatte. Die Belegschaft der Puch-Werke betrug im Jahr 1938 mehr als 2000 Arbeiter und Angestellte. Über die Zahl der während des Krieges produzierten Motorräder gibt es keine Angaben. Puch beherrschte jedenfalls vor Kriegsausbruch den österreichischen Motorradmarkt, denn Ende 1938 waren von rd. 37 000 zum Verkehr zugelassenen Motorrädern etwa 32 000 von der Marke Puch.

Nach Kriegsausbruch im Herbst 1939 baute Puch zunächst die Modelle S 4 und 350 GS (ohne Hinterradfederung) für die Wehrmacht weiter. Im Frühjahr 1940 wurde auf der Wiener Messe noch ein völlig neues 125er-Modell gezeigt, das konstruktiv eine kompromißlose Abkehr von der bisherigen Puch-Linie zeigte, jedoch nach wie vor einen Doppelkolben-Zweitaktmotor besaß. Es hatte einen Dreigang-Blockmotor mit quer zur Fahrtrichtung laufender Kurbelwelle, die über eine im Ölbad laufende Kette die Kraft zur Kupplung und zum Getriebe weitergab. 5 PS Leistung und knapp mehr als 80 kg Gewicht waren die Eckdaten dieser gesunden, robusten, auch für das Auge gefälligen Konstruktion. Sie wurde der Ausgangspunkt der Nachkriegsentwicklung von Puch. Das Puch-Werk in Thondorf war nach Kriegsende zunächst von den Russen besetzt, die aus den stark bombenbeschädigten Hallen den größten Teil der maschinellen Anlagen demontierten und in die UdSSR verbrachten. Erst nach Abzug der Russen und dem Erscheinen der Engländer als neue Besatzungsmacht in der Steiermark konnte zielstrebig mit dem Wiederaufbau des Werkes begonnen werden, der vom legendären Direktor Ing. Wilhelm Rösche geleitet wurde. Schon im Herbst 1945 lief in bescheidenem Maße die Fahrradproduktion wieder an und Mitte 1946 verließ das erste Puch-Nachkriegsmotorrad, das bereits 1940 vorgestellte Modell 125 T »Touren«, das Werk. Bis Ende 1946 waren es bereits 1448 Stück und 1947 schon 4595 Maschinen, die das Werk verließen.

Beim Modell 350 GS aus 1938 lagen die beiden Kolben mit getrennten Pleueln hintereinander.

Links außen: Je zwei 250er-Doppelkolben-Zylinder ergaben das 500er Twin-Modell Z aus 1932.

Links: Erstes Motorrad am Landweg nach Indien: 1933 Max Reisch auf Puch 250. Die Maschine ist voll fahrbereit. Besitzer Prof. Dr. Max Reisch in Kufstein, Tirol.

Die Erweiterung des zunächst nur auf einem (Modell-)Bein stehenden Programms ließ nicht lange auf sich warten. Talentierte Bastler zeigten schon 1947 mit dem Aufleben des Motorsports, wie man aus der 125er-Touren-Puch mehr PS herausholen konnte. So war eine Sportversion mit zwei Vergasern, das Modell 125 S, das nächste Puch-Modell. Das kam zwar in keine großen Stückzahlen, aber mit 7,5 »offiziellen« PS wurde es ein verläßliches Sportgerät und ließ den Namen Puch auch bald wieder jenseits der heimatlichen Grenzen aufleben. Werk-Versionen mit Magnetzündung kamen bald auf etwa 10 PS Leistung. 1948 wurde dieses Modell 125 S offiziell vorgestellt und bis Ende des Jahres 823 Stück gebaut; vom Modell 125 T waren es hingegen schon 6766 Exemplare.

Das nächste von allen Motorradfahrern heißersehnte Puch-Modell war dann die erste Neukonstruktion der Firma nach 1945, das 250-ccm-Modell TF. Die sportliche Bewährung legte die Puch-TF bereits 1948 bei der Int. Sechstagefahrt in der ČSSR ab, ehe es 1949 in Produktion ging und bis Ende des Jahres bereits 3823 erreichte.

Der Doppelkolben-Motor der 250 TF war mit einem Viergang-Getriebe in einem formschönen Block zusammengefaßt und besaß als wichtigste Neuerung anstelle des bislang verwendeten Gabelpleuels ein am Hauptpleuel angelenktes Hilfspleuel. Auch der Rahmen war modern konzipiert. Das Vorderrad war mit einer Teleskopgabel bestückt und das Hinterrad in einer Geradeweg-Federung geführt. Mit 12 PS Leistung und 135 kg Gewicht war die 250 TF ein solides »Arbeitspferd« von bester Qualität. Vor allem in Deutschland und der Schweiz wurden damals Puch-Motorräder in größeren Stückzahlen verkauft und auch im Sport mit großem Erfolg gefahren. Die 250 TF erreichte im Export auch als erstes Puch-Modell nach dem Krieg die Vereinigten Staaten.

In den ersten Nachkriegsjahren war Puch, nicht nur in Österreich, auch im Rennsport wieder ausgezeichnet vertreten, wenngleich dazu teilweise Vorkriegsmodelle, wie die 250 S 4, besonders zurechtgemacht wurden. In Österreich waren es vor allem die Wiener Radler und Suchanek, die auch in der Schweiz mit ihren schnellen S 4 Aufsehen erregten. Die 125er-Nachkriegs-Modelle, für Rennen getrimmt, wurden in Deutschland von Döring, Wolf, Hammer und Thorn, die Werk-Ausführungen, auch in der Schweiz, von den Werkfahrern Hofer und Weingartmann sowie dem Schweizer Gerber erfolgreich gefahren.

Von diesen ersten Nachkriegsmodellen mit Rohrrahmen wurden beachtliche Stückzahlen produziert. Vom 125-ccm-Modell in den Versionen T und TT – ab 1950 mit Telegabel – sowie S und TS waren es zwischen 1946 und 1952 genau 45 501 Exemplare, von dem ab 1949 produzierten 250-ccm-Modell TF und der sportlichen 15-PS-Zwei-

Die erste Nachkriegs-Puch 125 T in Schwarz mit Dreigang-Block-Motor und Fußschaltung.

vergaser-Version TFS liefen zwischen 1949 und 1954 insgesamt 60 001 Stück vom Band. Die höchste Jahres-Fertigung erfolgte 1953 mit 16 001 Exemplaren.

Der nächste entscheidende konstruktive Schritt bei Puch war dann die Einführung des Schalenrahmens anstelle des Rohrrahmens. Das erste Schalenrahmen-Modell mit Hinterradschwinge, die 125 SL, wurde bereits 1950 am Genfer Salon gezeigt und war eine echte Sensation. Die Produktion lief jedoch erst spät im Herbst 1951 in zwei Hubraumgrößen, 125 und 150 ccm, an. Diese kleinere Modellreihe wurde noch bis 175 ccm aufgefächert, wobei es bei 125 und 175 ccm auch Sportversionen, also insgesamt fünf Typen, gab. Sie wurden bis 1967 produziert und erlebten in den Jahren 1954 und 1955 die höchsten Produktionszahlen mit mehr als 20 000 Stück pro Jahr.

Die Übernahme des Schalenrahmens auf die 250er-Modelle kündigte sich bei der Int. Alpenfahrt 1952 mit dem Modell 250 SGS an, das ungewohnt kleine 16-Zoll-Räder hatte. Das Schalenrahmen-250-ccm-Modell SG und SGS ging dann erst 1954 in Serie, erreichte im ersten Produktionsjahr 11 990 Stück und ein Jahr später mit 16 915 die höchste Jahresproduktion. Sie wurden jedoch dann, trotz rasch abfallender Stückzahlen, noch bis 1970 gebaut und waren, sieht man von den modernen, nur für den Moto-Cross-Sport gebauten Modellen ab, die letzten großen Puch-Motorräder. Sie errangen in dieser Zeit unzählige Erfolge, auch bei großen internationalen Veranstaltungen wie die Int. Sechstagefahrten und Alpenfahrten. Der eindruckvollste Erfolg war jedoch der des Paares Weingartmann/Volzwinkler im 24-Stunden-Rennen um den Bol d'Or in Montlhery bei Paris im Jahre 1954, bei dem das Paar mit einem 250-ccm-Modell den Gesamtsieg errang.

Puch hatte die Zeichen der Zeit in den fünfziger

Links oben: Die Puch-Werkmannschaft zur ISDT 1950: V. l. n. r.: Krammer (125 S), Weingartmann und Cmyral (beide 250 TFS).

Rechts: Mit dieser 250-TFS fuhr 1951 das Team Weingartmann, Moury, sowie George und Pierre Monneret in Montlhery bei Paris neun Langstrecken-Weltrekorde über 9, 10, 11, 12 und 24 Stunden sowie 1000 und 2000 Meilen und 2000 und 3000 Kilometer. Der Durchschnitt dieser Rekorde lag zwischen 120 und 130 km/h. Die Leistung des Zweivergasermotors betrug ca. 20 PS.

Jahren rechtzeitig erkannt und neben den traditionellen Motorrädern bereits in den Zeiten der Motorrad-Hochkonjunktur ein zweites und drittes Bein »auf die Räder « gestellt. Das war einmal 1952 der Puch-Motorroller mit einem robusten 125-ccm-Einkolben-Motor, und zum anderen lief schon 1954 die Produktion des 50-ccm-Mopeds MS 50 an, die schon 1957 die 100 000er-Grenze überschritt. Auch der Puch-Roller kam rasch in Stückzahlen, erreichte 1954 mit fast 20 000 Stück seinen Produktionsrekord und wurde noch bis 1968 gebaut.

Der weit vorausschauenden Planung des am 26. August 1963 bei einem Verkehrsunfall ums Leben gekommenen Dir. Rösche ist es zuzuschreiben, daß Puch in den Jahren der » Zweirad-Ebbe« nicht nur überlebte, sondern sogar expandierte. Mit der schon Mitte der fünfziger Jahre einsetzenden Produktion von Mofas und Einbau-Motoren erreichte Puch die »fetten« siebziger Jahre. Man muß aber auch sagen, daß die ab 1957 in Graz gefertigten Kleinwagen vom Typ »Steyr-Puch 500«, das Gelände-Automobil »Haflinger« und

Links: Das robuste Modell 250 SG mit Schalenrahmen, Hinterradschwinge und Telegabel aus Mitte der fünfziger Jahre.

später auch der »Pinzgauer« wesentlich mit dazu beitrugen. Es gab aber auch schon ab 1966 wieder einen neuen 125-ccm-Puch-Motor, diesmal endgültig in Einkolben-Ausführung, der eine neue Motorengeneration begründete. Die Zeit des seit 1923 gebauten Doppelkolbenmotors war endgültig abgelaufen. Daneben produzierte Puch seit seiner Gründung stets Fahrräder in großen Stückzahlen. Die Fahrradproduktion erreichte 1974 mit 416 012 Stück den bisherigen Jahresrekord. Auch die Moped-Produktion überschritt in diesem Jahr erstmals die 200 000er-Grenze deutlich, nachdem ab 1969 die Fertigung des neuen Automatik-Mopeds »Maxi« angelaufen war. Es bildet auch heute noch das Rückgrat der Moped-Produktion. Im Motorsport engagierte sich Puch, nach zaghaften Versuchen mit 125-ccm- und 250-ccm-Straßenmodellen Ende der sechziger Jahre, neuerdings in den siebziger Jahren, und zwar im Moto-Cross-Sport. Puch konnte dabei trotz härtester Konkurrenz der großen japanischen Firmen 1975 sogar den Weltmeistertitel in der 250-ccm-Klasse mit dem Belgier Harry Everts als Fahrer gewinnen.

Der verwendete Motor war eine Eigenkonstruktion der Grazer mit zwei Vergasern, wobei einer davon über einen Platten-Drehschieber-Einlaß gesteuert wurde.

Die Position von Puch zu Beginn der achtziger Jahre im internationalen Zweiradgeschäft ist einerseits durch den hohen Qualitätsstandard seiner Produkte und fortschrittliche Technologie, auf der anderen Seite durch die Größe seiner Produktion markiert. Puch ist heute nach dem Piaggio-Konzern und der französischen Motobecane die Nummer drei in Europa und gleichzeitig die Nummer eins im deutschsprachigen Raum. Nach dem Initiator des Doppelkolben-Zweitaktmotors, Ing. Giovanni Marcellino, der Puch in die erste Front der Motorradproduzenten mit Zweitakt-Motoren brachte, war es anschließend Dipl.-Ing. Oswald, der den Doppelkolben-Motor zur Perfektion entwickelte, und heute hat als Technischer Direktor Dipl. Ing. Dr. Mario Sucher das Erbe der großen Puch-Konstrukteure angetreten. Er ist nach ihnen »verpflichtet«, die Marke Puch wohlbehalten durch die achtziger Jahre zu steuern.

Nach der erfolgreichen Doppelkolben-Ära folgte bei Puch 1966 der erste neue Einkolben-Zweitaktmotor mit 125 ccm.

RUDGE WHITWORTH
COVENTRY

Rudge – Mit dem Vierventil-Motor zu großem sportlichem Lorbeer!

Der vollradiale 350er-4-Ventil-ohv-Motor von Rudge machte diese Marke 1930 weltberühmt. Ein Jahr später gab es die TT-Replica. (Im Bild ein von Josef Heinrich, Innsbruck, aufgebautes Exemplar.)

Rudge-Motorräder werden schon seit 1939 nicht mehr gebaut. Trotzdem ist der Name dieses einstmals so begehrten sportlichen Motorrades aus England noch wohlbekannt. Dem Kraftfahrzeug-Techniker sagt der Name Rudge aber noch mehr. Er kennt die Rudge-Nabe mit Zentralverschluß oder auch das Whitworth-Gewinde, das ebenfalls von Rudge kam, als der volle Name der einstmals in Coventry beheimateten Firma Rudge-Whitworth hieß. Vor allem war jedoch Rudge die Motorradfirma, die den vierventiligen Zylinderkopf populär gemacht und zu großen sportlichen Erfolgen geführt hat; noch lange bevor die Japaner dieses leistungssteigernde Konstruktionsdetail in den sechziger Jahren wiederentdeckten.

Der Ursprung der englischen Firma Rudge-Whitworth geht weit ins 19. Jahrhundert zurück. Es war 1869, als Dan Rudge in Wolverhampton mit der handwerklichen Fertigung von Fahrrädern begann. Die Firma Whitworth in Birmingham gab es um diese Zeit bereits, und die war mit der Herstellung von Schrauben und anderen Eisenwaren beschäftigt. 1891 begann auch sie Fahrräder zu machen und änderte den Namen auf Whitworth Cycle Company. Der Besitzer hieß Charles Vernon Pugh, und sein Bruder, der Werkdirektor war, John Vernon Pugh; beide sollten später in der Motorradfirma Rudge noch eine Rolle spielen. Noch war es aber nicht soweit, jedoch fanden sich wenige Jahre später, im Oktober 1894, beide Firmen zur Rudge-Whitworth Ltd. zusammen und bezogen ein neues Stammquartier in der Crow

Lane in Coventry, wo noch heute in der inzwischen von General Electric benützten Fabrik von einem Schornstein die beiden Buchstaben R und W von früheren Zeiten künden.
Ehe das erste Rudge-Motorrad »vom Stapel« lief, dauerte es aber noch einige Jahre. Man baute Fahrräder und auch für andere Fabrikanten Fahrradteile. Mit Motorrädern kam Charles V. Pugh knapp nach der Jahrhundertwende erstmals in Berührung, als er mit seiner Südafrikanischen Verkaufsorganisation dort den Vertrieb der französischen Werner-Motorräder übernahm. Erst 1910 entstand dann der Prototyp des ersten eigenen Rudge-Motorrads mit einem wechselgesteuerten Motor von 499 ccm Hubraum bei 85 mm Bohrung und 88 mm Hub, Maße, die für die Halbliter-Rudge bis zum bitteren Ende 1940 unverändert blieben. Das erste Serienmodell, das 1911 erschien, hatte dann schon ein Starterpedal, das über eine kleine Kette auf ein Zahnrad im Steuerkasten wirkte. Auch die Vorderrad-Trapez-Gabel aus ovalen Rohren, die gegen den Steuerkopf zusammenliefen, und eine in Hülsen verkapselte, zentrale Gabelfeder gab es schon beim ersten Rudge-Modell und wurden, immer wieder verfeinert, bis zum Ende der Motorradproduktion beibehalten.
Rudge wurde vor 1914 jedoch nicht wegen seines Motors bekannt, sondern wegen seines „Multi"-Getriebes. Das kam so: Zunächst hatten die Rudges normalen Riemenantrieb ohne Getriebe, auch wenn man auf besonderen Wunsch Mehrgangnaben von NSU, Mabon oder Phillipson haben konnte. Der ursprüngliche Riemenantrieb reichte auch aus, um 1911 mit Victor Surridge auf der Brooklandsbahn einen neuen Rundenrekord aufzustellen und als erster mit einer Halblitermaschine in einer Stunde mehr als 60 Meilen herunterzuspulen. Als er dann aber im selben Jahr bei der TT, an der vier Rudge-Fahrer teilnahmen, das erste Todesopfer dieser Strecke wurde, beschloß John V. Pugh, ein Übersetzungssystem einzuführen, das den damals bereits aufkommenden Getrieben überlegen sein sollte. Das war das Rudge-Multi-Getriebe, so genannt, weil es 20 verschiedene Übersetzungseinstellungen erlaubte. Es bestand aus einer in der Breite variablen Riemenscheibe am Motor und einer ebenso verstellbaren am Hinterrad; gewissermaßen ein Vorläufer der in den sechziger Jahren bekanntgewordenen DAF-Variomatik. Vom Januar 1912 an konnte man dieses Rudge-Multi-Getriebe gegen den Aufpreis von 5 Pfund an jedem Modell haben. Das blieb bis 1923 so, als schon längst die Kraftübertragung durch Kette vom Motor zum Getriebe und von dort zum Hinterrad Standard war.
1913 gab es zusätzlich für Gebrauch mit Seitenwagen ein 748-ccm-Modell, noch immer mit Einzylinder-Motor – 85 mm Bohrung und 132 mm Hub –, und eine neuerliche Anstrengung, die Tourist Trophy zu gewinnen. Rudge zieht mit zwölf Maschinen zur Insel Man, an der Spitze der Techniker und Rennfahrer Cyril Pullin. Aber auch dieses Mal ist das Glück nicht mit Rudge. Nach der ersten Runde liegen vier Rudges in Front. Dann kommt der Führende, Frank Bateman, in den Bergen so schwer zu Sturz, daß er kurz darauf stirbt. Ray Abbott übernimmt das Kommando der Rudge-Fahrer und führt bis kurz vor Ende des Rennens. Dann würgt er bei der Governors Bridge den Motor ab und ehe er ihn wieder in Gang bringt, fehlen ihm die fünf Sekunden, die er hinter dem Sieger durchs Ziel geht.
Erst 1914 ist Rudge am Ziel seiner sportlichen Ambitionen; Cyril Pullin gewinnt die Senior-TT mit 79,18 km/h Schnitt. Schon zu dieser Zeit läuft bei Rudge ein V-Zweizylinder-Motor mit 998 ccm Hubraum im Versuch, kommt jedoch nicht mehr in Serie, weil der Krieg alle Pläne durchkreuzt. Rudge muß die Armeen von England, Frankreich, Belgien und Rußland mit Fahrrädern versorgen und zusätzlich Teile für anderes militärisches Gerät herstellen. So kam es, daß 1919 Rudge mit dem neuen Modell V-2, auch „Multwin" genannt, erscheint und überdies die Produktion der bewährten 499 und 748 ccm wechselgesteuerten Einzylinder-Modelle wiederaufnimmt. Da der noch immer verwendete Keilriemenantrieb schon längst überholt war, entwickelt John Pugh in Eile ein Dreigang-Getriebe, das bereits im Herbst

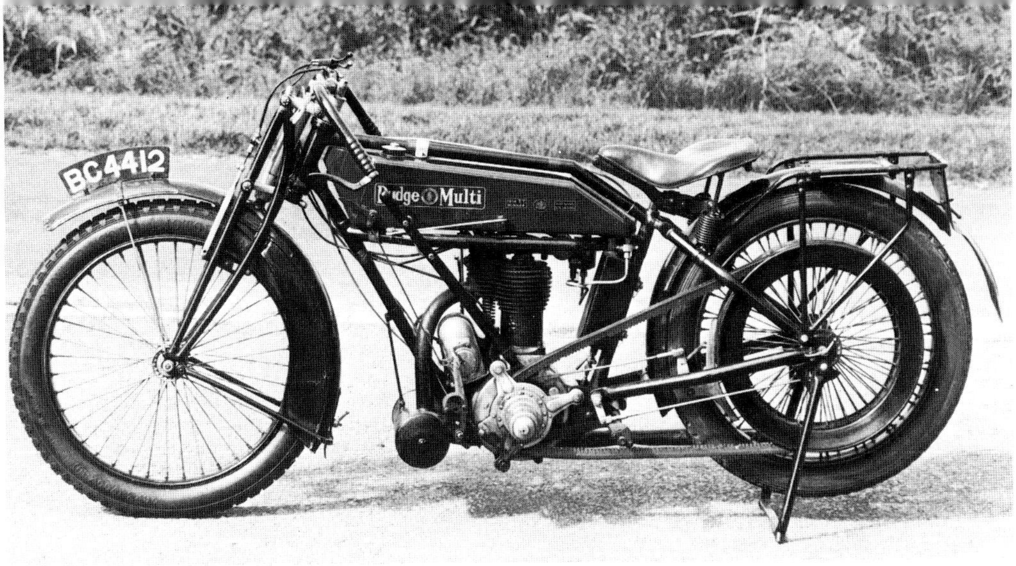

1911 erschien das erste Rudge-»Multi«-Modell mit variablem Riemen-Getriebe und gewann 1914 die Senior-TT.

Das schon 1914 in Erprobung befindliche 998-ccm-V-Zweizylinder-Modell »Multwin« ging 1919 in Produktion; es erhielt ein Jahr später ein Dreigang-Getriebe und Kettenantrieb, wie dieses aus 1924 stammende Exemplar.

1920 im V-Zweizylinder-Modell erscheint und auch im Frühjahr 1921 an den Einzylinder-Modellen. Das war aber noch nicht genug, denn auch die Motoren waren inzwischen restlos veraltet. Da half dem Verkauf auch nicht ein 1923 ins Leben gerufenes Sport-Programm und ein von Bob Dikker auf der Brooklandsbahn aufgestellter 24-Stunden-Rekord mit Beiwagen an der schweren Zweizylinder-Rudge. Ein neuer Motor war überfällig. Dieser neue Motor, »Rudge Four« genannt, war dann eine echte Sensation. Das „four" bedeutete nicht vier Zylinder, sondern vier Ventile, und auch vier Gänge gab es überdies an dieser neuen, nur 346 ccm großen Rudge mit 70 mm Bohrung und 90 mm Hub. Eine Halbliterversion folgte unmittelbar darauf, und mit diesen neuen Modellen verdoppelte Rudge 1924 seine Produktion, so groß war die Nachfrage danach. 1925 wollte man erst einmal Atem holen und entwickelte keine großen Sportprogramme. Trotzdem machten zahlreiche Langstreckenweltrekorde mit dem 346-ccm-Modell, vom Ehepaar Colonel und Gwenda Stewart aufgestellt, Schlagzeilen. Unverständlicherweise wurde die Produktion des 350er-Modells, wenn auch nur vorübergehend, eingestellt und man konzentrierte sich ganz auf die Halbliterversionen. Davon gab es 1926 drei: Touring, Spezial und Sport. 1926 stieg Rudge wieder voll in den Motorsport ein, wenngleich vorerst noch mit bescheidenem Erfolg. Ein 13. und 15. Platz in der Senior-TT waren das erste magere Ergebnis. 1926 wurden auch gekuppelte Bremsen eingeführt und der Magnet über Zahnräder anstelle einer Kette angetrieben. Die Zylinderkopf-Konstruktion blieb unverändert. Jeweils zwei Einlaß- und Auslaßventile lagen parallel nebeneinander, und der seit langem verwendete Senspray-Vergaser kam aus dem ehemaligen Whitworth-Fahrradwerk, das dem Bruder Charles des Rudge-Chefs gehörte.

Langsam wurden die Renn-Rudges, deren Konstruktion von Frank Anstey stammte, schneller und beständiger. Im „Großen Preis von Europa", der 1926 in Belgien gefahren wurde, belegten zwei Rudge-Fahrer, Ernie Nott und Syd Ollerhead, die Plätze 4 und 6, und für 1927 unternahm dann Rennleiter George Hack weitere Anstrengungen,

»Vier Gänge – vier Ventile« war der Werbeslogan für die im Herbst 1923 vorgestellten neuen, zunächst 350 und dann auch 500 ccm großen Motoren. Hier ein 500er-Modell von Reinhard Schramke aus 1925, 55 Jahre später am Salzburgring beim »Oldtimer-Grand-Prix« aufgenommen.

um die Rennmodelle wettbewerbsfähiger zu machen. Sie bekamen erstmals Satteltanks, die veralteten Felgenbremsen wichen großen, gekoppelten 8-Zoll-Innenbackenbremsen und neue Zylinderköpfe sorgten mit schräg nach außen gerichteten Auslässen für bessere Kühlung. Die Ventile blieben jedoch weiterhin parallel nebeneinander. Anstelle des Senspray-Vergasers wurde die Marke Amac verwendet, und mit Alkohol-Treibstoff kam der Halbliter-Werkrenner 1927 auf etwa 28 PS bei 5200 Touren. Das reichte für eine Spitze von etwa 160 km/h.

Das hätte eigentlich für einen TT-Sieg langen können, doch fielen alle drei Maschinen aus. Am Kontinent bahnte sich jedoch eine Erfolgsserie an. Ernie Nott wurde im »Großen Preis von Belgien« zweiter, und im »Großen Preis von Europa«, der erstmals in Deutschland am neuerbauten Nürburgring ausgetragen wurde, landete C.T. »Count« Ashby auf Platz drei hinter Graham Walker (Sunbeam) und St. Woods (Norton).

1928 war dann das erste wirklich große Rudge-Jahr. John V. Pugh engagierte Graham Walker nicht nur als Verkaufsdirektor, sondern auch als erfahrenen Rennfahrer. Schon in der Senior-TT bahnte sich dann die große Sensation an, denn Graham Walker führte bis zur letzten Runde, zuletzt mit mehr als drei Minuten Vorsprung, als ihm sieben Meilen vor dem Ziel das Pleuellager schlapp machte. Rennleiter Hack hatte nach hohem Ölverbrauch im Training die Schmierung zu stark »zugedreht«. Doch anschließend lief's wie am Schnürchen. Walker gewann die Holländische TT in Assen, war anschließend zweiter im »Großen Preis von Deutschland« und gewann schließlich nach rundenlangem Rad-an-Rad-Kampf mit dem kleinen Charlie Dodson, der Sunbeam fuhr, den Ulster-Grand-Prix in neuer Rekordzeit: mit einem Durchschnitt von mehr als 80 Meilen. Das waren 128,12 km/h in einem Rennen, das über zweieinhalb Stunden dauerte.

Mit diesem Durchbruch an die Spitze war auch das schnellste käufliche Rudge-Modell, die »Ulster« geboren, die es ab 1929 als »Replica« der Ulster-Siegermaschine aus 1928 gab. Zusätzlich war 1929 wieder ein 350er-Modell und erstmals auch eine Viertelliter-Maschine, jedoch mit JAP-Motor, im Modell-Angebot. Der 1928 aus Australien kommende Dirt-Track-Sport – er wird heute Speedway genannt – auf kurzen, um die 400 m langen Aschenbahnen, veranlaßte Rudge 1929 auch für diese Sportart ein Spezial-Modell herauszubrin-

gen. Ebenfalls im selben Jahr erschien bei Rudge die Fußschaltung, und die bisherige »Total loss«-Schmierung, wie die Frischöl-Schmierung treffend genannt wird, wich der Trockensumpf-Umlauf-Schmierung.
Auch 1929 war die Erfolgsliste von Rudge beeindruckend, wenngleich der schon lang fällige TT-Sieg wiederum ausblieb. Graham Walker gewann erneut den Ulster-Grand-Prix, wurde im »Großen Preis von Europa« und in Holland zweiter. Nott gewann die Holländische TT und Smith die Großen Preise von Deutschland und der Tschechoslowakei. Zum Abschluß der Saison schraubte Nott auf der Brooklandsbahn den Stundenweltrekord der Halbliterklasse auf 170,38 km/h, ehe Rudge in sein erfolgreichstes Sportjahr 1930 ging.
Die großen Rudge-Erfolge bis 1930 hatten schon in vielen europäischen Ländern die Marke mit der »Roten Hand« als Firmenemblem bekannt und für Sportsleute begehrenswert gemacht. In Deutschland waren es vor allem die Berliner und Münchner Rudge-Importeure Brumm und Gschwilm, in Österreich der von Purgstall bei St. Pölten nach Wien gezogene Max Hoffmann, die in deutschsprachigen Landen für Rudge-Erfolge sorgten.

Brumm hatte Tennigkeit und später Richnow als Fahrer bekannt gemacht, Hoffmann konnte auf die Erfolge von Otto Steinfellner und Martin Schneeweiß bauen. Aber auch in Belgien, Holland, Spanien und sogar in Italien gab es eine Reihe von erfolgreichen Rudge-Rennfahrern. Auch auf Sand- und Aschenbahnen waren in diesen Jahren zahlreiche Rudge-Siege mit den Fah-

Oben rechts: So sah der zuerst gebaute 350er-4-Ventil-Motor aus; die Stoßstangen standen schräg nebeneinander; hier mit Original-Senspray-Vergaser.

Rechts: Die drei erfolgreichen Rudge-Werkfahrer Tyrell Smith (8), Ernie Nott (34) und Graham Walker (5), die in dieser Reihenfolge die ersten drei Plätze der Junior-TT 1930 belegten.

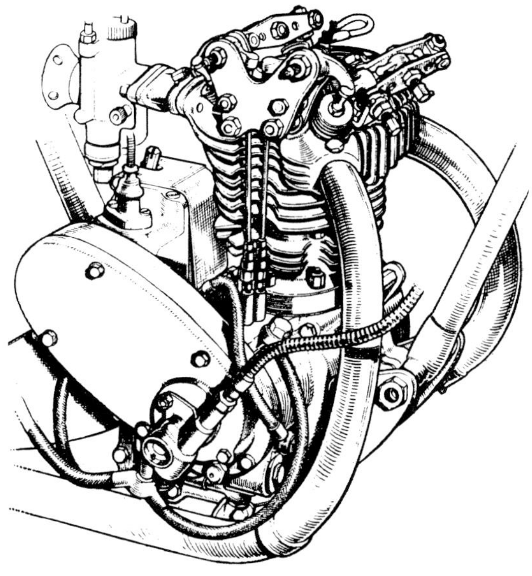

Oben: Der 1931 zur TT erschienene 250-ccm-Motor mit vollradialem Zylinderkopf und dem Magneten hinter dem Zylinder. Auch er gewann auf Anhieb mit Graham Walker im Sattel in neuer Rekordzeit.

Links: So sah der 350er-Werkmotor 1932 aus. Auch hier kann man die beiden Kipphebel-Brücken gut sehen, die von zwei vorderen, querliegenden Kipphebeln aus betätigt werden.

rern Joe Wil Brand, Erich Bertram, Walter Buttler, Sepp Giggenbach, Hermann Gunzenhauser und Rudi Klein zu verzeichnen. Doch zurück zu Rudge zu Beginn des Jahres 1930.

Kurz vor der TT gab Rudge Details eines neuen 348 ccm großen Motors bekannt, dessen vier Ventile nun radial im Zylinderkopf hingen, um eine perfekte, halbkugelförmige Brennraumform zu bekommen. Sie wurden wie bisher über Stößel betätigt, doch bedingte die vollradiale Anordnung der Ventile eine komplizierte Mechanik; insgesamt sechs, alle auf Rollen gelagerten Kipphebel waren zur Übertragung der Nockenerhebungen notwendig. Zunächst sollte nur eine neue 350er mit Tyrell Smith in der Junior-TT ihr Debüt feiern, doch dann entschloß sich John Pugh im letzten Augenblick, das volle Team mit den übrigen Fahrern Walker und Nott einzusetzen. Das bedeutete, daß zwei weitere Maschinen in größter Eile aus Ersatzteilen aufgebaut werden mußten. Im Training gab es trotz Rekordrunden genügend Aufregung, denn nach Demontage der Motoren zeigten alle bedenkliche Abnützung an Kolben und Kolbenbolzen. Zum letzten Training bekamen dann alle drei Maschinen neue Kolben und durften damit nur eine Runde »einfahren«. Dann aber schlug die Neukonstruktion überlegen zu. Ein Dreifachsieg mit Smith, Nott und Walker, in neuer Rekordzeit mit 113, 72 km/h Schnitt, war ein Sensationserfolg. Noch höher kletterte der Ruhm von Rudge in der TT-Woche, als sie mit Wal Handley, ebenfalls in neuer Rekordzeit, und 119,47 km/h Schnitt auch die Senior-TT gewann und Graham Walker auf Platz zwei einlief. Dabei regnete es die ganze zweite Hälfte des Rennens sehr stark.

Die neue »vollradiale« 350er Rudge gewann dann anschließend nochmals im »Großen Preis von Europa« und wurde zweite im Ulster-Grand-Prix. Noch erfolgreicher war jedoch das Halbliter-Modell, noch mit dem alten Dachkopf, aber mit vergrößerter Verrippung zwischen den Auspuffkanälen. Es siegte nach der TT im »Großen Preis von Europa«, der Holländischen TT und im »Großen Preis von Deutschland«. Rudge stellte in die-

Ernie Nott gratuliert hier dem Sieger der Leichtgewichts-TT 1931, Graham Walker, nachdem er selbst nach einer Rekordrunde ausgefallen war. Tyrell Smith (Mitte) wurde, auch auf Rudge, zweiter.

sem Jahr somit zwei Europameister. Nott in der 350-ccm- und Tyrell Smith in der Halbliterklasse. Das war auch das letzte Jahr, in dem ein Stoßstangen-Motor die Junior- und die Senior-TT gewann. 1931 brach endgültig das Königswellen-Zeitalter an, ohne jedoch die Attraktivität der Marke Rudge bei den Privatfahrern ernstlich zu schmälern. 1930 gewann der Wiener Otto Steinfellner die Österreichische TT und Terzo Bandini den »Königspreis« in Rom. Rudge war auch in den großen Zuverlässigkeitsfahrten erfolgreich vertreten. Schon 1929 gewann das Rudge-Geländeteam in der Int. Sechstagefahrt, und 1930 gelang es sogar einer Frau auf Rudge, der Engländerin Betty Lermitte, eine Goldmedaille von der »Six Days« nach Hause zu bringen.

1931 gab's nicht nur eine serienmäßige TT-Replica der so erfolgreichen 350er und 500er Rennmodelle, sondern auch einen neuen, vollradialen 250er Rennmotor, von dem ebenfalls bald eine käufliche Replica angeboten wurde. Auf dem Brennstofftank verschwand das »Whitworth«, und statt dem Doppelnamen Rudge-Whitworth zierte von da ab nur mehr »Rudge« die Tankflächen. Durch das Erscheinen der 500er »Replica« wurde das »Ulster«-Modell zur schnellen Straßen-Sportmaschine rückgereiht.

Doch zurück zur neuen 250er, die in der Leichtgewichts-TT 1931 genauso Furore machte, wie ein Jahr zuvor die neue vollradiale 350er. Graham Walker fuhr dieses neue Modell zum einzigen TT-Sieg in seiner langen Rennfahrer-Laufbahn. Zunächst legte Nott eine neue Rekordrunde mit 114,76 km/h hin, fast 10 km/h schneller als die alte Rekordmarke, ehe er zurückfiel und Walker den Sieg überlassen mußte.

Tyrell Smith belegte Platz zwei und Nott lief noch als vierter ein. Trotz aller Sporterfolge verschlechterte sich die finanzielle Lage von Rudge sehr rasch. Die Weltwirtschaftskrise und der damit ausgelöste Rückgang des Motorradverkaufs ging auch an Rudge nicht vorbei. Die Firma versuchte deshalb durch Verkauf ihrer ausgezeichneten Motoren an andere Motorradhersteller den Rück-

gang ihres Geschäfts auszugleichen. Sie wurden unter dem Namen „Python" in Deutschland kurzfristig an Zündapp, jedoch vor allem an Imperia in Bad Godesberg geliefert, wo sie unter den Imperia-Fahrern Ernst Loof, Otto Kohfink, Dipl.-Ing. Dom, Schminke und Schanz der Marke Rudge noch zu weiterem sportlichen Ruhm verhalfen. »Python«-Motoren wurden aber auch in England an AJW, Cotton, Grindlay-Peerles und James, in Belgien an Lady und Ready, in Holland an Eysink und in Italien an Italia und Miller-Balsamo geliefert; für letztere Firma baute Rudge sogar ausschließlich 175er-Motoren.

Die Firma mußte schon 1932 auch ihre Renntätigkeit stark einschränken und ein Jahr später vollkommen einstellen. Der Rennsport mit Rudge-Motorrädern ging jedoch aufgrund privater Initiative von Graham Walker noch bis 1935 weiter, indem er mit Nott und Smith zusammen das »Graham Walker Motor-Cycle Racing Syndicate« gründete, von Rudge die ehemaligen Werk-Maschinen geliehen bekam und auf eigene Rechnung einsetzte, obwohl er noch weiter Angestellter von Rudge war. Und nochmals gab es einen »privaten« Dreifachsieg von Rudge im Jahr 1934 in der Leichtgewichts-TT. Jimmy Simpson gelang,

Oben: 1932 und 1933 leitete Enzo Ferrari (mit Sportmütze) ein Rudge-Team. Neben ihm, mit Hut, Tazio Nuvolari.

Links: Der völlig verkapselte »Ulster«-Motor in seiner letzten Form.

Rechts: Der »Ulster«-Motor. Die Ventile sind halbradial; einlaßseitig parallel und am Auslaß radial angeordnet.

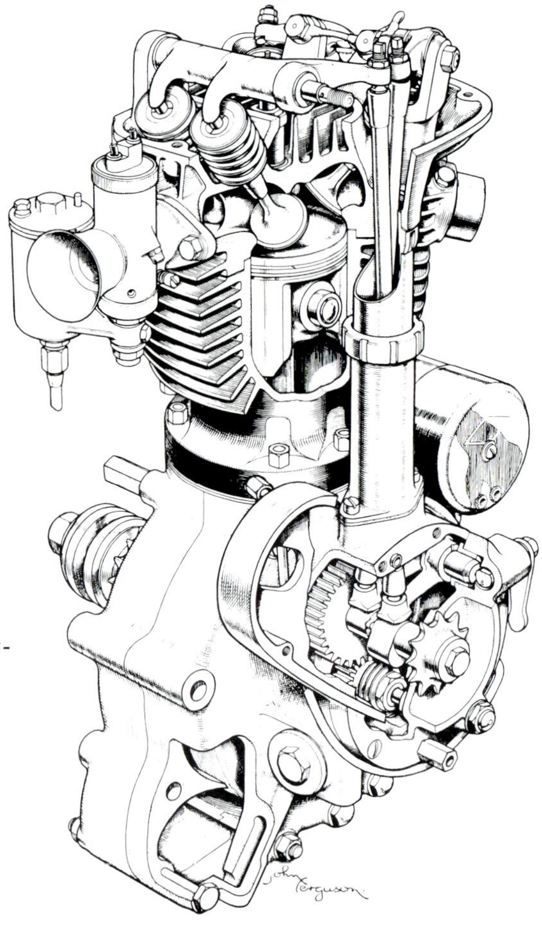

Das 250er-Modell »Rapid«, ab 1936 in zweiventiliger Ausführung gebaut, wurde auch in Dunkelblau geliefert.

so wie Walker 1931, der einzige TT-Sieg in seiner Rennfahrerlaufbahn und Nott und Walker belegten die Plätze zwei und drei. Auch im »Großen Preis von Deutschland« am Sachsenring gab es nochmals einen Sieg der 250er Rudge mit Tyrell Smith. Den letzten Rudge-Sieg in einem klassischen Grand-Prix sahen jedoch die Rennbesucher 1935 in Saxtorp/Schweden, als der Berliner Hans Richnow die von Meister Brumm in Top-Form gehaltene 350er »Replica« als erster ins Ziel brachte.

Trotz aller finanziellen Schwierigkeiten wurden die Serien-Modelle von Rudge auch nach 1931 ständig weiterentwickelt. 1932 erhielten sie alle einen aus Aluminium gegossenen Primärkettenkasten und den praktischen zentralen, mittels Handhebel zu betätigenden Mittel-Kippständer. 1933 zog dann im März ein öffentlicher Verwalter in die Firma ein, um den drohenden Konkurs abzuwenden, und das unausweichliche Ende kam 1936, als John Vernon Pugh starb. Die Firma wurde von der »Gramaphone Company Ltd.« übernommen, und mit der Absicht, die Produkte auch zu verbessern, weitergeführt. Die technische Entwicklung hatte auch nie ernstlich ausgesetzt.

Im Herbst 1936 wurde der vollverkleidete Halbliter-Zylinderkopf eingeführt und das Programm auf zwei nur mehr zweiventilige 250er- und drei 500er-Modelle gestrafft. Als 1937 das B-Vasen-Team der Engländer mit Rudge-Maschinen in der Int. Sechstagefahrt gewann, gab's noch zusätzlich eine Steckachse für alle Modelle als Extra. Für 1939 war sogar ein neues 350-ccm-Königswellen-Modell geplant, das jedoch nicht mehr erschien.

Die finanzielle Situation verbesserte sich dann ab 1936 langsam, weshalb die Fertigung nach Hayes in Middlesex übersiedelte, wo die neuen Eigentümer eine große Fabrik hatten. Die Kriegsvorbereitungen überschatteten dann schon 1939 die Geschicke der Rudge-Motorräder, da die EMI-Fabrik, in militärische Erfordernisse eingespannt, Radios, später dann Radar-Anlagen erzeugte und für Motorräder kein Platz mehr war. Es gab zwar noch 1939 ein Rudge-Motorfahrrad, dessen Herstellung jedoch bald an die Norman-Fahrradfabrik übergeben wurde, die Fabrikationsrechte der Rudge-Motorräder wurden von Raleigh übernommen.

Der legendäre Ruf der Rudge-Motorräder auf den Rennstrecken hielt noch ungebrochen bis zum Kriegsausbruch an. In Deutschland fuhr bis 1939 im Brumm-Rennstall nicht nur Hans Richnow, sondern auch Bernhard Petruschke so lange, bis er 1937 als Werkfahrer zu DKW ging. Die in drei Hubraumgrößen 250, 350 und 500 ccm noch bis 1934 gebauten „Replica"-Rennmodelle blieben weiterhin sehr erfolgversprechende Sportgeräte in Privatfahrerhand. Außer Hans Richnow und Petruschke gab es in Deutschland mit Giggenbach, Kohlus, den Brüdern Toni und Bernhard Port, Karbstein, von Bachmayer, Hans Winkler, Füglein, Klein und vielen anderen weitere erfolgreiche Rudge-Fahrer. Das war in Österreich ebenso der Fall mit Otto Steinfellner, Martin Schneeweiß, Franz Kofler, Peppi Illichmann, Sepp Hoffmann, Franz Zederbauer, den Brüdern Hubmann und Josef Wertitsch. In Ungarn waren Endre Kozma, in Italien Terzo Bandini und Mario

Die »Brumm«-Rudge, nach dem Berliner Rudge-Importeur vor 1940 so benannt, war ein von ihm betreutes und von Hans Richnow gefahrenes Einzelexemplar, das einen Leichtmetall-Motor mit kürzerem Hub und zwei separaten Einlässen, also zwei Vergasern, besaß.

Ghersi, in Spanien Aranda und in Belgien Renier Rudge-Spitzenfahrer. Auch in der Schweiz war die Marke durch die Brüder Bizozzero erfolgreich vertreten.

Selbst nach dem Krieg mischten Rudge-Maschinen noch einige Jahre erfolgreich bei Rennen mit. In England brachte der schon 1939 an der TT teilnehmende Roland Pike eine von ihm hergerichtete 250er Pike-Rudge noch 1948 und 1949 auf die Plätze zwei und drei in der Leichtgewichts-TT. Die weitestgehende technische Entwicklung früherer Rudge-Rennmodelle war jedoch dem Berliner Rudge-Importeur Brumm vorbehalten, der aus einer Replica 350 aus 1933 über den Winter 1937/38 den Motor nicht nur stark überarbeitete, sondern auch mit einem Aluminium-Zylinder und -Kopf ausrüstete. Dieser wurde bei BMW nach seinen Zeichnungen gegossen. Er hatte bei vollradialem Ventil-Layout zwei getrennte Ansaugkanäle und damit zwei Vergaser. Nach einer mit kleinen Defekten gepflasterten Saison 1938 lief diese Brumm-Rudge dann 1939 so schnell, daß sie mit den 350er Werk-DKWs mithalten konnte. Richnow errang vor allem in „Rund um Schotten"

Die schnellste 250er-Rudge aller Zeiten, von Roland Pike (GB) nach 1946 gebaut und bis 1951 erfolgreich gefahren.

Rechts: Mit diesem aus 1934 stammenden 500er-Rudge-Motor mit Dachventilkopf fuhr 1967 Bill Oris noch drei Kurzstrecken-Weltrekorde.

noch einen vielbeachteten Sieg in der 350-ccm-Klasse mit der zweitbesten Zeit des Tages; nur der Sieger des Halbliterrennens war um eine Spur schneller.

Über die Leistungsfähigkeit der Rudge-Rennmodelle am Höhepunkt ihrer Erfolge in den Jahren 1931/32 gibt es einige sehr aufschlußreiche Daten. Der 246-ccm-Motor entwickelte bei 6800 Touren seine Höchstleistung mit 22,1 bhp, der 348-ccm-Motor bei 6400 Touren mit 29,6 bhp, und der 499-ccm-Motor kam bei 6000 Touren auf 36,8 bhp. Nur so ist es verständlich, daß noch 1937 Richnow beim schnellen Avus-Rennen in der 350-ccm-Klasse nur um Radlänge von der Doppelnocken-Werk-NSU mit Heiner Fleischmann geschlagen werden konnte und dabei sogar Ewald Kluge auf einer Werk-DKW auf Platz drei verwies. Noch 1939 fuhr der kleine Bayer Sepp Faistenhammer auf einer, überdies Starrahmen-Rudge 500 im Training vom »Großen Preis von Deutschland« beste Trainingszeit der Privatfahrer, schneller als einige in Privatfahrerhand befindliche ex-Werk-DKWs aus dem Jahr 1937.

Nach dem Kriege blieb es nicht nur der zweiventiligen 250er vorbehalten, nochmals zu zeigen, was für ein Potential in einer Rudge steckte. Das war vor allem die Pike-Rudge, eine vom später bei BSA tätigen Techniker Roland Pike mit Telegabel und Schwingrahmen versehenen Rennmaschine, die schon oben erwähnt wurde. Auch der Buchverfasser selbst war zwischen 1946 und 1949 mit einer Zweiventil-250er, die bis 1938 von Ernie Nott und Lamacraft auf der Brooklandsbahn erfolgreich gefahren wurde, sowohl in Österreich als auch in Süddeutschland in Straßen- und Bergrennen mit guten Ergebnissen unterwegs.

Ebenso wurde der Halbliter-Motor der »Ulster« nach 1945 vom Wiener Georg Mach sorgfältig auf Leistung gebracht und belohnte ihn, in einem Sandbahn-Gespann eingebaut, bis Anfang der fünfziger Jahre noch mit mehr als hundert Siegen.

Die späte Krönung ihrer sportlichen Laufbahn erlebten die Halbliter-Rudge-Motoren schließlich im Herbst 1967, als Bill Oris, ein englischer Sprint-Spezialist, mit seinem Dragster „The Menace“ drei neue Weltrekorde mit „stehendem Start“ aufstellte. Dazu verwendete er einen Motor, dessen Hauptteile: Kurbelgehäuse, Schwungmasse, Zylinderkopf mit vier Ventilen und Getriebe, von einer Rudge aus dem Jahre 1934 stammten. Seine neuen Rekorde für die Distanzen einer Viertelmeile, den Kilometer und die Meile lauteten 11,9, 22,51 und 34,6 Sekunden. Das sind 122-, 160- und 172 km/h Schnitt, wobei das am Ende der Viertelmeile gemessene Tempo 199,45 km/h betrug!

Rudge-Rennmotorräder sind so bis heute unsterbliche Klassiker geworden, was man vor allem in der „schnellen“ Veteranenszene nach nun mehr als 40 Jahren immer wieder feststellen kann. In England findet Mervyn Stratford in der Viertelliterklasse bei Vintage-Rennen kaum einen ernsten Gegner und ebenso war bis Ende der siebziger Jahre in deutschsprachigen Ländern eine von Schöneberg präparierte und gefahrene »Ulster« unschlagbar schnell. Sie lief bei einer Veranstaltung im Contidrom bei Hannover mit mehr als 180 km/h durch die Lichtschranke, und das ohne Verkleidung!

Rudge hat sich somit mit seinem Vierventil-Motor, dem sie zum entscheidenden Durchbruch verhalf, einen ewigen Ehrenplatz in der Technik-Geschichte des Motorrads gesichert.

Scott

Scott – Urahn erfolgreicher Zweitakt-Zweizylinder-Motorräder aus England

Scott war richtungweisend für die Zweitakt-Entwicklung. Diese »Super Squirrel« aus 1925 verkörpert die gut durchdachte, jedoch skurril aussehende Konstruktion einer Scott.

Der Zweitakt-Motor im Motorrad war in der Zeit vor dem Ersten Weltkrieg – mit wenigen Ausnahmen – ein Buch mit sieben Siegeln. Niemand wußte so recht um seine Vorteile und Möglichkeiten, bis der Engländer Alfred Angas Scott die Zweiradszene betrat. Die von ihm gebauten Motorräder waren die ersten, die mit einem Zweitakt-Zweizylinder-Motor ausgerüstet waren und ihre Leistungsfähigkeit im schwersten Rennen dieser Zeit, der Tourist Trophy auf der Insel Man, schon vor 1914 überzeugend unter Beweis stellten. Scott wurde damit der Wegbereiter des Zweitakt-Motors im Motorrad. Seine auch sonst von fortschrittlichen Ideen getragenen Schöpfungen sind auch heute noch hochgeschätzte Zeugen aus der »Steinzeit« des Motorrads, wenn auch Scott-Maschinen noch später gebaut wurden und eine Rolle im Motorsport spielten. Nicht nur die Geschichte des Scott-Motorrads ist bunt und schillernd, sondern auch die seines Schöpfers, der viel zu früh, im Alter von 48 Jahren, 1923 an den Folgen einer Lungenentzündung starb.

Alfred Scott wurde 1874 als zehnter Sohn einer Familie mit zwölf Kindern in Bradford/Yorkshire geboren. Er lernte die Welt der Technik als Lehrling in einem Betrieb kennen, der Schiffsmotoren baute. Die großen Dampfmaschinen dieser Zeit hatten offensichtlich dann später großen Einfluß auf die eigenen Schöpfungen des großen Erfinders und talentierten Ingenieurs, als der sich Scott erwies. Darüber hinaus war er auch ein musischer, künstlerisch begabter Mensch und ausgezeichne-

ter Klavierspieler – mit einem Wort, ein Mann mit vielen Talenten.
Mit dem Zweirad bekam Scott, wie viele spätere Motorrad-Produzenten, über das Fahrrad Kontakt, und sein erstes Patent erhielt er 1897 für eine Fahrrad-Felgenbremse. Ein paar Jahre später beschäftigte sich Scott dann mit einer Einzylinder-Gasmaschine, die sein Bruder gebaut hatte, und über diesen Weg stieß er auf den noch unerforschten Zweitaktmotor. Sein erster Motor, bereits mit zwei winzigen Zylindern mit zusammen 130 ccm, baute er in ein Premier-Fahrrad, dicht hinter dem Steuerkopf, ein. Ein schmächtiges Riemchen trieb ein Vorgelege und dieses per Kette das Hinterrad an. Dieser Motor wurde weiter verbessert und wanderte schließlich sogar in ein Boot, mit dem Alfred Scott zu seinem Vergnügen auf dem River Clyde spazierenfuhr. Dieser luftgekühlte Motor war der Prototyp seines ersten Zweizylinder-Zweitaktmotors, für den er 1904 ein Patent erhielt. Er wies schon das für alle Scott-Motoren typische zentrale Schwungrad auf, an dem an beiden Seiten der Kurbelwelle, außerhalb der Hauptlager, die um 180 Grad versetzten, fliegend gelagerten Pleuel angeordnet waren.
1908 war dann das wichtigste Jahr in der Scott-Geschichte. Einmal erhielt der Firmengründer ein weiteres wichtiges Patent auf seinen, nur aus geraden Rohren gebildeten Dreieckrahmen, der für Scott-Motorräder ebenso typisch war wie der 1908 nochmals patentierte, verbesserte, wassergekühlte Zweizylinder-Zweitaktmotor mit einem einfachen, aber höchst zuverlässigen Zweigang-Getriebe. Dieser Motor, ein Parallel-Twin, hatte mit je 58 mm Bohrung und 63 mm Hub 333 ccm Hubvolumen und wog nur knapp 17 kg. Jeder der luftgekühlten Zylinder stand separat auf dem gemeinsamen Kurbelgehäuse und trug einen wassergekühlten Kopf. Mit der Übersetzung von 5:1 drehte der Motor max. 2700 Touren, konnte aber bis 3000 U/min überdreht werden. Das erwähnte Zweigang-Getriebe funktionierte folgendermaßen. Auf jeder Seite der Schwungscheibe war ein Zahnrad montiert. Von diesem führten zwei Ketten nach rückwärts zu zwei im Durchmesser unterschiedlichen Zahnkränzen, die auf Kupplungstrommeln saßen. Kupplungsbacken wurden dann jeweils entweder gegen die Trommel mit dem kleinen oder dem großen Zahnrad gedrückt und stellten so die Verbindung zum Hinterrad her, das – schon 1908 ! – mittels Kette angetrieben wurde. Das war also ein Getriebe ohne Klauen und Zahnräder! Geschaltet wurde es mit einer kleinen Wippe auf der rechten Seite der Maschine, die mit dem Fuß betätigt wurde. Das war somit die erste echte, wenn auch noch recht einfache Fußschaltung der Motorradgeschichte.
Das Scott-Motorrad von 1908 war also in mehrfacher Hinsicht ungewöhnlich und auch optisch ausgefallen. Der durch den Dreieckrahmen niedrige Durchstieg erinnerte an das erste Motorrad von Hillebrand & Wolfsmüller, der Tank stand rund um das Sattelrohr, der Zweitakt-Zweizylindermotor war eine Neuheit, ebenso das Ketten-Zweiganggetriebe und auch der Kettenantrieb zum Hinterrad war seiner Zeit weit voraus. Dazu kam noch eine Vorderradgabel, die bereits eine teleskopartige Ausführung aufwies.

Scott konnte nun darangehen, sein ausgefallenes Motorrad in Fertigung zu nehmen. Er hatte jedoch selbst weder Geld noch kapitalkräftige Verbindungen. Deshalb traf er mit den Besitzern eines kleinen Maschinenbaubetriebes in Bradford, Ben und William Jowett, ein Abkommen und baute in ihrer Werkstatt die ersten sechs Scott-Maschinen. Dann mußte er sich nach einer anderen Bleibe umsehen, denn die Brüder Jowett brauchten den Platz selbst, um ihre eigenen Automobile zu bauen. Mit Freunden trieb er dann soviel Geld auf, daß er die »Scott Engineering Company« gründen und weiterproduzieren konnte. Im neuen Betrieb, in der Grosvernor Street in Bradford, entstanden dann die nächsten 100 Scott-Maschinen, die sich bald, dank der ersten Sporterfolge bei Bergrennen, die damals sehr populär waren, einen guten Ruf erwarben. Scott selbst gewann die ersten Wettbewerbe mit seinem Motorrad. Es gab auch gleich eine weitere fortschrittliche Neuerung: die Maschinen bekamen Kickstarter. Auch das

war, wie die Fußschaltungswippe, erstmalig für Motorräder.

Ein Neffe von Scotts Frau, Frank Phillip, war der erste Testfahrer der jungen Firma und wurde so auch der erste Scott-Werkfahrer, der 1910 zur Tourist Trophy zog. Er kam als neunter ins Ziel und auch auf Platz 24 lief eine Scott ein, die damit die ersten Zweitakt-Motorräder waren, die ein TT-Rennen beendeten. Schon 1909 war nämlich eine Scott am Start, die aber dann durch Sturz ausschied.

Der Hubraum der Scotts war inzwischen auf 450 ccm gewachsen, die ganze Maschine wog jedoch nicht mehr als 80 kg und war durch ihre niedrige Schwerpunktlage sehr gut zu fahren. Für die TT 1911 gab's dann neue, verbesserte Maschinen, die bereits Einlaßdrehschieber aufwiesen. Sie waren zwar sehr schnell, jedoch nicht zuverlässig. Frank Phillip fiel nach einer Rekordrunde mit 80,63 km/h aus, und nur eine der drei Scotts landete auf Platz 26.

Oben: Dieses erste Scott-Modell aus 1908 besaß schon einen Zweitakt-Twin-Motor.

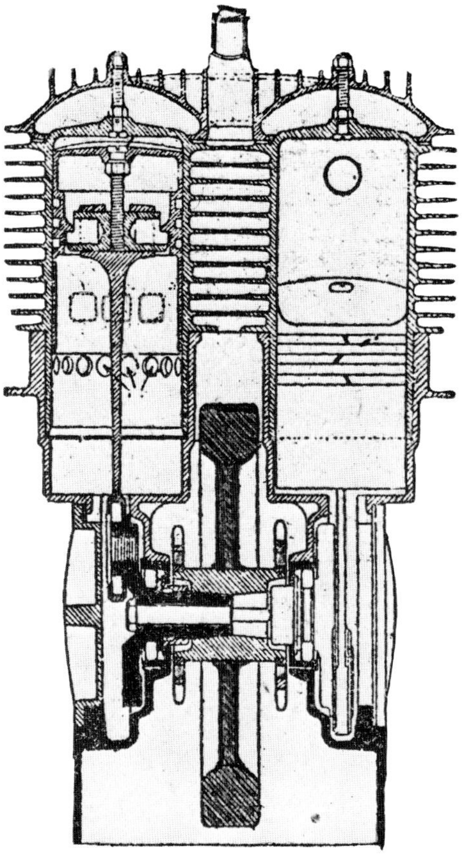

Rechts: Der Schnitt durch den ersten Scott-Motor offenbart das Bauprinzip mit zwei »fliegenden« Pleueln und in der Mitte gelagerter Schwungmasse.

Auch Jimmy Simpson, später auf AJS und Norton weltberühmt geworden, saß einmal, 1922, in der Senior-TT, auf einer Scott.

Dieses Detailbild eines Scott-Motors aus 1927 zeigt die Vergaser-Anordnung und die beiden demontablen Überström-Kanäle.

Rechte Seite: Die Scott der späten zwanziger Jahre, hier eine TT-Replica, fielen durch ihren in Lila gehaltenen Tank auf.

1912 kamen auch weitere Änderungen an den Serienmodellen. Einmal wurde der Hubraum auf 486 ccm geändert (70/63 mm Bohrung/Hub), dann bekamen die Zylinder einen gemeinsamen Wassermantel, dafür begnügte man sich bei den Zylinderköpfen mit Luftkühlung. Auch für das Auge wurde etwas getan: der Wassermantel der Zylinder war nun rot lackiert und der Benzintank der Serienmodelle leuchtete in Purpur. Das war nämlich die Lieblingsfarbe von Scotts Schwägerin, und um den Zweitakt-Motor zu symbolisieren, wurde der Tank mit zwei silbernen Farbbändern verziert. Offensichtlich war die ganze Familie Scott in das Motorradgeschäft integriert.

Zur TT 1912 wurden nur zwei Maschinen, mit Applebee und Philipp, geschickt. Die Maschinen hatten, wie schon im Jahr zuvor, wieder Drehschiebereinlaß. Dieses Mal waren Scott Glück und Erfolg beschieden. Applebee landete einen Start-Ziel-Sieg und damit den ersten Zweitakt-Erfolg in der Tourist Trophy. Philipp hatte Reifenschaden, kam aber trotzdem noch auf Platz 11. Die Scotts waren nun auch zuverlässig geworden. Dieser Erfolg brachte Scott zahlreiche Bestellungen ein, doch konnte er damit in seinem Betrieb nicht mehr zurechtkommen. Die Firma brachte weitere Geldmittel auf und erwarb in Shipley, dem bleibenden Standort, Grund, um eine neue Fabrik zu bauen.

Zum Jahresende gab es auch noch drei »Goldene« bei der ACU-Sechstage-Fahrt, der Vorläuferin der »Int. Six-Days«. Spät im Herbst zeigte Scott dann auf der Olympia-Show die 1913er Modelle, die nunmehr wassergekühlte Zylinder, einschließlich der nicht demontierbaren Zylinderköpfe, hatten. Bis Ende des Jahres waren in dem alten Morington-Werk etwa 550 Maschinen gebaut worden, 250 mehr als im Jahr zuvor. So nachhaltig hatte der TT-Sieg das Geschäft angefacht.

1913 gab's dann wieder einen TT-Sieg für Scott. Diesmal saß ein neuer Fahrer, Tim Wood, im Sattel der ungewöhnlichen Maschine. Er mußte sich allerdings über die ganze Distanz mit dem Rudge-Fahrer Abbott herumraufen und kam mit nur fünf Sekunden Vorsprung ins Ziel. Auch die schnellste Runde der TT ging wieder an Scott, die damit drei Jahre hindurch für die Rundenbestzeiten gesorgt hatten.

Für die Saison 1914 gab's an den Serienmodellen weitere Verbesserungen: bei der Schmierung, einen Mittelständer und stärkere Gabeln, damit man auch mit Seitenwagen fahren konnte. Auch an den TT-Maschinen waren zusätzliche, ungewöhnliche Neuerungen zu entdecken. Ein- und Auslaß wurden durch ein Ventilsystem gesteuert, wie es von der Firma Corliss für schwere Dampfmaschinen verwendet wurde – dort hatte Scott einmal als Lehrling gearbeitet. Dann gab es erstmals ein echtes Getriebe in einem Kasten, und zwei neugestaltete Tanks füllten zur Tieferlegung des Schwerpunkts den Rahmendurchstieg aus. Zu Beginn der Senior-TT schien es, als ob Scott wieder gewinnen würde. Tim Wood fuhr wieder eine neue Rekordrunde – die vierte einer Scott in ununterbrochener Jahresfolge –, ehe der Magnet streikte und Wood aufgeben mußte. Applebee schaffte nur mehr den 25. Platz. Ehe man noch Lehren aus diesem Debakel ziehen konnte, brach der Krieg aus.

Scott entwickelte deshalb rasch ein Seitenwagen-Gespann, auf dessen Boot ein Maschinengewehr montiert war. Der Prototyp wurde sogar von Winston Churchill höchstpersönlich inspiziert, und daraufhin wurden auch dreihundert Stück bestellt.

Im harten Kriegseinsatz gab es jedoch damit Schwierigkeiten, und Scott stürzte sich in ein völlig neues Projekt. Das war ein Fahrzeug, auch mit drei Rädern, zwei hinten und eines vorn, das asymmetrisch in der Spur des rechten Hinterrads lief, ein Fahrzeug also, das so ungewöhnlich wie die Motorräder von Scott aussah, jedoch extrem

stabil war und sich leichter wie ein Gespann dirigieren ließ. Als Motor verwendete er natürlich wieder einen Zweizylinder-Zweitaktmotor, jedoch schon mit Dreigang-Getriebe. Trotz intensiver Entwicklung der Prototypen kam es bis zum Kriegsende jedoch nicht zu einem Lieferauftrag.

Nach Kriegsende war Scott so an seinem Dreirad-Projekt interessiert, daß er seinen Anteil an der »Scott Engineering Company« verkaufte, die »Scott Autocar Comp.« gründete und sich nur mehr um die Fertigstellung und Produktionsaufnahme seines Scott »Sociable«-Dreiradwagens kümmerte. Dazu war er in den alten Betrieb nach Bradford gezogen, konnte sich aber mit dem aus-

Der Restaurator des Deutschen Museums in München, Manfred Schweiger, kann sich gerne über seine perfekt restaurierte TT-Replica aus 1929 freuen.

gefallenen Dreirad-Auto, dem das linke Vorderrad fehlte, nicht durchsetzen. Noch ehe das bittere Ende kam, starb Scott, und sein Erbe auf dem Motorradsektor wurde von der alten, immer noch seinen Namen tragenden Firma in Shipley (unter neuer Leitung von Mr. Vinter) fortgesetzt.

Dort lief es, vor allem finanziell, nicht zum besten. Nach Kriegsende hatte man wieder mit den weiterentwickelten Vorkriegsmodellen begonnen. Die Verwendung des Binks-Vergasers verbesserte die Leistung, und auch für besseren Schmutzschutz wurde einiges getan. Im Grunde blieb der neue Chefkonstrukteur William Cull jedoch beim alten Scott-Konzept, nur zur TT 1921 sah man erstmals einen neuen Tank, der den Platz zwischen Steuerkopf und Sattelrohr formschöner ausfüllte als die bisher verwendete, skurrile Tonne, durch die das Sattelrohr führte.

Das erste Wiedersehen mit der Insel Man verlief enttäuschend. Es waren nur die Plätze 17 und 22 »drin«. 1922 ging's dann aber wieder aufwärts. Harry Langman belegte Platz drei in der Senior-TT, und ein Jahr später, 1923, führte er in der ersten Beiwagen-TT bis zur letzten Runde, ehe er stürzte. 1924 wurde Langman, wieder als Solofahrer, in der Senior-TT sogar zweiter, dann riß aber der Faden der guten TT-Plazierungen wieder ab und sah nur einmal noch eine Scott, 1928 mit Tommy Hatch, auf Platz drei.

Im Produktionsprogramm änderte sich ab 1921 auch allerhand. Ende des Jahres gab's ein neues Dreigang-Modell mit konventionellem Zahnrad-Getriebe und Mehrplattenkupplung, die vom Lenker aus betätigt wurde. Ende 1923 erschien das Dreigang-Modell »Squirrel« (Eichhörnchen) und ebenso ein auf 596 ccm vergrößertes Modell mit abnehmbarem Zylinderkopf, wie er auf der TT gefahren worden war. Ein neues »Super Squirrel«-Modell mit quadratischen Zylinderabmessungen (68,25 mm Bohrung und Hub) kam im Herbst 1924 auf den Markt und war in den folgenden Jahren das am meisten verkaufte Scott-Modell. Man konnte es in zwei Hubraumgrößen, 498 und 598 ccm, haben und anstelle des um das Sattelrohr gelegten Tanks auch mit konventionellem TT-Tank und mit mechanischer Ölpumpe. Auch das Getriebe wurde verbessert.

Auf sportlichem Gebiet kam Scott nun in der neu etablierten Amateur-TT, aus welcher der spätere Manx-Grand-Prix hervorging, zu einigen Erfolgen. Doch alles half der Firma nur sehr wenig über die ständigen finanziellen Kalamitäten hinweg. Man schleppte sich von Jahr zu Jahr hin und konnte darum auch in technischer Hinsicht nicht viel Neues bringen. 1929, mit dem Aufleben des Dirt-Track-Sports, baute Scott rasch eine Aschenbahnversion, die besonders unter Frank Varey und Bill Kitchen zu Erfolgen kam. Trotz allen Kummers gab es aber eine Menge bekannter Rennfahrer, die auf Scott »schwörten« und zumindest in den frühen zwanziger Jahren einmal im Sattel des »jaulenden« Zweitakt-Renners saßen. Darunter waren so bekannte Fahrer wie Jimmy Simpson, Stanley Woods, Eric und Oliver Langton u.a.m. Aber auch in Deutschland, Österreich

Auch der Schweizer Paul Waldner zählt mit seiner 600er Scott zur kontinentalen Scott-Garde. Sein 1929er-Modell hat schon die einfachere, konventionelle Webb-Gabel.

und der Schweiz genoß die wassergekühlte Scott einen ausgezeichneten Ruf. In Deutschland waren es vor allem Erich Pätzolt und Ernst Zündorf, in der Schweiz die Brüder Stärkle und in Österreich Rupert Karner und Martin Schneeweiß, die gelegentlich auch Scott fuhren.

Um billige Modelle im Programm zu haben – Scott-Motorräder waren wegen der kleinen Serien, in denen sie gebaut wurden, immer sehr teuer – kam 1929 auch ein luftgekühltes Einzylinder-Modell mit 289 und 348 ccm Hubraum ins Programm, das aber bald an schwachem Verkauf wieder einging.

Zur TT 1930 wurde nochmals ein neues Motorrad gebaut, das mit der bisherigen Scott-Linie nicht mehr viel gemeinsam hatte. Der bislang stets ca. 60 Grad nach vorne geneigte Zylinderblock stand hier senkrecht und die beiden Zylinder waren wieder getrennt. Auch der Rahmen war geändert und das Vorderrad mit einer Webb-Gabel gefedert. Die typische Scott-Gabel, Vorläuferin der heute üblichen Teleskopgabeln, wich auch bei den Serienmodellen der einfacheren und auch preiswerteren Webb-Gabel. Selbst in der »Sprint Spezial« von 1930, für Kurzstreckenrennen gedacht, in denen die spurtstarken Scotts noch immer ein Wort mitzureden hatten, wurde ebenfalls die Webb-Gabel verwendet. Die oben beschriebene TT-Scott von 1930 kam jedoch nicht mehr zum Einsatz, denn die Finanzen der Firma waren am Ende.

1931 wurde zunächst ein öffentlicher Konkursverwalter bestellt. Doch es kam nicht zu einer endgültigen Liquidation, sondern Albert Reynolds, ein Scott-Enthusiast aus Liverpool und einer der größten Scott-Händler Englands, kaufte die in Liquidation befindliche Firma, um sie dann sofort wieder mit reduziertem Stamm-Personal »auf Sparflamme« weiterzuführen. Reynolds gelang es sogar, das Modellprogramm auszuweiten, und mit Hilfe von Mr. Vinter gab es zusätzlich eine »Reynolds Spezial«. So rettete Reynolds die Marke Scott unter dem neuen Firmennamen »Scott Motors Ltd.« wieder in bessere Zeiten hinüber, die ihm sogar gestatteten, ein völlig neues Modell

mit Dreizylinder-Motor zu entwickeln, das bald Schlagzeilen machen sollte. Das war zunächst im Februar 1934 der Fall, als der Prototyp – noch mit 747 ccm Hubraum – angekündigt wurde, und schließlich dann neuerdings im Herbst 1934, als die endgültige Ausführung auf der Olympia-Show mit nun 986 ccm Hubraum großes Aufsehen erregte.
Der natürlich wiederum wassergekühlte Blockmotor stand nun in Längsrichtung im Rahmen, hatte ein angeblocktes Viergang-Getriebe und Kettenantrieb zum Hinterrad. Die von William Cull stammende Konstruktion wies ein Kurbelgehäuse samt Zylinderblock aus Elektronguß auf, drei einzeln demontierbare Kurbelgehäuse-Kammern und eine von insgesamt drei Ölpumpen saß propellerblattartig direkt vorne auf der Kurbelwelle, um für den Umlauf der in der Kurbelwanne mitgeführten 4,5 Liter Öl zu sorgen. Der Kühler war harmonisch in eine »Tankattrappe« eingefügt, die man beiderseits aufklappen konnte, wenn man etwa die Kerzen wechseln wollte. Der Motor stand nämlich so hoch im Rahmen, daß darüber nur ein Hilfstank mit 4,5 Liter Inhalt Platz hatte und über eine Benzinpumpe von zwei seitlich des Hinterrads, wie Gepäckträger, angebrachten Tanks den Kraftstoff bezog.
Schon der Prototyp dieses ausgefallenen Motorrads mit einem »Automotor« lief fast 140 km/h Spitze. Wie viele von der endgültigen Ausführung wirklich gebaut wurden, liegt im dunkeln; man schätzt etwa 8 bis 10 Stück. Eine wird vollrestauriert für das geplante englische Motorradmuseum in Coventry bereitgehalten und eine andere ging während des Krieges über den französischen DKW-Importeur nach Zschopau. Dort war sie sicher ein willkommenes Studienobjekt für die nach dem Krieg erschienenen DKW-Dreizylinder-Motoren, wie sie auch später im schwedischen Saab-Automobil Verwendung fanden.
Sogar nach dem Krieg versuchte die Scott Company nochmals das Dreizylinder-Modell wiederaufleben zu lassen. Dazu wurden schon viele Teile für eine Serie von 50 Stück angefertigt, doch mußte die Firma vor dem Serienanlauf endgültig zusperren. Einige dieser interessanten Motoren wurden jedoch noch komplettiert und fanden dann als Bootsmotoren Verwendung.
Doch zurück zum Jahr 1934. Von da an bis zum Kriegsausbruch lebte die Firma Scott mehr schlecht als recht. Die konstruktiv aus den zwanziger Jahren stammenden Modelle fanden zwar immer wieder ihre anhänglichen, aber nicht sehr zahlreichen Käufer, die echte Qualitätsarbeit schätzten und dafür auch einen hohen Preis zu

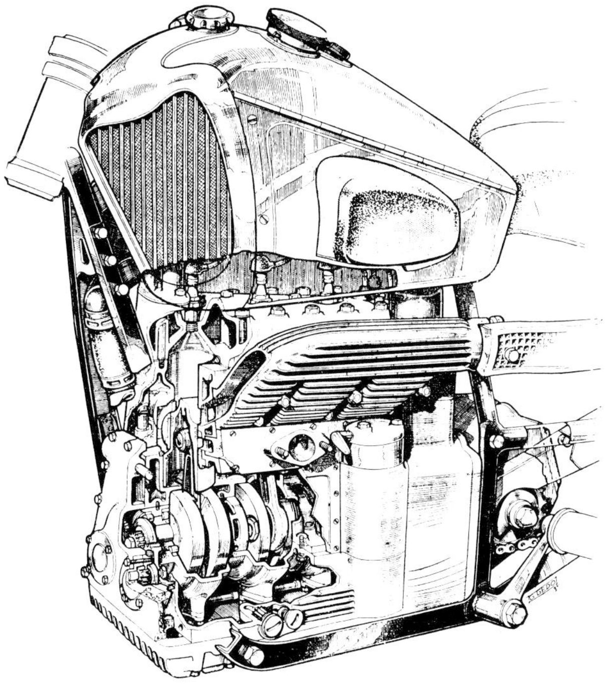

zahlen bereit waren. So kostete 1936 eine normale 500er Scott genau 80 Pfund – zu einer Zeit, als das teuerste und schnellste Rudge-Modell, die »Ulster«, für 77 Pfund verkauft wurde. Das Dreizylinder-Modell war wohl auch wegen seines Preises von 115 Pfund fast unverkäuflich, denn dafür bekam man damals in England schon ein ausgewachsenes Auto.
Die Scott-Liebhaber scheinen jedoch nie auszusterben, denn nach dem Zweiten Weltkrieg, als die Firma 1954 ihre Tore schloß, erwarb Matt Holder, ein vermögender Werkzeugmaschinen-Fabrikant und Scott-Fan, den Namen und die Produktionsrechte. Zwei Jahre später erschien in seiner Firma Aerco Jig & Tool Comp. in Brimingham die »Neue Scott« unter dem Namen »Swift«. Der auf

dem alten Layout basierende Motor mit modernem, fußgeschaltetem Viergang-Getriebe saß in einem Rahmen, der vorn eine Telegabel und hinten eine Schwinge mit zwei Federbeinen aufwies. Der Swift-Motor war gleich in 596 ccm Größe wiedererstanden; eine Halbliterausführung wurde angekündigt, erschien aber nicht mehr. 1965 gab es dann sogar eine luftgekühlte Scott-Rennmaschine mit dem traditionellen Scott-Emblem, der Rachenlehre, am Tank. Das war aber nur ein Prototyp und Experimentier-Stück, das zwar Schlagzeilen, aber keine Erfolge brachte.

Den letzten, immerhin noch einige Jahre andauernden Versuch, für die Scott-Liebhaber eine moderne Version des Zweitakt-Zweizylinder-Urahns zu bauen, startete dann 1975 George Silk in Derby. Seine erste »Silk« entstand schon einige Jahre vorher als Rennmodell mit einem echten Scott-Motor. Die handwerkliche Fertigung einer Kleinserie weiterer »Silk«-Scott begann er im Herbst – sie durften jedoch den letzteren Namen nie tragen. Bis zum Sommer 1976 waren bereits 18 Stück »Silk 700« entstanden, die alle ihre zufriedenen Abnehmer fanden. Bis zur Einstellung der Motorrad-Fertigung im Jahr 1980 hatten immerhin schon ungefähr 200 Exemplare die Silk Engineering Ltd. in Darley Abbey bei Derby verlassen. Die Silk-Motorräder trugen in einem modernen Fahrgestell, mit Telegabel und Hinterradschwinge sowie mit Scheibenbremsen, einen Motor als Herz, der eng an die Scott-Grundkonzeption angelehnt war. Sein Hubraum betrug bei 76 mm Bohrung und 72 mm Hub 653 ccm, und daraus kamen max. 48 PS bei 6000 U/min. Das Gewicht der ganzen Maschine lag bei 150 kg – leichter als so viele moderne 350er, und als Spitze wurden 175 km/h genannt. Heute, da jeder Weltmeisterschaftslauf von wassergekühlten Zweitakt-Rennern, in zunehmendem Maße mit Drehschieber-Einlaß, gewonnen wird, ist es angebracht, sich nochmals des Vaters dieses erfolgreichen Motorenkonzepts zu erinnern – Alfred Scott, der als brillanter Ingenieur schon vor etwa 70 Jahren dies alles, was heute gewinnt, erdacht und auch gebaut hat. Seine Motorräder waren zwar nie Massenprodukte, sondern besondere Stücke für Kenner, die etwas Ausgefallenes besitzen wollten. Wenn man heute wieder »Flying Squirrels« in Veteranen-Rennen heulen hört und sieht, welches noch immer beträchtliche Tempo sie entwickeln, fühlt man mit den Scott-Enthusiasten mit, die ihre »Scotts« nie sterben lassen möchten.

Links: Die legendäre Dreizylinder-Scott aus 1934 war der Urtyp der späteren Dreizylinder-Zweitakt-Automotoren.

Rechts: Silk 700 S hieß der jüngste Ableger der Scott-Idee in den siebziger Jahren. Auch sie wird nicht mehr gebaut.

THE SUNBEAM

Sunbeam – der »Sonnenstrahl« von bester Qualität aus Wolverhampton

Das »Flat-Tank«-Modell 90 aus 1928 mit Druid-Gabel und Scheren-Stoßdämpfer war wohl das formschönste Sunbeam-Modell der späten zwanziger Jahre.

Der Name Sunbeam war für den Motorradfahrer einstmals – bis Anfang der dreißiger Jahre – ein Synonym für Spitzenqualität im Motorradbau. Der »Sonnenstrahl« auf zwei Rädern war jedoch nicht nur außerordentlich sorgsam und hochwertig in seiner Herstellung und der Auswahl der verwendeten Materialien, sondern war einige Jahre hindurch im Sport besonders erfolgreich und deshalb noch über seine glanzvollen Jahre hinaus bei Privatfahrern immer noch sehr beliebt. Der Start dieser in einer langen Tradition englischer Handwerker begründeten Marke war glanzvoll; das Ende, wie bei so vielen klangvollen Namen der Zweiradbranche, still und nicht nur von ihren Liebhabern schmerzlich vermerkt.

»Established in 1790« (Gegründet 1790) stand stolz am Umschlag aller Sunbeam-Kataloge. Diese Jahreszahl bezog sich natürlich nicht auf Sunbeam-Motorräder, die erst verhältnismäßig spät, ab Herbst 1912, erstmals zum Verkauf angeboten wurden, sondern auf die historischen Wurzeln dieser in Wolverhampton beheimateten Firma. Damals begann die Familie Marston mit der Erzeugung von Japan-Ware, also Zinn-, Kupfer- und Messing-Geräten, und die handwerklichen Fähigkeiten der Familiengründer und ihrer Mitarbeiter waren auch die Grundlage der späteren Expansion zu anderen moderneren Produkten. Das war zunächst das Fahrrad, das ab 1887 bereits unter dem Namen »Sunbeam« hinzukam. Der Umgang mit dünnen Blechen führte bald am Sunbeam-Fahrrad zur Einführung eines geschlossenen Kettenkastens, in dem der am meisten strapazierte Teil, die Kette, nunmehr im Ölbad lief. Auch ein Zweigang im Tretkurbellager war eine weitere Verbesserung des Sunbeam-Rades, welches bald den Ruf höchster Qualität erwarb; es war auch das teuerste Rad am Markt!

1899 beauftragte der Firmengründer John Marston (1836 bis 1918) den talentierten jungen Techniker Thomas Cureton, sich umzusehen, welche Form von motorisiertem Transport am zukunftsträchtigsten wäre. Das Ergebnis war der Start zum Bau von Sunbeam-Automobilen, der 1900 mit einem zunächst orthodoxen Vehikel mit DeDion-Bouton-Motor begann, jedoch bald von einem höchst merkwürdigen Gefährt gefolgt wurde, bei dem zwei Räder seitwärts der Fahrzeugmitte angebracht und angetrieben wurden und je ein einzelnes Rad vorne und hinten – mittschiffs in dritter Spur – lenkbar war. Ab 1905 gab es jedoch in der inzwischen neugegründeten Firma Sunbeam Motor Car Comp. Ltd. wieder konventionelle Automobile mit Vier- und Sechszylinder-Motoren fortschrittlicher Konstruktion, die sich gut verkauften.

Ein anderer, neuer Produktionszweig, der sich aus dem Umgang mit Metallblechen aller Art entwikkelte, allerdings ab 1902 unter einem anderen Firmennamen, war die Herstellung von Wasserkühlern. Sie wurden nicht nur für die Sunbeam-Automobile verwendet, sondern an eine Reihe von bekannten Automobil-Erzeugern wie Rolls-Royce, Wolseley, Vauxhall und später auch an Austin, Jaguar und Triumph geliefert. Sie hießen, nach dem Firmengründer, immer noch Marston-Kühler und fanden später auch in Tanks, Luftschiffen und Flugzeugen Verwendung.

Damit sind wir endlich bis zum Beginn des Motorrad-Baues vorgedrungen, der 1911 mit der Herstellung einiger Prototypen begann. Die bisher geschilderte Firmengeschichte ist jedoch zum besseren Verständnis des aus der Tradition kommenden Dranges zu höchster technischer Perfektion und bester Fertigungsqualität erforderlich, und nun wenden wir uns endlich den Sunbeam-Motorrädern zu.

Allein die Tatsache, daß Sunbeam zur Entwicklung und Ausreifung des ersten Motorrads fast zwei Jahre brauchte, zeugt von der Verantwortung und Gewissenhaftigkeit damaliger Motorradproduzenten, speziell jedoch von der Berufs- und Geschäftsauffassung der Familie Marston. Der Konstrukteur der $2\frac{3}{4}$-PS-(349-ccm-)Sunbeam, des ersten Motorrad-Modells, hieß John E. Greenwood und war von JAP über Rover zu Sunbeam

gekommen. Schon dieses erste Sunbeam-Modell mit 75 mm Bohrung und 79 mm Hub zeichnete sich durch einige fortschrittliche Details aus und war bei seinem Debüt der große Star der Olympia-Show im Herbst 1912. Es hatte bereits beide Ketten – vom Motor aus zum Getriebe und von dort zum Hinterrad – in öldichten Kettenkästen laufen, was bei den damals üblichen Staubstraßen höchst notwendig und zur Verlängerung der Lebensdauer eines Motorrades auch erforderlich, aber noch keineswegs Gemeingut der einspurigen Vehikel war. Weiter waren Kurbelwelle und Pleuel mit Hoffmann-Rollenlagern gelagert; auch das war damals noch unüblich. Dann sorgte ein deutscher Bosch-Magnet für störungsfreie Zündung, und schließlich war alles an diesem Fahrzeug, von den Felgen über den Rahmen bis zur Hinterradnabe, in Schwarz emailliert, der Motor natürlich ausgenommen. Auch das Zweigang-Getriebe, und vor allem im Hinterrad eine Steckachse, die eine einfache Demontage des Rades, ohne die Kette und den Kettenkasten anzurühren, ermöglichte, waren unerhört fortschrittliche Details. Außer Schwarz gab es Gold als Farbe schon an der ersten Sunbeam, jedoch nur als Zierlinien am Tank, und auch die Marke »The Sunbeam« war in goldenen Lettern an dem Tank zu lesen.

Das zum Preis von 63 Pfund angebotene »Gentlemen's Motor Bicycle« wurde vom Konstrukteur Greenwood selbst, noch im selben Spätherbst 1912, auch erstmals erfolgreich in einem Wettbewerb gefahren.

Das war das ACU-Herbst-Trial, und das Ergebnis war eine Goldmedaille. 843 Stück dieses ersten seitengesteuerten 350-ccm-Modells von Sunbeam wurden im Lauf des Jahres 1913 hergestellt, doch schon im Juni erschien ein zweites Sunbeam-Modell mit 770-ccm-V-Zweizylinder-JAP-Motor und Dreigang-Getriebe für schweren Beiwagenantrieb. Noch im Herbst 1913 gab es dann bereits das dritte Modell des »Sonnenstrahls«, ein 499-ccm-Halblitermodell, das nichts anderes als eine vergrößerte 350er war, jedoch schon mit Dreigang-Getriebe. Unter den noch 1913 in Trials und Bergrennen erfolgreichen jungen Sunbeam-Fahrern tauchte nun ein Name auf, der nach 1918 noch sehr bekannt werden sollte. Das war Howard R. Davies, der Mitte der zwanziger Jahre dann sogar eine eigene Motorradmarke, H.R.D., gründete, aus der schlußendlich die Marke Vincent-H.R.D. hervorging.

1914 wagte Sunbeam zum ersten Mal den Sprung auf die Insel Man, zum damals und auch noch

Links: Schon das erste Sunbeam-Modell 2¾ HP, wie man eine 350er aus 1913 nannte, hatte beide Ketten im Ölbad und ein Zweigang-Getriebe.

Rechts: 1923 gewann Rupert Karner in Baden bei Wien auf einem »Longstroke«-Modell die Österreichische Meisterschaft, obwohl ihm nach 80 von 100 Runden der rechte Lenker abbrach.

Jahrzehnte hin härtesten Prüfstein für eine Motorradfirma, zur Tourist Trophy. Die drei Sunbeam-Werkfahrer waren Vernon Busby, Tommy de la Hay und der junge Howard Davies. Der Erfolg des ersten TT-Einsatzes sprach für die junge Marke Sunbeam: Davies wurde zweiter, exaequo mit dem Indien-Fahrer Godfrey, Busby endete als elfter und de la Hay wurde als dreizehnter abgewunken. Was aber noch höher zu werten ist, war der Gewinn des Marken-Team-Preises.
Der bald darauf ausbrechende Erste Weltkrieg sah »Sunbeamland«, wie die Fabrik in Wolverhampton genannt wurde, bald mit militärischen Aufträgen überschwemmt. Sie mußte Teile für Marine-Flugzeuge, aber auch komplette Flugmotoren für andere Firmen bauen. Die Motorräder wurden zwar nicht vergessen, standen aber etwas im Hintergrund. Dies um so mehr, als ein Auftrag für die französische Armee Riemenantrieb vorschrieb, was John Marston gar nicht gefiel. Diese »Riemen-Sunbeams« waren Halbliter-Maschinen; das 350er-Modell wurde schon bei Kriegsbeginn aufgelassen. Hinzu kamen bald neue, schwere Modelle im Jahr 1915 mit V-Zweizylinder-Motoren von Abingdon King Dick und schließlich mit 1000 ccm Hubraum von Motosacoche aus der Schweiz. Der Kühler-Zweig von Marston war ebenso für Flugzeug-Firmen voll beschäftigt. Nach Kriegsende gab es vor allem personelle und, daraus resultierend, auch kommerzielle Veränderungen. Der jüngere Sohn Roland des Firmengründers, der wie sein Bruder Charles im Geschäft tätig war, starb kurz vor seinem Vater John Marston. Der nun allein mit der Führung beauftragte zweite Sohn Charles verkaufte den Familienanteil bald an die Explosive Trades Ltd., aus der später der Sprengstoff-Konzern Nobel Industries Ltd. hervorging. Die Leitung des Sunbeam-Motorrad-Zweiges ging an Sidney Bowers über, der sich in langen Jahren in der Firma durch alle Stationen hochgedient hatte und die Sunbeam-Tradition, beste Qualität herzustellen, noch länger als ein Jahrzehnt hochhielt. Inzwischen verstarb auch der alte Werkleiter Thomas Cureton, und mit dem Jahr 1920 trat Sunbeam dann als Motorradproduzent in sein erfolgreichstes und das bemerkenswerteste Jahrzehnt seiner Firmengeschichte ein.

Zweimal Sunbeam bei einem »Club-Tag« am Salzburgring 1980. Links ein »Longstroke«-Modell aus 1922, und rechts ein Modell 9 aus 1927; beide restauriert und im Besitz von Claus Vetterling aus Oberbayern. Die »Longstroke« ist im echten Renn-Trimm ohne Kickstarter.

Die Nachkriegsproduktion begann mit dem $3^1/_2$-(499-ccm-)Einzylinder-Modell in einer Touren- und Sport-Version, der »Light Solo«. Auch das Zweizylinder-Beiwagenmodell wurde weitergebaut, nunmehr wieder mit JAP-Motor. Um die Motorradwelt neuerdings auf Sunbeam aufmerksam zu machen, zog 1920 wieder ein Werkteam zur

Tourist Trophy und lieferte dort einen überzeugenden Beweis für die Qualität seiner Erzeugnisse. Tommy de la Hay gewann in neuer Rekordzeit, während George Dance die schnellste Runde fuhr. Auch der dritte Platz wurde von einer Sunbeam belegt.

Ein Jahr später sah man Sunbeams auf den Plätzen 4, 8, 23 und 24 und ein Jahr weiter waren sie wieder an der Spitze. Dazwischen lagen jedoch Siege von Alec Bennett im »Großen Preis von Frankreich« und unzählige Sprint-Rekorde von Georg Dance, der als Entwicklungstechniker und Einfahrer beam. Fünf weitere Sunbeams endeten auf den Plätzen 6, 8, 17, 19 und 20, und auch die Rekordrunde ging mit fast 60 Meilen Durchschnitt an Bennett. Das war der letzte Sieg eines seitengesteuerten Modells in der Tourist Trophy. Der kopfgesteuerte Motor begann nun dieses schnellste sv-Modell zu überflügeln, obwohl es gut und gerne 130 km/h Spitze lief.

Immerhin verbuchte die berühmte Sunbeam-»Longstroke« noch weitere Erfolge in Frankreich, der Schweiz und im Ulster Grand-Prix. 1923 gab es dann zum ersten Mal einen 350er-ohv-Motor, der

Rechts: 1925 baute Sunbeam auch einen Königswellen-Rennmotor, der jedoch rasch wieder verschwand. Eine komplette ohc-Sunbeam steht in der Rennmaschinensammlung des Hockenheimrings.

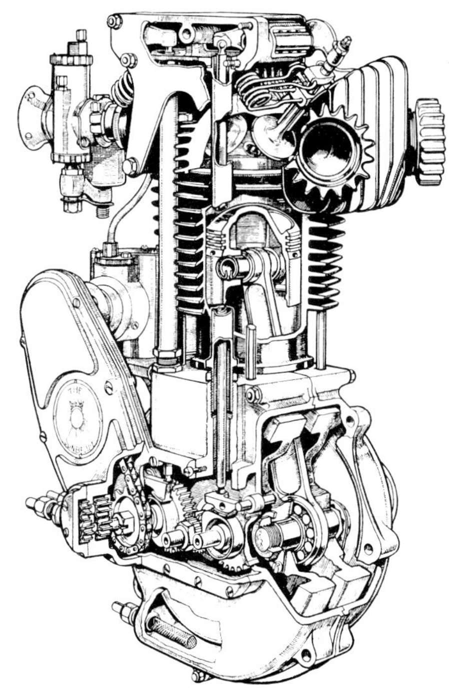

Rechts außen: Mit diesem Halbliter-ohv-Motor gewann Sunbeam 1928 und 1929 die Senior-TT.

dabei schon 1921 mit einem kopfgesteuerten Motor erschien. Auf dem Produktionssektor bemühte man sich, den hohen Qualitätsstandard weiter beizubehalten, was angesichts der großen, durch die Sporterfolge hervorgerufenen Nachfrage zu langen Lieferfristen führte.

1922 gab's wieder zwei neue Modelle. Mit nunmehr 70 mm Bohrung und 90 mm Hub lebte das 350er-Modell wieder auf, das 94,10 Pfund kostete. Dazu kam noch ein besonders für Sport- und Rennzwecke gedachtes Langhub-Modell mit 77 mm Bohrung und 105 mm Hub, das als »Longstroke« in die Motorsportgeschichte einging. Mit diesem neuen Halbliter-Modell gewann 1922 nämlich Alec Bennett neuerlich die Senior-TT für Sunaber zunächst noch nicht sehr zuverlässig war. George Dance gewann zwar damit beinahe die Junior-TT, ehe ihm in der letzten Runde ein Ventil brach. Er hielt sich jedoch dann in seinem Spezialfach, den Sprint- und Bergrennen, schadlos, in welchen er absolut unschlagbar war. Kurze Strekken hielt die noch junge Konstruktion eben mühelos durch. Trotzdem dauerte es noch einige Jahre, bis auch die ohv-Motoren von Sunbeam wieder zu großen TT-Siegen kamen.

Das hinderte den »Sonnenstrahl« jedoch nicht, auch außerhalb von England weiterhin bedeutende Rennen zu gewinnen. 1924 gab's beim »Großen Preis der Schweiz« einen Dreifach-Sieg. Graham Walker, der in diesem Jahr als Rennleiter zu

Links: »Wo sind sie geblieben?« fragt der Buchautor, als er 1973 am Nürburgring ein 29er-Modell 90 zum Gesamtsieg des ersten großen Veteranen-Meetings fuhr. Sein schneller »Sonnenstrahl« stammte aus der jetzt in Hockenheim stehenden Rennmaschinensammlung.

Rechts unten: Im Vordergrund die drei wertvollsten Sunbeams der Hockenheimring-Rennmotorradsammlung.

Sunbeam gekommen war, gewann nicht nur die Halbliterklasse, sondern auch das Beiwagenrennen, und de la Hay die 350-ccm-Klasse. Dr. Feledy war Sieger in der Ungarischen Senior-TT und Rupert Karner gewann bereits zum dritten Mal die Österreichische Meisterschaft, die damals auf Sandbahnen ausgetragen wurde. Auch der frisch etablierte »Bol d'Or« in Frankreich, heute das taditionsreichste und wichtigste 24-Stunden-Rennen, sah eine Sunbeam mit Francisquet als Sieger. Für Kunden gab's den ohv-Motor bereits in zwei Größen zu kaufen: bei 70 mm Bohrung und 90 mm Hub mit 347 ccm Hubraum und mit 80 × 98 mm, das sind 499 ccm Hubraum. Sie hießen Modell 8 und 9. Dann gab's zwei Sprint-Modelle mit der Bezeichnung 10 und 11 in denselben Hubraumgrößen als Kopien der erfolgreichen George-Dance-Sprinter. Zur TT 1924 wurde jedoch kein Werkteam geschickt, da Mr. Bowers noch immer an der Standfestigkeit der ohv-Motoren zweifelte. Für 1925 war auch schon was Neues in Entwicklung: ein Königswellen-Motor. Diese neuen ohc-Motoren erwiesen sich jedoch als »Nieten« und nur fünf von ihnen wurden gebaut, ein 350er, vier oder fünf 500er sowie ein 600er-Motor für die Beiwagen-TT. Von diesen raren, wenn auch erfolglosen Stücken existiert heute noch eine komplette Halbliter-Maschine in der Rennmaschinensammlung des Hockenheimrings, die über die Schweiz von dem einstmals dort lebenden Sunbeam-Fahrer Francesco Franconi und anschließend über Österreich dorthin kam.

Sunbeam war von seinem Königswellen-Experiment rasch geheilt und kehrte reumütig wieder zu den bewährten ohv-Motoren zurück, die nun, mit Haarnadelfedern versehen, weiterentwickelt wurden. Ab 1926 gab's damit wieder in zunehmendem Maße Erfolge. Graham Walker gewann die Halbliterklasse des »Ulster Grand-Prix« vor seinem Markengefährten Tommy de la Hay und wurde schließlich 1927 Europameister mit dem Sieg im »Großen Preis von Deutschland« am neueröffneten Nürburgring.

Doch vorher noch einen Blick auf das Modellprogramm von Sunbeam im Jahr 1926. Dieses bestand aus sechs seitengesteuerten Modellen; zwei davon mit 347 ccm sowie 492, 499 und 599 ccm Hubraum. Von den Hubraumgrößen 347 und 499 gab es eine Touren- und Sport-Ausführung. Der Unterschied der beiden Halbliter-Motoren: 492 ccm bedeuteten 77 × 105,5 mm Bohrung/Hub für das »Longstroke«-Modell und 80 × 98 mm Bohrung/Hub 499 ccm für die Normalausführung. Von der Halbliter-»Longstroke« gab es nur mehr eine Sportausführung, während das größte sv-Modell mit 599 ccm Hubraum 80 × 105,5 mm Bohrung/Hub aufwies und als Gespannmodell noch mit der alten Trapezgabel, die eine lange Blattfeder hatte, ausgerüstet war. Hinzu kamen noch die beiden kopfgesteuerten Super-Sport-Modelle 8 und 9 mit denselben Zylindermaßen wie das 347- und 499-ccm-Modell. Während alle sv-Modelle, ausschließlich dem 599-ccm-Modell 7, eine 3eckförmige Druid-Gabel besaßen, hatten die beiden ohv-Modelle eine Druid-Gabel von flacher Rhombus-Form und ein doppelt geführtes vorderes Rahmenrohr, wodurch es dem Auspuffrohr möglich war, gerade nach vorne aus dem Zylinder herausführen. Die Ventilstößel der 26er-ohv-Modelle waren noch offen und etwas zueinander geneigt. Es wurden auch noch normale Schrauben-Ventilfedern verwendet, gegen Aufpreis waren jedoch schon Haarnadelfedern erhältlich. Wer mit Sunbeams Rennen fahren wollte, griff zu einem dieser beiden ohv-Modelle und montierte an die Druid-Gabel noch zusätzlich zwei Scheren-Stoßdämpfer.

So ging Sunbeam in das wieder erfolgreichere Jahr 1927. Im Verkaufskatalog erschienen nun zusätzlich die beiden Rennmodelle 80 und 90 mit Doppelauspuff und wieder einfachem vorderem Rahmenrohr. Mit Werkversionen dieser Modelle zog Sunbeam nun wieder offiziell zur TT. Walker, Dodson und Birch errangen mit ihren Plätzen 4, 8 und 16 zum zweiten Mal seit 1914 den Werks-Team-Preis, ehe die beiden letzten großen Sunbeam-Jahre 1928 und 1929 ins Land zogen.

Inzwischen gab es in den wichtigsten europäischen Exportländern Deutschland, Frankreich, Schweiz, Italien, Österreich, Ungarn und der ČSSR schon seit Jahren eine Reihe von erfolgrei-

chen Sunbeam-Fahrern. In Deutschland waren es vor allem der Kölner Erich Pätzold und der Münchner Kagerer, in der Schweiz Edgar d'释ternod und Francesco Franconi, in Italien der später als Autorennfahrer berühmt gewordene Achille Varzi, Luigi Arcangeli, Mario Colombo und der Sunbeam-Importeur Vailati, und in Ungarn Walter Delmar und Dr. Paul Feledy.
In Österreich, einem durch den Wiener Sunbeam-Importeur Anton Karner dieser Marke besonders aufgeschlossenen Land, war nicht nur sein Bruder Rupert Karner gelegentlich sogar Werkfahrer für Sunbeam (GP von Frankreich 1925 und GP von Belgien 1926), sondern wurde im »Großen Preis von Europa« 1926 in Belgien nur durch Gabelbruch daran gehindert, den begehrten Europameistertitel für Sunbeam zu erringen. Er mußte sich mit einem 2. Platz in der Halbliterklasse ebenso »begnügen« wie sein Landsmann und Sunbeam-Fahrer Otto Putz in der 350er-Klasse. Außer Karner und Putz gab es in Österreich noch weitere prominente Sunbeam-Fahrer. In Tirol war es der »Bergkönig« Edi Linser und seine Landsleute Otto Mühlbacher und Toni Untermarzoner. In Wien vertraute auf Sunbeam vor allem Willi Melichar, der 1930 in Ungarn sogar zwei Beiwagen-Weltrekorde auf einem 350er-Modell 80 fuhr – die »fliegende Meile« mit 146 km/h und den »stehenden Kilometer« mit 100,4 km/h – sowie Josef Walla und der spätere Automobil-Fabrikant Carlo Abarth, der damals von seinen Freunden noch »Karli« gerufen wurde.
Zu Beginn der beiden erfolgreichsten Sunbeam-Jahre 1928 und 1929 gab's im Verkaufs-Katalog je vier sv- und ohv-Modelle: eines mit 347 ccm, zwei Halbliter-Modelle, jeweils mit kürzerem und langem Hub, und das 600er-Beiwagenmodell. Die kopfgesteuerten Modelle 8 und 9 waren einportige Sportversionen, mit dem Öltank für Tropföl-Schmierung im Benzintank untergebracht und dem Auspuffrohr nach links herum weggeführt, während die beiden Rennmodelle 80 und 90 Doppelauspuff, getrennten Öltank am Sattelrohr und Umlaufschmierung aufwiesen. Noch immer waren alle Modelle mit Dreigang-Getrieben ausgerüstet, die von Hand geschaltet wurden. Auch der Satteltank war bei Sunbeam noch nicht eingezogen.
Mit sorgfältig vorbereiteten Modellen 80 und 90 zogen die Sunbeam-Werkfahrer 1928 zur TT und hatten diesmal den erwarteten Erfolg. Das richtig internationale Team bestand aus Charlie Dodson, dem Australier Simcock, dem Schweizer Franconi

Links: Die beiden letzten ohv-Sunbeam-Motoren; links der Doppelport-Motor mit offenen Ventilfedern aus 1934, und rechts der schon unter AMC 1938 herausgekommene, voll verkapselte Motor.

Rechts: Das letzte käufliche Rennmodell vom Typ 95 bot Sunbeam 1934 an. Dieses völlig originale Stück steht in der Sammlung Stanford Hall in England.

und dem Italiener Arcangeli. Wie üblich, war Sunbeam zunächst in den Junior-TT vom Pech verfolgt, doch in der Senior-TT siegte dann Dodson, und die Plätze 7 von Franconi und 15 von Arcangeli brachten Sunbeam wiederum, nun zum dritten Mal, den begehrten »Manufactures«-Team-Preis. Auch am europäischen Festland gab es weitere Dodson-Siege in den Großen Preisen von Belgien und Deutschland. Aber auch die Italienische und Ungarische TT wurden von Sunbeams gewonnen, und sogar der »Große Preis der Nationen« in Monza ging mit Franconi als Sieger an »Sunbeamland«.

Für 1929 bekamen die Sunbeams endlich Satteltanks, die Ventilfedern der sv-Modelle wurden mit einem Leichtmetalldeckel verhüllt und die Stoßstangen der ohv-Modelle standen nun in verchromten Hüllrohren. Auch der Steuerkopf war um ein Zoll verlängert, weshalb die 29er Modelle etwas »höher« standen, wozu jedoch auch der Satteltank optisch beitrug. Mit solcherart verbesserten, von George Dance wieder sorgsam vorbereiteten und erstmals mit Fußschaltung versehenen 80er- und 90er-Modellen zog Sunbeam mit einem starken Team wieder zur TT. Die Fahrer waren diesmal Dodson, Bennett (der Sieger von 1922) und Simcock. Diesmal kamen auch die 350er-Sunbeams auf gute Plätze; Dodson auf Platz vier, Simcock auf Platz zwölf und Emmery, ein Privatfahrer, endete als siebzehnter.

In der Senior-TT, dem wichtigsten Rennen der TT-Woche, siegte Dodson zum zweiten Mal, Bennett kam auf Platz zwei und Simcock auf Platz sieben ins Ziel, und damit ging der Fabriks-Team-Preis zum vierten und letzten Mal an Sunbeam. Dodson gewann dann anschließend auch die »Großen Preise« von Frankreich und Belgien, Simcock jenen von Österreich und Pätzold die 1000-ccm-Klasse des GP von Deutschland am Nürburgring gegen die starken 750er-Werk-BMW. Weitere Sunbeam-Siege gab es 1929 noch in Ungarn von Balazs und Italien von Varzi, der sowohl den »Circuito del Lario«, die Italienische TT als auch den »Großen Preis der Nationen« in Monza gewann. Seine Rekordrunde lag dabei über 150 km/h, ein Hinweis dafür, daß eine etwa 30 PS starke Sunbeam 90 mehr als 165 km/h Spitze lief. So war und blieb 1929 das erfolgreichste Sunbeam-Jahr der Firmengeschichte. Es war auch das Ende einer Epoche und des zweiventiligen Stoßstangen-Motors. Die vierventiligen Rudges drängten nach und überflügelten schließlich 1930 Sun-

beam, und auch sie wurden ein Jahr später bereits von den Königswellen-Nortons übertroffen.
1930 gab's ein neues, preiswerteres 350-ohv-Modell, doch der Rückgang des Verkaufs wurde das Jahr über offenkundig. Da halfen auch die neuen, nun mit Zentralfeder versehenen Girder-Gabeln und nun schön verchromte Tanks nicht darüber hinweg. Zum Jahresende gab es bei der Ankündigung der 1931er-Modelle zwei Änderungen, die für Insider das Ende der alten Sunbeam-Ära markierten. Einmal wurde die Firma Marston Ltd., wie die Hersteller von Sunbeam-Motorrädern noch immer hießen, offiziell als Tochter des ICI-Konzerns (Imperial Chemical Industrie) deklariert und zweitens die Preise nicht mehr in Guineas, sondern in Pfund angegeben.
Die Sunbeam-Modelle der dreißiger Jahre blieben zwar weiterhin schöne Motorräder, waren jedoch nicht mehr so exklusiv und von jener außergewöhnlichen Qualität wie in den »goldenen« zwanziger Jahren. Auch im Sport wurden die Erfolge immer dünner. 1930 gab's noch ein halboffizielles Sunbeam-Team zur TT, das immer noch die beachtlichen Plätze 4, 5, 8, 11 und 13 herausfuhr. Die Plätze 9, 10 und 13 im Jahr 1932 und 11 und 13 ein Jahr später waren dann die letzten Plazierungen von Sunbeam in der Tourist Trophy.
Auch in der käuflichen Modell-Palette zogen sich die besonders sportlichen Sunbeam-Modelle nur mehr bis zum Jahr 1934 hin. Da gab's neben dem normalen ohv-Modell »250 Longstroke« (59 x 90 mm) die noch immer sportiven ohv-Modelle 8 mit 347 ccm und 70 x 90 mm Bohrung/Hub und Modell 9 mit dem 80 x 98 mm Halbliter-Motor. Die Preise dieser drei ohv-Modelle mit Licht und Kickstarter, nunmehr auf Wunsch auch mit Viergang-Getriebe, jedoch immer noch handgeschaltet, waren 58 Pfund 10, 60 Pfund 10 und 78 Pfund 10; für das Viergang-Getriebe anstelle des serienmäßigen Dreigangs mußten zwei Pfund aufgezahlt werden. Zwischen Modell 8 und 9 lag, dem Preis nach, mit 68 Pfund 10 das seitengesteuerte Halbliter-»Lion«-Modell mit 77 x 105 mm Langhub-Motor. Um vier Pfund mehr konnte man es auch mit 85 x 105 mm Motor haben, was 598 ccm Hubraum ergibt.
Das attraktive Aushängeschild der Modellpalette waren jedoch die beiden Rennmodelle 95 und »Little 95« mit 80 x 98 mm Halbliter- und 59 x 90 mm Viertelliter-Motor. Beide strahlten noch etwas von der Rasse der alten Sunbeam-Rennmodelle 80 und 90 aus. Sie hatten lange, formschöne Satteltanks, einportige Zylinderköpfe und Viergang-Getriebe mit einer Fußschaltwippe. Die Preise mit 69,10 bzw. 95,10 Pfund waren jedoch noch immer recht happig.
Im Herbst 1934 erschien dann ein neues 250er-Modell mit seitlich hochgelegter Nockenwelle und kurzen Stoßstangen, das sich jedoch als Versager erwies. 1935 war das Sunbeam-Motorradgeschäft wieder »im Keller«, während sich die Fahrradproduktion glänzend erholt hatte. Sie war in allen Jahren neben den Motorrädern weitergelaufen. Trotzdem gab man den Motorradbau beim ICI-Ableger nicht auf, sondern suchte nach einem potenten Käufer, der Ende 1936 in der Firma

Nach dem Krieg entstand nochmals unter der Ägide von BSA eine neue Sunbeam mit ohc-Twin-Motor in Längsrichtung und mit Kardan-Antrieb. Sie wurde jedoch kein Verkaufserfolg.

AMC, welche die Marken AJS und Matchless vereinigte, auftrat. Dort fristete Sunbeam bis zum Kriegsausbruch 1939 dann als dritte Marke ein eher bescheidenes Dasein.
1938 gab es sogar wieder neue Sunbeam-Modelle, die jedoch nicht mehr aus Wolverhampton, sondern aus der Londoner Plumstead Road 44 kamen. Sie hatten von 246 bis 598 ccm Hubraum alle neue ohv-Motoren, deren seitlich hochgelegte Nockenwelle durch eine Kette angetrieben wurde. Die (Haarnadel-)Ventilfedern waren im neuen Zylinderkopf nun völlig verkapselt. Auch viele Rahmenteile wie Gabel, Kotflügel und nicht zuletzt die nunmehr acht Zoll große Vorderradbremse waren neu. Die Firma wurde jedoch schon stark in die sich abzeichnenden Kriegsvorbereitungen eingespannt und konzentrierte sich mehr auf die Matchless-Armee-Modelle G 3 und G 3 L. Deshalb kam AMC während des Krieges der Verkauf der Marke Sunbeam an die BSA-Gruppe nicht ungelegen, die nach dem Krieg mit dem Namen Sunbeam ein ganz neues Motorrad auf den Markt bringen wollte.
Eine Umfrage unter Motorradfahrern erbrachte – wohl auch unter dem Eindruck der Kriegserfahrungen mit den fortschrittlichen deutschen BMW- und Zündapp-Modellen – den Wunsch nach einem Parallel-Zweizylinder-Motor mit obenliegender Nockenwelle, angeblocktem Getriebe und Kardan-Antrieb in einem Fahrgestell, das vorne und hinten Teleskop-Federungen aufweisen sollte. Als Konstrukteur wurde E. Pope engagiert, der aus einer alten, mit dem Kraftfahrzeug verbundenen Familie kam. Das Ergebnis seiner Arbeit, die neue Sunbeam S 7, erschien schon im März 1946 und war für die orthodoxe englische Motorradwelt wirklich eine Sensation. Doch leider hatte sie auch viele Kinderkrankheiten, und selbst die komfortablen, gut gemeinten dicken 4,75 x 16-Zoll-Räder erwiesen sich für die Straßenlage als nicht förderlich. Auch der in Längsrichtung stehende luftgekühlte ohc-Motor war mit seinem hinteren Zylinder wärmeempfindlich und schüttelte unangenehm. Auch die später eingeführte Lagerung in Gummiblöcken kurierte das Übel nie ganz, und selbst der Übergang zu dünneren 18- bzw. 19-Zoll-Rädern, welche dem etwas klobig aussehenden Motorrad eine bessere Erscheinung verschafften, konnte den angeknabberten Ruf der neuen Sunbeam nicht mehr retten. Die beiden Modelle S 8 und S 7 De Luxe – seit 1949 mit vielen Verbesserungen des sportlicheren Modells S 8 versehen – wurden dann mit diesem zusammen noch bis 1957 hinein gebaut. Das letzte und traurige Ende der Sunbeam-Motorzweiräder war jedoch ein Roller mit der Bezeichnung »B 1 Sunbeam«, der 1959 und 1960 noch einmal den alten, mit so vielen großen Sporterfolgen verknüpften Namen an die Öffentlichkeit trug. Sein Auftritt war jedoch kurz und erfolglos.

Zurück bleibt bis in die Gegenwart nur der Ruf der »echten« Sunbeams der zwanziger Jahre, die technisch zwar von der englischen Tradition geprägt und sehr konservative Konstruktionen waren, deren Qualität in Material und Finish damals jedoch als unübertrefflich galten. Meine persönlichen Erinnerungen an diese rassigen, besonders sportlichen und schnellen Sunbeams reichen bis in meine früheste Jugend zurück. In meiner Heimatstadt Vöcklabruck, einem kleinen Städtchen zwischen Salzburg und Linz, in Oberösterreich, gab es Ende der zwanziger Jahre einige schnelle Sunbeam-Fahrer. Otto Auracher zählte von ihnen zur österreichischen Elite. Als ich dann 1973, schon mit mehr als 50 Lenzen, von einem ehemaligen Sunbeam-Sammler aus St. Pölten für das erste bedeutende Int. Nürburgring-Veteranen-Meeting eine Sunbeam 90 aus 1929 geliehen bekam und damit fahren durfte, erreichte meine Hochachtung vor Sunbeam den Höhepunkt. In fünf Läufen über je 10 Runden der Start- und Zielschleife blieb diese echte Sunbeam ihrem Ruf nichts schuldig und wurde, von nur wenigen, wesentlich jüngeren Rennmodellen an Tempo übertroffen, Gesamtsieger dieses nostalgischen Festes; 45 Jahre nach Charlie Dodsons Sieg am Nürburgring donnert nochmals ein »Sonnenstrahl« erfolgreich über die Start- und Zielgerade dieser berühmten Rennstrecke in der Eifel.

TRIUMPH

Triumph – mit der »Speed Twin« berühmt gewordene Motorrad-Legende

Im Herbst 1937 sorgte Edward Turners neue Triumph »Speed Twin« für eine Sensation und untermauerte nachhaltig den Ruf der alten englischen Marke bis zur Gegenwart.

Diese englische Motorrad-Marke ist nicht nur eine der ältesten, die noch lebt, sondern auch eine Zweirad-Firma, die der Motorradtechnik mit ihrem »Speed-Twin«-Modell einen richtungsweisenden Impuls gegeben hat. Sie wurde überdies von einem deutschen Kaufmann gegründet, der in England sein berufliches Glück suchte und auch fand. Triumph-Motorräder gab es außerdem nicht nur aus England, sondern auch aus einer Fabrik in Nürnberg, und aus den englischen Triumph-Werken kamen auch Automobile. Hier wird jedoch nur die Geschichte der englischen Triumph-Motorräder aufgezeichnet, deren bewegte Geschichte bis in die Gegenwart reicht.

Es war zu einer Zeit, da in England das Fahrrad das große Geschäft war, als der 21jährige Sohn eines Nürnberger Kaufmanns, Siegfried Bettmann, 1884 nach England zog, um dort zu Geld und Ehren zu kommen. Beides glückte ihm im Verlauf seines zielstrebigen Lebens. Zunächst begann er bei einem Adressen-Verlag zu arbeiten, wechselte dann rasch zur Generalvertretung von amerikanischen Sä-Maschinen, die ihn als Vertreter durch Europa und Nordafrika schickte, um sich schon 1885 als Handelsagentur-Inhaber selbständig zu machen. Seine Import-Export-Geschäfte entwickelten sich vor allem besser in Richtung Export mit Fahrrädern, die er von einem Birminghamer Erzeuger kaufte. Bei diesem Geschäft wurde ihm bald klar, daß diese Fahrräder einen zugkräftigen Namen brauchten; vor allem einen, der auch in Deutsch und Französisch sofort verstan-

den wird. Auf diese Weise kam er dazu, die von ihm exportierten Fahrräder »Triumph« zu nennen.
Das Geschäft begann nun zu blühen, weshalb er sich einen Techniker, wieder einen Nürnberger Landsmann, nach England holte und zum Geschäftspartner machte. Dieser hieß Moritz Schulte, und mit seinem Eintritt in die bisherige Firma »S. Bettmann & Co.« wurde diese in »Triumph Cycle Company« umbenannt. Zwei Jahre später entschlossen sich die erfolgreichen Deutschen, in England selbst eine Fahrradproduktion zu beginnen. Dazu zogen sie jedoch nach Coventry, wo nicht nur die Großen der Branche, sondern auch die Zulieferfirmen beheimatet waren. Dort taten sie sich mit einem Finanzmann und einem Ratsherren, die in der Textilbranche zu Geld gekommen waren, zusammen. Sie brachten das zur Einrichtung des Betriebes notwendige Geld in die nun in eine Ges.m.b.H. umgewandelte »New Triumph Cycle Co. Ltd.« ein. Die mit 2000 Pfund Gesellschaftskapital ausgestattete junge Firma war vergleichsweise gegen die Riesen der Branche, wie etwa Singer, ein Zwerg, aber sie entwickelte sich weiter gut und hielt Ausschau nach neuen Produkten.
Die ersten serienmäßig produzierten Motorräder der Firma Wolfmüller & Hildebrand aus München erreichten inzwischen auch englischen Boden und wurden mit großem Interesse aufgenommen. Auch Bettmann interessierte sich dafür und wollte sie in Lizenz herstellen. Das gefiel jedoch seinem Firmenvorstand ebensowenig wie später das Humber-Motorrad. Erst als inzwischen andere, größere Fahrrad-Erzeuger wie Ariel, Excelsior und Matchless mit der Erzeugung von Motorrädern begannen, war der Weg für Bettmanns Pläne frei. Die Firma hatte inzwischen auch weiteres Geld von den Finanziers der Dunlop-Reifen-Erzeugung erhalten und war damit stark genug, um 1902 ihr erstes Motorrad, mit einem belgischen Minerva-Motor ausgerüstet, in Produktion zu nehmen.
Der 239 ccm große 1¾-PS-Motor war noch vor dem Rahmen-Brustrohr und dem Tretlager eingebaut und hatte automatischen Einlaß und einen Oberflächenvergaser. Schon 1903 bekam dieser auch von anderen Firmen zur Motorisierung normaler Fahrräder verwendete Motor den Einlaß gesteuert und einen Spritzvergaser. Ein Jahr später stellte sich aber Triumph auf die Verwendung von englischen JAP- und Aachener Fafnir-Motoren um. Auch ein Dreirad mit vor dem Fahrer befindlichem Korbsitz stand bereits im Programm, ehe Triumph erstmals einen eigenen Motor baute. Das war dann 1905 der Fall, und dieser 3-hp-Motor mit 298 ccm Hubraum saß bereits in einem eigens dafür konstruierten Rahmen, der jedoch noch eine starre Vorderradgabel hatte. Diese wich schließlich ein Jahr später einer Spezialgabel mit horizontaler Feder. Wurden 1905 in der Woche fünf Motorräder fertiggestellt, waren es 1906 schon 500 Stück insgesamt, und ein Jahr später, mit einem 82 × 86-mm-Motor, bereits 1000 Exemplare.
1907 mußte die Firma in neue, größere Anlagen an der Priory Street in Birmingham umziehen, und auch der erste große Sporterfolg brachte einen wachsenden Bestellungseingang. Dies geschah anläßlich der ersten Tourist Trophy, in der Jack Marshall und F. Hulbert die Plätze zwei und drei in der Einzylinderklasse belegten. Zeitgenössische Berichte vermerken, daß dies nur deswegen so gekommen sei, weil die Triumph-Maschinen nicht, wie die anderen, Pedale besaßen und so auf Steigungen ohne des Fahrers Beinhilfe auskommen mußten. Jedenfalls gewann Marshall ein Jahr später die Einzylinderklasse auch ohne Pedalieren in neuer Rekordzeit und verwies den Vorjahressieger Charlie Collier, einen der Matchless-Brüder, auf Platz zwei. Unter den ersten zehn Fahrern kamen allein fünf auf Triumph-Maschinen ins Ziel, was den Verkauf weiter in die Höhe trieb; 1909 fanden rund 3000 Stück Triumph-Motorräder ihre zufriedenen Kunden. Der Motor war inzwischen im Hubraum wieder gewachsen – von 450 auf 475 ccm – und trieb das Hinterrad, wie damals üblich, über einen Keilriemen an.
1911 kam eine Kupplung in die Hinterradnabe, und ein Jahr später entwickelte die Firma bereits ein eigenes Zweigang-Getriebe, das jedoch nicht in Produktion ging, weil man ab 1913 auf Wunsch

Dieses seitengesteuerte Halbliter-Modell stammt aus dem Jahr 1909 und begründete den Ruf von Triumph als solides, robustes Gebrauchs-Motorrad.

eine Dreigang-Sturmey-Archer-Hinterradnabe bekommen konnte. 1913 war in historischer Hinsicht auch insofern ein bemerkenswertes Jahr, als im August ein 600-ccm-Twin-Motor – also mit zwei Zylindern parallel nebeneinander – angekündigt wurde, dann aber doch nicht in Produktion ging. Das war ein sv-Motor, der das Gehäuse bereits horizontal geteilt hatte. Die seitengesteuerten Ventile lagen vor und hinter den gemeinsam gegossenen Zylindern. Die Schwungmasse der Kurbelwelle mit um 180 Grad versetzten Kurbelzapfen saß auf einer Seite außerhalb des Gehäuses; auf der anderen Seite war das abtreibende Zahnrad. Das war also der erste Triumph-Twin, dem erst – natürlich in modernerer Form – 1937 jener Twin folgen sollte, der Triumph weltweit berühmt machte. 1913 gab es dann anstelle des Twins ein »Baby«-Modell mit 225-ccm-Zweitakt-Motor mit zylindrischem Tank, das dann nach dem Krieg das deutsche Triumph-Modell »Knirps« initiierte. Die Triumph-Modelle 1914 kann man von ihren Vorgängern dadurch unterscheiden, daß ihr oberes Rahmenrohr zum Sattel hin abfiel, um die Sitzhöhe zu verringern, und auch der Hubraum wuchs neuerlich auf 547 ccm durch einen auf 97 mm vergrößerten Hub bei gleichbleibender Bohrung von 85 mm. Für den Sportsmann gab es jedoch auch weiterhin das Halbliter-TT-Modell. Auch das getrennte Dreigang-Getriebe hinter dem Motor, mit Kupplung und Kickstarter, hielt 1914 bei Triumph endgültig Einzug. Die Sporterfolge in der TT waren zwar dünner geworden, doch in anderen Wettbewerben, vor allem in Langstreckenprüfungen, stand Triumph weiterhin »seinen Mann«, wodurch die für den Verkauf nötige Werbung beständig anfiel. Auch Bettmann selbst brachte es zu hohen persönlichen Ehren; 1913 wurde er als deutscher Immigrant Bürger-

Mit dem 225-ccm-Zweitakt-Modell »Baby« kreierte Triumph schon 1913 ein Billigmotorrad, das nach 1918 weitergebaut wurde und dann bei Triumph-Nürnberg unter dem Namen »Knirps« erschien. Hier zwei »Baby's« aus 1921.

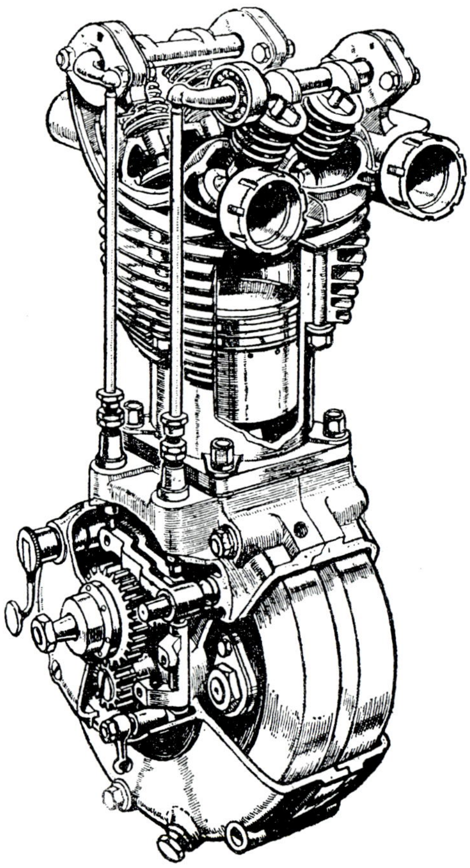

Links außen: 1921 kam bei Triumph das erste kopfgesteuerte Modell heraus; noch dazu gleich mit vier Ventilen. Die Konstruktion des Kopfes stammt von Henry Ricardo, weshalb dieses Modell auch »Riccy«-Triumph genannt wurde.

Links: Die »Motor-Cycle«-Schnittzeichnung zeigt, wie die vier Ventile des »Riccy«-Motors betätigt wurden.

meister von Coventry, war und blieb es auch bei Kriegsausbruch.

Ein über Nacht realisierter Auftrag des Kriegsministeriums, 100 Motorräder sofort nach Frankreich zu liefern, brachte Triumph nach Kriegsbeginn groß ins Geschäft. Über 30 000 Stück des H-Modells, wie jenes zuletzt beschriebene 1914er-Modell hieß, wurden an die alliierten Streitkräfte geliefert, und der Verbindungsoffizier des millitärischen Beschaffungsamtes, Oberst C. V. Holbrook, war 1918 schließlich der Nachfolger von Schulte, als dieser, wie es heute so schön heißt, »im beiderseitigen Einvernehmen« aus der Firma ausschied. Die Trennung wurde ihm jedoch mit 15 000 Pfund »versüßt«. Die Partner der ersten Stunde hatten sich auseinandergelebt.

1919 nahm Triumph wieder den Verkauf von zivilen Modellen auf. Die Angebots-Palette bestand zunächst aus den bewährten Vorkriegsmodellen: der 225-ccm-»Baby«-Triumph, dem Halbliter-TT-Modell, dem 547-ccm-H-Modell und einer einfacheren Ausführung davon, das sich Modell D nannte. Später im selben Jahr kam das erste, wirklich neue Nachkriegsmodell vom Typ SD, das bereits ein eigenes Dreigang-Getriebe und erstmals Kettenantrieb zum Hinterrad besaß. Sein Motor war derselbe wie jener der Modelle H und D. Auch Beiwagenanschlüsse waren nun vorgesehen.

Daß Triumph 1920 nicht zur ersten Nachkriegs-TT ging, war für die sportfreudigen Engländer unverständlich. Die »Times« widmete dieser Ankündigung sogar eine halbe Seite. Als sich Triumph dann 1921 entschloß, zur Insel Man zurückzukehren, waren schon neue Motoren in Erprobung. Sie stammten – um korrekt zu sein: nur ihre Zylinder und Köpfe – von Henry Ricardo und trugen vier kopfgesteuerte Ventile, die in Paaren, parallel und im Winkel von 90 Grad zueinander, angeordnet waren. Obwohl man vor der TT mit dem neuen Motor auf der Brooklandsbahn an die 100 Runden heruntergespult hatte, wurden nur drei neue ohv-Maschinen und zusätzlich verbesserte sv-Modelle zur Insel Man geschickt. Diese Vorsicht machte sich bezahlt, denn von den drei neuen Motoren sah nur einer, auf Platz 16, das Ziel, während die alten, wenn auch verbesserten sv-Motoren alle durchhielten. Triumph belegte insgesamt die Plätze 5, 7, 10, 16, 18 und 19, womit man fürs erste zufrieden sein konnte.

1922 gab es die »Riccy«(Ricardo)-Triumph, wie das neue ohv-Vierventil-Modell auch genannt wurde, bereits zu kaufen und verschaffte sich nun im Sport den erwarteten Ruf. Major Halford fuhr damit auf der Brooklandsbahn mit mehr als 125 km/h Schnitt einen neuen Stundenweltrekord, und in der Senior-TT kam Walter Brandish hinter Bennett auf der »Longstroke«-Sunbeam auf Platz zwei ins Ziel. Damit war für die Verbreitung der »Riccy«-Triumph unter den Privatfahrern auch am Kontinent gesorgt, und die Firma kümmerte sich wieder mehr um ihre Serienmodelle mit niedrigem Preis.

1923 entstand auch das erste Triumph-Automobil, dessen Motor ebenfalls von Ricardo stammte. Die Motorräder mußten nun das für die anlaufende Automobil-Produktion erforderliche Geld ins Haus bringen. Dazu sollte ein neues, preiswertes 350er-Modell beitragen, das im letzten Augenblick zur Olympia-Show 1923 fertig wurde. Es hieß LS und war eine Blockkonstruktion, die Motor, Getriebe und Kickstarter in ein gemeinsames Gehäuse zusammenschloß. Der Motor sah ähnlich aus wie jener der einige Jahre später auf den Markt kommenden FN-»Sahara«, hatte jedoch die außenliegende Schwungmasse auf der rechten Seite. Dieser hübsche sv-Blockmotor ging dann aber ein Jahr lang nicht in Produktion, und als sie endlich anlief, war der Preis im Verhältnis zu den Herstellungskosten zu hoch. Man versuchte dann die Ausstattung abzumagern, ersetzte die Trommelbremsen des Show-Modells gegen Felgenbremsen der gängigen Modelle; das Modell LS blieb jedoch stets ein Mauerblümchen.

Deshalb kam 1924, wieder im Herbst, auf die Olympia-Show ein neues Modell, das möglichst einfach und auch billig herzustellen war. Es hatte die Bezeichnung P und war im Grunde nur eine verbesserte SD aus dem Jahr 1919, jedoch mit Brampton-Gabel und Außenbandbremse am Vorderrad. Das Entscheidende daran war jedoch der niedrige Preis von 42 Pfund 17 Shilling und 6 Pence. Obwohl es fast zu simpel gemacht war – es besaß z.B. keine eigenen Ventilführungen – verkaufte es sich blendend, und von der ersten Serie wurden im ersten Jahr bereits 28 000 Stück verkauft. Die Produktion überschritt dabei in einer Woche des öfteren die 1000er-Grenze. Die zweite, verbesserte Serie mit Innenbackenbremsen, kam ebenfalls bis 1927 wieder auf die Zahl von 20 000 Stück.

Nach dem »Riccy«-Modell, das nur zwei Jahre lang gebaut wurde, wollte Triumph auch wieder ein sportliches ohv-Modell herausbringen. Das geschah 1927 mit dem Modell Q, später auch TT-Modell bezeichnet. Den nunmehr wieder zweiventiligen Motor hatte Victor Horsman entwikkelt, der damit auf der Brooklandsbahn auch zahlreiche Siege und Rekorde herausfuhr. Das nach ihm auch »Horsman«-Triumph genannte Modell erschien 1927 in der TT, und Tommy Simister belegte damit im Senior-Rennen den 3. Platz. Es gab in diesem Jahr jedoch auch zwei andere wichtige Ereignisse: einmal wurde das Kapital, wegen der Automobilproduktion, beträchtlich erhöht und zum anderen erschien ein weiteres Billig-Modell mit dem merkwürdigen Hubraum von

Vom 1924 erschienenen Billigmodell P gab es noch 1928 so viele Teile, daß es mit neuem, in Blau gehaltenen Tankfeld unter der Typenbezeichnung N neu aufgeputzt wurde.

277 ccm. Es hieß Modell W, ersetzte das nie in Stückzahlen gekommene Modell LS mit einem Preis von 35 Pfund und blieb, weil im Gewicht unter 90 kg, auch steuerfrei. Damit umfaßte das Modellprogramm 1927 acht Fahrzeuge. Der Geld- und Raumbedarf der Automobil-Produktion war jedoch so groß, daß die Motorrad-Palette ein Jahr später auf vier Modelle reduziert wurde.
Nach einem weiteren Jahr ging's jedoch wieder aufwärts. Es gab wieder acht Modelle und diese alle mit Satteltank. Die Jahresproduktion überschritt wieder die 30 000-Stück-Grenze. Dann fielen 1930 erstmals die Verkaufszahlen drastisch ab. Das Programm wurde hastig überarbeitet und nach unten ausgedehnt. Neu kam ein 175-ccm-Zweitakt-Zweigang-Modell hinzu, und alle anderen Viertakt-sv- und -ohv-Modelle erhielten nach vorne geneigte Motoren mit einem im Gehäuse integrierten Öltank. Das war eine Mode, die 1927 durch das BSA-»Sloper«-Modell ausgelöst wurde. Bei den zwei Triumph-Spitzen-Modellen wurden überdies Motorblock und Getriebe in eine stromlinienförmige Verkleidung gehüllt.
Die Depression hielt weiter an, und so versuchte Triumph noch weiter »nach unten« auszuweichen. 1932 gab es deshalb ein billiges 150-ccm-Zweitakt-Modell. Nach oben hin stockte man ein fast vollständig verkleidetes Modell auf. Es nannte sich »Silent Scout« und soll auch wirklich sehr leise gewesen sein.
Inzwischen hatte man endlich wieder einen erfahrenen Konstrukteur engagiert. Das war Val Page, der von Ariel kam und dort Mitte der zwanziger Jahre die Firma mit einem völlig neuen Programm wieder in Schwung brachte. Nun sollte er bei Triumph sein Können neuerlich beweisen. Ehe noch seine Neuschöpfungen im Herbst 1933 der Öffentlichkeit vorgestellt wurden, gab's noch das billigste Triumph-Modell aller Zeiten, die mit 98-ccm-Villiers-Zweitaktmotor versehene »Gloria«. So hieß nämlich die Fahrrad-Marke der Firma, und ihr Preis war 16 Pfund 16 Shilling. Mit diesem »Gemischtwaren-Programm« erreichte Triumph das Jahr 1934, das auch wirtschaftlich wieder etwas aufatmen ließ.
Nicht weniger als 18 verschiedene Modelle präsentierte Triumph im Spätherbst 1933 für die kommende Saison. An der Spitze des neuformierten ohv-Einzylinder-Programmes mit Vale-Page-Kreationen von 250, 350 und 500 ccm Hubraum wurde jedoch ein 650-ccm-Twin-Modell gezeigt, das einen neuen Trend ankündigte, ihn jedoch noch nicht auslöste. Dieses Modell 6/1 hatte einen Parallel-Zweizylindermotor mit schräg hängenden, von einer hinter den Zylindern liegenden Nockenwelle aus gesteuerten Ventilen, an dem ein noch handgeschaltetes Getriebe angeblockt war. Der Primärantrieb erfolgte über schrägverzahnte Doppelzahnräder.
Dieses Modell war eine technische Sensation, die sich aber nicht gut verkaufte; sie war zu schwer und auch die Handschaltung antiquiert. Viel besser ließ sich die ohv-Einzylinder-Reihe an, von der es unter der Bezeichnung MK 5 von jedem Hubraum auch eine leistungsstärkere Variante und als Modell 5/1 sogar eine Rennversion gab. Mit dieser zog 1934 nach langen Jahren Abwesenheit wieder ein Werkteam mit Tommy Spann, Ernie Thomas und Jock West zur TT. Sie blieben zwar erfolglos, doch wurden die später daraus entwickelten Modelle Tiger 70, 80 und 90 ab 1936 in jeder Motorsportsparte recht erfolgreich gefahren.
Inzwischen gab's jedoch intern immer größere Schwierigkeiten. Der Verkauf lief immer noch nicht so, wie man es erhoffte, und die Produktion sollte in die neue Autofabrik in der Foleshill Road umziehen. Gegen Ende des Jahres 1935 wurden schließlich Gerüchte laut, daß der Firmen-Vorstand die Motorradproduktion überhaupt einstellen wolle. Das war das Signal für den erfolgreichen Ariel-Besitzer Jack Sangster, den ganzen Triumph-Motorradzweig aufzukaufen. Die Lloyds-Bank als Geldgeber war darüber heilfroh, hatte aber offensichtlich vorher den Triumph-Bossen eine falschen Rat gegeben. Die nun unabhängige »Triumph-Motors«-Autofirma wurde nämlich schon zwei Jahre später wegen ihrer ständigen Finanzmisere von der Standard Motor Co. »gefressen«, während sich die nur mehr Motorräder erzeugende »Triumph Engineering Co.Ltd.«

unter der Leitung von Sangster und mit Edward Turner als neuem Generaldirektor und Chefkonstrukteur bald erholte und besseren Jahren entgegenging. Mit dem Einzug von Turner mußte jedoch Val Page wieder »seinen Hut nehmen« und wanderte zu BSA weiter.

Turners erste Tat war, die von Val Page stammende Einzylinder-Modellreihe optisch zu überarbeiten, und 1936 kamen sie unter dem neuen Namen »Tiger« 70, 80 und 90 in modernisierten Fahrgestellen und hübscheren Tanks zum Verkauf. Eine großangelegte Publicityaktion des seinerzeit mit Val Page zu Triumph gekommenen Ariel-Werbe-Stars Harry Perry verschaffte Triumph im März 1937 zum zweitenmal nach 1933 die begehrte Maudes-Throphy und genügend Reklame in der Fachpresse. Ein Werkteam auf drei Tiger-Modellen von 250, 350 und 500 ccm Hubraum, die bei einem Händler aus der Auslage geholt wurden, umrundeten nach dreistündigem Einfahren dann stundenlang die Brooklandsbahn, das englische Speed-Mekka, mit mehr als 106, knapp 120 und 132 km/h Schnitt. Für echte serienmäßige Motorräder eine beachtliche Leistung.
In Turners Konstruktionsbüro war jedoch inzwischen ein neuer Motor entstanden, der einen völlig neuen technischen Trend auslöste: den Zug weg vom bislang geschätzten Einzylinder zum Parallel-Zweizylinder. Der 500-ccm-»Speed-Twin«-Motor von Edward Turner war zwar für Techniker nichts grundsätzlich Neues, hatte doch schon vier Jahre vorher sein Vorgänger Val Page einen 650-ohv-Twin gebaut. Turners Motor schaffte jedoch den Durchbruch zum Motorrad-Kunden, und darin liegt die Bedeutung seiner sicher auch fortschrittlicheren Konstruktion. Sie sah vor allem gefällig aus und ließ sich ohne Schwierigkeiten in die Fahrgestelle der herkömmlichen Triumph-Modelle einbauen.

Der nächste Techniker, der Triumph-Motoren verbesserte, war Victor Horsman. Er fuhr seine Konstruktion oft selbst zu Siegen, wie hier 1925 auf der Brooklandsbahn. Mit Alkohol-Treibstoff schaffte er damals schon Rundenschnitte an die 150 km/h.

Dieser Speed Twin-Motor mit zweimal 63 × 80 Bohrung/Hub hatte nun je eine Nockenwelle vor und hinter dem aus einem Stück gegossenen Zylinderblock, die Ventile waren voll gekapselt und der Abtrieb erfolgte orthodox über Ritzel und Kette zum weiterhin getrennten Getriebe. Die Kurbelwelle mit den zwei Pleuellagern auf gleicher Höhe – für Fachleute eine 360-Grad-Kurbelwelle – war aus einem Stück gegossen, und die Dural-Pleuel liefen auf Leitlagern.

Es waren jedoch nicht allein die technischen Vorzüge, die das neue Modell zum Verkaufsschlager werden ließen, sondern sicher war der erstaunliche Preis von 75 Pfund entscheidend. Das waren nur fünf Pfund mehr als das Halblitermodell »Tiger 90« mit nur einem Zylinder kostete. Trotz doppelter Anzahl von Kolben, Stoßstangen und Ventilen war der neue Motor auch leichter, einfacher herzustellen und erwies sich überdies vom Start weg als zuverlässig und auch sehr leistungsfähig. Nach sechs Stunden Vollgas auf der Brooklandsbahn lag der Schnitt über 120 km/h, und die letzte »Flat out«-Runde über 135 km/h. Das wurde nur von der im Herbst 1938 debütierenden neuen »Tiger 100«, der Sportversion der »Speed Twin« übertroffen. Diese schaffte dieselbe Brooklands-prozedur mit 126 bzw. 141 km/h Schnitt. Die »Tiger 100« war damit eine der wenigen, sicher aber die preiswerteste jener 100-Meilen-Maschinen, die es vor 1940 im Laden zu kaufen gab. In England kostete sie genau 80 Pfund.

Die Leistungsdaten dieser beiden Twin-Modelle, die das Ende der Zwischenkriegsentwicklung und den Nachkriegsbeginn bei Triumph markierten, waren 26 bhp bei 6000 Touren für das »Speed Twin«-Modell, das 7,2 : 1 verdichtet war, und etwa 32 bhp für den auf 8:1 verdichteten »Tiger 100«-Motor, für den man gegen Aufpreis von fünf Pfund auch einen Aluminium-Bronze-Zylinderkopf kaufen konnte.

Mit Kriegsbeginn gab's für die Triumph-Werke dann andere Entwicklungsziele. Ein 350-ccm-Twin-Modell mit einem Leergewicht von max. 115 kg, das Limit der Militärs, entstand unter der Bezeichnung 3TW. Vorerst wurde jedoch ein 350er-ohv-Einzylinder-Modell in Khaki-Farbe produziert. Dann legten im November 1940 Bomben nicht nur das Werk, sondern halb Coventry in Trümmer. In einem bis dorthin unbenützten Werk bei Warwick lief bald darauf zunächst einmal die Ersatzteileproduktion wieder an und im Juni 1941 jene von ganzen Motorrädern. Inzwischen wurde in größter Eile eine neue Fabrik in Alleslay, nahe Meriden, aus dem Boden gestampft, die bereits im Mai 1942 fertig war. Dort startete die Produktion dann wieder mit dem alten Einzylinder-Militärmodell 3HW. Es gab zwar schon einen Prototyp eines neuen, seitengesteuerten 500er-Twin, der von Bert Hopwood stammte. Er hieß 5TW, und als Edward Turner von seinem kurzen »Ausflug« zu BSA wieder zu Triumph zurückkehrte, entwikkelte er daraus das sv-Modell TRW, das nach dem Kriegsende in kleinen Stückzahlen sogar noch bis in die sechziger Jahre gebaut wurde, jedoch nie in den Verkaufskatalogen erschien.

Bald nach Kriegsende wurde das neue, zivile Triumph-Programm 1946 vorgestellt. Es bestand aus drei Modellen: den zwei Halbliter-Twins »Speed-Twin« und »Tiger 100«, sowie dem 350er-

Links: So sah Ende der zwanziger Jahre der Niederschlag von Horsmans Tätigkeit in der Serie aus; ein ohv-Modell 1929.

Rechts: 1934 zog nach langen Jahren Triumph mit von Vale Page konstruiertem Motor wieder zur TT. Die Fahrer waren Tommy Spann, Jock West und Ernie Thomas.

Modell 3 T, das aus der früheren Kriegsentwicklung, der 3TW, stammte. Wirklich neu an allen Modellen war nur die Teleskopgabel. Schon knapp ein Jahr später präsentierte Triumph auch eine originelle Hinterradfederung, die »Federnabe«. Von außen sah sie wie eine Vollnabenbremse aus, hatte jedoch außer der Hinterradbremse zwei Federn im Innern, durch welche in einem Gleitstück die Achse hindurchlief. Das Hinterrad war somit gefedert, ohne daß man am Rahmen etwas ändern mußte. Der Federweg betrug jedoch nur wenige Zentimeter. Auch eine Sportausführung der 350er 3T, »Tiger 85« genannt, erschien, wurde aber nur kurz und in kleinen Stückzahlen gebaut.

1947 gab es für die Motorsportwelt eine freudige Überraschung. Triumph stellte eine Rennversion der »Tiger 100« vor. Sie hieß »Grand Prix« und hatte mit 44 bhp bei 7000 Touren eine erfolgversprechende Leistung. Schon im Herbst 1946 gewann Ernie Lyons mit dem Prototyp dieses Renners den ersten Nachkriegs-»Manx-Grand Prix«, und die Saison 1947 hindurch war David Whitworth im wieder aufblühenden Rennsport damit auch in Europa erfolgreich unterwegs. Trotzdem konnte sich das »Grand-Prix«-Modell in der Rennszene seiner Zeit gegen die Manx-Nortons und schon gar nicht gegen die wesentlich leichteren Guzzis durchsetzen. Es war ihnen an Handling und Straßenlage unterlegen, und überdies war der Motor schwer zu »bändigen«. Mit dem Erscheinen der »Federbett«-Norton 1951 war die Zeit der »Grand-Prix«-Triumphe endgültig vorbei.

Die Firma war indessen mit der Weiterentwicklung ihrer Serienmodelle emsig beschäftigt. Schon 1949 gab es bei allen Modellen – mit Ausnahme der »Trophy«, dem Trial-Modell, das 1948 in Italien in den »Six Days« erfolgreich debütierte – eine formschöne Verkleidung des Scheinwerfers mit dem Gabelkopf. 1950 kam erstmals ein 650-ccm-Modell, die 6T, auch »Thunderbird« genannt, auf den Markt. Schon im Spätherbst zuvor hatten drei Prototypen der 6T in Monthlery bei Paris ihre Leistungsfähigkeit bewiesen. Sie spulten die Distanz von 500 Meilen mit mehr als 146 km/h Schnitt herunter, die schnellste Runde dabei mit über 160 km/h. Dieser vom nordamerikanischen

Markt geforderte 650-ccm-Twin war ein weiterer Meilenstein in der Motorenentwicklung von Triumph. Er leistete bei dem damals niederoktanigen Nachkriegstreibstoff 34 PS bei 6500 Touren und war zunächst nur 7:1 verdichtet. Die Zylindermaße waren zweimal 71 × 82 mm, das Gewicht betrug 168 kg und die Spitze 160 km/h.
Anstelle der »Grand Prix« präsentierte Triumph im Herbst 1951 einen »Racing-Kit« um 35 Pfund als Umbausatz für die »Tiger 100«, die nun ebenfalls einen Alu-Zylinder, jedoch mit feinerer Verrippung als die auslaufende »Grand Prix«, erhielt. Das war ein preiswerterer Weg zur Brieftasche der Amateur-Rennfahrer als ein völlig eigenes Rennmodell. Die »Thunderbird« bekam im selben Jahr noch einen SU-Vergaser, der billiger und sparsamer war. Im gleichen Jahr gab's auch wieder eine Änderung im Besitzverhältnis von Triumph; die Firma wurde für zweieinhalb Millionen Pfund von der BSA-Gruppe aufgekauft. Edward Turner, der Triumph mit seinem »Speed-Twin«-Motor wieder flottgemacht hatte, stieg zum Generaldirektor der Kraftfahrzeug-Division von BSA auf. Er wurde damit der Herrscher über 60 Prozent der in England produzierten Motorräder.

Die Entwicklung der laufenden und auch neuen Modelle ging jedoch ungestört weiter. Noch konnte man Motorräder in alle Welt verteilen und mußte sie nicht wirklich hart verkaufen. Der Nachholbedarf hielt unvermindert an, und die englische Motorrad-Industrie, mitsamt Triumph, warf hohe Gewinne ab.
1953 gab es schon wieder ein neues Modell; diesmal ein »Leichtgewicht« mit nur 149 ccm Hubraum und modernem Einzylinder-Viertakt-ohv-Blockmotor. Es hieß »Terrier« und bekam schon ein Jahr später die knapp 200 ccm große Schwester namens »Tiger Cub«. Im selben Jahr 1954 erschienen noch zwei weitere wichtige Neuheiten. Die seit 1951 in den USA in großen Stückzahlen verkaufte 650er »Thunderbird« bekam eine stärkere und schnellere Schwester, die »Tiger 110«. Gleichzeitig erhielt mit diesem Modell das erste Triumph-Motorrad eine Schwingarm-Hinterradfederung, die dann bald von allen anderen Modellen übernommen wurde; zuletzt von der »Tiger Cub« 1957.
Jenseits des Ozeans entdeckten inzwischen »Edel-Bastler« die Fähigkeiten des 650er-Triumph-Motors. Der Nordamerikaner Jonny Allen packte

einen Thunderbird-Motor – natürlich mit Alkohol-Treibstoff »gefüttert« – in eine Stromlinien-Zigarre und setzte damit auf dem Salzsee bei Bonneville/Utah den von Wilhelm Herz stammenden Weltrekord über den »fliegenden Kilometer« von 336 auf 343,1 km/h. Der Rekord-Stromliner war dann das zugkräftige Schaustück der Londoner Olympia-Show 1956, doch die Anerkennung des neuen Weltrekords durch die FIM wurde aus undurchsichtigen Gründen wieder zurückgezogen. An der Weltbestmarke war jedoch aus der Sicht der Amerikaner nicht zu rütteln, weshalb Triumph dann 1959, des Streitens mit der FIM schon müde, sein »Tiger-110«-Modell auf »Bonneville« T 120 umtaufte und so für die Kunden aufwertete.

Für die Saison 1957 war inzwischen schon ein weiteres neues Modell erschienen. Nach der kurzlebigen 3T der ersten Nachkriegsjahre gab es wieder ein neues 350er-Twin-Modell mit der Bezeichnung »Twenty-One«. Die großen Modelle erhielten im Vorderrad eine Vollnabenbremse und als Ableger des Jonny-Allen-Rekords konnten Sport-Fans einen 2-Vergaser-Zylinderkopf mit größerer Verrippung bekommen. Mit der »Twenty-One« zog auch eine Art Halbschalen-Verkleidung in das Modellprogramm ein. Sie sorgte ab dem Sattelrohr nach hinten für bessere Optik und auch die Luft zog besser vorbei. Diese halbherzige Verkleidung fand jedoch auf die Dauer keinen Anklang und wurde in den sechziger Jahren wieder aufgelassen.

Der neue Blockmotor mit integriertem Getriebe, wie er in der »Twenty-One« debütierte, erschien schon ein Jahr später im Halblitermodell mit neuen Zylindermaßen von 69 × 65,5 mm Bohrung/Hub und kam 1963 auch in den 650er-Modellen. Es ist noch immer Grundlage der ab 1973 auch in 750-ccm-Größe bis heute gebauten Triumph-Modelle, die immer noch aus Meriden kommen.

Doch zurück zum Jahr 1960. Damals machte die BSA-Gruppe, Triumph mit eingeschlossen, einen Rekordgewinn von 3,5 Mio. Pfund und blickte noch hoffnungsvoll in die Zukunft. Der Konzern-Vorsitzende Jack Sangster übergab das Zepter an Edward Turner, und die 650er-Triumphs erhielten zur gleichen Zeit einen Doppelschleifen-Rahmen. Über die sechziger Jahre hinweg wurde dann das Geschäft immer härter. Triumph konnte aber immer wieder auf außerordentliche Leistungen

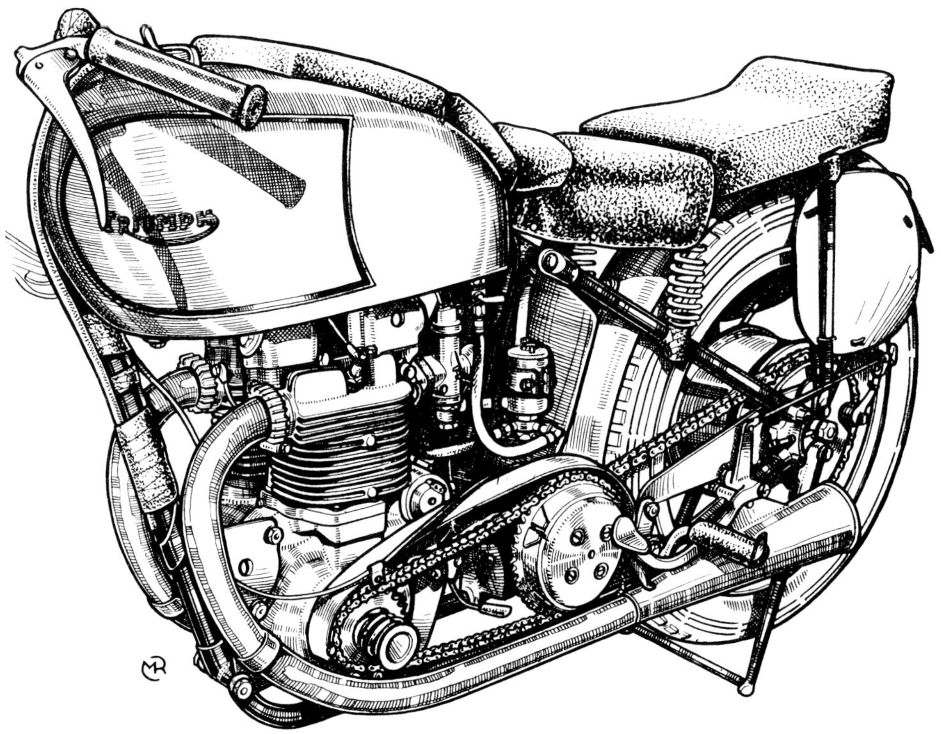

Links: Aus der schnellen »Tiger 100«, die im Herbst 1938 erschien, entstand 1946/47 das Rennmodell »Grand Prix«. Trotz überlegener Motorleistung konnte es gegen die »Manx«-Nortons wegen seiner unterlegenen Straßenlage nicht aufkommen.

Rechts: Die »Grand Prix« hatte links die Kette offen und eine separate Schwimmerkammer für die beiden Vergaser, wie die »Moto-Revue«-Zeichnung zeigt.

hinweisen. In den USA ging 1962 ein neuer Rekordjäger, Bill Johnson, ans Werk und fuhr einen, auch von der FIM anerkannten neuen absoluten Weltrekord mit 359,3 km/h. Auch er verwendete einen 650er-»Bonneville«-Motor. Im selben Jahr wechselte auch Renningenieur Doug Hele von Norton zu Triumph.
1964 gab's dann für alle Modelle neue, stabilere und damit bessere Tele-Gabeln und eine 12-Volt-Anlage. Zwei wichtige Sporterfolge markieren das Jahr 1966. Eine von Doug Hele vorbereitete T 100 R gewinnt mit dem Amerikaner Buddy Elmore in Daytona, dem wichtigsten Rennen in den USA, und sein Landsmann Bob Leppan setzt die absolute Rekordmarke für einspurige Fahrzeuge über 390 km/h. Dazu hatte er in seinem Stromlinien-Bleistift »Gyronaut X 1«, wie er sein Fahrzeug nannte, zwei 650er-Triumph-Motoren installiert, weshalb auch dieser Weltrekord von der FIM nicht anerkannt wird. Die oberste Motorsport-Instanz hatte bis dorthin für Rekorde noch keine Klasse über 1000 ccm Hubraum vorgesehen. Ein Jahr später gab es dann den zweiten Daytona-Sieg mit der inzwischen knapp 50 PS starken Halbliter-Triumph und Garry Nixon als Fahrer. Im selben Jahr zog sich auch Edward Turner, einer der ideenreichsten Konstrukteure der englischen Motorradindustrie, auf den Altenteil zurück. Die wichtigsten Stationen seiner Laufbahn waren die Ariel »Square Four« 1931, ein quadratischer Vierzylinder-Motor, die Triumph »Speed Twin« als Ausgangspunkt einer bis zur Gegenwart reichenden Reihe von 350-, 500-, 650- und 750-ccm-Parallel-Zweizylinder-Motoren, und schließlich hatte Turner noch die nach seinem Abgang entwickelte neue 350er-Doppelnocken-»Bandit« mitgestaltet. Sie sollte jedoch nicht mehr in Produktion gehen. Dazwischen liegt noch das letzte große Triumph-Modell, das bereits im Herbst 1968, gemeinsam mit BSA, aus der Taufe gehoben wurde: die Dreizylinder-»Trident«, das Schwestermodell der BSA »Rocket 3«. Dieses als Antwort auf die aus Japan kommende Vierzylinder-Welle konzipierte »Big-Bike«-Modell mit dreimal 67 × 70 mm Bohrung/Hub und serienmäßigen 58 bhp bei 7250 Touren war gleichzeitig die Grundlage für eine letzte große Erfolgsserie von Triumph im Rennsport.
Noch ehe es mit der BSA-Gruppe steil bergab ging, gewann eine »Trident« mit Malcolm Uphill die TT für Produktions-Maschinen und kam in Daytona auf die Plätze zwei und drei. 1971, dem Jahr, in dem die BSA-Gruppe einen Verlust von über acht Millionen Pfund bekanntgeben mußte, liefen drei Dreizylinder-Renner der BSA-Gruppe in Daytona an der Spitze des Feldes durchs Ziel. Auf der Insel Man gab's ebenfalls zwei Siege: Ray Pickrell gewann die »Production-TT« mit über 160 km/h und Tony Jefferies die erste »Formel-750«-TT mit fast 165 km/h Durchschnitt.

1972 belief sich der Verlust der BSA-Gruppe auf 3,3 Millionen Pfund, die Triumph »Tridents« siegten jedoch weiter. Pickrell gewann die »Production-TT« als auch das Formel-750-Rennen auf der Insel Man. Inzwischen hatte die BSA-Gruppe einen neuen leichten 350er-Twin mit Doppelnokken-Antrieb und Fünfgang-Getriebe vorgestellt, der bei Triumph »Bandit« und bei BSA »Fury« hieß. Sie gingen jedoch nicht mehr in Produktion, denn das Geld begann bereits auszugehen.

1973 ist die BSA-Gruppe schließlich konkursreif und wird mit Staatshilfe von der Norton-Villiers-Gruppe, mit Dennis Poore als Vorsitzendem, um knapp fünf Millionen Pfund übernommen. Auf der Insel Man siegt inzwischen die »Trident« weiter. Tony Jefferies gewinnt zum zweiten Mal, und als 1974 die Produktion der seit Jahren nur herumgezeigten »Trident« im ehemaligen BSA-Werk Small Heath in Birmingham anläuft, fährt Mick Grant in der »Production-TT« einem neuerlichen Triumph-Sieg entgegen. Eine Triumph ist offensichtlich nicht auf der TT-Strecke, sondern nur von den Finanz-Konten her zu schlagen. Während sich 1975 die Arbeiter in der alten Meriden-Fabrik von Triumph durch Werkbesetzung gegen das Zusperren ihrer Arbeitsstätte wehren, wird die auf 850 ccm vergrößerte Trident NT 160 der Öffentlichkeit präsentiert. Dave Coxford und Alex George feiern noch einmal, dieses Mal den letzten Sieg mit der legendären Trident »Slippery Sam« auf der Insel Man in der 10 Runden langen »Production-TT«. Dann verlöscht der Atem des erfolgreichen Dreizylinder-Modells aus England. Übriggeblieben ist heute nur noch die Arbeiter-Cooperative in Meriden mit nicht einmal mehr 200 Mann, die sich mühsam von Jahr zu Jahr mit staatlichen Finanzspritzen am Leben hält. Ungebrochen ist aber immer noch ihr alter Korpsgeist, der heute noch 750er Triumph-Twins in verschiedenen Ausführungen, nun sogar mit Elektro-Starter versehen, für die letzten Triumph-Enthusiasten in aller Welt zusammenschrauben. Ein trauriges Schicksal für eine Motorradmarke, die einstmals Technikgeschichte schrieb.

Links oben: Die »Tiger 100« (1949) besaß bereits eine Telegabel mit integriertem Scheinwerfer sowie die »Federnabe«.

Rechts: Schon 1957 erschien ein Blockmotor, der das Getriebe im 350er-Modell »Twenty One« integrierte. Das Bild zeigt die »T 100 S« aus 1969.

Schon im Herbst 1969 wurde das Dreizylinder-750-Modell »Trident« aus der Taufe gehoben und machte bald darauf mit Rennversionen Schlagzeilen. Es konnte jedoch den Niedergang der Firma Mitte der 70er Jahre nicht mehr verhindern.

Velocette

Velocette – Bannerträger des Einzylinder-Motors mit legendären Sporterfolgen

Velocette wird in der Motorrad-Technik durch sein KTT-Modell, hier eine Mark 8 aus 1939, unsterblich bleiben. Sie steht ebenfalls im Veteranen-Stall des Buchautors.

Das Schicksal wohl kaum einer anderen englischen Motorradfirma – Norton vielleicht ausgenommen – ist so typisch für den Aufstieg und Niedergang der Motorradindustrie auf der Insel wie Velocette. Ihre eigenwilligen Einzylinder-Modelle ließen die Herzen sportlich ambitionierter Motorrad-Liebhaber stets höher schlagen. Auch die Sportgeschichte der immer im Besitz der Familie Goodman befindlichen mittelgroßen Firma weist einmalige Höhepunkte und Erfolge auf, die von 1921 bis 1961 reichen. Ebenso ist auch der Beitrag dieser Firma zur Motorrad-Technik wesentlich größer, als man vermuten könnte. Nicht nur die Innenbackenbremse und die heute übliche Fußschaltung, bei welcher der Schalthebel immer in die Null-Lage zurückkehrt, sondern auch jene Form der Hinterradfederung, die nunmehr Allgemeingut der Motorräder ist – mit Schwingarm und Federbeinen –, stammen von Velocette; und neben der ohc-Norton ist der berühmte KTT-Königswellen-Motor von Velocette geradezu der Inbegriff des bis ins letzte Detail ausentwickelten englischen Einzylinder-Hochleistungsmotors. Alles zusammen ausreichend Anlaß, die Geschichte der Marke Velocette ausführlich zu schildern.

Ähnlich wie bei Triumph, beginnt die Historie von Velocette in Deutschland, denn der Firmengründer John Goodman hieß ursprünglich Johannes Gütgemann und stammte aus Oberwinter am Rhein, wo seine Eltern angesehene Kaufleute waren. Im Alter von neunzehn Jahren ging er 1876 nach England, fand am »English way of live« Gefallen und heiratete in eine wohlhabende Familie ein. Seine erste kaufmännische Tätigkeit lag abseits von Fahrzeugen, doch schon 1890 begann er mit einem Mr. Barrett, in Birmingham Fahrräder zu erzeugen. 1896 wurde diese Firma, die »Taylor, Gue & Comp« hieß, in eine GmbH umgewandelt, die sich ab 1900 nur mehr »Taylor Gue Ltd.« nannte und außer Fahrräder auch die Erzeugung von Rikschas mit Korbsitzen aufnahm.

Mit diesem ersten wechselgesteuerten 276 ccm großen Modell »Veloce« betrat die Firma 1910 die Bühne der Motorrad-Produzenten.

Inzwischen tummelten sich auch schon die beiden Söhne Percy und Eugene – 1885 und 1890 geboren – in der Werkstätte herum und zeigten großes Interesse an technischen Dingen. Sie sollten deshalb auch Techniker werden und spielten dann in der weiteren Geschichte des Familienunternehmens eine große Rolle.

Die erste Berührung mit dem Motorrad ergab sich durch die Firma Ormonde, die von 1901 an, mit einem belgischen Kelecom-Motor versehen, in London Motorräder erzeugte, zu welchen die Fa. Taylor Gue Ltd. die Rahmen lieferte. Gegen Ende 1904 kaufte die Fa. Taylor die Firma Ormonde auf und wurde damit ein Motorrad-Produzent. 1905 entschloß sich die Firma, ein Motorrad unter dem neuen Namen »Veloce« auf den Markt zu bringen. Ein zeitgenössisches Inserat verbreitete die Kunde, daß um 25 Guineas ein 2-hp-Motorrad dieser neuen Marke zu kaufen sei. Dieser neue Name ist ohne Zweifel vom Lateinischen abgeleitet und bedeutet soviel wie schnell oder flott. Die »Veloce« wurde erstmals im März 1905 auf der Stanley-Show ausgestellt, fand aber wenig Gefallen und Käufer. Deshalb kam die Firma Taylor Gue Ltd. in finanzielle Schwierigkeiten und ging noch im Oktober 1905 in Liquidation.

John Goodmann hatte aber dadurch sein Vertrauen in die Zukunft des Motorrads nicht verloren und gründete schon Mitte 1905 mit Hilfe des Kettenrad-Erzeugers Edward Williams die Firma Veloce Ltd., die in Birmingham mit der Erzeugung von Fahrrädern und Teilen sowie mit Vernikkeln von Rad- und Motorteilen begann. Das Kapital der Firma betrug bei der Gründung 1000 Pfund. Die beiden Söhne waren damals noch nicht in das Familienunternehmen eingetreten. Percy ging als Repräsentant der Wolseley-Automobile nach Indien und Eugene ging bei New Hudson in die Lehre. 1907 kam Percy Goodman aus Indien zurück und baute den Prototyp eines Veloce-Autos, das jedoch nie in Produktion ging. Die dazu eigens gegründete Firma »New Veloce Ltd.« beschäftigte sich jedoch weiter mit allgemeinem Maschinenbau, Motor-Reparaturen und baute 1908 eine Zeitlang auch motorisierte Rollschuhe, die damals große Mode waren. 1916 wurde sie jedoch in die ursprüngliche Veloce Ltd. überführt. Dieses vom Firmengründer John Goodman geführte Unternehmen hatte sich inzwischen gut entwickelt und wollte wieder ins Motorradgeschäft zurück. Percy Goodman konstruierte deshalb 1909 ein völlig neues Motorrad, dessen wechselgesteuerter Motor mit 68 mm Bohrung und 76 mm Hub, also 276 ccm Hubraum, einige ungewöhnliche technische Lösungen aufwies. Der 2½-hp-Motor besaß eine in das Motorgehäuse eingeschlossene Ölwanne, von der aus eine Pumpe alle Lager mit Schmierung versorgte. Mit ins Gehäuse war auch ein Zweigang-Getriebe integriert. Das Schwungrad saß rechts außen, und auf der anderen Seite der Kurbelwelle wurde das Pleuel »fliegend« geführt. Trotz dieser fortschrittlichen Konstruktion verkaufte sich diese ab 1910 produzierte »Veloce« schlecht, weshalb man rasch noch ein Halbliter-Modell mit 85 mm Bohrung und 88 mm Hub von konventioneller Bauart als Modell VMC (Veloce Motor Company) auf den Markt brachte. Der Motor war, wie bei dem damals gängigsten Triumph-Modell, seitengesteuert, der Antrieb erfolgte über einen Keilriemen. Für die Federung sorgte eine Druid-Gabel, für die Zündung ein Bosch-Magnet, und das Gemisch bereitete ein Binks and Barrow-Vergaser auf. In diese Zeit fällt auch das erste Auftreten einer Veloce-Maschine in der Tourist Trophy. 1913 belegte Cyril Pullin mit dem 276-ccm-Modell nach viel Ärger mit der Schmierung den Platz 22.

Den Grundstein zur weltweiten Berühmtheit legte Velocette jedoch erst 1925 mit dem wellengesteuerten K-Motor, hier noch in Prototypausführung mit Druid-Gabel.

Ein Jahr später gab's dann ein neues, diesmal ein Zweitakt-Modell, das eine preiswerte, jedoch sehr robuste und sparsame Modellreihe begründete, die bis 1940 gebaut wurde. Die ursprüngliche Konstruktion hatte bei 60,3 mm Bohrung und 73 mm Hub einen Hubraum von 206 ccm und entwickelte echte 3,6 PS, wenngleich es als Modell 2¼ bezeichnet wurde. Der zusammen mit dem Kopf in einem Stück gegossene Zylinder saß bereits desaxiert auf dem Kurbelgehäuse. Das Pleuel war wie beim 276-ccm-Viertakt-Motor »fliegend« montiert. Auf der anderen Seite war wieder ein außen liegendes Schwungrad montiert, und das Hinterrad wurde direkt über Keilriemen angetrieben. 1914 gab es von diesem Modell, das erstmals am Tank in Goldschrift den Namen »Velocette« trug, drei Varianten; das Grundmodell um 25 Pfund, um weitere 5 Pfund Aufpreis eine Zweigang-Version mit Kupplung, und schließlich ein »Lady-Modell« mit niedrigem Durchstieg. Mit dieser kleinen Veloce, die sich »Velocette« nannte, war der spätere Markenname für alle Modelle geboren.

Noch vor Kriegsbeginn wurde das kleinere Viertakt-Modell auf 70 mm Bohrung vergrößert und mit einer Sturmey-Archer-Dreigang-Hinterradnabe versehen. Die Produktion der Zivil-Modelle lief trotz Kriegsausbruch dann noch bis 1916 weiter, ehe sie auf Weisung des Kriegsministeriums eingestellt wurde. Von dort an produzierte die Veloce Ltd. Teile für die Rüstungsindustrie, hauptsächlich für Rolls-Royce.

Ab 1919 wurden bei Veloce wieder Motorräder produziert; zunächst das kleine Zweitakt-Modell, das schon 1915 die Bohrung auf 62 mm und damit den Hubraum auf 220 ccm vergrößert bekommen hatte. Die zwei ab 1919 gebauten Modelle D1 und DL1 (das Lady-Modell) kosteten nun 48 bzw. 50 Pfund. Sie wurden bald durch die verbesserten Modelle D2 und DL2 ersetzt, die einen verstärkten Rahmen mit doppeltem Unterzug und auch am Motor Verbesserungen aufwiesen. Nach Abschrauben eines runden Deckels auf der rechten Motorseite und Abnahme des Zylinders konnte man die ganze Kurbelwelle aus dem Gehäuse ziehen, ohne dieses aus dem Rahmen demontieren zu müssen. Auch das Dekompressionsventil, das nicht ins Freie, sondern durch ein kleines Rohr in den Auspuff blies, war eine Sonderheit.

Anstelle der bisherigen Tauch-Schmierung versorgte eine mechanische Pumpe die Schmierstellen mit Öl, und das Getriebe bekam 1921 einen dritten Gang, womit die Modellbezeichnung auf D3 geändert wurde. Dieses Modell erhielt auch eine Vorderrad-Innenbackenbremse, die zwar von Webb hergestellt, jedoch von Percy Goodman konstruiert und für ihn patentiert wurde.

So sah das K-Modell dann ein Jahr später aus, als es in Produktion und in den Verkauf ging. Die Gabel stammte schon von Webb, und auch die kräftige Vorderradbremse trug bereits die typische »Wasserschutz«-Schürze.

Schon mit dem D2-Modell hatte Goodman 1919 in der ACU-Sechstagefahrt eine Goldmedaille gewonnen und ein Jahr später sogar deren drei. Obwohl es sich bei diesem Velocette-Zweitaktmodell um eine recht simple Konstruktion handelte, war sie nicht nur robust und zuverlässig, sondern außerordentlich sparsam im Treibstoffverbrauch. Sie lief zwar nicht mehr als etwa 80 km/h Spitze, für damals eine ganz schöne Geschwindigkeit. Der Verbrauch lag jedoch unter zwei Liter auf 100 km. Bei einer Verbrauchskonkurrenz in Tasmanien schaffte der einzige Velocette-Fahrer Searell sogar 229,5 Meilen mit einer Gallone, was den kaum glaubhaften Wert von 1,3 Liter auf 100 km ergibt. Auf alle Fälle war der Velocette-Zweitaktmotor ein Sparmeister, was man von seinen modernen Nachfolgern nicht unbedingt sagen kann.
Mit diesem 1921 für die Tourist Trophy auf volle 249 ccm gebrachten Zweitakt-Modellen zog Veloce neuerdings zur Insel Man und unterstrich mit den achtbaren Plätzen 3, 5 und 7 neuerdings, daß sie gleichermaßen zuverlässig und schnell waren. Auch auf der Brooklandsbahn fuhren O'Donovan, Rex Judd und Bert Denley mit diesen nur wenig veränderten Zweitakt-Rennern sogar Rekorde und heizten damit das Interesse der Goodman-Brüder Percy und Eugene am werbeträchtigen Motorsport weiter an.

So traf die Firmenleitung schon 1923 die Entscheidung, ein neues Viertakt-Modell zu entwickeln, um nicht nur in der »Billig«-Klasse vertreten zu sein, sondern auch im Sport zu größeren Erfolgen zu kommen. Der Trend ging sichtlich zu leistungsfähigeren kopfgesteuerten Viertakt-Motoren, wie sie bereits 1923 von AJS, Blackburne und JAP gebaut wurden. So entstand am Zeichenbrett, wieder von Percy Goodman, ein Prototyp eines 349 ccm großen Königswellen-Motors mit 74 mm Bohrung und 81 mm Hub. Das war also im Jahr 1924, und er wurde ein Jahr später, 1925, in der TT ausprobiert, ehe er in Produktion ging. Dieser K-Motor war schließlich der Ausgangspunkt jener berühmten Motorenreihe, die mit dem KTT-MK-8-Motor ihre letzte Station erreichte und 1949 und 1950 sogar zwei Weltmeistertitel errang.
Das einmalige an dieser Konstruktion war, daß sie von 1925 an bis zu ihrem letzten Baujahr 1951 im Prinzip unverändert blieb. Das trifft für die Zylinderdimension zu, für die Anordnung des über eine gekapselte Kette von der rechten Seite der Kurbelwelle angetriebenen und hinter dem Zylinder situierten Magneten, dem ganz eng am schmal und steif gebauten Kurbelgehäuse angesetzten Motorritzel, das die Anbringung des Getrieberitzels außerhalb der Kupplung erforderte, bis zum Königswellen-Arrangement mit zwei Oldham-

1929 K.T.T. 348cc.

Als schließlich 1929 das käufliche Rennmodell KTT MK I auf den Markt kam, gab's bereits eine Fußschaltung und die unvermeidlichen »George-Dance«-Kniekissen, die ein Motorrad der späten zwanziger Jahre erst richtig »schnell« machten.

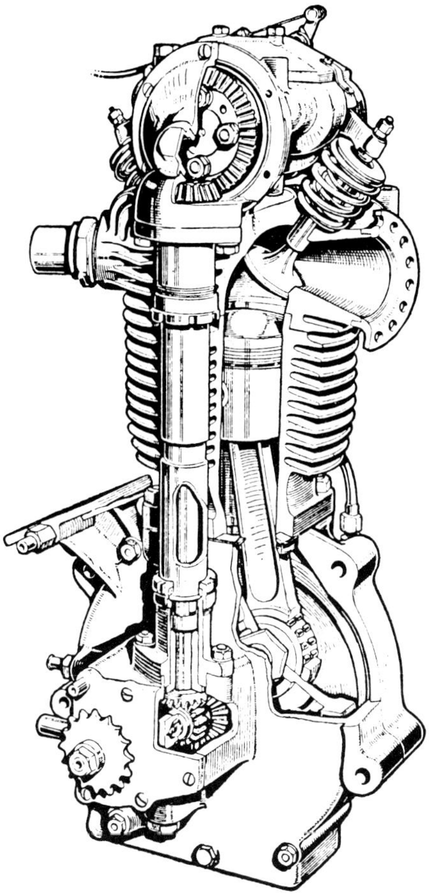

Links außen: Der K-Motor von Velocette, wie er ohne viel Änderungen von 1925 bis 1934 gebaut wurde.

Links: Das war der erste Halbliter-Werkmotor 1934, auch als »Dog Kennel«-(Hundehütte-) Motor bezeichnet, wegen der dachförmigen Kipphebelkammer.

Kupplungen und der ungleichen Zähnezahl der Königswellen-Kegelräder (hunting gear), die auf diese Weise immer wieder in anderer Paarung auf Druck kommen und dadurch kaum verschleißen.
Das erste K-Modell wurde zwar schon im Herbst 1924 auf der Olympia-Show gezeigt, ging aber erst nach der TT 1925 in Produktion, nachdem dort noch ein paar Kinderkrankheiten zutage traten, die rasch ausgemerzt wurden. Unter anderem wurde die ursprünglich verwendete Druid-Gabel gegen eine Webb-Gabel ausgetauscht. Im Herbst 1925 erschien dann das Modell K »Supersport«, kurz KSS genannt, als käufliches Modell mit einer Spitze von 80 Meilen (knapp 130 km), das dann 1926 mit Alec Bennett im Sattel einen sensationellen Sieg in der Junior-TT feierte. Gegenüber dem käuflichen K-Modell unterschied sich die TT-Maschine nur geringfügig. Natürlich verwendete man »schärfere« Nocken, einen Slipperkolben mit höherer Verdichtung, einen größeren Benzintank und eine stärkere Kupplung mit drei Platten. Auch das Ölsystem wies ein paar Änderungen gegenüber der Serie auf; der Erfolg der Neukonstruktion war auch deshalb so überwältigend, weil Bennett damit mehr als 10 Minuten Vorsprung auf den zweiten, Jimmy Simpson auf AJS, herausgefahren hatte. Die beiden weiteren Werk-Velocettes mit Gus Kuhn und G.F. Povey landeten auf den Plätzen fünf und neun. Das war gleichzeitig auch der erste Sieg einer Königswellen-Konstruktion, die damit für andere Firmen richtungweisend wurde. Der TT-Motor leistete damals etwa 18 bis 19 bhp bei 5800 Touren.
Im selben Jahr wurde aus Kapazitätsgründen die Produktion der Zweitakt-Modelle eingestellt. Die Nachfrage nach den neuen K-Modellen erforderte den ganzen Einsatz der Firma. So wurden auch die Werk-Maschinen für die TT 1927 nicht merklich verändert, nur die Fahrer – mit Ausnahme von Bennett – waren neu: Frank Longman für die zweite Werkmaschine und der zu Velocette gekommene Entwicklungsingenieur Harold J. Willis saß auf der dritten K-Maschine. Er war es auch, der nach Ausfall von Bennett und Longman

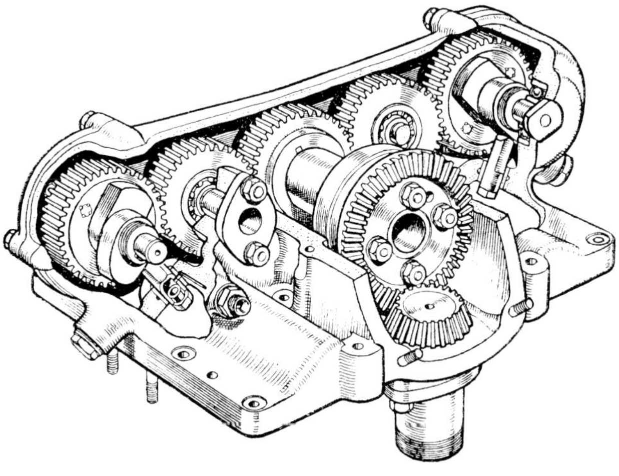

Links: Der Doppelnocken-Antrieb, wie er nur in den Werkmaschinen ab 1949 verwendet wurde.

Rechts: Unschlagbar in der 350er-Klasse zwischen 1938 und 1949 war der KTT-Motor in der Mark-8-Ausführung.

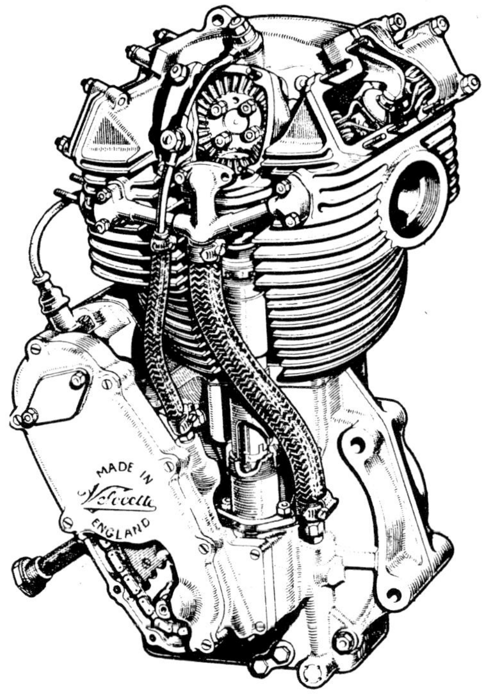

mit einem 2. Platz die Ehre der Marke rettete. Willis war dann ab 1927 bis zu seinem frühen Tod im Jahre 1939 Rennleiter bei Velocette, und von ihm stammt u.a. die erste echte Fußschaltung, bei der der Schalthebel immer in die gleiche Ausgangslage zurückkehrt. Auch eine Doppelsitzbank wurde von ihm zuerst an Rennmodellen montiert und zählt heute zu dem am Motorrad allgemein verwendeten Ausrüstungsdetail.

Das Jahr 1927 war auch aus anderen Gründen wichtig für Velocette. Die alte Six-Ways-Fabrik in der Victoria Road in Aston erwies sich endgültig als zu klein, und der Umzug in die neuen größeren Hall-Green-Werke in der York Road in Birmingham war die Lösung. 1927 bekamen auch alle Modelle einen neuen Satteltank, und zur Olympia-Show im Herbst desselben Jahres gab's dann wieder ein neues, stark verbessertes Zweitakt-Modell mit der Bezeichnung U. Bei gleichen Hubraum- und Zylinderabmessungen wie früher war das U-(utility-)Modell jedoch mit einem Doppelauspuff-Zylinder versehen, und die Kurbelwelle war nun konventionell, mit zwei Zapfen ausgeführt.

Das Hauptaugenmerk der Firma lag aber auf der Entwicklung der K-Modelle. Neben dem K-Modell um 65 Pfund gab es schon 1926 ein Super-Sport-Modell KSS zu 75 Pfund, für das eine Spitze von 80 Meilen (mit glattem, offenem Auspuffrohr), also knapp 130 km, garantiert wurden. Mit dieser Bezeichnung machte es als das schnelle käufliche Straßenmodell alle Entwicklungsstadien des Königswellen-Motors durch und blieb bis 1947 im Verkaufskatalog. Mit glattem Auspuffrohr und entsprechend auf höhere Leistung getrimmt, tauchten diese KSS-Modelle noch vor dem Erscheinen des ab Herbst 1928 käuflichen Rennmodells KTT bereits in zahlreichen Rennen unter guten Privatfahrern auf. So gewann der Düsseldorfer Toni Ulmen am 18. Juni 1927 die 350-ccm-Klasse des Eröffnungsrennens am neuerbauten Nürburgring, und knapp ein Monat später, beim »Großen Preis von Europa 1927«, ebenfalls am Nürburgring, belegte der Düsseldorfer Karl Sieder hinter dem Werkfahrer Frank Longman auf Velocette den 3. Platz über die 16-Runden-Distanz von 452,8 km. Trotzdem war das Jahr 1927 mehr ein AJS-Jahr und Velocette durch den Umzug in die neue Fabrik mit anderen Problemen voll beschäftigt. 1928 sollte sie jedoch wieder auf das Siegerpodest der Tourist Trophy zurückkehren. Nur um die Größenordnung der Produktion zu illustrieren, sei erwähnt, daß Velocette 1927 in der Woche etwa 50 K-Maschinen herstellte, eine heute eher belächelte Zahl, die aber die Bedeutung dieses kleinen Unternehmens in der Welt des Motorrads ins rechte Licht rückt.

1928 stieß noch ein weiterer hervorragender Techniker zum Stab von Velocette, Charles Udall, der bis in die sechziger Jahre für alle Konstruktionen verantwortlich war. 1928 zog die Firma wieder mit drei wohlvorbereiteten Maschinen zur TT. Die Fahrer waren Bennett, Willis und Hicks, und das Ergebnis war Sieg, Plätze zwei und fünf in der

Ivan Rhodes aus Derby ist gegenwärtig der führende Velocette-Spezialist in England. Hier ist er mit dem »dicken« 500er-Werkmotor aus 1937 in einem Mark-VII-Starrrahmen-Fahrgestell unterwegs, ehe der Motor in den historisch richtigen Schwingrahmen versetzt wurde.

genannten Reihenfolge. Im Training hatte man schon einen nach Draper-Patent gebauten Schwingrahmen ausprobiert, jedoch wegen mangelnder Bodenfreiheit wieder ins Eck gestellt. Neu war jedoch die Verwendung der »echten« Fußschaltung mit Ratschen-Mechanismus und die Satteltanks. Der TT-Sieg blieb kein Einzelfall. Longman gewann noch den Ulster-Grand-Prix, und zahlreiche Weltrekorde, auf der Brooklandsbahn gefahren, ergänzten das Leistungsbild des schnellen K-Motors. An der Spitze der Rekordliste von 1928, die von 100 Kilometer bis 1000 Meilen Distanz und von einer bis 12 Stunden reichte, war der »Stunden-Weltrekord« der augenfälligste, weil dabei erstmals eine 350-ccm-Maschine mehr als 100 Meilen, also mit 160 km/h Durchschnitt, zurücklegte. Der Motor wurde dazu bei einer Kompression von 10,5:1 mit Alkohol-Treibstoff gefahren; auf der TT war schon ab 1926 handelsübliches Benzin/Benzol-Gemisch vorgeschrieben. Diesen Rekord fuhr Willis selbst, und die meisten Marken galten auch für die 500-, 750- und sogar für die 1000-ccm-Klasse; insgesamt waren es 52 neue Weltbestleistungen.

1929 war nicht nur das Jahr, in dem der 72jährige Firmengründer John Goodman starb, sondern auch das berühmteste Velocette-Modell, die KTT, auf den Rennstrecken debütierte. Man konnte nun für 80 Pfund ein echtes Rennmodell kaufen, das reele Chancen auf Erfolg versprach. Auch in der Tourist Trophy gab es wieder einen großartigen Erfolg. Drei Werk-Maschinen und fünf KTT-Modelle erschienen am Start. Willis stürzte, dafür gewann Hicks vor Handley, der AJS fuhr, und Bennett, während die Velocette-Privatfahrer die Plätze 5, 6, 7, 10 und 11 belegten. Noch größer war die Überlegenheit der Velocettes ein Jahr später beim Manx-Grand-Prix, bei dem sie in der Junior-Klasse (350 ccm) die ersten acht Plätze belegten. Das Velocette-Modell KTT MK 1 wog nur 120 kg und lief mit einem 7,5:1 verdichteten Motor mindestens 85 Meilen Spitze, also mehr als 135 km/h. Der bereits beschriebene ohc-Motor saß in einem offenen Starr-Rahmen und war mit einem Dreigang-Getriebe verbunden. Das Vorderrad war mittels einer Webb-Gabel gefedert. Da diese Konstruktion mit nur zwei rückwärtigen Rohrauslegern nicht ganz verwindungssteif war, wurde bald zwischen der rückwärtigen Motoraufnahme und dem unteren, rückwärtigen Rahmenrohr ein Flacheisen als Verstärkung angebracht, auf dem dann auch die Fußrasten saßen. Der 13,6 Liter große Benzintank trug die zu dieser Zeit üblichen Gummi-Knieschützer, die der Sunbeam-Fahrer George Dance kreiert hatte und die dann unter seinem Namen bekannt wurden. Damals mußte

»Happy Velocette people!« Ivan Rhodes (sitzend) baut 1979 am Salzburgring, von seinem Sohn Jan und Bill Lomas beobachtet, an seiner 500er-Werkmaschine aus 1937. Er hat inzwischen auch eine zweite 500er aufgebaut.

man auf den meist sehr schlechten Straßen ein Motorrad bei hohem Tempo noch mit Knieschluß festhalten, um nicht abgeworfen zu werden. Auch die Vorderradgabel brauchte deshalb einen Steuerungsdämpfer.

Dieses KTT-Rennmodell erschien ab 1929 im Verkaufskatalog und wurde über die kommenden Jahre hin immer weiterentwickelt. 1931 wich das Dreigang-Getriebe einem mit vier Gängen, 1932 verwendete der Werk-Motor bereits Haarnadel-Ventilfedern, die dann 1933 am KTT-MK-III-Modell übernommen wurden. Das Modell KTT MK II war die Viergang-Ausgabe der MK I, und beim MK-IV-Modell, das 1934 herauskam, gab es auch das neue Getriebe mit dem ins Innere des Gehäuses verlegten Schaltautomaten sowie einen Bronze-Zylinderkopf. Auch der Rahmen war durch zwei Rohrunterzüge neuerlich verstärkt. Die Mark IV besaß auch einen größeren 18-Liter-Tank, und das Gewicht war auf 132 kg angestiegen. Der Preis war nun 87 Pfund. Trotzdem gab es am Kontinent verhältnismäßig wenig Velocette-Privatfahrer. In Deutschland kamen zu Ulmen und Sieder noch Albert Schneider, Wemhöhner und der Berliner May hinzu. Während in Österreich die Grazer Braunstein, Falk und die Brüder Hubman und in Wien Deimel, Hunger und Riedl Velocettes in Rennen fuhren.

Ehe wir die weitere Entwicklung des prominenten KTT-Modells verfolgen, zurück zu den »Brot- und- Butter«-Modellen, die seit 1927 wieder in der Zweitakt-Reihe bestanden und 1933 eine weitere Viertakt-Reihe mit ohv-Motoren bekamen. Die K-Modelle KTS, KSS und KTT verkauften sich zwar blendend, waren jedoch in Herstellung und Wartung zu anspruchsvoll für den normalen Motorradfahrer. Deshalb wollte man eine einfachere Konstruktion. Die wurde von Eugene Goodman entworfen und bekam als ersten Buchstaben ein M. Zuerst kam 1933 das 250er-Modell MOV mit 68 mm Bohrung und Hub heraus. Ein Jahr später folgte das 350er-Modell MAC, bei dem bei gleicher Bohrung wie bei der MOV der Hub auf 96 mm vergrößert wurde, und ein weiteres Jahr danach, 1935, gab es dann die Halbliterversion des »high-camshaft«-ohv-Motors mit 81 mm Bohrung und 96 mm Hub mit der Bezeichnung MSS. Diese neue Modellreihe mit Viertakt-Motoren einfacherer Bauart erwiesen sich ebenfalls als sehr lebhaft und sportiv. Sie wurden auch in Fahrgestelle eingebaut, die etwa jenen der K-Modelle entsprachen. So hatten sie ausgezeichnete Fahreigenschaften und waren die Stammväter der nach 1945 bis zum Ende der Firma im Jahr 1971 gebauten ohv-Motoren. Es gab bei fast gleichem Äußeren jedoch nach 1945 zahlreiche Detailänderungen,

vor allem im Zylinderkopf. Erwähnt muß noch werden, daß schon 1935 das Modell MSS eine automatische Zündverstellung besaß, die zusammen mit BTH von Mr. Willis entworfen wurde.
Um nun wieder die bereits geschilderte Entwicklung der KTT-Modelle zu verfolgen, muß auf die Werk-Rennmodelle zurückgeblendet werden. Nach den drei Junior-TT-Siegen 1926, 1928 und 1929, die lange Jahre bis Mitte dreißig auf allen Benzintanks der käuflichen Modelle unterhalb des Markennamens Velocette mit aufgeführt wurden, folgten einige magere Jahre, was die Rennaktivitäten des Werkes anlangt. Nach Rudge fuhr nun Norton, auch in der 350-ccm-Klasse, auf der Siegesstraße. 1932 versuchte Willis mit einem Kompressor den Einzylinder-Motor auf höhere Leistung zu bringen. Das gelang zwar, aber der Motor war wegen der Verzögerung des Leistungsauf- und -abbaues nicht zu fahren. 1933 kam dann ein neuer Motor mit Leichtmetallkopf und verkapseltem Ventiltrieb, nur die Haarnadelfedern blieben offen. Dieser Motor kam 1934 auch in Halbliterform heraus und brachte mit Rusk in der Senior-TT einen 3. Platz und viele Erfahrungen, die dann 1935 in der zweiten Generation der voll verkapselten K-Motoren ihren Niederschlag fanden. Die Rennerfolge überließ man überwiegend den Privatfahrern, die z.B. in der Junior-TT 1933 unter den ersten 16 Fahrern im Ziel 11 Plätze belegten. Wal Handley siegte im gleichen Jahr auch im Ulster-Grand-Prix, der zwischen 1933 und 1950 in elf Rennen neunmal von Velocette gewonnen wurde.
1935 gab's dann im Modell KTT MK V einen neuen Motor. Der Zylinderkopf war nun mit dem Zylinder mittels vier Stehbolzen zusammengehalten. Die oberen Kegelräder und die Nocken erhielten durch kalibrierte Düsen ihre erforderliche Ölmenge, und der Magnetantrieb war umgestaltet: der rückwärtige Deckel war mit der unteren Kegelradbox-Abdeckung aus einem Stück. Der Motor lief nun mit BiBo-Treibstoff an die 150 km/h Spitze; mit Alkohol legte er noch weitere 15 bis 20 km/h zu. Der Preis der 140 kg schweren, rassigen Renner mit Megaphon-Auspuff betrug 89 Pfund, und das Gewicht lag nun bei 140 kg. Handley gewann 1935 zum zweiten Mal den Ulster-GP und wurde damit Europameister 350, und in der Junior-TT wimmelte es hinter den drei Werk-Nortons von Velocettes. Das war jedoch das Jahr, in dem Moto-Guzzi mit dem »Federrahmen«, wie sie ihre Hinterradfederung nannten, zwei TT-Siege landete und die Konstrukteure zur Überlegung zwang, ob sie nicht doch mehr am Fahrgestell, anstatt am Motor, weiterentwickeln sollten.
Stanley Woods, der Doppel-Sieger der TT 1935, ging nun zu Velocette, und 1936 entstand unter seiner Anleitung ein Schwingrahmen mit zwei Federbeinen, die damals mit Luft und Öl gefüllt waren. Das war die Geburtsstunde aller modernen Hinterradfederungen. Am käuflichen »Production Racer«, der KTT, war diese Federung erst 1939 erhältlich. Der Werk-Motor wurde 1936 auch mit einem Doppelnockenantrieb versehen, der jedoch wegen Bruchs der Königswellen-Kupplungen für Jahre wieder ins Eck gestellt wurde. Woods kam mit dem neuen Werkrenner in der Senior-TT auf Platz 2, Mellors in der Junior-TT auf Platz 3. Dem Privatfahrer blieb Velocette hingegen zwei Jahre hindurch ein käufliches KTT-Modell schuldig. Das gab's erst 1938 wieder als KTT MK VII; noch mit Starrahmen. Ein Modell MK VI wurde nie zum Verkauf gebracht und existierte nur in ein paar Exemplaren mit voll verkapseltem Motor und Schrauben-Ventilfedern, also eine Rennversion des ab Herbst 1935 verbesserten K-Motors zweiter Generation, wie er ab dann im Serienmodell KTS und KSS verwendet wurde. Der Unterschied dieser beiden Serienmodelle lag übrigens nur in der äußeren Ausstattung. Die sportlichere KSS wurde mit schmalen Kotblechen und 21-Zoll-Vorder- sowie 20-Zoll-Hinterrad, das Modell KTS mit 19-Zoll-Rädern und breiten Touren-Kotflügeln verkauft. Zusammen mit dem käuflichen Rennmodell KTT gab es also ab 1938 wieder drei ohc-Modelle, alle mit 348-ccm-Motor, drei ohv-Modelle mit 248, 348 und 495 ccm Hubraum, und nach wie vor das 249-ccm-Zweitaktmodell.
Für die Halbliterklasse gab es ab 1934 auch Werk-

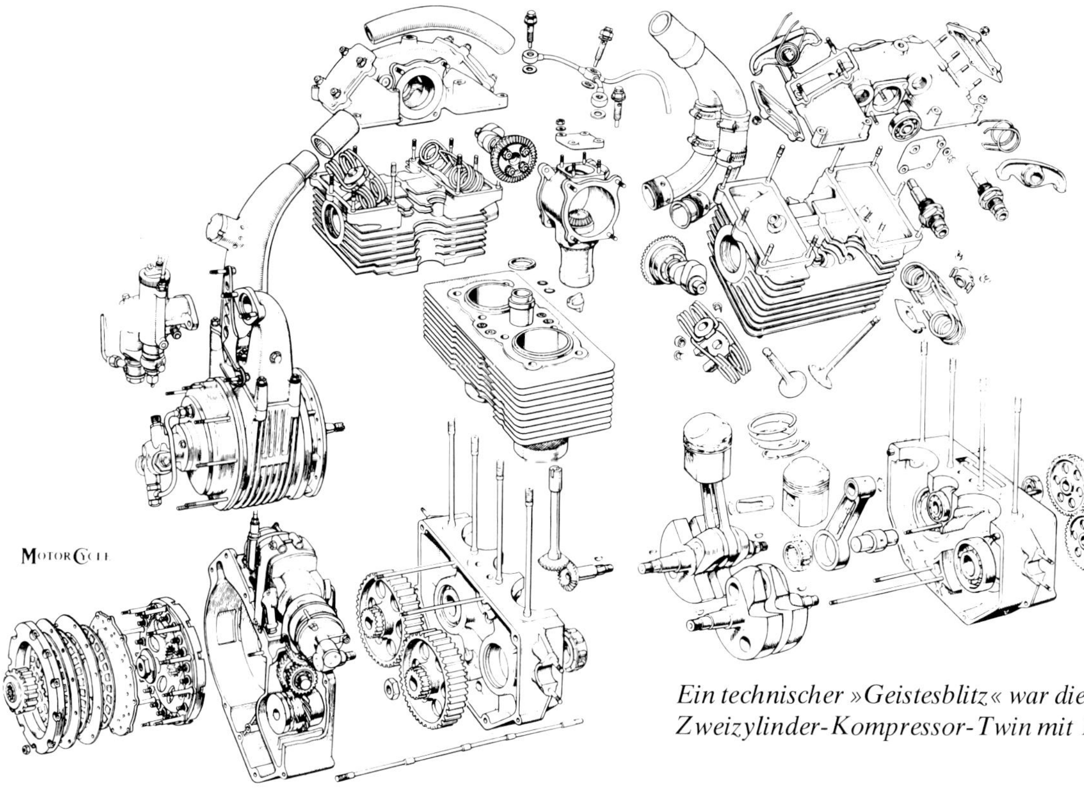

Ein technischer »Geistesblitz« war die 1939 gebaute Zweizylinder-Kompressor-Twin mit Kardanantrieb.

Rennmodelle, die jedoch nie verkauft wurden. Von ihnen existieren heute nur noch zwei Stück im Besitz des bekannten Velocette-Sammlers Ivan Rhodes in Derby. Diese Halbliter-Renner wurden ständig nur von Stanley Woods und Ted Mellors sowie gelegentlich auch von anderen Engländern gefahren. Sie hatten 85 mm Bohrung und 96 mm Hub, etwa 40 PS Leistung und sind von außen durch die noch größere Verrippung von Zylinder und rechteckigem Zylinderkopf zu erkennen.

Während sich Woods in der Halbliterklasse der Senior-TT dreimal, von 1936 bis 1938, mit dem zweiten Platz zufriedengeben mußte, kehrte er 1938 und 1939 in der Junior-TT wieder auf das Siegerpodest zurück, und 1938 wurde Mellors auch Europameister 350 mit der Werkmaschine aus der Hall Green Road. Der K-Motor in Rennausführung schien nun seinen Höhepunkt erreicht zu haben. Für 1939 bereitete deshalb, sicher auch unter dem Eindruck der überragenden Leistungen der Kompressor-BMW und -Gilera, Velocette ebenfalls einen aufgeladenen Twin vor, der jedoch nie mehr zum Einsatz kam. Dieser von Charles Udall konstruierte und von Willis entwickelte Motor war ein technischer »Geistesblitz«. Zwei ohc-Zylindereinheiten mit eigenen Kurbelwellen rotierten, quer zur Fahrtrichtung in einem gemeinsamen Gehäuse in den Rahmen gesetzt, gegeneinander und hoben so alle Massekräfte auf. Von der rechten Kurbelwelle weg wurde der Kompressor angetrieben und von der linken Welle die Kraft über Kupplung, Getriebe und Kardan zum Hinterrad abgegeben. Vor den beiden luftgekühlten Zylindern lag der Öltank und zwischen ihnen der Königswellenantrieb. Der Kardan lief durch das hohle linke Schwingrahmenrohr. Die zunächst bei 50 PS liegende Leistung sollte durch Erhöhung des Ladedrucks noch gesteigert werden, als Willis in der TT-Woche an einer Lungenentzündung verstarb, und diese fortschrittliche Rennmaschine erschien daraufhin nie mehr auf Rennstrecken. Sie hat jedoch den Krieg überlebt und wird, ebenfalls von Ivan Rhodes, wieder zum Leben erweckt. Eine zivile Abwandlung dieses Twins gab es ebenfalls mit 600 ccm Hubraum. Sie ging jedoch nicht mehr in Produktion und ist als Prototyp, sogar fahrbereit, ebenfalls erhalten geblieben.
1939 war schließlich auch die käufliche KTT MK VIII am letzten Stand der Dinge und nur in Details

von der Werkmaschine gleichen Baujahrs zu unterscheiden. Sie besaß nun auch die Schwingrahmen-Hinterradfederung mit zwei Federbeinen, hatte bei einer Leistung von etwa 30 PS eine Spitze von 175 km/h und kostete 120 Pfund. Englische Privatfahrer rissen sich um dieses Spitzengerät. Über den Kanal kamen jedoch nur mehr wenige Exemplare auf den Kontinent. 1938 hatte der Godesberger Hein Thorn-Prikker eine Mark VII erhalten, mit der er 1939 bester deutscher Privatfahrer seiner Klasse wurde, und im selben Jahr erwarb der Saarländer Wolff aus Mettlach eine Mark VIII. In der Junior-TT 1939 gab es nach dem Sieger Stanley Woods weitere fünf Velocettes unter den ersten zehn und insgesamt 26 Maschinen dieser Marke im Ziel. Selbst in der Senior-TT stellten sich 17 Velocette 350 dem Starter, und 14 davon erreichten das Ziel. An diesen Zahlen mag man die Bedeutung und Überlegenheit dieses Schritt für Schritt zur Perfektion entwickelten käuflichen Rennmodells ersehen.

In den Jahren von 1926 bis 1939 hatte sich Velocette so von einer fast unbekannten Marke zu einer der in Motorrad-Sport und -Technik am meisten respektierten Firma hochgearbeitet, obwohl sie nach heutigen Maßstäben ein Zwerg war. Die Produktion im Jahr 1939 lag in der Woche bei nur knapp über 100 Maschinen.

Nach dem Krieg, in dem Velocette eine Militärversion der 350er MOV produzierte, begann die Firma die zivile Fertigung mit einem gekürzten Vorkriegs-Programm. Die ersten Maschinen, die das Werk verließen, waren sogar Zweitakt-Modelle des Typs GTV, jedoch mit Magnet anstelle der vor 1940 verwendeten Batterie-Zündung. Dann gab es noch dic Modcllc MOV, MAC, MSS mit ohv-Motoren, die ohc-KSS und ab 1947 wieder die KTT MK VIII, nunmehr zum Preis von 240 Pfund für Ausländer, die nicht die hohe englische Verkaufssteuer von 64 Pfund 16 Shilling zahlen mußten. Trotzdem war die Qualität der ersten Nachkriegs-KTT von jener der Vorkriegsjahre noch weit entfernt, und Vorkriegs-Maschinen wurden wie Edelsteine gesucht und gehandelt.

1947 gab es dann wieder die erste Nachkriegs-TT, und Velocette war mit seinen überstark verrippten und gut gekühlten Motoren allen anderen Maschinen der 350er-Klasse, die ebenfalls schlechtes 74-Oktan-Normal-Benzin »verdauen« mußten, deutlich überlegen. Die »Hall Green Renner« belegten unter den ersten zehn Fahrern die Plätze 1, 2, 3, 4, 7 und 8. Sieger wurde Bob Foster, der 1936 den letzten Erfolg einer englischen Maschine in der Leichtgewichts-TT mit der 250er New-Imperial errungen hatte. Auch 1948 und 1949 präsentierte sich in der Junior-Klasse der Tourist Trophy dasselbe Bild. Beide Male siegte Freddie Frith, der Vorkriegs-Norton-Star, einmal vor Foster, das andere Mal vor Lyons, und käufliche KTTs waren in großer Zahl auf den Plätzen zu finden. Übrigens

erschien noch 1947 auch in der Senior-TT auf Platz drei eine der seltenen Halbliter-Werk-Maschinen mit Peter Goodman als Fahrer. Das war der Sohn von Eugene Goodman und somit die dritte Generation im Geschäft.
Seine Rennfahrer-Ambitionen mußte er jedoch nach einem schweren, von einem Zuschauer verursachten Sturz in Straßburg, im Herbst 1947, begraben. Er war dann, zusammen mit seinem Vetter Bertie Goodman, bis zum bitteren Ende der Firma als Werks Direktor im Hause tätig. Für sportlichen Lorbeer sorgten inzwischen andere, und als ab 1949 eine neue Weltmeisterschaft geboren wurde, errang Velocette zur Krönung seiner sportlichen Anstrengungen noch zwei Weltmeistertitel; 1949 mit Freddie Frith und 1950 mit Bob Foster. Dann überholten neue Konstruktionen, vor allem das »Federbett«-Modell von Norton, die unverwüstlichen KTTs, und 1951 wurde auch die Produktion des wohl erfolgreichsten Privatfahrer-Rennmodells endgültig eingestellt.
Nach 1947 erschienen auch in Deutschland wieder neue KTTs im Renngeschehen. Vor allem Erwin Aldinger, Bruno Böhrer, Erich Wünsche und Xaver Heiß waren damit sehr erfolgreich unterwegs. In Österreich kamen zu einer Vorkriegs-Mark-VIII von Franz J. Binder, die ab 1949 vom Autor dieses Buches gefahren wurde, noch Fritz Trella, und auch in der Schweiz vertrauten zahlreiche Spitzenfahrer auf neue KTTs; Max Forster war davon wohl der Erfolgreichste. Ähnlich war die Situation auch in anderen Ländern wie Frankreich, Belgien, Holland, Spanien, Finnland, Ungarn und der ČSSR. Überall versuchten Spitzenfahrer, dieses bis 1951 in der 350-ccm-Klasse führende Rennmodell zu erwerben. Darüber hinaus kamen in diesen Jahren natürlich aus England zahlreiche Velocette-Fahrer zu kontinentalen Rennen, allen voran David Whitworth, Ernie Thomas und Tommy Wood.
Die Leitung des Familienbetriebs war sich inzwischen darüber im klaren, daß die Zukunft des Zweirads in einer anderen Richtung zu suchen sei. Schon 1949 erschien bei Velocette ein ungewöhnliches Fahrzeug, ein Zwitter zwischen Roller und Motorrad, das Modell LE, mit einem wassergekühlten seitengesteuerten Boxer-Motor von zunächst 149 ccm Hubraum und Kardan-Antrieb, Telegabel vorne und Schwinge hinten. Man konnte in diesem Fahrzeug viele Ideen aus dem 500-ccm-Kompressor-Modell 1939 wiederfinden. Dieses leise und bequeme Fahrzeug für »jedermann« auf 19-Zoll-Rädern und mit Teilverkleidung wurde zwar mit Zurückhaltung aufgenommen, so ungewohnt war seine Erscheinung, fand aber dann bald guten Absatz. 1950 wurden monatlich etwa 160 Stück davon hergestellt. Das war die Kapazitätsgrenze für die Firma und somit auch der Grund, warum alle anderen alten Modelle verschwanden.

Linke Seite: Eine Abwandlung des Kompressor-Twins entstand noch 1939, ging jedoch nie in Produktion und existiert nur in diesem einen Stück in der Sammlung Stanford Hall.

Links: Das letzte 350er-Werk-Rennmodell 1951. Mit Telegabel und dohc-Motor.

Einfacher in der Herstellung und auch zu warten waren die ohv-Modelle, die es ab 1933 in 250 ccm Größe, dann mit 350 und schließlich, ab 1935, mit 500 ccm Hubraum gab. Hier das 500-ohv-Modell MSS.

Einzig die 350er MAC blieb am Leben, bekam dafür 1951 eine Öl-Luft-Telegabel von Dowty, die bislang für die KTTs die Federbeine geliefert hatte, und 1952 gab's einen neuen Leichtmetall-Motor für die MAC mit gekapselten Ventilfedern. Ein Jahr später folgte an der MAC auch ein neuer Schwingrahmen. 1954 wurde der 500-ccm-MSS-Motor völlig überarbeitet, erhielt nunmehr 86 mm Bohrung und Hub und wurde im selben Rahmen wie der MAC eingebaut. Die Entwicklung ging also neben dem Motorrad-Roller-Zwitter LE auch bei den Motorrädern weiter. Im Herbst 1955 kam dann ein neuer 350-ccm-Motor, der den alten MAC-Motor ablöste. Mit 72 mm Bohrung und 86 mm Hub war er sichtlich ein Ableger des neuen, quadratischen MSS-Motors und das 350er-Modell hieß nun »Viper«, im Gegensatz zum Halblitermodell »Venom«. Die Leistung von 26 PS bei 7000 Touren und 28 PS für die sportlichere »Clubman«-Ausführung war wieder zeitgemäß, und auch die Fahrleistungen konnten sich damit sehen lassen.

Blenden wir jedoch zurück zum »Brot-und-Butter«-Modell LE, das in den fünfziger Jahren Velo-

Geld und Arbeit für lange Jahre brachte das Modell LE, eine gelungene Kreuzung zwischen Roller und Motorrad mit einem wassergekühlten Boxer-Motor und anderen fortschrittlichen Details. Das Fahrzeug war enorm praktisch, leise und zuverlässig, sah jedoch häßlich aus.

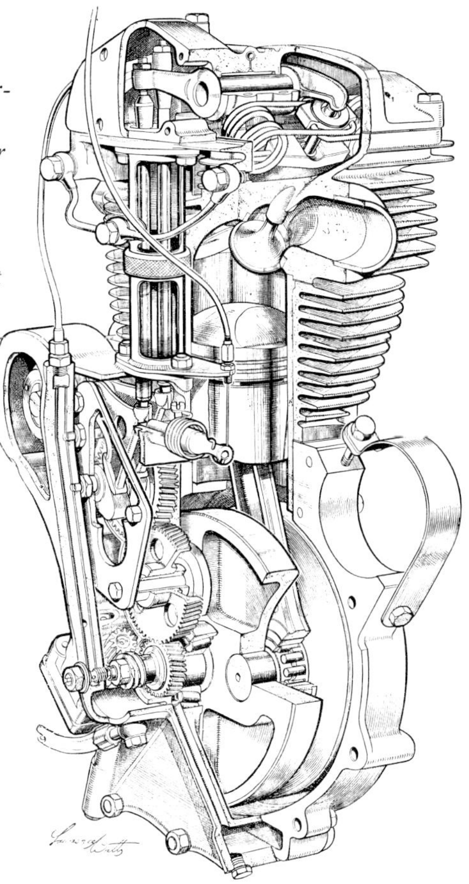

1954 wurde der langhubige MSS-Motor völlig überarbeitet und im »Venom«-, später im »Thruxton«-Modell bis über 40 PS Leistung entwickelt. Damit fuhr Velocette noch 1961 den absoluten 24-Stunden-Weltrekord mit über 160 km/h Schnitt.

cette das finanzielle Rückgrat bedeutete. Es wurde 1951 auf 192 ccm vergrößert und lief 1959 aus. Inzwischen verstarb 1953 Percy Goodman, dessen Bruder Eugene daraufhin die Leitung des Unternehmens übernahm. Dessen Sohn Peter war inzwischen zum Werks-Direktor aufgestiegen und sein Neffe Bertie wurde Verkaufs-Direktor. Beide Goodmans der dritten Generation waren überdies erstklassige Motorradfahrer.

Peters Karriere auf zwei Rädern wurde, wie oben erwähnt, 1947 jäh beendet. Bertie zeigte bereits 1947 mit einem 4. Platz in der Junior-TT sein Können und organisierte dann 1961 den letzten großen sportlichen Auftritt von Velocette. Mit einem englisch-französischen Team, in dem er selbst als Fahrer mitmachte, eroberte Velocette den absoluten 24-Stunden-Weltrekord. Die dazu verwendete Maschine war ein natürlich sorgsam vorbereitetes Serienmodell »Venom Clubman« mit Halbliter-Motor, der auf 8,75 : 1 verdichtet knapp 40 PS Leistung abgab. Bei diesem Rekordunternehmen wurden insgesamt sechs Weltbestleistungen unterboten: jeweils die 12- und 24-Stunden-Zeitspanne für die Klassen 500 ccm, 750 ccm und darüber. Der Schnitt lag dabei erstmals über 100 Meilen, also mehr als 160 km/h. Gefahren wurden die Rekorde in Montlhery bei Paris.

Die immer noch leistungsstarken, aber eben typisch englischen Einzylinder-Modelle »Viper« und »Venom« verkauften sich vor allem in den USA und anderen Exportländern gut. Es gab davon auch spezielle Moto-Cross-Modelle. Der zahmen, etwa 8 PS starken LE folgte im Herbst 1956 eine kopfgesteuerte Version, die sich »Valient« nannte und weniger nach einem Roller aussah. Trotz luftgekühltem Boxer-Motor mit hängenden Ventilen, der 12 PS bei 7000 Touren leistete, kam Velocette damit nicht mehr in ökonomische Stückzahlen. Man mußte einen richtigen Roller bringen, der 1960 unter dem Namen »Viceroy« erschien. Trotz 246-ccm-Motor und Elektro-Starter kam dieser Roller zu spät; der Rollermarkt war im Abklingen, und dieses Modell konnte bis 1963 mit etwa 1000 Stück nie mehr die Kosten einspielen, die in seine Produktion investiert wurden.

Auch die teilverkleideten 350er- und 500er-Modelle »Viper« und »Venom«, aus welchen dann 1964 das »Thruxton«-Modell entstand, konnte die Firma nicht mehr lange über Wasser halten. Der US-Markt schrumpfte in den sechziger Jahren durch das Auftauchen der Japaner, und Anfang 1971 ging Velocette freiwillig in Liquidation.

Zurückgeblieben ist der Ruf der Marke Velocette, der für beste Qualität und außerordentliche Leistungen garantierte; ebenso auch die Erinnerung an große Rennerfolge, die von 1926 bis 1950, fast 25 Jahre lang, anhielten und nochmals 1961 durch das aufsehenerregende Rekordunternehmen in Monthlery aufgefrischt wurden. Velocette-Motorräder, besonders die Königswellen-Modelle mit der KTT an der Spitze, zählen heute zu den gesuchtesten Veteranen-Edelsteinen, und auch der letzte Sproß der Velocette-Familie, das sportliche »Thruxton«-Modell ist schon längst ein Sammlerstück geworden.

Zündapp – deutsche Qualitäts-motorräder, früher aus Nürnberg, heute aus München

»Grüne Elefanten« wurden in den fünfziger Jahren die Zündapp-KS-601-Gespanne genannt, die in Wettbewerben erfolgreich waren. Hier eines von Josef Maier, Mattighofen, OÖ.

Bei Zündapp denkt die ältere Motorradfahrer-Generation zunächst an schwere Beiwagen-Maschinen, die im letzten Krieg und später als »Grüne Elefanten« im Langstrecken- und Geländesport ihren Mann standen. Jüngeren Zeitgenossen signalisiert der Name Zündapp ausschließlich chromblitzende Mopeds und Leichtmotorräder. Wie alle derartigen »Blitzlicht-Profile« zeichnen sie den echten Gehalt dieser schon über 60 Jahre alten Motorradmarke höchst unvollkommen. Die Geschichte der zuerst in Nürnberg, dann aber seit 1950 auch in München ansässigen Firma ist viel facettenreicher als die oben versuchte Kurz-Identifikation. Sie begann bald nach 1920 mit einfachen, jedoch soliden und besonders strapazfähigen »Bauern«-Motorrädern und entwickelte im Verlauf ihrer Geschichte eine höchst eigene Identität und technische Vielfalt, die heute in einer ausschließlich aus Zweitakt-Modellen bestehenden Fahrzeug-Palette mündet. Sie alle haben den Ruf, modernste Technik mit bester Qualität zu verbinden, und können als unbestechliches Zeugnis dafür auf eine unendlich lange Kette von glänzenden Sporterfolgen im Gelände- und Langstreckensport, aber auch auf Weltrekorde verweisen. Zündapp ist heute eine der wenigen alten deutschen Motorrad-Firmen, die alle Stürme der Zeit überstanden hat und ein gesundes Familienunternehmen geblieben ist. Der Schlüssel zu diesem Erfolg ist vor allem in diesem letztgenannten Umstand zu finden. Die Firma wird heute von der dritten Generation des Firmengründers geleitet.

Mit dem Modell Z 22 begann 1922 die Geschichte der Marke Zündapp. Das getriebelose Leichtmotorrad mit Riemenantrieb war der englischen Levis nachempfunden.

Das erste mit Dreigang-Getriebe und Kette ausgerüstete Modell erschien 1924 mit der K 249. Auch die Innenbackenbremse und die vollautomatische Schmierung waren neu.

Die Geburt der Firma erfolgte am 17. September 1917 mit der Gründung der »Zünder- und Apparatebau-Gesellschaft m.b.H.« in Nürnberg, die, wie aus dem Titel zu entnehmen ist, sich mit der Herstellung von militärischem Gerät befaßte. Darum war damals auch die Fa. Krupp aus Essen einer der Partner, von welchen sich der 1875 im fränkischen Egloffstein geborene Firmengründer, der Geheime Landesbaurat Dr. h. c. Fritz Neumeyer, nach Kriegsende rasch wieder trennte. Er sah sich nämlich nach einem Produkt um, das in Friedenszeiten Gewinn bringen sollte. Der Name Zündapp entstand aus der Verbindung der beiden ersten Worte des alten Firmenwortlautes, und die Firma hieß bald nur mehr »Zündapp Ges.m.b.H.«-Nürnberg, später dann »Zündapp-Werke GmbH.«-München. Geheimrat Neumeyer studierte den schillernden Fahrzeug-Markt der ersten Nachkriegsjahre genau, ehe er sein erstes Motorrad konzipierte. Er nannte es »Das Motorrad für jedermann«, und die erste 211 ccm große Zündapp Z 22 – nach dem Geburtsjahr 1922 – war ein einfaches, stabiles Motorrad mit einem robusten Zweitakt-Motor, niedrig und leicht, zunächst noch ohne Getriebe, aber gerade deshalb einfach und mühelos zu bedienen und zu fahren. Im Herbst 1921 standen die ersten, dem damals besten englischen Zweitakt-Motorrad Levis nachempfundenen Zündapp-Motorräder auf dem Nürnberger Fabrikhof, von welchem im Jahr 1922 schon mehr als 1500 Stück gebaut und auch ausgeliefert wurden. Für über 5000 weitere lagen bereits Bestellungen vor, als sich die junge Motorradfirma erst durch die Wirren der Inflation hindurchkämpfen mußte. Am 20. November 1923 kostete ein Zündapp-Motorrad die unvorstellbare Summe von 1200 Billionen Mark.

Erst im Jahr 1924 zog mit der Reichsmarkstabilisierung wieder Ruhe ein, und auch ein neues Modell, die K 249 mit einem 2,75 PS starken 250er-Motor, Dreigang-Getriebe, Kickstarter und Vollkettenantrieb brachte zusätzlichen Aufwind in die Zündapp-Verkäufe. Schon im November 1924 verließ das 10 000ste Zündapp-Motorrad das Montageband. Noch während des Jahres war eine echte Fließbandfertigung eingerichtet worden, und das Resultat davon waren echte volkstümliche Preise. Das »Motorrad für jedermann« hatte auch Preise für jedermann, die zusammen mit der Qualität der Fahrzeuge für den raschen Aufschwung der Firma sorgten.

Der Ruf der Qualität wurde jedoch nicht etwa durch Zeitungsanzeigen, sondern durch überzeugende Sporterfolge geschaffen. Noch ehe das erste Modell in Produktion gegangen war, beteiligten sich schon im Herbst 1921 die beiden Werkfahrer Metsch und Wolf an der »Würgauer Bergprüfungsfahrt« und kamen erfolgreich nach Hause. Die knapp 60 kg leichten Maschinen liefen in Sportausführung an die 80 km/h und brauchten etwa zwei Liter Kraftstoff für 100 km. Das sprach sich rasch herum und war die beste Kunde für die Qualität des Fahrzeuges.

1925 kam dann eine verbesserte Version des K-249-Modells unter dem Namen »Einheits«-Modell auf den Markt, dessen solide Konstruktion und Haltbarkeit die Produktionszahlen weiter ansteigen ließ. Es blieb fast drei Jahre unverändert in Produktion und wurde 1926 in über 4000, 1927 in mehr als 8000 und schließlich 1928 in mehr als 16 000 Stück produziert und verkauft. Das Einheits-Modell besaß einen 4,5-PS-Zweitaktmotor mit vollautomatischer Schmierung, ein Dreiganggetriebe, großvolumige Ballonreifen und bereits Innenbackenbremsen. Trotz eines Gewichts von nur 85 kg war es voll soziustauglich und kostete 860 Reichsmark.

Dann kam Anfang 1928 die Steuerfreiheit für Motorräder unter 200 ccm Hubraum und damit ein weiterer Aufwind in das Motorradgeschäft. Daraufhin entstand das Modell Z 200; erstmals auch mit Leichtmetallkolben ausgerüstet. Es war in zwei Ausführungen erhältlich, einmal mit Einstecktank, zum anderen mit Satteltank. Bis dorthin und auch noch einige Jahre weiter war für die Zündapp-Motoren die außenliegende Schwungmasse typisch, ein offener Rahmen, dem Ende 1928 ein durchgehender Duplex-Rahmen aus H-Profilstahl folgte, und auch die ursprünglich an englischen Vorbildern orientierten Trapezgabeln wurden zunehmend eigenständiger und zum Teil auch in Profilstahl ausgeführt.

Neben dieser beständigen technischen Entwicklung der Serienmodelle gab es auch eine ständige Sportbeteiligung, vor allem an Langstrecken- und Wertungsfahrten. Bis 1928 war der bekannteste

Ende 1928 kam das Modell Z 300 auf den Markt, dessen Besonderheit ein Doppelschleifen-Rahmen und Gabel aus Profilstahl war. Der Motor war weiterhin der robuste Zweitakter mit außenliegender Schwungscheibe.

»Derby« hieß das Zweitakt-Billigmodell ab 1933, dessen Motor in einem Rohrrahmen saß und mit einem Dreigang-Getriebe verblockt war. Es war für seine Zuverlässigkeit bekannt und wurde über eine Zeitspanne von mehr als 20 Jahren weiterentwickelt.

Werkfahrer Hans Hieronymus, und aus der großen Zahl bekannter Zündapp-Fahrer ragte der Berliner Vertreter der Nürnberger Firma, Julius von Krohn, heraus, der mit einigen Fernfahrten großes Presseecho erzeugte, so z.B. als er 1928 in 16 Tagen von Berlin nach Nordafrika – über Algier und Tunis – 5350 km sammelte und wieder heil in die Reichsmetropole zurückkehrte.

Die kommerzielle Stärke von Zündapp beruhte auch auf einer guten Vertriebsorganisation. 1928 gab es in Deutschland ein dichtes Händlernetz mit 35 Werk-Lagern und vier echten Filialen. Durch die im April deklarierte Steuerfreiheit für Motorräder bis 200 ccm entstand mit dem schon erwähnten Modell Z 200 ein neues Billig-Modell zum Preis von 790 Mark, das seine Leistungsfähigkeit nicht nur mit der Afrika-Fahrt unter Beweis stellte, sondern wenig später in der Deutschen Sechstagefahrt, bei der alle 12 gestarteten Zündapp das Ziel erreichten. Die im Herbst 1928 erschienenen »Stahl-«-Modelle waren natürlich teurer; jene mit 298 ccm Hubraum kostete 920 Mark, und mit diesem Modell überschritt Zündapp noch 1929 die Zahl von 50 000 produzierten Motorrädern. Das größte Zündapp-Modell dieser ersten Zweitakt-Zeit war schließlich das Modell S 350 mit 11 PS aus 345 ccm Hubraum. Es hatte noch immer links außen am Motor die freilaufende Schwungscheibe, jedoch die Primärkette bereits verkapselt und lief etwa 100 km/h Spitze. Auf Wunsch konnte man diese zur »Stahl-Modell«-Reihe zählende Zündapp mit Gazda-Federlenker haben.

Wir sind jedoch der Zeit vorausgeeilt, denn 1929 war noch ein anderes wichtiges Ereignis. Zündapp war in neue Fabrikanlagen in Nürnberg-Schweinau umgezogen, die zu den modernsten ihrer Zeit zählten. Das Geschäft lief auch auf vollen Touren und erreichte in diesem Jahr ihren Höhepunkt mit mehr als 25 000 produzierten Einheiten; die Produktionsspitze im April erreichte etwa 4200 Einheiten. Außer der Einführung des Satteltanks fiel in dieses Jahr auch der Beginn der zweifarbigen Lackierung, und auch der Sohn des Firmengründers, Dipl.-Kfm. Hans-Friedrich Neumeyer, trat als Direktions-Assistent in das väterliche Unternehmen ein.

Gegen Ende des Jahres zeichnete sich jedoch der Rückgang des Geschäftes bereits drastisch ab – 1930 wurden kaum mehr als 12 000 Maschinen verkauft, 1931 gar nur mehr rd. 5000 Einheiten. Die Weltwirtschaftskrise hatte auch den deutschen Markt mit voller Wucht getroffen. Trotzdem gab es im Notjahr sogar neue Modelle. Nicht nur die beiden Zweitakter S 200 und S 300, erstmals serienmäßig mit elektrischem Licht, sondern,

Das Vierzylinder-sv-Boxer-Modell K 800 in Preßstahlrahmen war ab 1933 das hubraumstärkste Modell von Zündapp und das Flaggschiff der von Ing. Küchen konzipierten Preßstahlrahmen-Reihe.

um die Händler mit größeren Modellen zu versorgen, auch Halbliter-Versionen, für welche man aus England die von Rudge-Whitworth gebauten Phyton-Motoren installierte. Das waren also die ersten Viertakt-Modelle von Zündapp unter der Bezeichnung S 500 mit 18 PS und SS 500 mit 22 PS Leistung. Die im Sport bekannt gewordenen Vierventil-Motoren saßen in einem Rahmen aus Profilstahl und trieben das Hinterrad auch über ein Rudge-Getriebe an.

Das Jahr 1932 war für Zündapp wohl das schwierigste im Verlauf seiner bisherigen Geschichte. Der Verkauf lag am Boden, und trotzdem mußte eine völlig neue Modellreihe vorbereitet werden, wollte man nicht untergehen, und mit moderner Technik Käufer dazugewinnen. In diese Zeit fielen auch die Überlegungen von Zündapp, ins Autogeschäft einzusteigen. Prototypen eines Zündapp-Wagens wurden von Prof. Ferdinand

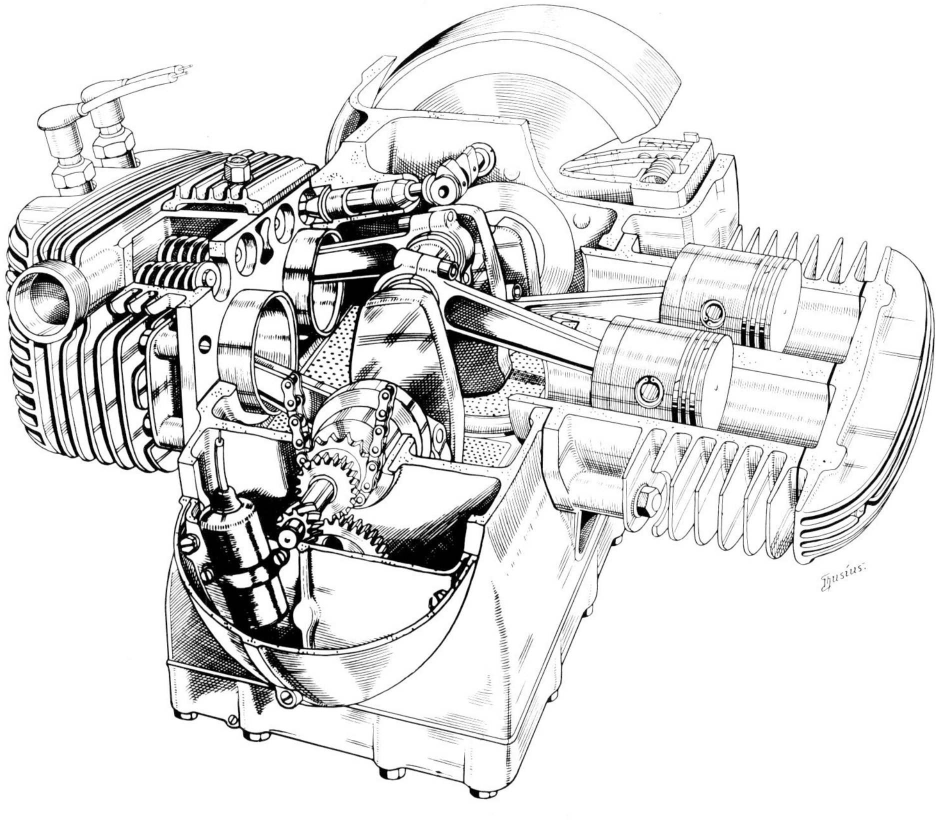

So war das »Innenleben« des K-800-Motors beschaffen. Der Vierzylinder-Boxer-Motor lief weich und ruhig wie ein Automotor.

KKS 500 hieß die Wettbewerbsausführung des kopfgesteuerten 500er-Boxer-Modells, das 24 PS entwickelte und gegenüber dem normalen KS-500-Modell einen leichteren Rahmen besaß.

Porsche entwickelt, die als Vorläufer des späteren KdF- oder Volkswagens gelten. Das Krisenjahr 1932 ließ jedoch diese Pläne wieder verschwinden. Hans-Friedrich Neumeyer wurde zum Geschäftsführer bestellt, und gemeinsam mit seinem Vater trieb er die Entwicklung der neuen Zündapp-Linie, die vom ideenreichen Konstrukteur Richard Küchen stammte, voran. Sie erlebte ihre Vorstellung schließlich im Frühjahr 1933 auf einer Berliner Automobil- und Motorrad-Ausstellung, zu einem Zeitpunkt, zu dem man noch nicht absehen konnte, daß unter dem Nazi-Regime ein wirtschaftlicher Aufschwung folgen sollte, der dann in Krieg und Chaos endete.

Die wichtigsten technischen Merkmale der nun von 175 bis 800 ccm Hubraum reichenden Modellpalette waren: Viertakt-Mehrzylinder-Motoren in Blockbauweise, elastischer Kardanantrieb über Kettengetriebe, Viergang-Kugelschaltung wie im Automobil, Stahlblech-Preßrahmen und weitgehende Verkapselung aller Triebwerksteile. Außer den 175- und 200-ccm-Derby-Modellen mit Zweitakt-Motoren gab's zunächst erst ab 400 ccm Viertakt-Boxer-Motoren, jedoch schon ab 200 ccm neben Rohrrahmen auch den neuen Stahlblechrahmen, der für die Viertakt-Modelle ausschließlich verwendet wurde. Die Boxer-Motoren waren im ersten Programm als Zweizylinder für die Hubraumklassen 400 und 500 sowie als Vierzylinder für die Klassen 600 und 800 ccm vorgesehen; alle mit seitengesteuerten Ventilen. Außer den Derby-Modellen mit Zahnradgetriebe und Kettenantrieb hatten die K-Modelle Viergang-Kettengetriebe und Kardanantrieb, also auch die K 200 mit Zweitakt-Motor. Das billigste Modell kostet 525 Mark, die große 800er-Vierzylinder 1550 Mark.

Anfang September 1933 verließ das 100 000ste Zündapp-Motorrad das Fließband – es war ein neues K-500-Modell. Der Verkauf zog schon über das Jahr hin wieder an und erreichte 1933 mehr als

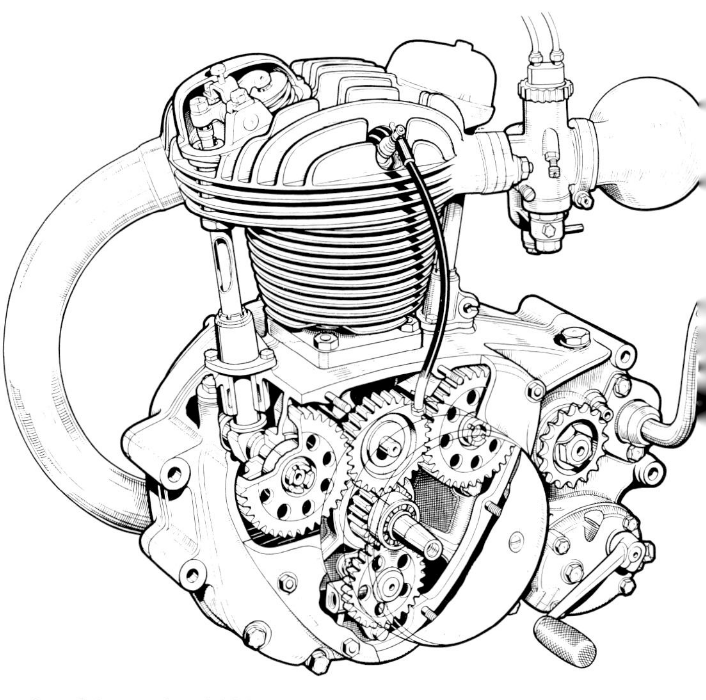

Der Motor des 1938 entstandenen 350er-Einzylinder-Modells DS 350 stammte im Konzept von einem Zündapp-Flugmotor. Je eine Nockenwelle vor und hinter der Zylinderreihe.

Oben: Das überschwere Wehrmachts-Gespann KS 750 mit Rückwärtsgang und angetriebenem Beiwagenrad erwies sich im Krieg in seinem Metier als unersetzbar.

Rechts: Nach dem Kriege baute der Nürnberger Pillenstein mit Hilfe des Werkes ein KS 600-Gespann erfolgreich auf Kompressorbetrieb um.

Das war die aufwendigste Ausführung des aus der »Derby«-Reihe entwickelten Norma-Modelles, die DB 234 Norma mit Jurisch-Hinterradfederung und Telegabel. Sie stammt aus 1952.

So sieht die schon im Titelbild gezeigte KS 601 von der rechten, der Kardanseite aus. Der Vorkriegs-Preßstahlrahmen war einem Rohrrahmen gewichen, und auch eine Telegabel sowie Geradeweg-Hinterrad-Federung hatten Eingang gefunden.

7000 Einheiten. Gegen Jahresende kam ein 200-ccm-Viertakt-Modell zur K-Reihe hinzu, das jedoch wenige Jahre später aus Rationalisierungsgründen ebenso wieder verschwand wie die seitengesteuerten Boxer-Modelle der Halbliter- und 600er-Größe; sie wurden 1936 durch das kopfgesteuerte Boxer-Modell KS 500, dem bald die schwere Beiwagenmaschine KS 600, ebenfalls mit ohv-Motor folgte, ersetzt. Auch bei den kleinen Zweitakt-Modellen blieben schließlich jene mit dem aufwendigen Viergang-Getriebe und Kardan auf der Strecke. Die einfachen Rohrrahmenmodelle mit konventionellem Block-Motor und Kette, die Derby- und später DB-Reihe behielten dank ihrer niedrigen Preise die Oberhand. Der Marktanteil von Zündapp – 1931 auf 5,6 Prozent abgesunken – stieg 1932 auf 10,6 Prozent, mit der Einführung des neuen Modellprogramms 1933 auf 12,8 und erreichte 1937 fast 18 Prozent. In technischer Hinsicht ist auch wichtig festzuhalten, daß Zündapp ab Jänner 1934 bei seinen Zweitakt-Modellen ein neues Spülsystem mit Flachkolben

Nur für den Export nach den USA baute Zündapp noch ein KS 601-Modell mit federbeinabgestützter Hinterradschwinge und Kardanwelle im Schwingenrohr.

Das zur IFMA 1953 erschienene neue 250er-18,5-PS-Boxer-Modell war zwar die Schausensation, ging jedoch wegen der bereits einsetzenden Zweirad-Rezession nicht mehr in Produktion.

einführte, das zwar langwierige Prozesse wegen der Schnürle-Patente (von DKW verwendet) nach sich zog, sich letzten Endes nicht nur kommerziell, sondern auch gegen die Patentanfechtungen durchsetzte.

Am 10. September 1935 verstarb der Firmengründer, Geheimrat Dr. h.c. Fritz Neumeyer, und die alleinige Verantwortung ging auf seinen Sohn Hans-Friedrich Neumeyer über. Mitte 1936 verließ das 150 000ste Zündapp-Motorrad das Werk an der Nürnberger Dieselstraße; die Jahresproduktion war schon 1933 auf 9505 Stück angestiegen, 1934 bereits auf 18 822 Einheiten und 1936 gab es mehr als 24 500 neue Maschinen. 1938 jubilierte das 200 000ste Zündapp-Motorrad und der Firmenname wurde auf »ZÜNDAPP-Werke G.m.b.H, Nürnberg« geändert.

1938 war auch das Jahr, in dem es ein völlig neues Modell, die DS 350, gab. Sie war mit einem Einzylinder-Viertakt-ohv-Motor ausgerüstet, der jeweils vor und hinter dem Zylinder eine Stoßstange im Hüllrohr nach oben geführt hatte. Der

Die Zweitakt-Reihe wurde 1953 durch die Elastic-Serie mit Schwingrahmen fortgesetzt, die im Modell 250 S auch eine Vorderrad-Langarmschwinge erhielt.

Motor war mit einem Viergang-Getriebe verblockt und seine Konstruktion zeigte deutlich Verwandtschaft mit den ebenfalls von Zündapp gebauten luftgekühlten Vierzylinder-Leichtflugzeug-Motoren. 1938 kam auch das oben bereits erwähnte, schwere ohv-Boxermodell KS 600, mit kombinierter Hand- und Fußschaltung, auf den Markt, das vor allem als Gespannmaschine gedacht war und in großen Stückzahlen an die Wehrmacht geliefert wurde.

Anfang 1939 trat der sogenannte »Schell-Plan«, eine kriegswirtschaftlich bedingte Typenbegrenzung in der Kraftfahrzeug-Industrie, in Kraft, der auch bei Zündapp seine Spuren hinterließ. Dann kam der Krieg, und mit ihm wurde Zündapp in die Rüstungsproduktion integriert. Das Werk mußte vor allem die von der Wehrmacht in großen Stückzahlen benötigten Gespannmaschinen produzieren. Schon von 1938 an bis 1941 hatte Zündapp über 18 000 KS 600 mit Beiwagen geliefert.
Die harten Forderungen des Kriegsdienstes ließen jedoch eine Neuentwicklung reifen, die eine technische Glanzleistung der Zündapp-Techniker war; das überschwere Wehrmachtsgespann KS 750 mit Seitenwagenantrieb, Rückwärtsgang und Differential. Am 13. März 1942 verließ das 250 000ste Zündapp-Motorrad – eine solche KS 750 – das Nürnberger Werk, und bis zum Kriegsende wurden davon rund 18 200 Stück gebaut, die sich auf allen Kriegsschauplätzen, vor allem in Rußland und Nordafrika, als wahre Elefanten erwiesen. Sie sind heute begehrte Sammlerstücke geworden. Ab Oktober 1944 litt das Werk zunehmend unter Luftangriffen, und am 17. April 1945 wurde die Stadt Nürnberg und damit auch die Reste der vielfach bombenbeschädigten Firma Zündapp von amerikanischen Truppen besetzt.
Hier sei noch einmal kurz auf die Sportaktivitäten von Zündapp vor Kriegsausbruch rückgeblendet, die sich fast ausschließlich auf den Sektor Zuverlässigkeitsfahrten und Geländesport konzentrierten. Die bekanntesten Zündapp-Fahrer der dreißiger Jahre waren neben Julius von Krohn, Baylon, Bütow, Dürr, Grenz, Haselbeck, Heimbucher und Schorsch Weiß, der später – nach 1945 – zunächst lange Jahre aktiv weitermachte, um dann Zündapp-Sportleiter zu werden. Für den Sport gab es vor allem ein leichteres Sportmodell der KS 500, die 24 PS starke KKS 500, die gelegentlich auch bei Straßen- und Bergrennen erfolgreich eingesetzt wurde. Eine Sonderentwicklung, die nicht mehr in Serie ging, war eine hochmoderne Hinterradschwinge am Modell DS 350 und sogar ein Weltrekord-Modell mit Vierzylinder-Kompressor-Motor von 1000 ccm Hubraum wurde noch fast

1953 lief die Produktion des »Bella«-Rollers an, der außer der nur mit einem Federbein versehenen Langarmschwinge am Vorderrad auch sonst ein interessantes »Innenleben« hatte, wie diese Zeichnung enthüllt.

fertiggestellt, das mit ca. 125 PS geplanter Leistung die absolute Weltbestleistung den BMW-Werken und Ernst Henne abjagen sollte.

Nach Kriegsende lag das Zündapp-Werk weitgehend in Trümmern, und was nicht niet- und nagelfest war, wurde in den letzten Kriegstagen noch weggeschleppt. Der Wiederaufbau begann jedoch schon im Mai 1945 mit etwa 150 früheren Arbeitern und Angestellten wieder. An Motorradbau war zunächst nicht zu denken. Es wurde so fast alles, was in der ersten, tristen Nachkriegszeit fehlte, hergestellt: Leiterwagenbeschläge, Kartoffelpressen, Wagenachsen, Fensterreiber und später auch schon Strom-Aggregate aus noch vorhandenen 600er-Motoren; auch Müllerei- und Nähmaschinen wurden erzeugt. Nach vielen Wirren – auch die Demontage wurde angedroht – lief im Sommer 1947 die Motorradproduktion in bescheidenen Stückzahlen wieder an. Es war ein 200-ccm-Modell der DB-Reihe in Vorkriegsausführung, die dann erst 1950 als Neuerung eine Teleskopgabel eigener Fertigung erhielt. Inzwischen wurden 1949 bereits wieder 15 000 Maschinen hergestellt, viermal soviel wie im Jahr zuvor, und 1950 waren es bereits doppelt so viele, 1952 schließlich 37 500 Einheiten, die vom Band liefen.

Neben der leichten, preiswerten Zweitakter-Reihe, die in verschiedenen Ausstattungsvarianten bis zur DB 234 Norma Luxus mit geschlossenem Kettenkasten und Jurisch-Hinterradfederung reichte, lief 1951 das neue schwere ohv-Boxermodell KS 601, das aus der Vorkriegs-KS 600 entwikkelt worden war, vom Band. Es hatte im Gegensatz zur Vorkriegskonstruktion einen Doppelschleifen-Rohrrahmen, eine moderne Teleskopgabel, Geradeweg-Hinterradfederung und Vollnabenbremsen. Der 598 ccm große Motor leistete 28 PS bei 4700 U/min und war äußerst robust und zuverlässig. Wegen ihrer grünen Lackierung und weil die KS 601 meist im Gespannbetrieb gefahren wurde, erhielt sie bald den Namen der »Grüne Elefant«. Von diesem letzten, jedoch sehr erfolgreichen großen Zündapp-Motorrad gab es auch eine 33 PS starke KS 601 Sport, das mit 155 km/h Spitze schnellste je in Serie gebaute Zündapp-Motorrad, und schließlich noch eine Ausführung mit Schwingrahmen, die KS 601 Elastic, die jedoch nur mehr für den US-Export angefertigt wurde. Die Zeit der »Grünen Elefanten« war dann abgelaufen.

Inzwischen war ab 1950 in München unter der Leitung von Dr. rer. pol. Eitel-Friedrich Mann, der die Schwester von Hans-Friedrich Neumeyer geheiratet hatte, ein zweites Zündapp-Werk entstanden. Dorthin wurde zunächst die Nähmaschinen-Fertigung verlegt und auch die noch aus der Nachkriegszeit stammende Müllerei-Maschinen-Herstellung. Damit bekam man in Nürnberg Platz für die geplante Rollerfertigung, die 1953 mit der

So sehen Zündapp-Motorfahrzeuge heute aus; die wassergekühlte KS 50 hat Druckgußräder und Scheibenbremse am Vorderrad.

Zündapp »Bella« anlief und auch für eine neue Motorrad-Reihe, die 1954 unter dem Namen »Elastic« die Zweitakt-Tradition des Werkes in modernsten Fahrwerken fortsetzte. Das waren Motorräder mit Zentralrohrrahmen und Hinterradschwinge. Der »Bella«-Roller wurde in zwei Hubraum-Größen mit 148 und 198 ccm Hubraum gebaut, die Elastic-Motorradreihe mit 173, 196 und später auch in S-Ausführung mit 247 ccm Hubraum.

Die Zweitakt-Motoren dieser Fahrzeuge waren nicht auf hohe Leistung, sondern kräftigen Durchzug von unten ausgelegt und daher höchsten Belastungen gewachsen. Auch der Roller mit seinen mittelgroßen 12-Zoll-Rädern und langem Radstand hatte motorradähnliche Fahreigenschaften und bot zwei Personen Platz.

Während in Nürnberg die Produktion von Motorrädern und auch Rollern noch auf vollen Touren lief – schon im Juli 1950 gab's das 300 000ste Zündapp-Motorrad –, begann man im Münchner Werk die Fertigung eines kleinen Fahrrad-Hilfsmotors vorzubereiten. Ende 1952 kam dieser einfache und robuste »Zündapp-Combimot« mit nur 6,3 kg Gewicht heraus, der zunächst in Zusammenarbeit mit anderen Fahrrad-Herstellern Verwendung fand. Schon im März 1953 gab's aber schon ein eigenes Zündapp-Moped mit Spezialrahmen, die »Combinette«. Das ursprünglich nur mit einem Gang versehene 48-ccm-Motörchen bekam bald einen zweiten Gang, und die Zahl der Moped-Modelle wuchs ebenfalls. Schon ab 1956 bot der Typ 422 mit Hinterradschwinge den Komfort großer Motorräder, jedoch mit nur 1,5 PS Leistung. 1954 war in München die Belegschaft bereits auf 1200 Kopf gewachsen, und in einem Monat wurden mehr als 15 000 kleine Zweitakt-Motoren hergestellt, die auch in anderen Geräten, nicht nur in Mopeds, Verwendung fanden.

Inzwischen begann in Nürnberg das Motorrad-Geschäft abzubröckeln. Die Geschäftsleitung entschloß sich deshalb, ihre Kräfte voll auf das Münchner Werk zu konzentrieren, und bis 1959 war die gesamte Nürnberger Produktion umgezogen und in München wieder voll im Gange, nur die »Grünen Elefanten« hatte man eingestellt. Das Nürnberger Werk war am 1. Juli 1958 in andere Hände übergegangen.

Aus München gab's also weiter die »S«-Modelle, die nach ihrem Erfolg in den Int. Six Days 1957 den Namen »Trophy« bekamen, und in zwei Größen, von 174 und 245 ccm mit 10,5 und 14,5 PS Leistung, bis 1963 weitergebaut wurden. Auch der »Bella«-Roller rollte in München weiter vom

Band, mit 198 ccm und 12 PS und ab 1961 auch mit 174 ccm und 11 PS Leistung noch bis 1964. 1960 waren in München 2500 Mann beschäftigt, und ein Jahr später war Zündapp der größte deutsche Produzent von motorisierten Zweirädern. 1963 verließen täglich 400 Motoren und 300 Fahrzeuge die Fabrik in der Münchner Anzinger Straße.

Inzwischen war, kaum 50 Jahre alt, Dr. Eitel-Friedrich Mann verstorben, und seine Frau Elisabeth, die Schwester des Firmenchefs, engagierte sich zunehmend im Unternehmen, vor allem in den sportlichen Aktivitäten, die nie aussetzten, jedoch zu Beginn der sechziger Jahre verstärkt wurden. 1963 gab es eine Langstrecken-Rekordjagd in Monza mit KS-50-Maschinen, bei der in 144 Stunden mehr als 10 600 km mit einem Schnitt von 70,24 km/h heruntergespult wurden. Ein Jahr später schaffte man in derselben Zeit 12 247 km mit 85,5 km/h Schnitt. 1965 wollte man es schließlich genau wissen, was im 49-ccm-Zündapp-Motor steckt. Sechs Weltrekorde in der 50-ccm-Klasse und acht Weltbestleistungen über kürzere Strekken, die auch in höheren Klassen noch jahrelang gültig blieben, waren das Ergebnis. Natürlich wurden diese Rekordmarken, die teilweise über 160 km/h Schnitt lagen, nur mit vollverkleideten Spezialmaschinen, die auch wassergekühlt waren, erreicht. Der Weltrekord über »eine Stunde« mit 162,609 km/h war 1977 ebenso noch ungebrochen wie jener über sechs Stunden mit 147,789 km/h und 12 Stunden mit 137,039 km/h Schnitt.

Daneben gab es auch eine ständige Beteiligung in der Deutschen Geländesport- und Moto-Cross-Meisterschaft. 1968 trat die deutsche Nationalmannschaft zur Internationalen Sechstagefahrt geschlossen auf Zündapp-Maschinen der Hubraumgrößen 50, 75, 100 und 125 ccm an und gewann die Internationale Trophäe überlegen. 1975 gelang dies Zündapp nochmals mit den ständig weiterentwickelten Zweitakt-Maschinen, die gegenwärtig bis zur Hubraumgröße von 163 ccm mit 17 PS erzeugt werden. Die Spitzenmodelle sind auch in Serien-Ausführung wieder wassergekühlt; in der 50-ccm-Klasse war Zündapp der Initiator der geräuschdämmenden Wasserkühlung, die heute von der Konkurrenz voll übernommen ist.

1967 feierte Zündapp sein 50jähriges Firmenjubiläum, und 1973 verstarb kurz nach seinem 70. Geburtstag Dr. h. c. Hans-Friedrich Neumeyer, der als Sohn des Firmengründers die Geschicke des Hauses seit 1935 fest in der Hand gehalten hatte. Ihm folgte dann die dritte Generation in der Führung, sein Sohn Dr. Dieter Neumeyer, der

1975 rüstete Zündapp erneut die deutsche Nationalmannschaft zur Int. Sechstagefahrt aus; sie gewann wieder die Nationen-Trophy.

Auch Weltrekorde sammelte Zündapp 1965 mit einem Sechs-Mann-Team in Monza, von welchen noch heute einige ungebrochen sind.
Die nur 50 ccm große Rekordmaschine legte dabei 12 Stunden mit einem Schnitt von mehr als 137 km/h zurück.

ebenfalls »von der Pike auf« im Unternehmen mitgewirkt hatte. Anfang der fünfziger Jahre saß er selbst oft bei Wettbewerben im Sattel einer Zündapp. Diese prestigefördernde Arbeit hatten ihm dann ambitionierte Fahrer wie Dieter und Volker Kramer, Günter Sengfelder, Lorenz Specht, Heinz Brinkmann und viele andere mit klingenden Namen und unzähligen Erfolgen abgenommen. In den siebziger Jahren waren es vor allem Rolf Witthöft, Eduard Hau, Jürgen Grisse u. a. mehr, die weiterhin Zündapp-Maschinen zu Siegen führten.

Es ließe sich noch viel Interessantes über Zündapp berichten, vor allem auch über zahlreiche Versuchs-Konstruktionen und Prototypen, die nie das Licht der Serie erblickten, aber trotzdem bemerkenswerte Stationen in der Technik-Geschichte darstellen. Da gab's außer den drei- und vierrädrigen Prototypen und dem »JANUS«-Kleinwagen bei den Motorrädern schon 1923 ein Dreizylinder-Modell, wie es erst in den siebziger Jahren wieder bei den Japanern zu finden war, Prototypen mit Blackburne-, seiten- und kopfgesteuerten Küchen-Motoren, einen 125-ccm-Doppelkolbenmotor mit angelenktem Pleuel à la Puch, Kardan-Zweitakt-Modelle nach 1945 und schließlich die IFMA-Sensation 1953, einen 247 ccm großen ohv-Boxer mit 18,5 PS bei 7000 Touren und Kardan, der nicht mehr in Serie ging.
Geblieben ist der Ruf der Zündapp-Motorräder, den in den zwanziger Jahren das »Einheitsmodell« begründet hatte, als man diese damals aus Nürnberg kommenden Maschinen als »Bauern-Motorräder« kennzeichnete. Der Weg über die K-Reihe (von Küchen konstruiert) führte über das extreme Wehrmachts-Beiwagenkrad KS 750 zum »Grünen Elefanten« und von dort durch die Motorrad-Talsenke der sechziger Jahre zu den kleinen Zweitaktern in die siebziger- und achtziger Jahre, die Zündapp gegenwärtig bis zur 175er-Klasse ausfüllt. Sie stehen in Qualität und Technologie wie immer an der Spitze ihrer Zeit. Außer bester deutscher Ingenieurs- und Werkmanns-Tradition haben dazu vor allem aber die ständig klaren Besitzverhältnisse in der Hand einer ambitionierten Familie maßgeblich mit beigetragen.

Register

Die *kursiv* gesetzten Seitenzahlen verweisen auf Abbildungen

Bildnachweis

BMW-Archiv, München
Brandauer, Hallein
Brandstetter Walter, St. Pölten, NÖ.
Cathcart Alan, London (GB)
»Classic Bike«, Peterborough (GB)
Currie Bob, Birmingham (GB)
Czernin Johannes, Wien
Dumas F. M., Malakoff (F)
Faber Josef, Wien
Fenzlau Artur, Wien
Fichtel & Sachs AG, Schweinfurt
Fischer Klaus, Thalwil (CH)
Frischauf Richard, Innsbruck
Gruber Wolfgang, Salzburg
Grüttefien Erasmus, Aitern-Schönau (BRD)
Harley-Davidson, Millwaukee (USA)
Heise Michael, Ravensburg
Krackowizer Helmut, Salzburg (Das österreichische Zweirad-Archiv)
KTM-Motorfahrzeugbau, Mattighofen, OÖ.
Kumpa H. P., Perchtoldsdorf, NÖ.
Moesch Michael, Stuttgart
»Motociclismo«, Mailand (I)
»Motor Cycle Weekly«, Sutton (GB)
»Moto-Revue«, Paris
Müller Benno, Bad Krotzingen (BRD)
National Motor Museum, Beaulieu (GB)
Nürnberger Hercules-Werke GmbH, Nürnberg
Paumann G., Haid bei Linz, OÖ.
Peugeot Cycles, Paris
Rauch Volker, Nürnberg
Reisch, Prof. Dr. Max, Kufstein
Rhodes Ivan, Borrowash (GB)
Rübelt Lothar, Wien
Schwarz Eugen K., Böblingen
Strauß Peter, Bielefeld
Wörner Kurt, Bad Herrenalb (BRD)
Zagari Franco, Budrio (I)

BENELLI

Norton

Peugeot

MOTOSACOCHE
GENEVE-SUISSE

KTM

MOTO GUZZI

MOTO MORINI

A·J·S

MOTOR
HARLEY-DAVIDSON
CYCLES
TRADE MARK

HTM

FN

Velocette